刘邦档案梳解

大风起兮云飞扬

程大中 著

中国文史出版社

目　　录

2

3

从司马迁写《史记》说起(序)

生活于西汉中期的司马迁所编撰的《史记》,是最早介绍西汉初期历史并完整传世至今的史料。《史记》为纪传体史书,记载了上起黄帝下至汉武帝太初四年约3000年的历史,其中对秦末汉初历史的介绍,尤其详尽生动地展现了无数精彩的人物故事。东汉班固在《汉书·司马迁传》中评价该书:"其文直、其事核,不虚美、不隐恶,故谓之实录。"其所指主要是发生在秦汉时期的事情记载,因为之前的史述应该是司马迁取材于《竹书纪年》《世本》等先秦书籍,内容应该不会使班固作出如此直接明了的点评。班固说"其文直、其事核",是说《史记》文字表达比较直白,且事实清楚;而"不虚美、不隐恶",则是说《史记》中记载的人和事,没有虚夸溢美,也没有弃恶隐瞒;所以说是"实录"。作为后辈且亦是汉朝史官的班固,对《史记》作出如此评价,应该是基于对已知汉初历史的真切认识,因此他的评价也最具有权威性。

《史记》之所以能获得班固"实录"的评价,应该是源于司马迁扎实的文史功底、亲履的耳闻目睹、对陆贾实时记载文本的参考,以及尊重客观事实的严谨写史态度。

一、司马迁家学渊源,读万卷书

司马迁的父亲司马谈为汉初五大夫,建元、元封年间任太史令,负责天文历法及朝廷的文书档案整理工作。司马谈曾"学天官于唐都,受益于杨何,习道论于黄子",对天文星象、阴阳吉凶、黄老之术均有广泛的涉猎研究。因此,司马迁自幼就受到良好的家庭文化熏陶,并养成了读书学习的好习惯。《太史公自序》陈述为:"年十岁则诵古文。"司马迁除跟随父亲学习外,还曾转益多师,向儒学大师孔安国学习古文《尚书》,向董仲舒学习公羊派《春秋》等。在他担任太史令后,又有条件以工作职责之便,翻阅学习由国家收藏的各种文献资料。从《史记》中提供的线索看，司马迁对上至古老的三代典籍，下至西汉司马相如等人的文章辞赋均有涉猎。至于诸子百家的著作，春秋战国到秦汉之际的史料，乃至朝廷的公文档案，更是他重视学习的必修内容。

司马迁扎实的学习积累和出身于史学世家的教养，使他具有一种源于血脉而致力于求实的文史大家之风骨。其父司马谈不仅知识广博，更是一位史学造诣很深的大家，他曾就先秦思想发展史写出《论六家要旨》一书，较高的学术价值一直为后世史学界所肯定。在他任太史令时，又立志撰写一部通史，并草拟了《太史公书》，可惜他在汉武帝元封元年因病去世。司马谈在弥留之际，将该书写作纲要及积累的资料交给儿子司马迁，并告诉他说："我们的祖先在虞舜夏禹时代主管过天文，在周朝做过太史。你以后若能做太史令，不要忘记我还没有写完的这部书。当今汉朝建立、国家统一，明主贤君、忠臣义士的事迹很多，我们身为史官，如果不能把这些记录下来而造成历史文献的短缺，那就可悲了。"①在当时已开始独尊儒学且百善孝为先的社会语境中，本已学识渊博的司马迁必然以父嘱为其人生奋斗之目标，且会认真负责地完成父亲遗愿。况且，三年后汉武帝刘彻真的安排司马迁担任了太史令之职，这也使他更有工作之便完成父亲的遗志。由此，他耗时十四年之久，最终完成了《太史公书》(东汉末期始简称为《史记》)——这本自己致力追求的"究天人之际，通古今之变，成一家之言"的史学巨著。

二、司马迁亲履考察，行万里路

司马迁自述生平，曾回顾自己在弱冠之年开始的考察之旅："二十而南游江、淮；上会稽，探禹穴，窥九疑，浮于沅、湘；北涉汶、泗，讲业齐、鲁之都，观孔子之遗风，乡射邹、峄；厄困鄱、薛、彭城，过梁、楚以归。"②司马迁20岁时开始的这次长途游历，起始于秦地，大致向东南方向，然后向北绕回"梁、楚以归"。他到过浙江的会稽，看了传说中大禹召集部落首领开会的地方；去过长沙，在汨罗江边凭吊楚国诗人屈原；还到达曲阜，考察了孔子讲学的

① 《史记·太史公自序》，〔汉〕司马迁撰，韩兆琦主译，中华书局，2008年1月第一版，第2563页。

② 《史记·太史公自序》，〔汉〕司马迁撰，韩兆琦主译，中华书局，2008年1月第一版，第2560页。

遗址;还到过"鄱、薛、彭城"等地。司马迁在《史记·五帝本纪》的最后还写道:"余尝西至空桐,北过涿鹿,东渐于海,南浮江淮矣,至长老皆各往往称黄帝、尧、舜之处,风教固殊焉,总之不离古文者近是。"也就是说,司马迁在传说"皆各往往称黄帝、尧、舜之处",对当地"长老"还进行了以口述史学为形式的访古调查。不仅如此,司马迁在入仕郎中后还曾跟随汉武帝巡行了各地,并奉命去巴、蜀和西南昆明一带视察。即"于是迁仕为郎中,奉使西征巴、蜀以南,南略邛、笮、昆明,还报命"①。司马迁这种几乎遍及全国的实地游览和考察,使他获得了大量感性的历史地理知识,为以后写作史书积累了重要而丰厚的知识储备。

司马迁作为时任太史令司马谈的儿子,遵父嘱游历天下,对开国皇帝刘邦及其早期同伴战友们的活动生平尤为关注。他曾专程赴丰沛做过调研,在《史记·樊郦滕灌列传》的最后一段,他这样介绍其丰沛之旅和感想:"吾适丰沛,问其遗老,观故萧、曹、樊哙、滕公之家,及其素,异哉所闻!方其鼓刀屠狗卖缯之时,岂自知附骥之尾,垂名汉廷,德流子孙哉?余与他广通,为言高祖功臣之兴时若此云。"

司马迁不仅游历丰沛,还去了韩信的家乡淮阴。他在《史记·淮阴侯列传》的文末写道:"吾如淮阴,淮阴人为余言,韩信虽为布衣时,其志与众异。其母死,贫无以葬,然乃行营高敞地,令其旁可置万家。余视其母冢,良然。"

宋代文学家马存在其《赠盖邦式序》一文中,这样评价司马迁的行履出游:"子长生平喜游,方少年自负之时,足迹不肯一日休。"他还认为,司马迁的出行并不是单纯地为游览而出行,而是在已有书本知识的基础上追求更高的文化目标:"非直为景物役也,将以尽天下大观以助吾气,然后吐而为书。"也正因为如此,司马迁的行迹均有助于他的"文章":"凡天地之间万物之变,可惊可愕,可以娱心,使人忧,使人悲者,子长尽取而为文章,是以变化出没,如万象供四时而无穷,今于其书观之,岂不信矣哉!予谓欲学子长之文,先学其游可也。"②

① 《史记·太史公自序》,〔汉〕司马迁撰,韩兆琦主译,中华书局,2008 年 1 月第一版,第 2560 页。

② 《全宋文》,曾枣庄、刘琳主编,四川大学古籍研究所编纂,上海辞书出版社,2006 年 9 月。

三、司马迁曾以陆贾所著《新语》《楚汉春秋》为重要参考

陆贾是在反秦时就跟随刘邦的幕僚，他不仅以能言善辩常被刘邦委以外使之责，还在刘邦取得天下后，以"马上可得天下而不能治天下"之警言使刘邦猛醒。因此，刘邦指示陆贾："试为我著秦所以失天下、吾所以得之者何，及古成败之国。"即要求陆贾写一部秦何以失天下、汉何以得天下以及古代国家兴亡之道的书，以参考学习。而陆贾也不负所托，陆续写出了共含有十二篇文章的著作。据《史记》记载，这部书得到了刘邦及众大臣的高度认可。因为陆贾"每奏一篇，高帝未尝不称善，左右呼万岁，号其书曰《新语》"。

《新语》论述秦汉及古代国家兴败的内容被刘邦称善，说明其中的描述不仅具有历史真实性，还具有重要的启迪意义。该书至700年后的南朝梁代时仅存两篇，已不能完整反映该书的内容，但仅百年后的司马迁所看到的《新语》还是完整无缺的，司马迁在《史记·郦生陆贾列传》的最后曾写道："余读陆生《新语》书十二篇，固当世之辩士。"此语固然是为赞扬陆贾的辩才，但也说明司马迁看到了完整的《新语》，并借此了解了先秦帝王先贤治理国家的历史经验与总结。

陆贾在成书《新语》后，又将楚汉间发生的斗争作了更为详细的记述。《后汉书·班彪传》载："汉兴，定天下，太中大夫陆贾记录时功，作《楚汉春秋》九篇。"我们理解，《新语》虽然被刘邦称善，但主要讲述的还是治国的道理，以及秦朝何以亡国而汉朝何以立国，而对楚汉之争的历史过程描述则相对简单。但楚汉之争又恰恰是刘邦人生胜王败寇的关键时段，所以陆贾在后来文帝时期又写了主要反映楚汉相争的《楚汉春秋》九篇。虽然该书逸于南宋而未能完整传至后世，我们目前所能了解的仅是清代逸文或其他史书中的只言片语，但我们依然可以判定，仅百年后的司马迁写《史记》，肯定会以当时仍然完整的《楚汉春秋》作为重要参考史料。

四、司马迁曾经受到的"腐刑"经历，增加了《史记》"不虚美、不隐恶"的可信性

《史记》具有"实录"可信性的原因，我们还可以从司马迁曾经的不幸遭遇分析得出。司马迁在父亲去世不久后的元封三年(前108年)担任太史令，并按照父亲的遗嘱开始写《太史公书》。但到天汉二年(前99年)的时

候,发生了关于如何处理骑都尉李陵投降匈奴的廷议,司马迁因自己的直言险些被杀。

李陵是飞将军李广的孙子,妥妥的是忠臣良将之后,但他在被匈奴俘虏后,受到了汉武帝及朝廷的误判。在惊闻李陵投降匈奴后,大臣们都谴责李陵不该贪生怕死投降匈奴。汉武帝就此询问司马迁的意见,司马迁力排众议说:"李陵主动请命,仅带五千步兵深入敌人腹地,和三万多敌人骑兵作战多日,杀了很多敌人。李陵被捕没有自杀成仁,一定是想将来以功赎罪报答陛下。"

司马迁有违众意的回答让汉武帝很生气,他认为司马迁不将杀敌战功归于自己委派的元帅贰师将军,反而替一个叛徒说话,实在是胡说八道。因此斥责:"你这样替叛徒辩解,难道存心反对朝廷吗?"于是把司马迁关进监狱。司马迁被关押后,受到酷吏杜周的严刑审讯,但司马迁始终不屈服认罪。不久之后,有传闻说李陵在为匈奴练兵准备攻打汉朝,这似乎更加坐实了李陵已完全背叛汉国的罪行。汉武帝亦信以为真,判了为李陵辩护冤情的司马迁死刑。当时汉朝的刑法规定:如欲免死有两条路选择:一是交 50 万钱,二是接受腐刑。司马迁没有 50 万钱可交,本想一死了之,可想到父亲的嘱托和自己尚未完的《太史公书》书稿,以及从前周文王被关在羑里的时候写出《周易》、屈原被放逐的时候写出《离骚》、孙膑受刑被剜掉膝盖骨的时候写出《兵法》等名人名事,感到这些先古大贤都能在遭受极大困难的情况下写出名垂后世的大作,而自己也应该忍辱负重,完成父亲的遗愿。于是他选择了受辱而接受腐刑,但也从此失去了男性的生理功能。后来汉使者赴匈奴,了解到为匈奴练兵者是降将李绪而非李陵,但这时李陵全家已遭汉室屠门,而为李陵说情的司马迁也已受到了腐刑。受腐刑是大辱,污及先人,见笑亲友。两年后,汉武帝改元太始,大赦天下,司马迁出狱,并在不久后做了中书令,方得以有暇,寄心楮墨,于公元前 91 年完成了 52 万余字的《太史公书》。司马迁对自己之前生死之经历,在所写《报任安书》中,不仅向友人任安悲愤地控诉自己受到了超过所有刑罚、辱及人格的"最下腐刑",还郑重阐述了自己"人固有一死,或重于泰山,或轻于鸿毛"的生死观,表现了宁受屈辱也要实现自己人生目标的坚强意志和决心。

由上述冤屈之耻辱经历,我们很难想象司马迁还会在《太史公书》中写出"隐恶"的"虚美"之词。当然,以司马迁誓为写出流芳后世史书之执着,以及身处汉武帝刘彻刚愎自用下的政治环境,他也不会胆敢写出不符史实的诽谤之词。也许此言还不能完全说死,因为汉武帝在世期间《太史公书》并没有问世。司马迁在《太史公自序》的最后说:该书"藏之名山,副在京师"。也就是说,该书正本藏在了无人知晓的名山,而副本则在京城。"副在京师"的什么地方呢? 实际上是保存在他的女婿——后任汉宣帝丞相的杨敞家中,而杨敞的儿子杨恽后来将此书稿献给了汉宣帝。由此可见,得以传世的《太史公书》(《史记》)应该是副本。就今天的认识而言,正本和副本的内容应该完全一致,因为不过就是一个备份而已。当然,对这一历史未知,或许还不能这样妄下定论,但司马迁遵父嘱而忠于史实的写作态度还是应该值得相信的。

为全面反映介绍西汉历史,东汉班固编撰了《汉书》。《汉书》对汉初历史人物的描述,除增加"惠帝纪"和将"项羽本纪"转入传记,以及不再区分"世家"和"列传"而均以"传"按卷排列外,其内容基本尊重《史记》对汉初人物和事件的记载。但为进一步增加史料的可信性,班固在叙事中较多引用了"诏曰",这也是《汉书》与《史记》内容表现明显不同的地方。另外,如果说《汉书》中其他地方还有与《史记》有所不同,其表现最多的也不是正文,而是在后世历代版本的《汉书》中,先后增加了荀悦、应劭、颜师古等许多史学大家的大量"注释"。不过从这些方面,我们虽然看到的是两本书中相关内容的稍有不同,却更多看到的是后世史学家对《史记》的持续重视及研究成果,还有《史记》对后世史学发展的巨大影响力。

上述所论,虽然是解析《史记》"其文直、其事核,不虚美、不隐恶"之缘由,但也并非完全认为《史记》无虚言及毫无瑕疵之处。且不说司马迁受君权神授迷信观念的窠臼,写了一些对刘邦神化的地方,而就其有关内容的不确切、不完整,甚至前后矛盾等问题而言,还是多有存在的。如对刘邦的介绍,其本纪虽然最为全面,但在后面介绍其他人物时,有时又会出现新的情节或前后不一的表述;又如《史记》中介绍的有些年份时间,在之后的《汉书》中并没有得到完全一致的呼应;特别是关于刘邦的名字和出生年份问题,因均记载不详,更是成为历代史学家一直追寻考证的问题;等等。

但是,白玉有瑕,不掩其美。我们不能完全用今天的行文修辞眼光,苛刻要求2000年前的这一史学新体例尽善尽美,而应该以十分客观的态度,认真分析探求《史记》的史学价值所在。不然鲁迅先生也不会评价《史记》为

"史家之绝唱，无韵之离骚"。

　　出于对司马迁著《史记》所作出伟大贡献的敬仰，和对上述些许模糊问题的发现以及史家一直存有的认识分歧，我产生了以今人档案的结构和内容形式对刘邦生平进行梳理归纳的念头，以使其事迹表现更为集中和清晰。我想，以《史记》为主要参考，以其他史书或传信为补充，再间以历史唯物主义的客观分析，应该可以梳理出一份介绍刘邦身世及身边人的较详细档案。果如此，这也应该是一件很有意义的事情。

　　是为序。

引　言

汉高祖刘邦出生于战国末年,首先简要了解此时的天下变化大势,是梳解刘邦人生不可或缺的历史背景交代。

自战国初年"七雄"形成,经各国多年合纵连横的纷争混战,曾经先后称雄的魏国、楚国、齐国,至战国后期已经衰弱,而唯有后来经过"胡服骑射"军事改革的赵国和迅速崛起的秦国还同时称大。但这种双方均势并未维持太久,因为发生在公元前 260 年的长平之战打破了这种平衡。此战,秦将白起利用纸上谈兵的赵括急于求胜的心理,采用"诱敌深入"的战术,不仅斩杀赵括,还灭杀了 45 万赵军。

长平之战深刻改变了存在几十年之久的战国格局。秦国一家独大的局面自此逐渐形成,秦国也开始了统一六国的部署与步伐。

公元前 259 年,秦昭襄王凭借长平之战的胜利,以赵孝成王违背约定、没有向秦国割让六座城池为理由,派王陵率军乘势攻打赵国都城邯郸,又爆发了长达两年的邯郸之战。

邯郸之战开始后,赵国号召军民共赴国难,誓与秦军血战到底,使秦军耗时一年余仍不能破城。秦昭襄王改令王龁接替王陵为将,并增派 5 万人马,后又派郑安平率军 2 万支援,持续加大对邯郸城的进攻。赵孝成王感到难以抵挡秦军的进攻,遂向魏、楚两国求救。

就此,魏安僖王派大将晋鄙,楚考烈王派春申君黄歇,各率 10 万大军支援邯郸。其间由于魏将晋鄙怯懦不战,魏国公子信陵君魏无忌窃符夺取兵权,挑选 8 万精兵奋力支援赵国。魏、楚两国联军由外至内杀向邯郸城外秦军,城内赵军则组成敢死队杀向城外。秦军两面受敌而大败,损失达 20 万人;秦将郑安平所部 2 万余人突围不成,向赵国投降。至此,邯郸之战以秦国

1

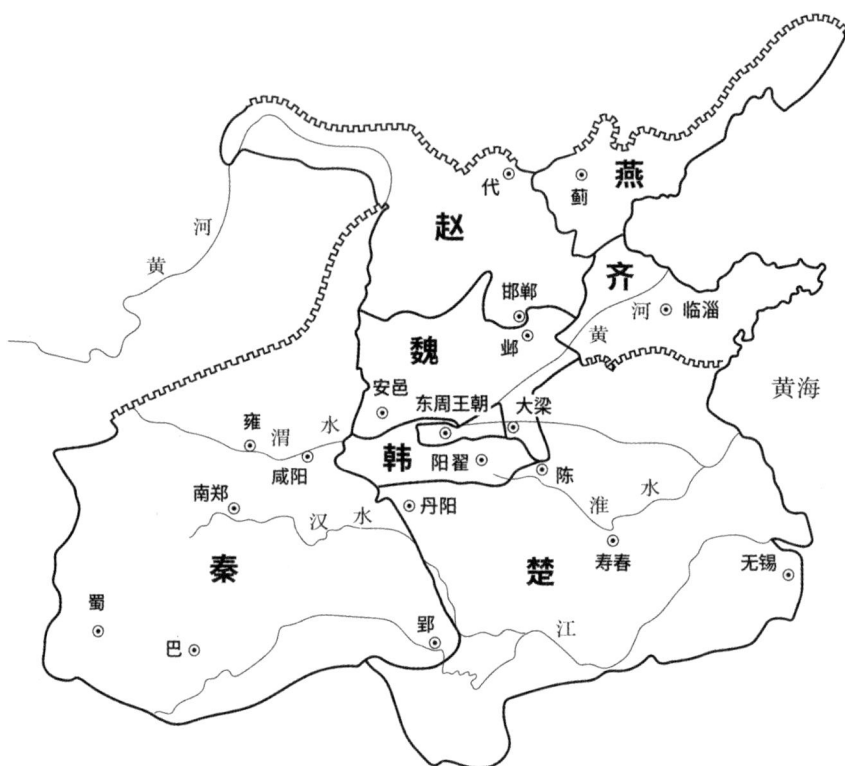

战国后期七雄分布示意图

的失败宣告结束。

公元前 256 年,秦国进攻东周王朝的象征存在西周公国,周赧王姬延被迫献出其全部 36 邑;而周赧王也在这一年去世,标志着存世 790 年的周朝作为号令天下的天子上国不复存在。

公元前 251 年,秦昭襄王去世,其子嬴柱即位,为秦孝文王。一年后,秦孝文王去世,他的儿子嬴子楚即位,为秦庄襄王。

公元前 249 年,秦庄襄王派丞相吕不韦讨伐东周王朝的残余势力东周君,将其所据土地吞并,仅允其在阳人地祭祀周朝祖先。

公元前 247 年,魏国信陵君魏无忌率魏、楚、韩、赵、燕五国合纵攻打秦国,在河外大败秦军,并乘胜追击至函谷关方撤军回兵。同年,秦庄襄王去世,他 13 岁的儿子嬴政即位。嬴政即位后,秦国的大权当时掌握在丞相吕不韦和太后赵姬手里。

公元前 242 年，信陵君魏无忌因受秦国离间而失兵权抑郁去世后，秦国大举攻魏。魏国勉力抵抗，接连丢失多座城池，使各国震恐。于是，楚、韩、赵、魏、燕五国于次年再次联军合纵抗秦，但因军心不齐而以失败告终。

公元前 241 年，一直附庸于魏国的弱小卫国，被秦国占领其都城濮阳而名存实亡。

公元前 238 年，嬴政平定赵太后情人嫪毐的叛乱，罢免放逐丞相吕不韦，开始正式亲政、独揽大权，自此掀开了秦国历史新的一页。

嬴政继承先辈遗志，"招致宾客游士，欲以并天下"[①]。他分析认为，此时赵国的国力在六国中依然是最强所在，如首先拿下赵国将起到杀一儆百的震慑作用。

公元前 234 年，嬴政派桓齮率军攻打赵国，斩杀赵国大将扈辄，并消灭了 10 万赵军。次年，嬴政再次派桓齮带兵攻打赵国，但被赵国大将李牧打败；同年，嬴政继续派兵攻打赵国，在平阳打败了赵军。公元前 232 年，嬴政又一次派兵攻打赵国邺城、太原等地，结果被李牧再一次打败。

由于秦国在连续的攻赵战争中，并未占有绝对的优势，嬴政感到短时间内很难拿下赵国，遂转移进攻目标，以先消灭相对弱小的韩国作为统一六国的突破口。

公元前 230 年，嬴政派内史腾为将率军攻打韩国，占领了韩国都城新郑，韩王安向秦国投降。至此，存世 173 年的韩国灭亡，并被秦国设置为颍川郡。

公元前 229 年，嬴政派王翦、杨端和二将率军攻打赵国，遭到李牧和其副将司马尚的顽强抵抗而失利。为此，嬴政派人收买赵幽缪王的宠臣郭开，让他诬告李牧和司马尚欲叛赵国。赵幽缪王听信郭开的谗言，任命赵葱、颜聚为赵军统帅，并逼迫李牧自杀，罢免司马尚。

公元前 228 年，嬴政令王翦再次攻打赵国。赵军大败，赵葱被杀，颜聚逃走。秦军占领邯郸，俘虏了赵幽缪王。但当时赵幽缪王的兄长赵嘉逃到了代地，被赵国贵族拥立为新王。

公元前 227 年，燕国担心自己亦被秦所灭，太子丹请刺客荆轲带燕国地图往秦国献城诈降。"图穷匕首见"，荆轲刺杀秦王嬴政失败。次年，挟愤而

---

① 《史记·秦始皇本纪》，[汉]司马迁撰，韩兆琦主译，中华书局，2008 年第一版，第 140 页。

来的秦将王翦率军一举攻破燕都蓟城,迫使燕王喜及太子丹率宫室卫军逃向辽东。

秦国灭掉赵国和燕国的大部力量后,开始把矛头对准魏国。公元前225年,秦国大将王贲引黄河水经鸿沟淹灌魏国都城大梁,魏王假向秦军投降。存世178年的魏国灭亡,其地被秦国设置为砀山郡。

秦国灭掉魏国的当年,嬴政派李信、蒙恬率领20万大军分两路攻打楚国。李信、蒙恬分别在平舆和寝击败楚军后,准备在城父(今安徽亳州谯城区)会师。楚王派上柱国项燕率军尾随李信军实施突袭,致李信大败而逃。

城父之战是秦国统一道路上继邯郸之战以后的又一场大败,但这并没有影响秦国统一天下的决心。次年,嬴政派王翦率领60万大军再次攻打楚国,与楚军在平舆决战,致项燕兵败自杀。公元前223年,秦军攻占楚国都城寿春,俘虏楚王负刍。存世800余年的楚国灭亡。

灭亡楚国以后,秦国转向收拾赵国和燕国的残余势力。公元前222年,秦军占领代地,俘虏赵王嘉,彻底灭掉赵国。同年,秦将王贲率军占领辽东,灭掉燕国王庭。

公元前221年,嬴政以齐国拒绝秦国使者访问为由,命王贲率军从燕国南下,直扑齐都临淄。防备不及的齐王田建不能组织有效抵抗,只好向秦军投降。齐国亦灭。

至此,山东六国被秦国全部灭亡。

公元前221年,秦王嬴政建立了中国历史上第一个统一封建王朝——秦朝,而他也自称为中国历史上的第一位皇帝——秦始皇。

秦朝的建立,标志着战国时代的结束。作为出生于战国末年的楚国沛县丰邑人刘邦,在如此战乱和天下大变的时期度过了少年时代,并自此正式走向社会,开始谱写自己光耀后世的人生篇章。

第一卷　刘邦的个人情况

梳解汉高祖刘邦之生平,可以首先以一副对联概括为引:

出身布衣风起青萍,沛县小吏七载翦秦灭楚成就如此[①]大业;

终至人极扶摇九霄,开国之君八年建制除异立基刘汉江山。

横批:七上八下十五年永昭后世。

一、姓　名

汉朝开国皇帝,姓刘、名邦、字季,这是历代社会大众的广泛认知。因为自唐代以后,见之史书或文学作品的记载,均以"刘邦"作为汉高祖的通用姓名称谓,已成历史共识。但作为最早记载刘邦事迹的《史记》,以及后叙西汉全部历史的《汉书》之正史,都没有提到汉高祖的名为"邦"。那么,后世又如何产生或演化出"刘邦"这一被广泛称谓的姓名呢?

《史记·高祖本纪》这样介绍刘邦:"高祖,姓刘氏,字季。"其中没有说刘邦的名,但交代了高祖姓刘,字季。而《汉书·高帝纪》中的表述更为简单,仅指:"高祖,沛丰邑中阳里人,姓刘氏。"居然连"字"都没有说。《史记》和《汉书》是反映西汉历史的最权威记载,其如此对汉高祖名字简单化处理,难免引起后世的诸多猜疑。

生活于东汉末年的秘书监、史学家荀悦,因汉献帝好典籍、常苦《汉书》文繁难读,乃遵其要求,按照《左传》编年纪事的体例,将80余万字的纪传体

---

① 刘邦赴咸阳徭役见到秦始皇时,"喟然太息曰:'嗟乎,大丈夫当如此也!'"见《史记·高祖本纪》。

《汉书》，改编为"辞约事详，论辩多美"的18万余言编年体《汉纪》30篇。其中明确指出了"汉高祖讳邦，字季"①，并解释"邦之字，曰国"。这是见之史书的第一次明确记载高祖的名为"邦"。虽然荀悦在书中并没有直接解释"邦"名的由来，但也说明了《史记》和《汉书》之所以没有提到高祖名"邦"，是因为"讳"的原因。

西晋皇甫谧在其所著《帝王世纪》一书中采信了荀悦的观点。他说刘太公"生子邦，字季，是为汉高皇帝"。

清代著名史学家王鸣盛亦附和荀悦的说辞。他在其所著《十七史商榷》一书中说："史记于高祖云字季，不书讳，余帝则讳与字皆不书。汉书本纪因之，马、班自以为汉臣故耳。"②

名字是人或物的称号。在古代，人的"名字"指代了两个概念，一个是"名"，一个是"字"。"名"通常在婴儿出生三个月后由父亲命名，而"字"则是男子至20岁举行冠礼（结发加冠）时取字，即"男子二十冠而字"；女子至15岁可以许嫁，则举行笄礼，并取"字"，即"女子十五笄而字"，所以女子在出嫁前被称为"待字闺中"。因此也可以说，"字"表示了一个人成年后的正式称谓，而"名"则是婴幼年时父亲所取的昵称。比如，三国时期的诸葛亮，"亮"就是他幼时的名，"孔明"就是他成年后的字；东汉末年的大才女蔡文姬以"琰"为名，以"文姬"为字。另外，古人相互交往中，在不同的场合，"名"和"字"是各自表述的。对于非家庭成员或亲戚，称呼对方时，出于尊重只称其字，一般不直呼其名；而在向别人作自我介绍时，为示谦虚一般只说名，不表字。如诸葛亮通常就自称"亮"，而别人则称其为"孔明先生"。

古人的这种语言礼俗，早在西周时就已出现。先秦古籍《礼记·曲礼上》中，就有"入国问俗，入门问讳"的记载。《公羊传·闵公元年》中讲得就更清楚了："春秋为尊者讳，为亲者讳，为贤者讳。"即遇到君主、尊长或贤者时，不能直呼其名，也不能在书写的时候使用其名。所以，这些记载说明古时早已有了名讳之说，这也应该就是荀悦在《汉纪》中所说的"讳邦"的原因。

就上述礼法而言，汉高祖作为汉朝开国皇帝，其名为讳当应如此。但在

① 《汉纪·高祖皇帝纪》，〔东汉〕荀悦撰，张烈点校，中华书局，2020年第一版，第2页。

② 《十七史商榷》，〔清〕王鸣盛著，黄曙辉点校，上海书店出版社，2005年12月第一版，第14页。

比《汉书》更注重礼法的《后汉书》中,却将东汉历代皇帝的名讳一一写入卷首,而毫不避讳,这又该如何解释呢?

就史书对重要人物的介绍而言,其开篇还是应该需要将"名"和"字"都交代清楚,而后再通篇以字或职衔相称为合理,这样既符合史书记载的完整性,也能体现对人物的尊重。可司马迁和班固都没有这样做,他们在《史记》或《汉书》原文中通篇没有讲到汉高祖名"邦"。但《史记》中又确实在多处贯穿了"以名为讳"的原则。如书中讲到一个本来名叫赵谈的人,司马迁为避开其父司马谈的名讳,把赵谈改为"赵通";为避开汉武帝刘彻的名讳,司马迁还把一个本名蒯彻的人写为"蒯通"。虽然赵谈和蒯彻在历史中都是不足为道的小人物而不可类比,但司马迁及班固毕竟还是没有直接指出汉高祖的名。

荀悦言"讳邦",果然是汉高祖名"邦"吗?这也因此引发了后人对汉高祖"名"和"字"的探究。

探究一:汉高未名,或"季"既是"字"亦是"名"

此说的观点是:汉高祖本无名,或者"名"和"字"都是"季",而"邦"字是汉立国后大臣们提出的。

最早表示此观点且尚能查到的历史文献,是唐代颜师古在《汉书》中所作的校勘注释,以及其后司马贞在《史记索隐》中的阐述。

颜师古在《汉书·高帝纪》按:

> 邦之字曰国者,臣下所避以相代也。

颜师古这里是说"邦意为国,所以臣子们以邦代国以指高祖"。颜师古此解有些含混,他的确切意思应该是说汉高祖本无名,大臣们才以"邦"这个与"国"相通的字来作为汉高祖的名。

司马贞的表述比较清楚,他在《史记索隐·卷三》中有这样一段文字:

> 按:《汉书》"名邦,字季",此单云字,亦又可疑。按:汉高祖长兄名伯,次名仲,不见别名,则季亦是名也。故项岱云"高祖小字季,即位易名邦,后因讳邦不讳季,所以季布犹称姓也"。

司马贞在此直接说到，他怀疑汉高祖即位前根本就是有字无名，或字即是名。而且他以东晋南朝时项岱说过的话为证，说汉高祖即位后才易名刘邦，因为避讳"邦"不避讳"季"，所以当时的汉将季布依然可以以季作为自己的姓。

司马贞为什么这样认为呢？因为，东汉末年荀悦所撰《汉纪》首谓汉高祖名邦，而当时通行的经颜师古校勘的《汉书》则不提汉高祖之名，但颜师古在《汉书叙例》"荀悦"条下，又说荀悦"撰《汉纪》三十卷，其事皆出《汉书》"。若依颜师古校勘为据，《汉书》本无，荀悦又依何本？是否存有荀悦自己杜撰或后人阑入的可能？

总之，这个因帝讳而不书的不寻常做法，确实让人不得不怀疑司马迁就是为掩饰汉高祖无名而为之，并为班固所继承。

探究二："邦"是名，"季"是字，讳"名"说"字"不言"邦"

此说的观点是：汉高祖的名就是"邦"，但说名是忌讳，故《史记》与《汉书》均说字"季"而不说名"邦"。

最早持此说的记载，前面已经讲到，是东汉末年的史学家荀悦在《汉纪》中最早指出了"汉高祖讳邦，字季"。这里之所以"讳邦"，是因为汉高祖本就名"邦"。

南朝裴骃所著的《史记集解》是现存最早的《史记》注本，其中记载："《汉书音义》曰：'讳邦。'"而《汉书音义》多被史家认为是由西晋臣瓒撰写。由此可见，古代持"讳邦"观点者大有人在。

假如我们赞同汉高祖本就名"邦"，应该说也有一定的道理。《史记·楚元王世家》载：

> 楚元王刘交者，高祖之同母少弟也，字游。高祖兄弟四人，长兄伯，伯蚤卒。……而王次兄仲于代。

这段记载告诉我们，汉高祖一共有兄弟四人，大哥字伯，二哥字仲，四弟字游。值得注意的是，这里不仅把刘邦三位兄弟的字都交代了，还特别点明了四弟刘游的名为"交"。那么刘伯和刘仲有没有名呢？刘伯去世早，其名无考,但刘仲的名确有记录在案。因为《汉书·高帝纪》中载:"匈奴攻代,代王喜弃国。"[①]

结合前说"王次兄仲于代",可以知道刘仲的名叫作"喜"。这说明汉高祖兄弟,除大哥刘伯之名无考外,二哥和四弟均有名有字。那么问题来了,难道唯独排序中间的汉高祖有字无名吗?这显然违背常理而难以圆说。如此说来,汉高祖以"邦"为名、以"季"为字,因而"讳邦"的观点似乎也是成立的。

后世对刘邦之名的取用与认识

仔细检阅史料,关于汉高祖的"邦"名,在后来有不同的认识和取用。

汉灵帝中平三年(186年)刻立的《张迁碑》,其碑文中有"《诗》云旧国,其命维新"之句。实际上《诗经·大雅·文王》所云为"周虽旧邦,其命维新"。《张迁碑》改"邦"为"国",这成为汉碑讳"邦"为"国"的孤证。但前此延熹元年(158年)《郎中郑固碑》有"邦后珍玮,以为储举"语;后此初平元年(190年)《圉令赵君碑》有"刊金石,示万邦"句,又都不避讳。这种前后不一之表述,显然让人难以判断适从。

"刘邦"作为汉高祖享誉后世的大名,后来在南朝梁代末年被首次使用出现。《梁书·世祖本纪》载:太清五年(551年),侯景杀萧纲于建康台城,南梁群臣在江陵上表劝湘东王萧绎称帝。萧绎说侯景未灭,自己还不适合登大宝,并以周武王和汉高祖举例,且直呼其名:"赤泉未赏,刘邦尚曰汉王;白旗弗悬,周发犹称太子。"此时,刘邦之名虽正式公开使用并记载,但也并未解释汉高祖名邦的由来。并且,萧绎在太清、承圣(547—554)年间自撰的《金楼子·兴王篇》中,也是仅言"汉高祖名季,父名执嘉",而再未出现"刘邦"之名。如果再仔细翻阅反映同时代历史的《全梁文》《梁史》《南史》《北史》等文献,也未发现刘季名邦的相关记述。萧绎一生著书甚多,在历代取得文学地位的帝王中,作为比肩"三曹"的"四萧"之佼佼者,他应该不会毫无根据地无中生有,其取处想来也应是源于荀悦之说,但为什么以后他又不再提及了呢?

直到唐朝,颜师古等人注释《汉书》、司马贞著《史记索隐》,引发人们的

---

① 《汉书·高帝纪第一下》,[汉]班固撰,中华书局,2012年4月第一版,第55页。

讨论与关注以后,汉高祖之名刘邦才开始为世人广泛认识并采用。但这并没有终止人们对刘邦之名由来的再认识,如前边讲到的清代王鸣盛就分析认为,汉高祖本有名,只是马、班讳之。他从因为马、班为汉臣以及史书体例的角度作出问答:

> 《史记》于高祖云字季,不书讳,余帝则讳与字皆书。《汉书》本纪因之,马、班自以为以臣故耳。其余各史则皆书讳某字某,沈约曾仕宋,而宋书亦皆书讳。夫史以纪实也,帝王之尊,当时为臣子者固不敢书其名字,若史而不书,后何观焉? 各史不袭马、班是也。①

王鸣盛的意思是,汉代其他帝王的名讳在史书中都有交代,后来各代史书中的帝王亦有名有字。如果因讳而不书其名,就不是纪实的史书了,后人怎么看呢? 所以后世的史家不因袭马、班的这种做法。

在 2012 年首播的电视剧《楚汉传奇》中,汉高祖出场一直使用刘季这个名字。当他成为沛公后,萧何对他说:你现在已经是一县之令,不能再让人称呼刘季;当年诸侯在洛水边朝拜周天子,有人写诗称赞说"天子万年,安家定邦",我觉得这个"邦"字很好,建议您改名为刘邦。这里不知编剧依何处史载说萧何为汉高祖取名为"邦",要知道一百多年后,汉宣帝将自己的名字由刘病已改为刘询的时候,专门发了诏书布告天下,汉高祖岂能悄悄将名一改了之? 但这也算是今人为汉高祖名"邦"出处的一种猜测或艺术性处理吧。

日本当代著名中国史专家佐竹靖彦,从西汉人扬雄编撰的《方言》一书中,发现有"膊,兄也"的记载,而"邦"和"膊"发音也很相近,即认为"刘邦"乃"刘兄"的意思。② 由于人们不能犯上直呼皇帝为刘兄,只好避讳不说亦不写。这又是今人一种新的判断认识。

复旦大学陈正宏教授在他的新著《时空:〈史记〉的本纪、表与书》一书

① 《十七史商榷》,〔清〕王鸣盛著,黄曙辉点校,上海书店出版社,2005 年 12 月第一版,第 15 页。

② 《刘邦》,〔日〕佐竹靖彦著,王勇华译,北京联合出版公司出版,2020 年 10 月第一版,第 25 页。

中,也未系统梳理刘邦其名的来龙去脉,而是仍然归因于避讳制度。他甚至这样含糊其词地说:

> 《高祖本纪》里高祖名字和生年的缺失,和这篇本纪里一再宣称的蛟龙、赤蛇、五彩云气等等,恰好形成一种反差很大的对比,并带上了一抹不易为人觉察的讽刺色调。[①]

"汉高未名"更实际,约定俗成名刘邦

由此看来,我们还是回到"汉高未名"这一判断认识上来予以讨论,更为合理实际一些。

虽然孔子说过"必也正名乎。名不正则言不顺,言不顺则事不成",但在读书识字很不容易的古代,给孩子起一个寓意美好的名字,也并非小户人家能够轻易办到的事情。小户人家生下孩子,多以排行或贱称敷衍应付,甚至几代无名无字的,也并不稀奇。即便以现在的农村习俗而论,以不分性别的子女排行,直呼为"二孩""三妮""四狗子"的也依然是屡见不鲜的常事。

就刘太公来说,他和刘媪只生有三个儿子,按照古代"伯、仲、叔、季"的排名,他们弟兄应该被依次称为"刘伯、刘仲、刘叔",按今天的通俗话讲,就是"刘大、刘二、刘三"。比如三国时期的孙策、孙权兄弟,他们的字就分别叫"伯符""仲谋";司马懿有兄弟八人,其名排序亦先后为伯达、仲达、叔达、季达……另外,古人单以"伯、仲、叔、季"作字的情况也是有的。比如春秋时期的齐国名相管夷吾,他的字就是仲;战国时期的纵横家范雎,其字是叔;先于汉高祖而和陈涉同时起义的另一首领吴广,字亦是叔;汉文帝时期的诤臣张释之,其字同汉高祖一样为季。

但问题是,古人虽然对兄弟如此排序,但作为老三的汉高祖是字"季"而非"叔",又应该怎样解释呢?他为什么越过老三而被呼为老四的"刘季"?也许还有人认为古人多以"季"为"小"的意思,但这又引申出了一个问题,刘邦并非兄弟中的老小,因为在他之后还有一个弟弟刘交,所以此说并不成立。现在的问题是,"刘叔"去哪儿了?

[①] 《时空:〈史记〉的本纪、表与书》,陈正宏著,中华书局,2020年5月第一版,第96页。

其实汉高祖前面还有一个姐姐，史称"宣夫人"。《汉书》记载："武哀侯、宣夫人，高皇帝兄姊也。"由于史书中对宣夫人几乎没有记载，所以只能猜测她排行老三，或许名字里还有个近于"叔"字的三丫头称谓，这也许是刘邦被称为刘季的原因。只不过就家族传承和世俗习惯而言，女孩子一般不按兄弟排列为序。因此，是否刘邦前边还有一位早夭的三哥，还是刘太公打破常规之做法，此事还真是难以探析明白，而无法再予深究。

那时，处于乱世的沛县丰邑中阳里农民刘老汉和老婆刘媪生下汉高祖，没给起名设字，而是按乡村习惯排行称呼为刘季或刘四也极有可能。《史记·高祖本纪》开篇仅谓高祖"姓刘氏，字季"，并不言名，后文亦以刘季相称，直至汉高祖攻下沛县被推为首领，始称其为沛公这一楚国制度下的县令称谓。究其实，"季"就是按出生顺序排行，亦非父母专起的字，只是叫习惯了，人们按字给予称呼。多年后长安未央宫落成时，正值刘太公寿辰，汉高祖置酒大会群臣，在为父祝寿时仍自称"季"，呼二哥为"仲"。再看《汉书·高帝本纪》，开篇对刘邦的名和字均避而不提，而是直接称高祖。

《史记》《汉书》作为汉朝官修正史，无疑是关于汉高祖最权威的第一手史料，但它们均回避了人物传记必须开宗明义清晰交代的名字，显然是确实不知道的无奈之举。

总之，汉高祖"邦"名之由来一直难以厘清，其称谓也只能按最早荀悦所说沿用，并为后世约定俗成。

二、出生年份

上述关于汉高祖名"邦"之称谓由来，虽然一直没有十分清楚合理的最终释解，但也约定俗成地被后人认可传到现在。可在汉高祖刘邦的出生时间上，则出现了颇有争议的两种说法，且延续至今仍未有定论。这两种说法，分别出自《史记》和《汉书》的注解之中。

皇甫谧说：刘邦出生于公元前256年

这种说法流行较广，因为专为《史记》作解的《史记集解》就引用了此说。该书作者是南朝宋的裴骃，他的父亲裴松之曾为《三国志》作注，裴骃继承家传，写了《史记集解》一书，并成为后世解释《史记》的权威之作。《史记集解》记载：

> 皇甫谧曰：高祖以秦昭王五十一年生，至汉十二年，年六十二。

推算下来，即刘邦出生于公元前 256 年。

裴骃在这里引注的皇甫谧是西晋的一名医学家，而并非专业的历史学家，但他业余爱好历史，并写过《帝王世纪》一书。裴骃所引用"皇甫谧曰"就是出自此书。

《帝王世纪》是一本记载上自三皇五帝下至曹魏的帝王专纪，其中关于刘邦的介绍仅有 400 余字，也没有说明刘邦出生于秦昭王五十一年的来龙去脉。至于皇甫谧究竟以何为据提出此说，已难以上溯。故此，我们现在也只能依据裴骃的认识，以皇甫谧所说作为刘邦出生于公元前 256 年的最早出处。并且，后世史学家们的讨论也是一直围绕皇甫谧之说展开的。

臣瓒说：刘邦出生于公元前 247 年

这种说法来自《汉书·高帝纪》中的注解：

> 臣瓒曰："帝年四十二即位，即位十二年，寿五十三。"

即刘邦出生于公元前 247 年。

这里说的"臣瓒"也是一名西晋的学者，他专注于注解《汉书》，并著有《汉书集解音义》二十四卷，因而在后世版本的《汉书》注解中，可以不断看到"臣瓒曰"。"臣瓒"应该不是他的本名，后世猜测，西晋校书郎傅瓒、西晋大臣薛瓒都有可能是这个"臣瓒"。但最大的可能是傅瓒，因为校书郎的职责使傅瓒有条件撰成了《汉书集解音义》一书，使他成为那时最权威的《汉书》解析者，这也因此为唐代颜师古等后人阅读和研究《汉书》提供了方便。而薛瓒由于史书对其记录不详，故不能说明他曾从事过历史研究工作。

根据"臣瓒曰"，刘邦 42 岁即位，在位 12 个年头（从任汉王算起），死于 53 虚岁。即刘邦出生于公元前 247 年。

但问题是，臣瓒同样作为距汉高祖 500 多年的西晋时期人，他的结论来自何处，也是没有任何更早一些的文献记载可以作为支撑。

如此,在没有更有力的史证提出新见解的情况下,后世的人们也只能以皇甫谧或臣瓒的结论一代代相传下去。

对史书中出现的刘邦两个不同出生年份的记载,后人们多采用了《史记集解》中的说法,即刘邦出生于公元前 256 年。因为《史记》作为早于《汉书》的史书,人们也许大多更相信对历史时间最接近记载而给予的解释,更何况司马迁还具有纪传体鼻祖的学术地位。当然,也或许在人们的潜意识中,均希望刘邦活得长久一些,而更愿意选择刘邦于 62 岁寿终这个结论。

事实也许如此,但始终不能让人释怀的是,对两种结论无论怎样选择,刘邦的出生时间一直是一个没有最终定论的问题。这也因此成为历代史学家们心中长期隐隐存在的学术之痛。

我们回首查阅公元前 256 年和公元前 247 年的历史,不免会有惊奇的发现,因为这两年都是极为不平凡的重要年份。

公元前 256 年(秦昭王五十一年),秦国灭掉了具有 800 年历史的天下共主周朝,周赧王降并于当年卒。这标志着长期一统的华夏民族走向了形式上的完全分裂,而早已发生的“七雄”互相对峙攻伐的局面也将会更加严峻。

公元前 247 年,秦庄襄王病死,13 岁的嬴政继秦王位。这标志着这个后来成为中国历史上第一位皇帝的人,开始走上自己人生的政治舞台。同年,魏国信陵君魏无忌联合五国组成联军西向攻秦,大败秦军于河外,亦说明六国共同抗秦的战火熊熊燃起。

也就是说,刘邦无论出生在这两年的哪一年,他都是一个出生在极不平凡年份的人。这或许预示了刘邦将来的不平凡人生,并有助于我们理解司马迁在《史记·高祖本纪》篇中,为什么多写有“刘媪梦与神遇”“见其上常有龙”“赤帝之子”“季所居上常有云气”等诸多神化刘邦之处。

但是,如果说刘邦出生在不平凡时代而必会成为不平凡的人,似乎过于牵强,因为出生在这样两个年份的人何止万千?并且,这也只能说明时间的巧合渲染了刘邦出生的时代背景,而并不能有助于我们选择确定刘邦两个出生时间的其中之一。

那么,我们怎么才能判定上述两个时间中的其中之一呢?

本书在这里提出三条分析研判路径：

①从《史记》和《汉书》的正文中寻找依据

《汉书》中关于刘邦的记载，基本上是复制于《史记》，特别是关于描述刘邦出生、体征及性情的前边两段内容，完全一字不差。逐字揣摩推敲这两段与刘邦生年有关的内容，发现第一段中"刘媪尝息大泽之陂，梦与神遇。是时雷电晦冥，太公往视，则见蛟龙于其上。已而有身，遂产高祖"这句话，并未说刘媪怀孕及生产刘邦的年份，只是隐含了刘媪怀孕的季节，即刘媪在田间务农休息时，天空突然出现电闪雷鸣，这显然是夏天一般才有的天气景象。怀胎十月分娩，那么刘邦也大概率出生在次年的春末夏初，但这也仅能说明季节而已，却并不能说明刘邦出生的年份。

再看第二段中的"及壮，试为吏，为泗水亭长，廷中吏无所不狎侮"这句话，其中的"及壮"二字应该涉及刘邦的年龄问题。"及壮"是什么意思呢？大多译文对此解释为"长大后"。何谓长大后？长到多少岁为大？显然这样解释太模糊了，而且也不能就此说明刘邦出生的确切年份。

统一中原前的秦国，对百姓纳税和征兵的年龄以17岁为开始，可理解为17岁已达到长大后的成年标准，但是否认为是"及壮"呢？不能定论。因为古代还有一个较为统一的对年轻男子年龄段的描述：满20岁为弱冠，行加冠礼，以示成年，因身体犹未壮，故称"弱冠"；到30岁时为"而立"，因《论语》有云："三十而立，四十而不惑。""而立"在这里指事业开始有成，"不惑"则是指懂得了天下道理。还有，《礼记·曲礼》说"三十曰壮"，亦称为"克壮"。因为人至30岁时身体发育已基本停止且已形成肌肉，从而身体也进入了"及壮"的时候，人们因此一般指30—40岁为壮年。实际上，在《汉书》的注释中，生活于三国时期的如淳还有一种说法，即"未二十三为弱，过五十六为老"①。意思仿佛是过了23岁也算"及壮"。

如果我们依通常认为达30岁即"及壮"进行推断，那么刘邦在进入30岁时被"试为吏"做了泗水亭长，是什么时间呢？

我们先以皇甫谧关于刘邦出生于公元前256年的结论分析。如果刘邦是在及壮的30岁"试为吏"，则是在公元前226年，这时秦国还没有一统天

---

① 《汉书·高帝纪第一上》，〔汉〕班固撰，中华书局，2012年4月第一版，第33页。

下，而是灭掉韩、赵、燕后，和齐、魏、楚三国并存的时期。此时的沛县还隶属于犹存的楚国，刘邦又怎么会做了秦国治下的泗水亭长呢？秦王嬴政灭六国始称皇帝发生在公元前 221 年，而刘邦做亭长的时间只能发生在公元前 221 年后的秦朝时期，而这时刘邦的年龄早已超过"及壮"而到 35 岁以上了。由此可见，刘邦出生于公元前 256 年的结论，如果按照 30 岁"及壮"推算，则和《史记》所载存有极大的矛盾。

如果我们选择"臣瓒"所说，刘邦出生于公元前 247 年，那么刘邦 30 岁为吏是否成立呢？按此说，刘邦 30 岁时是公元前 217 年，这时秦朝已成立 4 年，刘邦此时做了秦朝治下的泗水亭长应该是可能的，因为推荐其任职的萧何，已出任沛县的"主吏掾"多年，而具有一定的话语权了。实际上，刘邦出任泗水亭长的时间还要早上几年，关于这一点，后面还将提及。总之，如果以 30 岁为"及壮"之年进行分析，或认可如淳过 23 岁亦为"及壮"的说法，"臣瓒"之说要比皇甫谧所说站得住脚。

②从对刘邦的身边人予以比对分析来寻找依据

第一个可用于选择分析的证据，来自淮南王黥布。

关于刘邦的出生年份，在 1993 年后的几年曾经引起过一番讨论，因为那时《刺秦》《西楚霸王》等电影的热播，带动了秦汉史讨论热。当时上海师范大学曾维华教授就写过《汉高祖刘邦生年考》一文，并发表在本校学报 1993 年第 4 期。

曾维华认为，《史记》中黥布的说辞是一个重要参考。汉十一年（前 196 年），黥布起兵叛汉时，谓其将曰："上老矣，厌兵，必不能来。"即：皇上刘邦已经老了，这几年他一直讨厌打仗，如果我们造反，他肯定不能亲自带兵来。曾维华就此解释说：我国古代称男子为"老"，一般指六七十岁者。所以说，刘邦必定出生于公元前 256 年，因为此时他已经跨进 60 岁这个老人的界定门槛。

曾维华还认为，《史记·项羽本纪》中张良与刘邦的一段对话，是第二个参考依据：

沛公曰："孰（指项伯）与君少长？"良曰："长于臣。"沛公曰："君为我呼入。吾得兄事之。"

曾维华分析说,从这段记载看,刘邦的年龄应当小于张良或与其相同,因为项伯长于张良,所以刘邦也愿意以兄长事项伯。张良出生于韩国世家大族,他的祖父和父亲都曾任韩国的相国。韩国在前233年被秦国臣服,在前230年灭亡,张良因年少未曾在韩国做官。而他的父亲死在韩悼惠王(桓惠王)二十三年,即公元前250年,也就是说最迟在这一年张良已经出生了。所以,推论张良出生于公元前250年之前,而刘邦也应该是公元前250年前生人。

　　曾维华的文章发表后引来了争议。新乡师专张振台教授在《河南师范大学学报》1994年第4期发表了《汉高祖刘邦生年考》一文。他认为以黥布的说辞为例,并不能证明刘邦出生于公元前256年。因为《汉书·高帝纪上》记载:汉王刘邦出汉中取关中后,令"举民年五十以上,有修行,能帅众为善,置以为三老,乡一人。择乡三老一人为县三老,与县令承尉以事相教,复勿徭戍"。设"三老"而被赋予的职责是掌教化,所以刘邦还同时提出了"年五十以上,有修行"的选任要求,即必须是德高望重的年长者。因此,如果依《汉书》记载刘邦出生于公元前247年,那么他在出征平黥布的公元前196年已经51岁,同样也符合黥布关于刘邦"老矣"的说法。

　　对于曾维华所引用的第二个依据,张振台认为更不能说明刘邦出生于公元前256年。因为即便以张良出生于公元前250年之前为参考,出生于公元前256年的刘邦还应该比张良大上几岁,因为史书记载张良由于年龄小未能赶上在韩国出仕,说明张良在韩国臣服秦国的公元前233年或刚到17岁,如此刘邦以张良的年龄为比照而称项伯为兄似乎很不合理。但如果刘邦出生于公元前247年而比张良小上几岁,这样刘邦以张良年龄比照而称项伯为兄,反而是说得通的。

　　那么,刘邦究竟生于哪一年,史书中确实没有给予准确的历史结论,我们似乎也只能循曾维华的思路,进行更多人物事件的分析比对而予以佐证。

　　项羽既是刘邦后来的主要对手,也是曾经同进共退的结义兄弟,就其二人间发生的诸多故事,对其年龄比对判断应不可或缺。

　　在公元前208年,反秦复楚的共同目标使刘邦和项羽共同聚集在楚怀王麾下并约为兄弟。项羽出生于公元前232年,假如刘邦出生于公元前256

年,那么在约为兄弟的公元前208年,刘邦已48岁,而项羽才24岁。刘邦48岁的年龄甚至应该比项羽叔父——项梁的年龄还要大一些,如刘邦和小于自己24岁的侄子辈项羽约为兄弟,似乎与人之常理相违背,并且当时刘邦投奔的是项梁而非项羽。假如刘邦出生于公元前247年,在公元前208年这一年刘邦39岁,比24岁的项羽大了15岁,其相互约为兄弟还应该说得过去。

所以,依此分析比对,刘邦出生于公元前247年的结论应该更为合理一些。

同样,我们还可以从王陵的年龄推算刘邦的生年。王陵出身于沛县的豪强大族,刘邦在发迹之前对王陵很尊重,常以兄长之礼对待之,即"高祖兄事之"。刘邦性格自由洒脱,在其当亭长时与县衙里的官吏相处也是放诞不羁,"廷中吏无所不狎侮",但他对王陵却格外尊重。其个中缘由,除了王陵出身大家族的身份及为人直爽以外,王陵确实比刘邦年龄大应该是一个更为直接的因素。不然以刘邦无视权势富贵的随意性格,不会以兄长的称谓礼节来对待一个比自己年龄小的人。

由此,这使得我们不得不关注到刘邦临终遗言的内容。他安排在萧何之后由曹参继任相国,曹参之后再由王陵和陈平分别任右、左丞相之位。如果刘邦是公元前256年出生,则此年他为62岁,而王陵应该还要大于62岁。一般情况下,王陵待萧何、曹参相继过世之后再接任相位时,其年龄也应该70岁左右了(实际上萧何、曹参分别在次年和第六年去世)。刘邦安排年龄小一些的陈平接续曹参之后的相位当属合理(刘邦最初重用陈平时,周勃、灌婴等人曾提出汉王怎么轻易任用外来的年轻人来监护我们这些年长武将的疑问),而在自己已老至将死之际,还安排比自己年长的王陵以后同陈平做搭档,就似乎没有道理了。这只能让我们推测,如果《史记》中关于刘邦临终前的人事安排记载是真实的,那么王陵的年纪应该不会很大。同理,刘邦临终时的年纪也应该没有达到62岁,而是53岁,即刘邦出生于公元前247年。这样,刘邦安排当时50多岁年龄的王陵,等待接续下下任的丞相职位才是有可能的。

上述黥布、项羽、王陵等人,虽然均曾因共事而和刘邦产生过不同的交集,但以其所说或年龄比对而证明刘邦生年,还不足以让人信服。因此,我们再通过刘邦身边亲人的年龄而予以推理分析,似乎更为靠谱一些。

先说刘邦的父亲刘太公。史书中有关于刘太公的多次简要记录,他在刘邦的人生记载中是一个不可缺少的人物。

根据《史记》和《汉书》记载,刘邦前边还有两个哥哥和一个姐姐。虽然古代结婚年龄相对较早,即便不考虑刘邦前边是否还有兄姐幼时夭折的情况,推断刘太公与刘邦也应有20岁的年龄差距。因为年刚20岁就已生有4个孩子的人,在古代民间也不多见。

假设刘邦在公元前256年出生,则刘邦被分封为汉王时(公元前206年)为51岁,刘太公则至少为71岁。这一年刘邦从汉中还定三秦,并于次年携五路诸侯兵马,顺利攻入项羽的都城彭城,之后被项羽反击败逃。刘太公则在刘邦大败之时和吕后等家人一起被项羽俘虏,成为人质。即"羽常置军中以为质"。

刘太公这时已是一个至少72岁的老人了,从汉二年四月被项羽俘虏到汉四年八月楚汉议和、项羽送还,刘太公在楚军中又做了两年多的人质。我们很难想象刘太公作为已70多岁的古稀老人,被长期关押在军中受苦会多么无奈和伤悲。一个平生喜好"酤酒卖饼,斗鸡蹴鞠"的普通市井小民,有如此过人的毅力和体力吗?这还不算,最后刘太公还被项羽捆绑置于火焰熊熊的大鼎之旁,以烹杀之胁迫刘邦投降,这需要刘太公多大的心胸与胆魄啊?但刘太公在此之后还依然头脑清晰、身体康健,在随刘邦移居长安后还又好好地活了6年,直到汉十年才离世。这样算来,刘太公寿终时至少已经81岁的年龄了。

由此可想,刘太公在楚军中做人质的时候可能没有那么高的年龄。也就是说,刘邦在楚汉相争之时,也并没有达到可能出生于公元前256年而已经有50多岁的年龄。

关于刘太公的年龄,还有一个例证推断。汉五年,刘邦登基称帝后,遵守孝道的他每五天就去看望一次太公,并每次都主动施礼下拜。直到有一回负责照顾刘太公的家令私下对太公说:"天无二日,土无二王……奈何令人主拜人臣!"才使太公醒悟,感到不妥。怎么处理这个问题呢?家令建议太公在刘邦到来时,抱着一个扫帚在门口以臣民之礼迎接,等刘邦快要进门的时候主动倒退着把刘邦让进门来。当刘邦下次再来看望父亲时,见到"太公拥彗,迎门却行"而感到震惊,赶紧下御辇搀扶太公,他这时才意识到该给老父亲一个名位了。之后,刘邦尊太公为太上皇,并赏赐了家令500斤黄金。

通过这件事说明了什么呢？这一年是汉六年（前201年），如果刘邦是公元前256年出生，则此年应为55岁，刘太公则至少75岁了。在古代如此古稀年纪还能拥彗退行，显然刘太公的身体不是一般的好。由此是否可以反过来佐证，刘太公并非如此高龄，而刘邦也不是出生在公元前256年，而是公元前247年。

我们再分析比对和刘邦有着夫妻关系的吕雉的相关情况。

刘邦在做泗水亭长时，曾不带一文去吕公家赴宴贺其乔迁之喜。因吕公善于相面，不仅不生气，反认为刘邦面相异于常人，硬是不顾老婆的反对，把女儿吕雉嫁给他为妻。这事发生在哪一年？史书没有记载。时年吕雉芳龄几何？史书同样也没有记载。对此，我们只能从吕雉的儿子汉惠帝刘盈的生年予以推断，因为史书明确记载了刘盈出生于公元前210年。但同时需要注意的是，刘盈还有一个名叫鲁元的姐姐，而鲁元是在公元前203年嫁给了张敖，按照鲁元15岁出嫁计算，鲁元应该出生在公元前218年。也就是说，吕雉最有可能是在公元前219—前220年嫁给了刘邦，并于第二年或第三年生下了鲁元。而吕雉的年龄如按15岁出嫁16岁生孩子推算，其出生时间应该在公元前234年或更早一些。并且，根据《史记·高祖本纪》中吕媪责备吕公的话："公始常欲奇此女，与贵人。沛令善公，求之不与，何自妄许与刘季？"即吕公非遇到贵人，则不嫁此女，甚至连好友沛县令为子求婚也没有答应。这样说来，似乎吕雉嫁给刘邦时已经被父亲吕公耽搁了数年。因此，吕雉的出生年份还应该在公元前234年的前几年，即吕雉结婚时的年龄也应该大于16岁。再根据荀悦注解"讳雉之字曰野鸡"[1]而推测，吕雉或因属相为鸡而得名，因为根据睡虎地秦简记载，人的十二生肖属相在先秦已经出现使用。如果此推测成立，吕后应出生在公元前239年，而出嫁刘邦时已经是近20岁的"老姑娘"了。

假如刘邦出生于公元前256年的话，他在公元前220—前219年结婚时已经36—37岁，大了吕雉17—18岁；假如刘邦出生于公元前247年，则在前220—前219年结婚时正值27—28岁，大了吕雉约8—9岁。

由此，我们不得不以常人思维推论之。在2000多年前的古代，古人多难

---

① 《汉书·高后纪第三》，〔汉〕班固撰，中华书局，2012年4月第一版，第83页。

以长寿,而女儿出嫁也一般较早,不然刘盈也不会在接任皇位后,为迅速增加社会人口,出台女孩子如达 15 岁仍不出嫁需征收 5 倍税赋的政策了。也就是说,正常女子结婚的年龄一般在及笄的 15 岁。但由于吕公看好自己的女儿,就连有恩于己的沛县令求娶吕雉为媳也未答应。但当吕公见到刘邦后,就直接推荐自己的女儿嫁于刘邦,这未免有些不自重了。即便吕公认为刘邦未来可期,但一个年龄大了女儿近 20 岁,已经和自己年龄相近的中年男人,会让吕公如此迫不及待吗?因此,如果这时的刘邦已经 36—37 岁是很难获得吕太公青睐的。反过来说,如果此时刘邦仅为 27—28 岁的大龄青年,则肯定会大大提高吕太公的认可与欣赏。

因此,从吕太公选刘邦为婿之事,也应该可以印证刘邦不是出生于前 256 年,而是出生在前 247 年。

我们还可以根据刘邦侄子刘濞的出生时间来推算刘邦的生年。

刘濞是刘邦二哥刘仲的长子,他曾在公元前 195 年跟随刘邦平叛英布。史书就此记载:"黥布反,高祖自将往诛之。濞年二十,以骑将从破布军。"[①]这说明刘濞出生于公元前 215 年或前 214 年。由此推断,如果刘邦出生于公元前 256 年,那么他的二哥刘仲应出生在公元前 257 年之前。也就是说,刘仲在不小于 42 岁时的前 215 年才生了长子刘濞,并且在后来又生了次子刘广。显然,这样一种推算结果是极不符合常理的。

所以,从以上诸多的人物及发生的事情推断,刘邦出生于公元前 247 年应该更为合理一些。

③史学家们的辨识

《史记》和《汉书》是介绍西汉正史的最权威史书,但他们对大汉王朝创始人刘邦的出生年月都没有予以正式记载。《史记》如此还尚可理解一些,因为司马迁是在受腐刑前后著述《史记》,并在完成后很快就去世了,他很可能没有时间深究这一当时还难以说清的问题。而《汉书》专为西汉一朝立传,却唯不记载西汉王朝创始人、太祖高皇帝刘邦的出生年月,却对后代皇

---

① 《汉书·荆燕吴传第五》,〔汉〕班固撰,中华书局,2012 年 4 月第一版,第 1673 页。

帝的生年均一一清楚交代,这就实在让人难以理解了。对此个中缘由,我们也只能认为作者班固也确实没有厘清刘邦的生年,而只好如司马迁一样予以省略之。

遗憾的是,在班固之后的一段后续岁月里,史学家们应该还有可能把刘邦的生年继续搞清楚,但依然没有任何学者就此深入探究,致使刘邦的出生时间随岁月流逝变得更加模糊起来。直到一二百年后的晋朝时期,史学家们才开始对此问题予以重视,但由于史证的不足,也因此产生了不同的认识分歧。这些认识分歧至现在,尚见于史学的主要有两种不同意见,即分别记载于《史记集解》和《汉书》注解中的皇甫谧和臣瓒的不同观点。

如果从前面对有关人事的比较分析,仍感到不能清楚刘邦的真实生年的话,我们还可以从西晋以后一些史学家对两种观点的认识作以陈述分析。

东晋秘书监、史学家徐广,曾著《史记音义》十二卷,其中说刘邦起兵那年48岁,此说法与皇甫谧的记载相符。

南朝宋时期的学者裴骃,在其所撰《史记集解》中采用了皇甫谧和徐广的结论。但裴骃在注解《史记》时,除在刘邦生年的问题上采用了皇甫谧的说法外,其他许多地方则引用了臣瓒所著《汉书集解音义》中的内容,并且裴骃还在序言中专门探讨了臣瓒的真实身份。作为《史记》最早的注解专著,《史记集解》具有很高的权威性,历代研读《史记》之人均将其奉为圭臬,因此《史记集解》中关于汉高祖生于公元前256年的说法得到了后世更多的认可。如当代史学家董家遵于1957年发表的《汉高祖生年考》〔载《中山大学学报(社科版)》1957年第3期〕一文,就比较认可《史记集解》的观点。

不容忽视的是,臣瓒的说法也得到了后世较多史学家的重视。

唐朝秘书监颜师古为便于太子读《汉书》,在作注的时候对臣瓒的观点予以了采用。颜师古敢于在为太子所读的《汉书》中坚持注释臣瓒的观点,应该有其可以解释的史证理由,只是现在的我们不知道而已。

宋元之际的著名史学家胡三省在其《资治通鉴音注》一书中,也在刘邦的生年问题上采用了臣瓒的说法。

清朝史学家王鸣盛也表示赞同臣瓒的观点。他在其著作《十七史商榷》中说:"汉书高纪臣瓒注则云:'帝年四十二即位,即位十二年,寿五十三。'若如此说,则高祖以秦庄襄王三年岁在甲寅生,至起兵之年,年三十九,为汉王四十二,即真四十六。愚谓当从臣瓒。"并且他还认为:"秦昭王五十一年,周赧王以是年卒，皇甫谧欲推汉以继周，故妄造此言，……其实非也。"①

对皇甫谧和臣瓒的两种说法，历史上一直众说纷纭，但显然无法同时成立，至少有一个不对，甚至可能两个都不对。可在我们没有更有力的史证而提出第三种说法的情况下，只有遵历代史家之思路就其二者选其一。

④本书的观点认识

关于皇甫谧及其观点的可信性。

皇甫谧算是名门之后，因为他的曾祖父皇甫嵩曾经在东汉末期担任太尉，后来他的祖父也曾担任过县令，但至此家道已开始中落。生活于西晋时期的皇甫谧没有出仕，而是勤奋学习，成为学问渊博、著作等身的文史大家。皇甫谧对历代帝王世系很感兴趣，他专门写了一本《帝王世纪》，详细记述从上古三皇五帝下至汉魏历代帝王的家系与传承。就是在这本书中，皇甫谧指出刘邦是秦昭王五十一年出生。

《帝王世纪》这本书相比于《史记》和《汉书》，在帝王世系的很多细节方面记述更为丰富。但其最大的问题就是其中不少内容采自谶纬图书或诸子杂书，甚至有些内容也可能就是皇甫谧自己编造出来的，这就使得其中某些内容的可信度不是很高。

所谓谶纬，指的是预示兴衰吉凶命运的隐语以及包含这些隐语的图书。东汉至魏晋时期，谶纬术一直流行。这些谶纬穿凿附会，本来不足为信，然而皇甫谧却对此多有引用。如汉代无名氏创作的纬书《春秋握诚图》中说，刘太公名为"刘执嘉"，刘媪名为"王含始"，对这一并不见于《史记》和《汉书》的记载，皇甫谧予以了引用。不仅如此，他还在此基础之上又创造出一些荒诞不经的故事，甚至连刘太公的出生也是其母梦龙而孕。他在《帝王世纪》中记载："丰公家于沛之丰邑中，其妻梦赤鸟若龙，戏己而生执嘉，是为太公，即太上皇也。"他紧接着又记载说："太上皇之妃曰媪，是为昭灵后，名含始。游于洛池，有玉鸡衔赤珠出，刻曰：玉英，吞此者王。含始吞之，生邦，字季。"②这两段话的意思就是，不仅刘邦的祖母梦见一只其状若龙的鸟生下了

① 《十七史商榷》，〔清〕王鸣盛著，黄曙辉点校，上海书店出版社，2005年12月第一版，第17页。

② 《帝王世纪 世本 逸周书 古本竹书纪年》，〔晋〕皇甫谧等撰，齐鲁书社，2010年1月第一版，第56页。

太公,太公的妻子王含始,也是因为在洛水吞下一只玉鸡衔的赤珠才生下了刘邦。显然,这些内容与《史记》中没有的或已有的刘媪在丰邑遇龙于野的说法并不相符,二者都是神化之笔,均不可信。并且,刘邦之母当时作为一个两眼一抹黑的农村少妇,怎么从丰邑跑到千里之外的洛水之滨游览去了呢?这也不仅使人联想到,关于商朝始祖契的母亲简狄吞下鸟卵而生契的传说,这实在让人感觉有牵强附会之嫌。如此,这种对本为传说的高度模仿,还能让人坚信皇甫谧关于刘邦生于公元前256年的观点吗?

实际上,皇甫谧所说也并非完全无据。因为在那个信神灵而着意塑造帝王乃天命所归的时代,一些政治清醒的著名思想家也难免迷失其中。如生活于东汉中后期的王符在其所著《潜伏论》一书中,就有"含始吞玉珠,克曰'玉英生汉',龙感女媪,刘季兴"①的记载,以及轩辕黄帝及后代出生时所发生的天地异象等。这或许就是皇甫谧之说的出处,而不完全是自己一味地生编乱造。

尽管如此,颜师古在注《汉书》时还是在多处对皇甫谧进行了痛切的批评。他说皇甫谧这些人妄自引用谶纬,强行给刘邦的父母取名,而这些名字都不见于正史,实在是不可取。此外,《史记》《汉书》等正史中,对孝惠皇帝的张皇后、孝文皇帝的薄太后以及薄太后的父亲都没有记载名字,但皇甫谧也都在《帝王世纪》之中给他们安排了名字。颜师古斥问,这又是从何而来呢?

由此可见,虽然皇甫谧所作《帝王世纪》对于后世整理史籍也起到了很大的参考作用,但其中的内容也不能完全不加辨别地取信。有理由相信,皇甫谧并不一定确切知道刘邦的生年,他只是按照自己的思考给刘邦安排了一个想当然的生年。

关于臣瓒及其观点的可信性。

由于史料的缺失,对于臣瓒我们说不出他的身世由来,也讲不出他是否有如皇甫谧一样自由驰骋的文史才华,我们也因此只能就他的观点作以梳理判断。

臣瓒提出汉高祖刘邦驾崩之时"寿五十三",由此推算出刘邦出生于公

---

① 《潜夫论》,〔东汉〕王符著,马世年译注,中华书局,2018年1月第一版,第454页。

元前247年。但由于臣瓒没有提出相关的史料出处，因此这种说法实际上也没有十分有力的佐证。现在能够用来正面说明这种说法可信性的依据，主要就是臣瓒在注解《汉书》的过程中，不仅对刘邦的登基年龄、在位时间、寿命作了详细说明，而且对《汉书》中以"本纪"记载的皇帝年龄都作了详细介绍。比如汉文帝"年二十三即位，即位二十三年，寿四十六也"，汉景帝"年三十二即位，即位十六年，寿四十八"，汉武帝"年十七即位，即位五十四年，寿七十一"，等等。

当然，臣瓒所注的这些除刘邦之外的西汉皇帝的生年资料，在《汉书》中基本上都有记载，对他们的继位年龄、在位时间、寿命等都可以由此推算出，所以也不能由此推断唯独臣瓒全面掌握了西汉所有皇帝的资料。但既然臣瓒从头到尾地把西汉每一位皇帝的生卒及在位时间都作了交代，说明他对人物介绍的内容结构有着统一的严格规范要求，而不是为单纯编造刘邦的生年而信口开河。由此可以判断评价，臣瓒注解《汉书》是极为严谨和负责的。至于臣瓒当时是否还真有可资参考的权威性史料，来作为对刘邦生年的注解依据，也未可知。

此外，臣瓒的注解就事论事、表述简洁、文风朴实，就其写作风格表现而言，也确实具有较强的可信性和较高的权威性。

综上所述，应该可以得出以下结论：

关于刘邦生年的两种说法之中，第一种皇甫谧关于刘邦生于公元前256年说法，其可搜寻并予旁证的史料显然不足；第二种臣瓒关于刘邦生于公元前247年的说法，可以分析出具有较多支持意义的推论，虽然还不能说一锤定音，但确实具有更大的说服力。

况且，《史记》中关于刘邦"及壮，试为吏"的记载，所具有的指示性，也基本反映了臣瓒所持观点的正确。因为依照皇甫谧刘邦生于前256年的说法，刘邦"及壮"的前226年秦朝还未建立，何来"试为吏"呢？

三、出生地

关于刘邦的出生地，《史记》中已有记载，即"沛丰邑中阳里"。也就是今天的江苏省丰县中阳里街道的范围。但值得进一步探讨的是，"沛丰邑中阳里"指的是属于哪一个时代和哪一国的称谓？何谓"邑"？何谓"里"？

"沛丰邑中阳里"是战国末期刘邦出生时的地名称谓

司马迁所指"沛丰邑中阳里"这一称谓的时间，应该有两个可以分析判断的时间段：

一是司马迁按照写《史记》时的行政地域划分为依据，指出刘邦的出生地，是西汉中期的沛郡丰县中阳里。

二是司马迁以刘邦出生时的行政地域划分为依据，指出其出生地，是战国末期的楚国沛县丰邑中阳里。

对第一个分析判断的时间段可以首先排除。因为刘邦建汉后，为提升家乡沛县的名声，将秦时沛县所隶属于的泗水郡更名为沛郡，并同时划归沛郡下属"县三十七"。《汉书·地理志》就此记载："沛郡，故秦泗水郡，高祖更名，治所在相县，辖相、萧、丰、沛等三十七县。"也正因此，几年后刘邦探望沛县时，把沛县设为汤沐邑而不包含已分置出去的丰县，故沛县父老请求刘邦"哀怜之"而以丰"比沛"。也就是说，自西汉建国初始，丰邑独立设县并直接隶属于沛郡，而不再是沛县下属的一个城邑。因此，如果《史记》中的"沛"是指西汉中期的沛郡，司马迁应该写为"沛郡丰县中阳里"，或"沛丰县中阳里"，而不是"沛丰邑中阳里"。不然司马迁为什么非要把已为县治的丰县写为丰邑呢？

因此，本书肯定第二个分析判断，即："沛丰邑中阳里"是指战国末期刘邦出生时的楚国地名称谓。

如果肯定第二个分析判断，还有必要从沛县初始的历史，以及沛县、丰县分别设置县治的时间简单说起。

沛县地域古称"沛泽"。相传唐尧时，名士许由拒不接受尧的禅让，为躲避而隐居于沛泽，这说明此地当时乃是一大片水泽、陆地相间的丰沛茂盛之地。后来又有老子在沛泽隐居悟道之史说。而"沛"作为地名，不仅出现于《史记》，也在反映春秋战国历史的《战国策》中有记载，其中说："楚破南阳、九夷，内沛。""九夷"是先秦时期对居住在淮河中下游部族的泛称，此处虽不能说明当时"沛"的行政建制，但也说明"沛"地在"九夷"范围内，是值得单独提出而颇有影响的一片地域。公元前286年之前，沛地隶属于宋国。但至公元前286年时，宋国被齐、楚、魏三国灭掉瓜分，沛地归属为楚国。而战国

26

期间各战胜国普遍的做法是在侵吞他国的地盘上设立县治,如楚国在公元前706—前701年时,就将灭掉的权国改设为权县,是周代最早设立县治的诸侯国。由此可以判断,沛地自属楚国后就已经被设置为县了。

公元前221年,实现全国统一的秦始皇推行郡县制,分天下为36郡,泗水郡(《史记》亦记载为泗川郡)为其中之一;泗水郡辖沛县,沛县辖丰邑。再据《汉书·地理志》载,汉高祖六年(前201年)设楚国及沛郡,丰邑独立为县,成为和沛县并列的沛郡下属37县之一。但此说和东汉荀悦所著《汉纪》不同,《汉纪》中记载:高祖十一年(前196年),刘邦灭黥布返沛,以沛为汤沐邑,"既至长安,立丰县"。① 即丰邑是在前196年从沛县分置为县的。虽然史书记载不同,但也均说明了丰县是在刘邦称帝时期独立设置为县的。自此以后,虽朝代屡有更替,但沛县和丰县一直各自存在并延续至今。

上述所说是不可省略的历史铺垫,因为就此分析,才能说明《史记》中"沛丰邑中阳里"之称谓所对应的年代。也就是说,自公元前286年宋国灭亡起,沛地归属楚国已经设立为县,而作为当时其治下的丰邑中阳里,在刘邦出生时的公元前247年被称为"沛丰邑中阳里"当无问题。同样,自秦朝始至汉朝建立,虽然沛县隶属于秦新设置的泗水郡,但沛县的建制与管辖范围没变,因此对当时刘邦出生地"沛丰邑中阳里"的称谓也依然准确。至于丰邑分置为县,那已是刘邦称帝以后的事情了。

对此,应劭、孟康、师古三位先辈史学大家,早已在《汉书》中作出了相同的注释说明:

> 应劭曰:"沛,县也。丰,其乡也。"孟康曰:"后沛为郡而丰为县。"师古曰:"沛者,本秦泗水郡之属县。丰者,沛之聚邑耳。方言高祖所生,故举其本称以说之也。此下言'县乡邑告喻之',故知邑系于县也。"(《汉书·高帝纪》)

如上,我们肯定第二个分析判断,并明确得出如下结论:
司马迁在《史记》中所指的"沛丰邑中阳里"这一地址称谓,是指汉朝建

---

① 《两汉纪》,〔东汉〕荀悦、〔东晋〕袁宏撰,张烈点校,中华书局,2020年10月第一版,第49页。

立以前的行政隶属关系。即刘邦的出生地为当时的楚国沛县丰邑中阳里。

何谓"邑"？何谓"里"？

以上以"沛"为引解释了"沛丰邑中阳里"的指向年代，下面再简析一下"邑"和"里"。

"邑"是指具有较多人口聚居的一定地域范围。在古代它可以指国都，也可以指一般的城镇。如《左传·庄公二十八年》中说："凡邑有宗庙先君之主曰都，无曰邑。"这里指无先君宗庙的城镇为邑。《六国论》说："小则获邑，大则得城。"这里的"邑"是指比城小一些的乡镇。《国语·齐语》则说："三十家为邑，邑有司。"而《周礼·地官·小司徒》中说"九夫为井，四井为邑，四邑为丘，四丘为甸，四甸为县，四县为都"。郑玄作注补充说："四井为邑，方二里。"显然，这里的邑指的就是类如较大的村镇了。从以上引据可以看出，邑的层级和范围并没有一个确切的概念，它可以大到国都，小到村镇。并且，它有时又延伸为一个人为任意圈定的地域范围。如刘邦称帝后"以沛为朕汤沐邑"，赐萧何食邑 8000 户等；后世《新唐书·房玄龄传》也记载："进爵邢国公，食邑千三百户。"这里表述的就是一个无明确范围，而以户数为标准的私人封地概念了。因此，从总体上看，古时历代人们对"邑"的理解和运用多有不同，但一般多指有一定人口规模的小城镇。

关于对"里"的解释，《尚书·大传》卷二中说："古八家而为邻，三邻而为朋，三朋而为里，五里而为邑，十邑而为都，十都而为师，州十有二师焉。"《汉书·食货志》记载："在野曰庐，在邑曰里。五家为邻，五邻为里，四里为族，五族为党，五党为州，五州为乡。乡，万二千五百户也。邻长位下士，自此以上，稍登一级，至乡而为卿也。于是里有序而乡有庠。"《旧唐书·食货志》记载，唐代"百户为里，五里为乡。四家为邻，五家为保。在邑居者为坊，在田野者为村。村坊邻里，递相督察"。宋代朱熹在其《四书集注·论语集注》中又说："五家为邻，二十五家为里，万二千五百家为乡，五百家为党。"

从上述历史文献中对"里"的解释与运用可以知道，随着朝代的更替或所在不同的行政区域，这个"邻、里"地缘关系范围的大小，也有不同的规定和说法。但总体上说，对邻的范围大都固定在四到八家的相邻关系中，而里、乡的范围则大了许多。它不仅是人们因居住而产生的地缘关系，而且也延伸为一种基层组织单位。这既是一种以户数和住户间的距离所划定的地域范围概念,也是随时代发展和人口增多,人际关系需要逐步规范治理而不断优化调整的社会组织表达。这种以户数和距离范围划定的社会组织形式,随时代的发展并未消失,如南朝宋开国皇帝刘裕的籍贯是彭城绥舆里,而其出生地则在晋陵郡丹徒县京口里;明朝朱元璋推行里甲制,十户为一甲,一百一十户为一里,使其成为一个明确的地域行政组织概念。即便时代发展至今日,"里"的地域称谓虽已多不具有行政职能,但依然在广泛沿用,如上海市的"里弄"、南京市秦淮区的"长干里"、北京市众多以"里"为名的居民区等,而现在的台湾乡村则更是普遍以"里"为行政单位,还依然具有基层社会组织的意义。

不仅如此,以"里、党、乡"等所划定的民居范围,还衍伸代指为人居关系用语,如"邻里"关系、"乡里"关系、"乡党"关系等。而这些用语以其蕴含的浓浓亲情,也在历代的社会交往中广为称之。

总之,刘邦出生于"沛丰邑中阳里"的历史记载是可信的。"在邑曰里",也说明中阳里在当时是丰邑城内的一个居民小区。只不过那时的小城镇居民,还主要以农业为生。

四、民族成分

刘邦的民族成分,仿佛是个不需说但还必须说的问题。不需说,是人们普遍认为刘邦就是汉族,因为他是汉族的创始人;必须说,是因为民族成分在今天的个人档案中是必须注明的问题。

关于民族概念与民族形成

"民族"一词在《辞海》中这样解释:指在文化、语言、历史与其他人群在客观上有所区分的一群人,是近代以来通过研究人类进化史及种族所形成的概念。

我国关于"族"的最早记载出于春秋时期的《左传》,"族"指族群的意思,也是后来民族一词出现的最早依据所在。也说明了民族的特性就是基于历史、文化、语言的共通。

在公元6世纪南朝梁萧子显所撰的《南齐书》中,有"今诸华士女,民族弗革"之语句。当时所指涉及华夷之别,意思是中原人民仍然保持着华夏的族属划分,这也是最早提出"民族"一词的出处。并且,这句话也指出了"华夏民族"这一称谓。现代著名历史学家顾颉刚对"华夏民族"这一称谓解释认为,"夏"之称谓源于夏朝,因为自周朝开始,就称自己的国土为"时夏",称自己的民族为"诸夏",后又由"夏"转为"华"。[①]

从我国的人类发展史看,首先出现的是以血缘和家庭关系为依托的"氏族"。之后,由于人们不断的迁徙和实践活动,逐渐结成了由不同氏族组成的"部落"。随着部落的不断发展、兼并、联合,又形成了"部落联盟"。而随着人们语言表达、行为习惯等文化传统的逐渐统一,部落联盟最终形成为"民族"的形式。这时的民族已经有了国家的初始形态,因为它可以通过制度建设进而成为真正意义上的国家。根据《史记·夏本纪》的记载分析,中国远古的尧舜时期,就是一个已经影响整个中原和初具国家雏形的部落联盟。大禹治水分九州,及其子夏启开启废禅让而家天下的王位继承制度,始逐步形成华夏这样一种模糊的民族意识和一定的向心力。商朝、周朝的赓续和发展,使"华夏"这一民族概念逐渐清晰,因为当时"南夷与北狄交,中国不绝若线"(《春秋公羊传·僖公四年》),春秋前期的齐国相管仲就此首倡"尊王攘夷",即团结诸夏对抗夷狄,这不仅使中原各国开始有了民族认同感,也使华夏族的范围因各国一致对外而逐渐扩大,如吴国、楚国的文化融入。所以,顾颉刚认为,"时夏""诸夏"进而"华夏"这一民族称谓始于周朝。当然,随着国家间的吞并及其带来的行政疆域变化,一个国家不仅可以由单一民族构成,也可以由多民族构成,从而又形成了以政治或宗教信仰为基本划分的"国族"。另外还应明确的是,我们现在之所以称自己为中华民族或华夏民族,就是指我们国家是一个有着悠久历史和充分团结的多民族国家。而汉族则是构成华夏民族的主体部分。

关于刘邦的民族成分

我们谈刘邦的民族成分,应该按照现在通行的从其父母民族成分的做法。前面在分析刘邦出生年份时已经讲到,他的父亲刘太公大概率出生于公元前267年前,但也不会出生在宋国尚存的公元前286年前,也就是说刘

---

① 《顾颉刚讲国史》,顾颉刚撰,上海世纪出版股份有限公司,2016年4月第一版,第8页。

太公是在接受楚国统治期间出生的。因此，如果牵强地确定刘太公那时还没有的民族之分的话，可以笼统地说其为华夏民族，或狭隘一些地将其确定为楚人。因此，刘邦的民族成分亦为华夏族或楚人。当刘邦建立大汉王朝后，其所辖各地区主要人群自然被称为以汉为国的汉人，而汉民族这一称谓随历史的延续也自然逐渐清晰，被后世统一认可。作为汉民族之名由来的创始者刘邦，其民族成分也应该由比较笼统的华夏族或当时的楚人身份再明晰改写为汉族。所以，在刘邦的档案中，应该将其民族成分填写为：先华夏族(或楚人)，后汉族。并且，现代历史学家吕思勉在其所著《中国民族史》一书中也曾这样认为说："汉族之名，起于刘邦有天下之后。"[①]

五、个人履历

"风起于青萍之末，浪成于微澜之间。"刘邦作为中国历史上第一个平民出身的皇帝，从乡间的泥泞小道一步一个脚印地走向了九五至尊的天子宝座。在此，我们以刘邦的人生履历作一梳理：

乡镇少年→求学青年→县城游民→亭长→沛公→砀郡长→汉王→皇帝

由此，我们把刘邦的人生分为四个阶段，并首先从其幼年说起。

从出生到起义(1—38 岁)

公元前 247—前 230 年：幼时逃生，丰生沛养

"丰生沛养"是丰沛及周边地区的人们对刘邦少时人生的最简要概括，基本反映了刘邦生于丰，而较长时间成长于沛的人生早期历程。

司马迁对刘邦年少时的人生介绍是不连续的。《史记·高祖本纪》开篇第一段说："高祖，沛丰邑中阳里人，姓刘氏，字季。父曰太公，母曰刘媪。其先刘媪尝息大泽之陂，梦与神遇。……已而有身，遂产高祖。"但司马迁在紧接后续的第二段内容，直接跳跃式地写道：刘邦"及壮，试为吏，为泗水亭长，

① 《中国民族史》，吕思勉著，中国文史出版社，2015 年 1 月第一版，第 8 页。

廷中吏无所不狎侮"。从这前后两段内容可以明显看出,其中缺少了对刘邦出生后到及壮做泗水亭长之间,这段20多年人生经历的交代。对于刘邦这样一个伟大的历史人物,他的人生记载应该是基本完整无缺的,但司马迁在这篇专纪中,确实就这样直接将刘邦这段20多年的人生经历简略了,这也因此成为刘邦人生历史记载中的唯一一段缺失。

我们在其他篇章中寻觅关于刘邦这段时期的记载,也仅在《史记·韩信卢绾列传》中发现这样一段有所相关的内容:

> 卢绾者,丰人也,与高祖同里。卢绾亲与高祖太上皇相爱。及生男,高祖、卢绾同日生,里中持羊酒贺两家。及高祖、卢绾壮,俱学书,又相爱也。

其中所公开的信息是,刘邦和卢绾是同乡,他们二人同年同月同日出生,在及壮(达到成年)之年一起学习读书,并成为好友。但值得注意的是,此处对刘邦自出生至及壮学书这一时间区间在干什么,仍然没有交代。

况且,刘邦与卢绾共同学习的时间也应该很短,因为刘邦在公元前195年时,曾给儿子刘盈写过一封《手敕太子书》,其中自述:"吾生不学书,但读书问字而遂知耳。"意思是:我一生没有正式读过书,也不知道如何写文章,但在后来读书问字的过程中才知道一些。未正式读过书,也写不出文章,说明刘邦和卢绾在一起学习的时间确实很短,不然刘邦也不会说自己"生不学书"了。

在此如果我们肯定《史记》所载,刘邦"及壮"时仅有过和卢绾共同学习的短时经历的话,那么他在此之前和学习之后尚未做亭长时的两段岁月在干什么呢?仅此中间一段时间不长的学习经历,显然不能完整显示出刘邦年轻时的人生轨迹。

查询史书已经无果,搜索地方他证和相关遗迹传说,也许可以了解到刘邦在和卢绾共同学习前的一段人生故事。虽然这也并非能让人们完全信服的历史铁证,但我们也确实无法找到比之更能让人相信的史料。在缺文少字、文化落后的古代,口授相传也不失为历史记录传承的一种重要方式,况且这也是被历代史学家所完全肯定的一种史料表现形式。如司马迁关于刘邦、萧何、曹参、夏侯婴、樊哙等人起义前的人生记述,也是以考察沛县听乡老所谈为依据。并且,司马迁对自己编撰《史记》的方法之一,也说是"网罗天下放失旧闻",也就是把所有现存的文献资料和口传故事一网打尽。既如此,我们也不能对关于刘邦传闻已久的地方传说无视而任其湮灭,更何况曾有的地方传说和有关记载也基本符合史情的发展,并能满足我们追求了解刘邦完整人生的殷殷期许。

根据当地世代相传及地方志有关记载,刘媪梦与龙遇而孕,其出生刘邦时天生异象,从而引发官府在丰邑大肆搜寻当时出生的婴儿。刘媪无奈在刘邦出生不久后的某日凌晨,怀抱幼子出丰邑城小五门(丰县人所指称的城墙下排水洞)向东北方向逃去。

有意思的是,刘媪怀抱幼子东逃,在当地引申出了两段犹如神话般的传说。

刘媪抱子逃跑不久,远看前有官兵走来。为躲避盘问搜查,她见一农夫正在牵马犁地,就将褪褓放在墒沟中,并掩饰以土块。而耕马则停下将一蹄弯曲悬于其上。官兵经过时未发现幼儿及其他异常,乃顺道而去。刘媪急忙拨土将刘邦抱出,见有蝼蛄在土中,乃生气将其掐断弃之。然刘媪突然醒悟此乃是蝼蛄有意为刘邦松土透气而为,遂又用青草棒将蝼蛄前后身体连接起来帮其续命。现在所有马匹都是悬一蹄而站立休息,而断身的蝼蛄也可以青草棒连接而短暂延续生命,据说皆是遗传于那时。

刘媪逃至距离丰邑约 15 里处,又发现官兵身影,遂见机躲进附近一名为枌榆社的土地庙。当官兵经过土地庙时,许多蜘蛛已经吐丝将庙门织接成网。官兵不见人迹异常,乃不停留而去,刘邦母子得以安全。这也应该是后来刘邦对枌榆社情有独钟的原因,因为史书就枌榆社多次予以了记载:"高祖初起,祷丰枌榆社";"后四岁,天下已定,诏御史,令丰谨治丰枌榆社,常以四时春以羊彘祠之"[1];甚至刘邦在长安为太公建新丰时,也不忘同时建造一个枌榆社以祭祀土地神。至于说枌榆社的地点位于丰邑东北 15 里处,因为西晋尚书郎晋灼注《汉书》和南朝裴骃作《史记集解》均说:"枌,白榆也。社在丰东北十五里。"[2]而明代版的《丰县志》亦如是记载。

---

① 《史记·封禅书》,〔汉〕司马迁撰,韩兆琦主译,中华书局,2008 年第一版,第 574 页。

② 《汉书·郊祀志第五上》,〔汉〕班固撰,中华书局,2012 年 4 月第一版,第 1103 页。

刘媪抱子继续东逃至距丰邑40余里处,已至傍晚时分,遇一村庄遂借宿于此。刘媪见该村环境静谧,乡民友好,于是暂时安顿生活于此。在刘邦称帝后,人们因他的逃亡及居住生活经历,称该村为刘邦店,亦称为刘邦村。

悠悠2000余年已过,典故逸事代代相传,刘邦村亦存世至今。更为巧合的是,自刘邦村再向东不远,则是各距5里而呈等边三角形分布的灌婴、安国、周田三村。灌婴村是颍阴侯灌婴年轻时在沛县贩卖缯丝曾留足居住的地方,而安国村、周田村则分别是安国侯王陵、绛侯周勃的家乡所在,故历代人们将此地称为"五里三诸侯"。

沛县地方史专家、沛县前文化局局长张景谦就此解释:刘邦店及"五里三诸侯"所在三村的存在起始时间,因传世久远已难以考证,但当为刘邦称帝还乡后不久,当地百姓为纪念而命名之。

地方专家的解释依旧比较模糊,但确实又难以否定。因为在以刘邦出生地丰邑中阳里为中心的广大地域范围内,这是唯一一处具有刘邦和三诸侯少时传说的古村落,应该并非空穴来风。况且,一个地名的出现一般都有其自然地理或人文背景原因,而历史上也确有不少城邑或村庄的名字传世存在千年之久。且不说沛县、丰县之名与实地的历史存在,就连距此不远的"滕县(今滕州)""谷亭(今鱼台县城)""下邳(今古邳镇)""单县""薛城""砀县""庙道口""垞城"等现在犹存的镇村,在《史记》《汉书》等史书中早已

今沛县安国镇刘邦店村远景图　沛县张景谦拍摄

有记载也是不争的事实。

至于刘邦少时所居刘邦店及"三诸侯"村为什么未见之史书,也可能由于是地处偏僻乡下,而司马迁当年考察沛县确实没有走到。所以他才仅说:"吾适丰沛,问其遗老,观故萧、曹、樊哙、滕公之家,及其素,异哉所闻!"只是司马迁此说令人不解的是,如果他已经到达丰邑参观了萧何旧宅,更应该瞻仰近在咫尺的中阳里刘邦旧宅,并会更加予以明确记载,但他只字未提。对此我们只能理解为,司马迁此行仅是短暂停留在沛县城,参观了曹参、樊哙、夏侯婴的家,以及萧何任主吏掾时在沛县城的住宅,而并没有去往丰邑以及刘邦店和"三诸侯"村。

虽然司马迁未参观记载刘邦店及"三诸侯"村,但当地人千年相传而不绝的故事与村名,却也是不容忽视的客观存在,这也许真的是历史记载不应有的缺失。

刘邦幼时随母在刘邦店避世生活,至于后来是否长期居住于此,或有时返回丰邑中阳里生活,则仍没有史证。我们也许可以根据"丰生沛养"这一地方历代传信的刘邦少时经历,推测刘邦少年时代较多时间生活在这里。否则,我们也无法解释周勃、樊哙、夏侯婴、王陵、灌婴等一批生活在此地的人,为什么会在刘邦起义后率先跟随并最受信任。另外,根据沛县安国镇志相关记载,周勃的父亲为一武师。也许正是刘邦和这些发小一起随周勃之父习武,才使刘邦愿做一个任侠般的人物,以及发小们在后来的战争中都有着极高的武力值。竹马相嬉,刀枪共舞,一同成长,刘邦也因此与他们建立了最为信任的兄弟情谊。这也是后来刘邦去世前将汉室重托于周勃、王陵等人,以及樊哙鸿门忠心护主,灌婴不畏项羽勇猛难敌却也舍命追杀其至乌江自刎的原因。

这个时期,刘邦生活在沛县乡下这个楚、魏接壤的偏僻社会中,既有丰邑父兄的接济而不存在生活之忧,也有发小们终日相陪嬉戏的少时之乐。虽然生活总是平淡了些,但少年不知愁滋味,倒也没有影响他的健康成长。只是刘邦自幼流徙所形成的家庭分离,以及现实所拥有的无忧生活环境,使他慢慢形成了自由无束、性情随意的豪放性格,只是现在年龄尚未成熟,社会形势平静,且偏居于乡村一隅而尚未有所释放。

公元前230—前221年:弃学求问,混迹沛城

至公元前230年时,刘邦已满17岁。在刘邦所生活的战国晚期,对于男

35

子来说,17 岁是一生中的重要节点。以当时的秦国来说,男子 17 岁已被视为进入成年,这时就要求他们开始承担国家的赋税徭役,所以男子 17 岁时也被称为傅籍,即成为适龄的服役者登记于户籍的意思。因此,征兵从军、从事劳役、纳税交粮,在秦国都是以 17 岁为年龄标准要求的。至于秦以外的其他国家,如刘邦所在的楚国,虽然没有详情史料说明,但大致与秦国不会有多少差异。只是到了后来的汉景帝时期,为减轻老百姓的负担,才明确为"除田半租""男子二十而傅"。①

在这一年,17 岁的刘邦告别了自己的少年时代,开始按照父亲的安排在丰邑和卢绾一起读书学习。《史记》载:"及高祖、卢绾壮,俱学书,又相爱也。"②

也是在这一年,一直虎视天下的秦国灭掉了与魏国南部边界接壤的韩国。两年后,魏国北边的赵国又被秦国所灭。又两年,秦军攻占燕都蓟城,燕王喜逃亡辽东,燕地尽归秦国所有。

隶属于楚国的沛县毗邻于魏国的东面,在距其并不遥远的周边接连发生灭国大战的形势下,盼息战、求安宁、尽己力,成为当时许多有识之士的心中所愿。这时已经成年的刘邦也无法安心于读书学习,这也是刘邦后来说自己"吾生不学书"的背景性原因。在当下楚国还未受到秦国侵犯,以及楚国也没有安排重大劳役工程的情况下,他也完全有自由和时间,去了解天下大势并一睹外面社会的精彩。因此,此时的刘邦已经对"子曰"毫无兴趣,而离开入学不久的学堂,开始了自己的社会观察和人生之路探索。

魏国的信陵君魏无忌是多年来享誉天下的一代英杰,他好贤养士、窃符救赵的侠义之为,以及率五国大败秦军的壮举,早已传遍各国朝野之间。因此,信陵君也一直是刘邦自少时就极为敬仰的英雄,而别无其他。因为以国家庙堂之论说,信陵君是抗君之命、安国之危、从道不从君的拂弼之臣;而以民间江湖之评议,信陵君是打破门第、以贤能结交天下英才、将英雄侠士之气概淋漓展现的一代人杰。作为当下思想自由驰骋且乐于耍枪弄棒的血气方刚之刘邦,能投身于大义大勇的信陵君门下为客,已成为其渴望迈入江湖

① 《史记·孝景本纪》,〔汉〕司马迁撰,韩兆琦主译,中华书局,2008 年 1 月第一版,第 348 页。

② 《史记·韩信卢绾列传》,〔汉〕司马迁撰,韩兆琦主译,中华书局,2008 年 1 月第一版,第 1850 页。

社会的首选。更何况在当时秦国不断强势侵略他国的形势下,如此天下之大危,也似乎唯有依赖大英雄信陵君方可力挽狂澜尔。

刘邦对信陵君的仰慕之情并非一时头脑发热,因为即便在他20多年后做了皇帝也依然敬仰如旧,曾数次到信陵君的墓前祭祀。

少年时的刘邦虽然以信陵君为偶像,但他生不逢时,此时的信陵君早已作古多年。当他心怀期冀、风尘仆仆赶至魏国首府大梁时,才得知信陵君已离世多年的噩耗。斯人已去,吾将何去何从?刘邦一时陷入进退维谷的两难境地。

好在信陵君当年纳贤好士养食客三千,其中不乏接续其遗风者,如食客张耳就是其一。张耳在信陵君去世后,去往了位于大梁城东面的外黄县。张耳以信陵君侠义之心,广为结交天下豪杰,成为当地名士。他受声望影响,不仅娶了当地富家女子,还担任了外黄县令,由此更加声名远播,《史记》就此称之为:张耳"名由此益贤"。刘邦徘徊于大梁之时听闻张耳的大名,遂决心前往外黄拜会这位当年信陵君的食客和如今大权在握的县令。

对于刘邦见到张耳后,二人如何结交相谈,史书并没有给予详细记载。只是说,刘邦曾经数次从沛县来到张耳门下做宾客,在外黄住过数月之久。

> 秦之灭大梁也,张耳家外黄。高祖为布衣时,尝数从张耳游,客数月。
>
> ——《史记·张耳陈余列传》

其中信息不多,实情不可详知,但从"数从""数月"的表述来看,应可知刘邦与张耳非常投缘,不然身为县令的张耳不会如此有暇耐心接待一个外地少年。另外,从刘邦数次从沛县远赴几百里外的外黄拜访求教于张耳,亦可推知刘邦肯定也屡屡获益匪浅,因为张耳毕竟是阅人无数见过大世面的人。读万卷书,行万里路。应该说,刘邦步入成年踏进社会所学习进修的第一堂课,乃是从阅历丰富的张耳处所得。因为张耳的仁义之举、处世之道,以及基本的做官之术,所以刘邦见到了世面、学到了本领。这也为他后来如何举义旗、任沛公、做汉王、即皇位,起到了十分重要的启迪与引导作用。

刘邦数次拜见张耳的时间,应该是在公元前230年到前225年之间,即在刘邦17—22岁的时候。因为至公元前225年时,秦国大军水灌大梁城灭掉了魏国,作为魏国官吏和知名义士的张耳,由于秦国的通缉被迫逃离外黄,而隐姓埋名去往了陈县。这也使刘邦自公元前225年至前206年张耳随项羽入关时的约20年间,再也没有见到过张耳。但这段刘邦视张耳亦师亦友的交往经历,也使刘邦在得势后一直厚待张耳。如:张耳作为项羽所封的常山王被陈余打败无处可去时,"张耳谒汉王,汉王厚遇之"①。在韩信率军破赵国后,刘邦旋即封张耳为赵王;刘邦即皇位时以功封七家异姓王,功绩不显的张耳依然为其一;后张耳去世,刘邦又续封其儿子张敖为赵王,并把自己唯一的女儿鲁元公主嫁给张敖。

> 汉五年,张耳薨,谥为景王。子敖嗣立为赵王。高祖长女鲁元公主为赵王敖后。
>
> ——《史记·张耳陈余列传》

从上所述,我们不仅看到刘邦对张耳知恩图报的仁义之心,亦可推知两人在外黄交往的这段经历,对刘邦人生可能产生的重要影响。

在魏国被灭两年后的公元前223年,楚国亦被秦国灭亡,沛县自此归属于秦国。

公元前221年,齐国作为六国之中的最后一个独立存在,亦被秦国所灭。秦王嬴政至此开启了成为始皇帝的中华一统大业。

在刘邦17岁成年后至秦国一统天下的9年岁月里,除了他和卢绾有过一起短暂学习的经历,以及在外黄县大致生活过很短的时间外,我们不免又会发现刘邦在此时段内的绝大部分时间,存在处于何地做何事这样一段空白。

正如前面所提及的,成年后的刘邦已不安心于在偏僻的刘邦店或丰邑中阳里生活,特别在他数次赴外黄求教于张耳后,原来唯能听到鸡鸣狗吠和看到碌石碾场的村野景象,已经对他没有了吸引力。他既无心"事家人生产作业",又无所事事,似乎也只有就近去往市井繁华的沛县城,才能释放自己日益活跃的思想情感并部分满足自己的视野所见。这也为他后来能够出任

---

① 《史记·张耳陈余列传》,司马迁撰,韩兆琦主译,中华书局,2008年1月第一版,第1786页。

泗水亭长提供了机遇与可能。

秦汉时期的沛县城并不是现在的位置,而可能是大致处于刘邦店以东六七公里的魏营村一带。至于当时的沛县城,如何在历史上的某一时间,从当时的魏营村附近迁徙到了现在的位置,还不得不先从古黄河的屡屡泛滥说起。

先秦时期,黄河被称为"河"或"河水";秦朝推崇水德,曾"更名河曰德水"①;汉代以后始称黄河。那时的黄河下游流淌于今黄河以北,在天津附近入海。由于受东亚季风气候的影响,黄河在历史上经常给中原地区带来水患。

据《史记·河渠书》记载,大禹治水即以治理黄河为要务,因为"河灾衍溢,害中国也尤甚。唯是为务"②。就是指黄河经常泛滥殃及中原地区,所以大禹治水以治理黄河为主要任务。另外根据有关资料统计,自西周至民国间的近 3000 年时间里,黄河下游有近 1500 次决口,较大的改道有 26 次。有史记载的黄河第一次大改道发生在春秋中期,《汉书·沟洫志》载:"定王五年(前 602 年)河徙。"这次决口改道发生在黄河北岸,自河南滑县、濮阳横穿华北平原后注入海河,也因此使黄河对河南中原的影响减弱而稳定了 400 余年。并且,战国时期魏惠王修建鸿沟,自浚仪向南流,连通获水、睢水、涡水、颍水,使黄河多支分流,也大大缓解了黄河在中原东部地区决口以及因雨涝可能带来的水患问题。

西汉初年,黄河下游因长期淤积及暴雨始又泛滥。《史记·河渠书》记载,"汉兴三十九年(前 168 年),孝文时河决酸枣,东溃金堤……"汉武帝元光三年(前 132 年),"河决于瓠子③,东南注巨野,通于淮、泗"。豫州、徐州、兖州等十六郡成为泽国。因刘彻信大臣田蚡的天意说,放任黄河漫流达 23 年。"河决瓠子后二十余岁,岁因以数不登,而梁、楚之地尤甚。"④直到元丰

---

① 《史记·秦始皇本纪》,〔汉〕司马迁撰,韩兆琦主译,中华书局,2008 年 1 月第一版,第 150 页。

② 《史记·河渠书》,〔汉〕司马迁撰,韩兆琦主译,中华书局,2008 年 1 月第一版,第 614 页。

③ 瓠子为地名,今濮阳市新习镇一带。"瓠"即瓢,因河道在此弯曲变宽后又变窄,形如瓢状而取其名。

④ 《史记·河渠书》,〔汉〕司马迁撰,韩兆琦主译,中华书局,2008 年 1 月第一版,第 616 页,第 620 页。

二年(前109年)刘彻泰山封禅路过灾区,亲眼看到灾民饱受水患之苦时,悲叹作瓠子诗,才指挥军民将决口堵住,使黄河重新北归故道。为镇伏水患,刘彻还在合龙处的大堤上建造了一座宫殿。史载:"于是卒塞瓠子,筑宫其上,名曰宣房宫。"①此时,司马迁曾跟随在侧并"负薪塞宣房"。

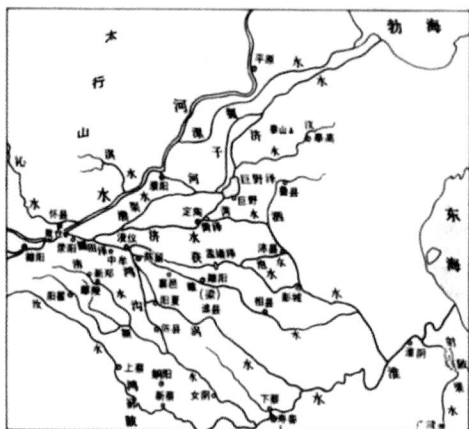

汉代黄河下游东南部水系分布图

至百余年后的汉平帝时,河道南移,形成黄河、济水、汴水各支混流的局面,使梁、楚之地又浸在黄泛中达60年之久。

公元前70年,河堤谒者王景奉命对黄河进行全面治理,不仅疏浚壅塞、修筑堤防,还裁弯取直,开辟了经冀鲁交界至利津入海的一条新道,减少了泥沙淤积,使河道得以较长时间维持稳定。

经过千年的淤积,黄河自唐末又开始泛滥成灾,北宋、金元、明清年间,曾出现多次大的决口。

如北宋熙宁十年(1077年)的水患,瓠子口附近再次溃堤,滔滔洪水,"泛于梁山泊,溢于南清河",势如"平郊脱辔万马逸,一夜径渡徐州洪"。②不仅使包括沛县在内的55县受灾,也使徐州城最高水位高出城中平地丈余。时任徐州知州苏轼疾呼:"吾是在,水绝不能败城。"率军民奋力抗洪,后建黄楼于河旁寓意以土克水。

1128年,北宋王朝为阻挡金兵南下,人为在今河南滑县西南决河,不仅形成大面积的水淹灾祸,还使黄河不再进入河北平原,而东流鲁西南地区汇入泗水,夺泗入淮。

清咸丰五年(1855年)铜瓦厢大决口至光绪三年(1877年),黄河在铜瓦厢至张秋的300余里范围内,南北迁徙摆动达20余年,水灾波及下游10府

---

① 《史记·河渠书》,〔汉〕司马迁撰,韩兆琦主译,中华书局,2008年1月第一版,第616页,第620页。

② 见明代吴宽《赋黄楼送李贞伯》。

（州）40余州县,包括商丘、菏泽、济宁、徐州、淮北,乃至邳县、宿迁、沭阳等东部地域。

因此,就以上所述古代黄河的经常泛滥来说,地处济水、获水、睢水、泗水下游的一些城池,常不能幸免水患。它们或被淹没地下——如商丘、彭城、留城、吕国城等,或被异地重建——如胡陵城[①]、滕国城、夏镇等。所以,古代黄河下游一些城池的位置并非长期固定不变。

近几十年在徐州市城区陆续发现的多层城下城遗迹,是可以佐证上述的实例之一。

在徐州地下城博物馆有一些文字介绍和部分遗迹展示,说明了汉代时期的彭城就在现地下约10米处的深度。

徐州地下城博物馆展厅局部　作者于2023年11月12日拍摄

从上述多个古城因黄河泛滥所带来的历史变迁可以说明,作为处于黄泛区下游的沛县亦不能幸免,不仅其地表广为黄沙淤泥覆盖,而且也使其县城曾经向南迁移。

我们还可以从南四湖的形成与演变,进一步佐证沛县地貌的历史变迁以及城乡地址不断迁徙的可能。

南四湖的湖盆是因700万年前地壳运动断陷而成。在南宋之前,该湖盆一直呈多洼地及沼泽分布,并成为先秦时期古沛泽的一部分。1128年,南宋为抵御金兵南下,在滑县人为决堤,黄河自此南流经泗水夺淮入黄海,南四湖渐呈雏形。济宁东南为孟阳湖(后称南阳湖),沛、滕间为昭阳湖,再向南

---

① 根据徐州市博物馆近些年考古发现,胡陵城遗址位于沛县龙固镇东北侧,其城址为南北两城,南城建成时间为战国年间早期,而北城则晚于南城。因为南城受泗水不断侵蚀,于战国末年迁至泗水北岸新建。后因黄患南北城址均被淹没地下。

至张孤山为郗山、微山、吕孟、张庄四个小湖。明万历年间黄河两次决堤，使本呈零散小湖分布的沼泽洼地成为南北完全相连的南四湖。微山县县志办公室向凯在其《南四湖的形成与演变》一文中说：自金明昌五年（1194年）至清咸丰五年（1855年）的600余年间，黄河屡次从西北、西、西南三个方向冲来，大量的泥沙随着黄河水流移动挤压过来，淤积厚度6—8.7米，大大抬高了南四湖以西地区的地面高程，也使南四湖有一个从无到有、从小到大、从西向东腾挪发展的过程。① 向凯所言极是，因为秦汉时临近沛城的泗水，在后来遭淤积亦向东滚动成为河湖混留的新的南北水道。

就近代的沛县城而言，也曾发生过其治所因洪水不断迁徙的情况。据沛县县志记载：清乾隆四十六年（1781年），黄河在兰阳北岸青龙岗决口，沛县城遭淹没，县令孙朝干将治所迁到西南方向的栖山高埠，并建砖城；咸丰元年（1851年），黄河在蟠龙集决口，洪水淹没栖山砖城，沛县治所又移至夏镇（今微山县城）；咸丰十一年（1861年），因捻军破夏镇，沛县治所方迁回过去的老县城位置（也大致是今天的县城所在地）。

从上述古代多城池的变迁、微山湖的逐渐形成，以及清代不到百年间沛县治所的多次迁徙，我们可以推断，沛县古城址在清代以前的悠长岁月里，也必然发生过历史没有记载的多次迁徙。

本书在前段内容中，曾提出汉代的沛县城并非现在的位置，或许是处于刘邦店以东六七公里的魏营村一带，是因为在20世纪70年代初期，大屯煤电公司地质人员在此地勘探时的不经意发现。

20世纪70年代初，上海市在沛县的北部区域建设大屯煤电公司，地质人员曾在魏营村至樊家村一带的地下沉积层10余米处，勘探出含有夯土和瓦砾的岩心②。这极大可能就是秦汉时期的沛县城所在位置。因为由大屯煤电公司和济宁市水利局提供的9个钻孔资料，证明该地表以下6—8.7米的淤积层是在金明昌五年（1194年）以后形成的③，这也间接说明，地下10余米处的建筑物遗存则肯定是在更为久远的年代因水患淤积而存留。再联

---

① 《南四湖的形成与演变》，向凯著，载《人民黄河》1989年第四期。

② 作者老家的对门邻居，赵光星、赵光俭堂兄弟二人，一为操作钻机的地质勘探工人，一为后来的徐庄矿矿长。作者1970—1974年就读中学期间，曾亲自听闻他们兄弟谈论此事，并因好奇而记心中。

③ 《南四湖的形成与演变》，向凯著，载《人民黄河》1989年第四期。

系附近五里三诸侯的传续以及樊家村樊氏家谱记载所云(见第五卷樊哙篇),我们不免会联想,此处是否为战国末年沛县城的位置所在呢?因为在2000多年前,就基层的县乡而言,能以砖瓦作为用材的建筑物,大概也只有县府衙门或城门等重要场所。而普通百姓人家,甚至就连那些富裕大户,也许只能居住在木梁架构的土坯草房中。

汉初沛县刘邦村与三诸侯村周边主要村镇分布

遗憾的是,这次地质钻探偶然发现的少许建筑遗存物,在当时并未能引起重视。就那些熟知地质的技术人员来说,应该知道发现古建筑遗物的重要性,但由于发现物仅为一小段岩芯,以及受尚未结束的"文化大革命"和"除四旧"的宣传影响,或许使他们不愿多事,而不再予以其专业外的寻古探究。而那些亲自操作钻探机的一线工人,大多为刚从本地农村招工来不久的年轻人,他们因受前几年无法正常上学的影响,就连普通的历史知识也知之甚少,更说不上对考古这一冷门专业的了解;因此,他们对其钻探发现的岩心构成异常,或视若无睹,或仅为好奇口传而已。

当然,仅凭当时钻探的一孔之见和人云所传,就猜测战国末年的沛县古城位置所在还有些牵强,应该是再次钻探考察后方能有所结论。但这并非易事,且不说专门组织及报批之困难,就是在数十平方公里的乡村旷野,寻觅地下十几米深的少许墙砖或瓦砾,也犹如深海捞针。虽然当时这一偶然发现未能得到进一步考证,但作者也不能完全忽略这一见闻,更何况还有前述黄河多次肆虐泛滥造成多城邑变迁的确凿例证,所以大胆提出以上推论。

另外需要说明的是,据明代《沛县志》记载,当时的沛县城处在与现在新县城大致相合的位置。但明代距现在毕竟只有四五百年的时间,而上距战国末年则已1700年,故实在不能推论证明明代沛城即汉初沛城所在位置的继承关系。

古代一个县级官府所在的城邑，一般规模不会太大，但由于当时沛县城地处北来泗水、西来泡水的交汇之处，交通便利、商贾云集，其规模和繁荣，肯定非周边其他城邑可比。因此，年轻时的刘邦经常自刘邦村住处到东边距离不远的沛县城赶集闲逛，这不仅使他的英武形象让沛城人逐渐认知，也使他仁义豁达犹如任侠般的性格得到了充分展示。

说刘邦形象英武，因为《史记》描述他"隆准而龙颜，美须髯"。对于刘邦的身高，正史上无记载，但《史记正义》引《河图书》说："帝刘季口角戴胜、斗胸、龟背、龙股，长七尺七寸。"即口角有福痣，胸厚，腿长，高七尺七寸。古时的七尺七寸，在176厘米到180厘米之间。因此，刘邦完全说得上是一个高大魁梧的英武男子汉。

《史记》对成年后的刘邦这样记载描述："高祖为人，隆准而龙颜，美须髯，左股有七十二黑子。仁而爱人，喜施，意豁如也。"这段内容是说刘邦的形象、身体特征和品德性格。

就刘邦上述形象和身体特征而言，此处亦有神化之处。"隆准而龙颜，美须髯"倒还罢了，而"左股有七十二黑子"确实神奇。因为在《周易》八卦图中，"七十二"被表示为最大的数字，这是否隐指了刘邦天命所归，将来必掌天下呢？至于后面"仁而爱人，喜施，意豁如也"的表述，则是说他乐于助人的品德与性情。

可以看出，上述内容显然是指刘邦成年后，于公元前230年至前221年秦朝建立这10年间在沛县城的个人形象与品性表现。因为后面紧接着就讲到了，刘邦"及壮，试为吏，为泗水亭长"。

刘邦在沛县城这些年，游戏人生，出入酒肆，影响日甚，尤其他醉酒后出现的异象更是让人称奇。《史记》载，刘邦"常从王媪、武负贳酒，醉卧，武负、王媪见其上常有龙，怪之"。刘邦的影响不只如此，他还仿任侠做派，"喜施""常有大度"。刘邦这种传奇和经常表现的仗义，固然会获得人们的注目或赞许，但他成日游手好闲、呼朋唤友、酗酒为乐的常态化行为，毕竟会被更多的普通百姓所诟病，因为这实在不是一个勤劳积善人家孩子的本分表现。所以，刘邦的婚姻大事也因此迟迟未能解决。

人的发展机遇总是较多出现在社会变革之时。当平静安宁的楚国社会被秦国以武力侵占打破后，刘邦这种因仁义豁达和游手好闲所创出的偌大名头，便很快被沛县新的统治者所了解并受到重视，而其久拖未成的婚姻大事,竟也因缘巧合随之得到了解决。

公元前 221—前 219 年:偶做亭长,幸运娶妻

秦国在公元前 223 年灭掉楚国后,消失的只是楚王庭及其军队,而对于楚国广大的百姓来说,自己生存的社会环境和日常生活并未受到太多的影响。但对于秦王嬴政来说,统一天下依然是他未竟的事业,继而再灭掉齐国乃是眼前最为紧迫的大事,此时的他断无心思与精力对新扩地域做出多么系统的管理考虑,也只能暂时对新纳入的郡县级官吏职位做出重新安排而已。

沛县的县令及主吏掾、狱掾等官职,应该是在秦灭楚后很快落实到位的,因为不然就不能迅速接手统治管理。县令有国家层面指定安排,而主吏掾、狱掾等职位则多由郡监选用任命。沛县丰邑人萧何出身于士族之家,他自幼喜文弄墨,且为人宽厚并了解过去的法律条文,因此被选中做了县令的助手——主吏掾。狱掾这个重要岗位则由出身沛县城大户人家的曹参出任。而县府以下的乡、亭、里各层级吏员,大概需要县令等人了解熟悉情况后,再由县府逐步安排。

城头变幻大王旗,以法家思想为基本遵循的秦国对新征地盘的社会管理表现得极为警惕。而常年带一帮兄弟混迹市井街头的刘邦,其豁达无束的任侠般行事风格,不免因事多次触犯秦国法律。也许因其所犯事情多为哥们义气之争,以及考虑刘邦在沛县城内所具有的影响与人脉,掌管律法惩戒的主吏掾萧何对他多有袒护。不知过了多久,当乡、亭等基层建制需要健全配备吏员时,由于萧何的举荐,刘邦偶幸做了泗水亭长。

“亭”本是供行人停脚休息的地方。《释名》解:“亭者,停也。人所停集也。”战国时期,官府为加强社会治安管理及方便信差或旅人停留休息,就在城郊或交通路口,建设类若亭子般的建筑物供作执勤瞭望,并行使上述职能。而“亭”也因此成为官府赋予这种职能单位的代名词。颜师古在《汉书》注解中说:“秦法十里一亭。亭长者,主亭之吏也。亭谓停留行旅宿食之馆。”①

这种以“亭”为名的单位,其人员配置不仅有亭长,还有亭父和求盗等人

---

① 《汉书·高帝纪第一上》,〔汉〕班固撰,中华书局,2012 年 4 月第一版,第 3 页。

员。南朝史学家裴骃在《史记集解》中引应劭曰:"旧时亭有两卒:其一为亭父,掌开闭扫除;一为求盗,掌逐捕盗贼。"其中,"亭父"负责官方信使人员来往接待,处理日常内务;而"求盗"则负责辖区范围内的盗贼缉捕。当然,根据辖区范围大小及人口多少,一般另外还会有数名亭卒,来负责具体的办事工作。至于亭的场所规模,不仅有供作瞭望的"亭",还有供办公、食宿的用房,以及屯驻车马甚至供简单军事训练的地方。

"亭"属于"乡"的下一个层级。《汉书》记载:"县令、长,皆秦官,掌治其县。……大率十里一亭,亭有长。十亭一乡,乡有三老、有秩、啬夫、游徼。三老掌教化。"①

由此可见,"亭"的级别比"乡"低,比"里"高。但"亭"又有别于"乡""里"这种区域性行政组织,而是直属县尉,并以治安和驿站为主要职能,这大致和今天的派出所加招待所和邮政类似。不过,刘邦所受命任职的泗水亭非同一般,因为该亭负责管辖的地域范围,主要是县城、泗水码头及附近,而不是其他乡村区域。

北魏郦道元(约470—527年)所著《水经注》曾就泗水亭位置记载:

> 泗水南径小沛县东。县治故城南坨上,东岸有泗水亭,汉祖为泗水亭长,即此亭也。故亭今有高祖庙,庙前有碑,延熹十年立。

延熹十年(167年)是东汉桓帝刘志统治时期,而北魏郦道元距此时亦不算太远。因此,《水经注》对此所载当为真实可信。

唐初地理书籍《括地志》对泗水亭的位置亦有记载,且基本和《水经注》所载相吻合:

> 泗水亭在徐州沛县东一百步,有高祖庙也。②(唐代1步=5尺,1尺在28—31厘米间,即1步长约1.5米。一百步大约为150米)

---

① 《汉书·百官公卿表第七上》,〔汉〕班固撰,中华书局,2012年4月第一版,第684页。

② 《括地志辑校》,〔唐〕李泰等著,贺次君辑校,中华书局,1980年2月第一版,第126页。

今沛县泗水亭公园内的泗水亭及纪念碑。碑文为班固撰写的《泗水亭碑铭》

在秦汉时期，设在郡、县治所城邑的"亭"被视为"都亭"，设在乡村的"亭"因远离城邑被称为"离亭"。由此也可以看出，"都亭"的重要性大于"离亭"。泗水亭设在距县府100步的地方，显然属于都亭。并且由于沛县城重要的水运交通位置，车马走卒贩夫不绝，人流往来较多，泗水亭的作用和地位更加重要。

刘邦不仅识文断字、见过世面，而且是当时沛县城很有影响的街头市面人物。因此，推荐选拔刘邦在人口混杂的泗水亭任亭长之职，也是萧何及县令知人善任、人尽其用了。

至于刘邦于哪一年担任了泗水亭长，史书没有具体交代。如果予以分析的话，往前了说，有可能在楚国被秦国所灭的公元前223年；往中间说，也有可能是在秦王嬴政统一全国称帝后的公元前221年；再往后面说，就是前文关于刘邦出生时间所分析的，以刘邦"及壮，试为吏，为泗水亭长"为据，即刘邦达到"及壮"的30岁年龄时（前217年。历史上人们通常以30岁作为壮年的起始）。上述三个可能任职时间，本书倾向于公元前221年。因为在公元前223年时，秦国刚占领楚国，它应该只能暂时安排到县级政权建设，而对下面基层政权及人员的配备，还需要县府的考察了解这样一个过程。并且，秦国还要继续攻打齐国，这时也难有精力和财力顾及县府下面基层政权的建设。而在公元前221年，统一的秦王朝已经开始稳定执政，它不可能再放任已纳入管理两年的楚地基层政权不健全运行。而就公元前217年这个时间来说，秦王朝已经建立了4年，选任一个区区亭长还需要谨慎多年而"试为吏"吗？另外，"及壮"的含义也并非就是30岁，在刘邦满17岁和卢绾一起读书时，《史记》也曾表述其年龄为"及壮"，这显然说明"及壮"并不是一个十分确切的年龄划分，也可以是成年的意思。再说了，公元前221年刘邦已满26岁，在人的平均寿命大约30岁的秦朝时期，26岁已经属于很成熟的年龄了，谓之"及壮"也不无恰当之处。

担任泗水亭长后的刘邦,不免春风得意。他派手下专门到薛县定制了一项用竹篾编织的帽子,经常戴在头上以彰显自己的与众不同,即便后来做了砀郡长他也是一直戴在头上。有意思的是,此种形制帽在刘邦称帝后被要求非公卿大员不得佩戴。唐颜师古在《汉书》中注释说:"后遂号为'刘氏冠'者,即此冠也。后诏曰'爵非公乘以上不得冠刘氏冠'者,即此冠。"①

泗水亭的地理位置特殊,使刘邦能够借工作之便,和县府的众多公务人员多有接触而极为相熟。并且,他所拥有的"县官不如现管"的属地治权,以及从无顾忌的豁达性格,也使他有资格且本能地随意开这些公务人员的玩笑,即史书中所说:"廷中吏无所不狎侮。"

刘邦在沛县城的知名度愈加高涨,一些场面上的事情总也少不了他的出现。

公元前219年,一个名叫吕公的人为躲避仇家,从西面70公里外的单父县来到沛县城,投奔曾是旧友的沛县令。因为县令的原因,沛县的头面人物纷纷至吕家新宅道贺,就连主吏掾萧何也主动带一些吏员过来帮忙张罗。由于来宾较多,萧何要求贺礼者"进不满千钱,坐之堂下"。素来随意率性的刘邦也前来道贺,但他并不把负责登记接待的吏员放在眼里,乃大声嬉曰"贺钱万",而"实不持一钱"。主人吕公听闻有客"贺钱万"乃惊奇,遂起身出门迎接并请刘邦上座。待酒宴结束后,吕公特意留下刘邦,说自己善面相,知刘邦将来必能大贵,因此愿把女儿嫁给她:

> 臣少好相人,相人多矣,无如季相,愿季自爱。臣有息女,愿为季箕帚妾。
>
> ——《史记·高祖本纪》

吕公的决定遭到了吕婆的质问,她十分生气地说:你一直说这个女儿与众不同,要把她嫁给贵人,为什么现在随便答应嫁给刘季?但吕公还是坚持把女儿嫁给了刘邦。

吕公之所以选择刘邦为婿,主要是他十分相信自己的相术。而且,女儿也因为他一直坚持非贵人不嫁的原则,早已耽搁成为老姑娘了。

---

① 《汉书·高帝纪》,[汉]班固撰,中华书局,2012年4月第一版,第6页。

出门凑热闹,喜从天上来。一场本来随意参加的酒宴,却帮刘邦解决了自己一直未能实现的婚姻大事。这一年,刘邦28岁,吕雉20岁,一个高大威武,一个年轻貌美,二人也算是妥妥的年貌相当。

公元前219—前209年:押送劳役,逃匿芒砀

刘邦担任的亭长职务,按照《汉书·百官公卿表》和《续汉书·百官志》等史料记载,其主要职责是治安缉盗、民事治理、迎送官府信使邮差等。但在大兴土木的秦朝年间,带领徭役参与国家工程建设也是亭长经常承担的任务,因为他们还负有类似今天派出所而具有的押送职责。秦朝建立后,秦始皇不仅动用大量劳工继续建设自己的陵墓,还开始了长城和驰道及直道的建设,并在后来又规划建设阿房宫。而这些庞大工程所需的劳动力,则需要无休止地每年从百姓中轮流摊派。

公元前218年,刘邦作为沛县地位最为突出的亭长,被县府选中带队远赴咸阳施工做徭役。《史记·萧相国世家》就此记载:"高祖以吏繇咸阳,吏皆送奉钱三,何独以五。"这段话的意思是,刘邦以吏的身份带领民工去咸阳从事徭役劳务,县府的官吏们均送他300钱,而唯有萧何送了他500钱。此处不仅说明刘邦作为官吏的身份,以及萧何对刘邦持续的关爱厚待,也为刘邦见到第三次外出巡游的秦始皇而萌生大志埋下了伏笔。因为《史记·高祖本纪》还接着记载:

> 高祖常繇咸阳,纵观,观秦皇帝,喟然太息曰:"嗟乎,大丈夫当如此也!"

在古代,因受经济落后和交通条件的限制,普通百姓以及底层吏员是一生都难以走出家乡的。但和其他基层吏员不同的是,亭长不仅承担治安缉盗、迎送信使等职责,还不时负责押送或护送有关人员的任务。如当下秦朝所大兴的工程建设,就需要下面各郡县不断输送大批劳工前往,这也使如刘邦这样有能力且受到重视的亭长,有机会承担带队任务而得以外出并增长见识,所以《史记》记载"高祖常繇咸阳"。

这次刘邦受命带队赴都城咸阳输送劳役,不仅有暇"纵观"了咸阳城,见识了天下都城的宏大与繁华,还有幸看到秦始皇威武出巡的场面。虽然他

和众多不期而遇的百姓一样不得不施礼以敬,但毕竟见识了天下第一人的天威龙颜,这不能不说是刘邦人生中的一件幸事。并且,刘邦此次咸阳之行意义重大,因为他自此开始隐隐树立了一个"大丈夫当如此也"的宏大目标。如果把刘邦之前赴外黄求教于张耳看作仅是为了做一个名扬天下的任侠的话,那么这次的咸阳之行则使他开始改变人生奋斗方向,而蓄志争取握有更大的权力。所以,在后来当他有机会成为那样真正的大丈夫时,他自然不会满足于做一个砀郡长或西南偏僻之地的汉中王,而会穷尽一切智慧不屈不挠地努力前行,甚至和项羽一争天下。

刘邦带劳役赴咸阳是一件非常辛苦的事情,从沛县到咸阳有 800 余公里的路程,即便风雨无阻,也差不多需要近一个月的时间才能到达,其间风餐露宿之艰辛可想而知。不仅如此,因为官府对劳役人员的数量和抵达时间有十分严格的要求,否则不论何种原因不能按时间按人数到达目的地,带队人都会受到刑罚甚至杀头的惩处。如后来陈涉、吴广带 900 壮丁赴渔阳途中,在大泽乡遇大雨受阻不能按时抵达时,就面临被处死的可能,他们无奈只能举义旗造反。所以,在刘邦数次带队赴咸阳的过程中,也并不是每次都像能见到秦始皇那样幸运,而是也有难以预料的困难和危险发生。

公元前 212 年,秦始皇建造阿房宫和骊山寿陵两大工程,所需劳役达 70 万人。刘邦作为已有数次带队经验的亭长,于公元前 210 年再次领受了往咸阳押送劳役的任务。不过他这次所带人员并非按户摊派的普通百姓,而主要是由县里在押的囚犯组成。这些苦役犯可不是安心受制之人,而是时刻寻思逃跑的不安分之徒。当他们这支队伍离开沛县城不远,到达丰邑西边的沼泽地时,很多苦役犯已经陆续逃掉了。刘邦担心等走不到咸阳时人就要跑光了,在这已经无法交差而面临将来被重处的无奈情况下,他索性让所有的人全部逃走,而他自己也准备流亡藏匿起来。

> 高祖以亭长为县送徒骊山,徒多道亡。自度比至皆亡之,到丰西泽中,止饮,夜乃解纵所送徒。曰:"公等皆去,吾亦从此逝也!"
>
> ——《史记·高祖本纪》

刘邦发话后,还有十几个感到无处可去的人愿意随刘邦一起逃亡。他们从现在所处位置,打探分析周围可去往之处,唯南边六七十公里处有一片广袤起伏的芒砀山区尚可以躲避藏身，众人遂左转向正南方向而去。

应该是司马迁为再次强调刘氏汉家王朝的建立乃是天意，以及呼应前文刘媪被蛟龙附身而怀孕生子，他在《史记》中又接着杜撰了刘邦在丰西泽挥剑斩白蛇和刘邦乃为赤帝子的故事。

> 行前者还报曰："前有大蛇当径，愿还。"高祖醉，曰："壮士行，何畏！"乃前，拔剑击斩蛇。蛇遂分为两，径开。行数里，醉，因卧。后人来至蛇所，有一老姬夜哭。人问何哭，姬曰："人杀吾子，故哭之。"人曰："姬子何为见杀？"姬曰："吾子，白帝子也，化为蛇，当道，今为赤帝子斩之，故哭。"人乃以姬为不诚，欲笞之，姬因忽不见。后人至，高祖觉。后人告高祖，高祖乃心独喜，自负。诸从者日益畏之。
>
> ——《史记·高祖本纪》

关于刘邦在丰西泽斩蛇的具体位置，唐代《括地志》记载说："斩蛇沟源出徐州丰县平地中，故志云高祖斩蛇处，至县西十五里入泡水。"①明代版《丰县志》载："斩蛇沟在县治西二十里许，汉高祖斩蛇侧。"以上述记载为据，丰县人民在城以西七八公里的王沟镇白衣河畔，建立了刘邦斩蛇纪念碑亭。

今丰县城以西约 7 公里处的刘邦斩蛇纪念碑亭

---

① 《括地志辑校》，〔唐〕李泰等著，贺次君辑校，中华书局，1980 年 2 月第一版，第126 页。

刘邦率众继续前行,到达芒砀山后寻一适宜之地暂时安顿下来。

芒砀山区位于今河南省永城市境内,为剥蚀残丘地貌,方圆几十里共有大小山丘20余座,其中主峰海拔156.8米。2000年以前,这里苍山青翠,人烟稀少,动植物丰富,周边多水泽,确实是一个藏身匿迹的好去处。

刘邦带一帮弟兄藏匿在了芒砀山中。但司马迁对刘邦的神化并未至此收笔,而是又延伸了刘邦在芒砀山所处位置的上空常有云气聚集的记载。因为,不仅秦始皇发现"东南有天子气",而开始他的最后一次出巡"以厌之",而刘邦的妻子吕雉也因"季所居上常有云气,故从往常得季"。古人认为云从龙翔,司马迁在这里又一次描述暗示了刘邦本为龙子的谶言,并说"沛中子弟或闻之,多欲附着矣",使刘邦的队伍到次年已扩大到"数十百人"。[①]

从起义到灭秦(38—41岁)

公元前209—前208年:沛县起义,攻取周边

秦始皇统一天下虽然结束了长达几百年的不休战乱,但也给人民带来了史无前例的残酷统治和压榨。他不仅为防范匈奴征用大量民工修建长城,还连年征用无数的民工,修建通往全国各主要城邑的驰道以及通往边塞的直道。为满足自己生前及死后的奢侈生活,他在全国各地建造离宫别馆700多处,并征调70万刑徒修建庞大的阿房宫和骊山皇陵。大量的民力和物财盘剥,使百姓苦不堪言。二世胡亥继位后,其残暴尤甚。他重用奸臣酷吏,横征暴敛,嗜杀成性。为巩固自己的皇位,他不仅杀害了自己的33位兄弟姐妹,还大肆杀戮大臣和平民。《史记·李斯列传》载:二世"行督责益严,税民深者为明吏","刑者相半于道,而死人日成积于市。杀人众者为忠臣"。

秦始皇父子的先后残酷统治,尽失民心。"天下苦秦久矣!"公元前209年7月,陈涉、吴广率领900余民工在大泽乡爆发起义,建立张楚政权。随后,各地纷纷响应起义。造反称王者,如武臣在张耳、陈余协助下自立为赵王;田儋自立为齐王;魏咎为魏王。揭竿起事者,如会稽郡项梁、东阳县陈婴、番阳县黥布、昌邑彭越等。就此史家形容:"当是时,诸郡县苦秦法,争杀

---

① 《史记·高祖本纪》,〔汉〕司马迁撰,韩兆琦主译,中华书局,2008年第一版,第256页。

长吏以应涉。"①

当年九月,沛县令面对如此突变的社会大乱,不免心中惶惶,欲背秦而从张楚。

萧何、曹参则向县令直言:你作为秦朝的在职官员,现在背秦起义,沛县的子弟大概都不会相信你。建议你招集因秦朝暴政而逃亡在外的人回来共同起义,这样众人就会听从响应了。

> 君为秦吏,今欲背之,率沛子弟,恐不听。愿君召诸亡在外者,
> 可得数百人,因劫众,众不敢不听。
>
> ——《史记·高祖本纪》

沛县令接受了萧何、曹参二人的建议。考虑当时沛县亡命在外最有影响的唯有刘邦,因为他不仅曾是颇有影响的前泗水亭长,且至今还有沛县人不断前往投奔他。于是沛县令委派和刘邦交好的樊哙,持信札前往芒砀山请刘邦回沛共商起义大计。

刘邦见到沛县令的信札和听到樊哙所述情况后,除留少数人留守盘桓一年之久的芒砀山基地外,遂率领大多数人赶赴沛县。

从芒砀山到沛县城的直线距离90余公里,一般人正常行走应该需要两三天的时间。刘邦率众一路行来,自然会引来不少人加入跟随,等到接近沛县城时,刘邦所率人马已有近千人。刘邦这支已经远超沛县守城兵卒人数的力量,让沛县令顿时有引狼入室的感觉,他非常担心如果将他们引进城来,自己不仅无法控制,甚至还有性命之忧。他于是命令关闭城门,并准备捉拿建议请刘邦归来的萧何与曹参。萧何、曹参闻讯立即逃到城外和刘邦会合。

被拒之城外的刘邦没有和县令直接喊话,而是写了一封帛书用箭射进城内,号召父老乡亲杀掉县令。帛书中说:

> 天下苦秦久矣。今父老虽为沛令守,诸侯并起,今屠沛。沛今
> 共诛令,择子弟可立者立之,以应诸侯,则家室完。不然,父子俱

---

① 《资治通鉴·秦纪二》,〔宋〕司马光编撰,沈志华、张宏儒主编,中华书局,2009年5月第一版,第264页。

屠,无为也。

——《史记·高祖本纪》

城内父老见信后赞同刘邦所言,率领年轻人杀掉了县令,打开城门迎接刘邦入城,并推举其为沛公。

刘邦久蓄大志,对此呼声自然意动。可萧何、曹参等一些出身豪门且原官职比他高的人就在身边,他因此婉拒说:"吾非敢自爱,恐能薄,不能完父兄子弟。将不善,一败涂地。此大事,愿更相推择可者。"①也就是说,我担心自己能力不够而辜负大家,还希望大家推选更合适的人。可萧何、曹参作为文吏,不仅缺少魄力与勇气,更是担心起义失败后秦朝灭其九族,因此也尽力推举刘邦。

《史记》就此记述:

> 萧、曹等皆文吏,自爱,恐事不就,后秦种族其家,尽让刘季。诸父老皆曰:"平生所闻,刘季诸珍怪,当贵,且卜筮之,莫如刘季最吉。"

——《史记·高祖本纪》

刘邦再三谦让不成,就在大家的拥立下做了沛县公(简称沛公)。之所以称为沛县公,据《汉书·高帝纪》孟康注曰:"楚旧僭称王,其县宰为公。陈涉为楚王,沛公起应涉,故从楚制,称沛公。"即:楚国的制度习惯一般对县宰尊称为县公,刘邦起义的名义是响应陈涉的张楚政权,故按楚制对刘邦称为沛公。实际上,关于"公"的称谓,在先秦时期是一种具有爵制性质的尊称,如之前楚国的白公、陈灵公、鲁阳公等,也并非完全对应一县之长方能称之为"公"。有时人们为表达对长者或其尊敬之人的敬意,一般也称之为某公,如黄石公、丰公、刘太公等。

为增强起义的神圣性和号召力,刘邦率众祭祀了黄帝和蚩尤,并用牲畜的鲜血染红旗帜,以渲染自己本是天意所属的赤帝子身份。隆重的起义仪

---

① 《史记·高祖本纪》,〔汉〕司马迁撰,韩兆琦主译,中华书局,2008年第一版,第258页。

式,激发了沛县子弟极大的参军热情,起义队伍很快就达到了近3000人。而周勃、樊哙、夏侯婴、任敖、曹无伤等一众熟人的加入,不仅大大提升了队伍的战斗力,也使刘邦因给予他们令史、中涓、舍人等职位身份而搭建起了队伍的初步组织架构。

当时的所谓起义,就是反抗官府,破旧立新,拓展地盘打天下。刘邦怀着满腔热血与无比勇气,率军逆泗水而上,先后攻向西北方向的胡陵城(今沛县龙固镇附近)以及方与城(今山东省鱼台县城附近)。这两座仅为县府所在地的城池本就没有多少守城力量,在各地纷纷起义和千人大军压境的形势下,毫无斗志的两县县令先后做出了开城投降的决定。因此《史记》中仅记"攻胡陵、方与"一笔带过,而无战况介绍。

初战告捷,奏歌凯旋,刘邦率大军回到了丰邑。刘邦率军去往丰邑而非沛城,并不是为了给家乡的乡亲们显摆,而是因为沛县的上一级政权泗水郡监,获悉刘邦杀县令起义的消息后,正率兵从相县赶来镇压。为避其锋芒,刘邦没有率军去沛县城固守,而是去往了距泗水郡治所相县稍远,且人际相熟的丰邑,即"还守丰"。

泗水郡监在占领沛县城后因没有遇到刘邦的起义军,故仅留下少量兵员留守沛城后,跟进至胡陵城,而后又南行包围了丰邑。但这位名为平的郡监的指挥能力和其所带的兵员战力实在太弱,当围城第三天刘邦率领义军出城反击时,这支秦朝地方军竟然被打得溃散而逃。

连续的胜利让刘邦战意昂然,他决定将守卫丰邑的任务交给颇有威望的当地富家子弟雍齿负责,而自己则率军去收复沛县城,继而再去攻打泗水以东的重镇薛城。

平留下守备沛县城的兵员很少,刘邦率军轻易收回,但他在攻打薛城时却遇到了顽强的抵抗。薛城的守将是一个名叫壮的人,壮率领守军奋力抵抗,让刘邦大军的进攻一时受挫。刘邦斗志不减,多次组织大军展开进攻,最后终于攻破薛城防守,守将壮也被刘邦手下曹无伤斩杀。

就在刘邦准备松口气留在薛城休整时,留守丰邑的雍齿率军投靠了复兴的魏国。雍齿出身本地富家,他自恃身份优越、能力出众,一直瞧不起贫寒子弟,现在他也不相信刘邦这种一直无所事事的农家子弟能成就大事。至于他之前愿意听命于刘邦,也只是一时的利益选择。现在当陈涉派遣周市返魏地,助魏国贵族魏咎复国为王后,雍齿挡不住周市予以封侯的诱惑,于是率丰邑子弟"反为魏守丰"。

雍齿的背叛让刘邦极为恼怒。丰邑不仅是他的出生地,而且他的父兄现在还生活在那里,这让他在父老乡亲面前尽失颜面,他必须夺回这块本就应该属于自己的地盘。

雍齿早就料到了刘邦会前来讨伐,他做好了一切防守的准备。当刘邦率兵攻打丰邑时,雍齿的顽强坚守竟然使急切的刘邦毫无建功。刘邦因病不得不悻悻率军撤回沛县城。

公元前208年1月,张楚王陈涉败亡。大司马秦嘉和东阳宁君拥立楚国贵族的后人景驹为假楚王(代理楚王),率兵至沛县城东南30余公里的留县附近。因雍齿背叛而不能释怀的刘邦听闻后,"乃往从之,欲请兵以攻丰"①。

让刘邦感到幸运的是,他在抵达留县寻找景驹的路上,遇到了出身于韩国贵族的张良。张良一直怀有复国大志,不仅对秦王恨之入骨,而且也曾付诸"博浪沙行刺"秦始皇行动。他后来为躲避官府搜捕藏身于下邳多年,就是在等待推翻秦国的机会。现得知景驹以假楚王的身份昭告天下,于是赶来投奔,却没想到首先遇到了刘邦。张良对天下大势的认识远比刘邦宏阔得多,并且他熟知《太公兵法》,这让刘邦感到张良是个难得的人才;而刘邦对张良所述《太公兵法》的即时领悟,以及所表现的诚恳与豁达,也让张良感到了刘邦的天授智慧与气魄。二人惺惺相惜,刘邦以厩将之职请张良留下共图大业,而张良也应允留下相助。

在后来刘邦见到景驹时,正值秦将章邯进攻陈郡。章邯不久前率20万骊山刑徒大败陈涉主力大军周文,锋芒正盛,其偏将司马尼率兵迅速占领了砀县。景驹于是派宁君和刘邦联手去攻打砀县,但携势而来的司马尼战力强盛,致宁君和刘邦的联合首战以失败告终,他们不得不退兵返回留县休整。

休整多日后,宁君和刘邦再度率兵出战,苦战三天方艰难拿下砀郡。刘邦在这场战斗后,"因收砀兵,得五六千人"。其手下人马也由此扩大到近万人。刘邦军队在砀郡得以迅速扩大的主要原因,虽然是说"因收砀兵",实际上还有两部分人马的加入。一是吕雉的两个哥哥吕泽、吕释之兄弟从附近

---

① 《史记·高祖本纪》,〔汉〕司马迁撰,韩兆琦主译,中华书局,2008年第一版,第260页。

下邑带来的人马。当年吕公因避仇投奔到沛县时,吕泽、吕释之二子并没有跟随,而是躲到了下邑一带,现经过多年打拼已成了气候,当闻知妹夫刘邦攻打砀郡时,自然赶来助战。二是原芒砀山留守及后来投奔人员的归队。

兵力大增的刘邦在吕氏兄弟的带领下,先去拿下了下邑城,然后马不停蹄地折返再去攻打丰邑。可让他十分恼火的是,丰邑城由于雍齿的顽强固守,依然久攻不下。这不仅让他着急一时,也让他深深醒悟,自己现在单打独斗连一个小小的丰邑都拿不下来,更遑论将来会有更大的作为,他再也不能局限于以沛县周边作为自己的势力范围与利益所在,而应该放宽视野,去寻找一个更为强大的集团作为支持和依靠,方能在当前群强环伺的形势下,去谋求更大的发展空间。对于这样的战略思考,我们毫不怀疑含有刘邦自己的切身认识,但其中更有张良高屋建瓴的点拨,因为周边确实已经分布着秦嘉、陈婴、吕臣、黥布和伺机而动的彭越等多支武装势力,以及谋求复兴的各国诸侯力量,而这种战略态势是此时的刘邦难以看透的。

公元前208—前206年:投奔楚项,西征灭秦

公元前208年初,于江东吴中响应陈涉起义的项梁率8000人马过江北上。他先后收拢了陈婴、吕臣、黥布、蒲将军等多路人马,使兵力达到了五六万人。同时,原楚国令尹(丞相)宋义也赶来投奔。四月,项梁率军来到彭城附近,以秦嘉背叛陈涉王而擅立景驹为楚王的理由,将阻拦他前进的秦嘉斩杀并吓跑了景驹,后率军驻扎在了薛城。

曾让刘邦求援和投靠的景驹、秦嘉败亡于项梁,使刘邦认识到了项梁的气魄胆识和军事实力,他觉得投靠到身为原楚国上柱国项燕之子的项梁麾下,才是当下最为正确的选择,于是带领100余名随从前去薛城拜访项梁。而项梁也很认可刘邦所率领的这支地方武装,他非常干脆地拨付给刘邦10名五大夫将和5000士兵,支援刘邦攻打其所认为非打不可的丰邑。兵力的再次大增,以及投靠项梁后所生发的底气,让刘邦的信心与勇气爆棚。雍齿这次再也没有挡住刘邦大军的猛烈攻伐,而被迫弃城逃向了魏国。

此处的历史情节难免让人存疑,那就是丰邑作为一个县治以下的小城邑,怎能让刘邦如后世《水浒传》中宋江"三打祝家庄"那样困难。且不说刘邦以之前能够顺利拿下胡陵、方与、薛城的3000兵马进攻丰邑受阻,即便后来增加了砀兵五六千人也依然毫无建功。直到后来项梁10名五大夫将和

5000士兵的再加入,方才拿下了丰邑。要知道,秦朝时期的全国人口也仅二三千万,而一般的县城人口万人足矣。即便丰邑那时有万人之多,也应该很难挡住刘邦前两次组织的进攻。仔细分析,大概有以下几个原因:一是丰邑有坚固的城墙环护;刘邦前不久以3000人马守此城时,泗水郡监军平围城三天也未能破防。二是有周市留下的魏兵协守;但不会太多,因为魏王咎刚刚复国,自身就没有多少兵力。三是雍齿有很强的组织带兵能力,这可以从刘邦后来对雍齿的重新接收复用看出。四是丰邑青壮老幼皆上阵,而刘邦不忍强攻致父老乡亲受到伤害。

雍齿率丰人背叛自己以及顽强抵抗的行为,确实伤透了刘邦的心。自那以后他再也没有回去过丰邑,甚至在多年后看望沛县父老时滞留十几日,也不愿去往近在咫尺的丰邑停驻一时,看一眼最应该缅怀的出生之地。并且他不愿意把丰县作为自己的汤沐邑,而是在沛县父老的再三恳求下才同意"乃并复丰,比沛"。他就此解释说,因为"当年他们居然跟着雍齿投靠魏人而反我"[1]。

随着先前各部以及刘邦率军的投奔,项梁军成为陈涉之后最为强大的一支反秦武装。项梁军也自然成为当时秦朝廷打击的主要目标。

随着自身力量的迅速扩大,以及张楚政权的败亡,项梁灭秦复楚还需要一面旗帜。前来投奔的居鄛人范增引用楚南公的话说,楚虽三户,亡秦必楚,给项梁极大信心。特别是范增应该师出有名的建议,让项梁顿悟。

> 今陈涉首事,不立楚后而自立,其势不长。今君起江东,楚蜂起之将皆争附君者,以君世世楚将,为能复立楚之后也。

——《史记·项羽本纪》

范增这段话的意思是:陈涉起事,不立楚国的后代而自立为王,因此失败。您从江东起兵以来,之所以有那么多楚国将领归附,就因为你们项家世世代代为楚将,能够扶立楚王后代而复兴楚国。

范增的建议让项梁茅塞顿开，为此他拥立流落于盱眙放羊的原楚怀王孙子熊心为楚王，并借助原楚怀王的影响力，仍号熊心为楚怀王。同时封陈婴为上柱国，让他陪同楚怀王，都以盱眙。

在之后的一段时间里，项梁也率兵先后打下亢父、东阿，之后抵达定陶，几次打败秦军。而刘邦有时独自率兵，有时和项羽联军，也先后大败城阳、濮阳、雍丘等地的秦军。

这时的项梁因自己和所部各军接连取得大捷而渐生骄傲之心，他不听宋义的提醒而疏于防备，在一个夜晚被秦将章邯率军衔枚袭击而阵亡。

吕臣、项羽、刘邦等各支独立在外行动的人马，在闻听项梁兵败身亡的消息后，均回撤到彭城附近。吕臣、项羽分别驻扎在了彭城东和彭城西，而刘邦则率领所属人马就近驻扎在砀县。这时，过去曾在沛县贩缯的睢阳人灌婴赶来投奔，使刘邦多了一员本就相知的战将。

居于盱眙的楚怀王熊心，闻知项梁战死心中恐慌，带手下迁到了彭城。当他惶惶来到彭城后，发现楚军依然兵多将广，遂又树立了复兴楚国的信心与勇气。他合并了项羽和吕臣的军队，继续以陈婴为上柱国；封刘邦为砀郡长，号武安侯；封项羽为长安侯，号鲁公；任命吕臣为司徒、吕臣的父亲吕青为令尹、项伯为左尹。至此，楚怀王初步恢复建立了楚国王庭的军事及政治架构。

在项梁兵败既死以后，章邯认为楚地之患已基本平定，遂率秦朝大军转战复辟的赵国，将已接替武臣为赵王的赵歇、赵相张耳围困在了巨鹿城内。赵王歇不甘被灭，向已经复辟的各诸侯国发出求救信。

楚怀王在收到求救信后，认为这是一次合力打击秦国的战机，他打算既要派兵救援赵国借机消灭秦国的主力大军，也要一并向西进攻秦国的腹地。

公元前208年九月，楚怀王和诸将讨论救赵和西征方案。各将领认为秦国的势力还很大，往秦国的老巢关中方向进军困难很大，故都不愿意领兵前往，而唯有项羽因叔父项梁被秦军所杀愿率兵西进复仇。但众人又感到项羽性情残暴并非出兵西进的合适人选，因为只有以尽量温和招安的方式方能获得同样受秦国政权压迫的秦人们的支持，而才有可能进而拿下关中。为此，众将提议由武安侯刘邦这样仁义宽大的人率兵马西进。

怀王诸老将皆曰："项羽为人僄悍猾贼。尝攻襄城，襄城无遗

59

类,皆坑之,诸所过无不残灭。且楚数进取,前陈王、项梁皆败。不如更遣长者扶义而西,告谕秦父兄。秦父兄苦其主久矣,今诚得长者往,毋侵暴,宜可下。今项羽僄悍,不可遣。独沛公素宽大长者,可遣。"

——《史记·高祖本纪》

于是,楚怀王兵分两路人马:一路以宋义为上将军、项羽为副将、范增为末将,北上救援赵国,待取胜后再西进秦国咸阳;一路由刘邦率军直接向西进军,既吸引秦军减轻北上救赵大军的后顾之忧,又可攻城略地争取逼近关中。楚怀王并"与诸将约,先入关中者王之"。

还应提及的是,在宋义和刘邦两路大军出征后,楚怀王任共敖为柱国,命其率军攻打原楚国旧地南郡一带;任命客从于刘邦的王陵为厩将,前往楚国旧地南阳一带招兵买马以扩大势力。

关中号称八百里秦川,因其周边东有潼关、南有武关、西有大散关、北有萧关,故曰关中。关中已被秦国统治500余年,是秦国的政治和经济腹地所在。《史记·货殖列传》就此记载:"关中之地,于天下三分之一,而人众不过什三。然量其富,什居其六。"①就是说关中占有天下三分之一的土地,而人口不到十分之三,但这里集中的财富却占到天下的十分之六。如果拿下关中,就犹如釜底抽薪,标志着秦国的彻底败亡。所以,楚怀王以"先入关中者王之"为赏,激励诸将努力推翻秦朝统治。

刘邦率大军西进关中并不容易,且不说他仅带有约万人之数的砀郡兵马,但就沿途所过之处全是秦军盘踞已久的地盘而言,要想逐个突破也非短时间可为。因此,在刘邦离开彭城已有4个多月的时间里,虽然他依靠手下曹参、周勃、樊哙、灌婴等将官的勇猛多处主动出击,但也仅夺取了成阳、成武、栗县等数处离砀郡不远的地方。在进攻昌邑时,即便得到了巨野泽彭越军的帮助,也没能打败守军。所幸的是,刘邦先后收编了陈涉、项梁的许多散兵,并路遇袭夺了楚将刚武侯柴武率领的4000多人马,让他的兵力得以大大增加。

---

① 《史记·货殖列传》,〔汉〕司马迁撰,韩兆琦主译,中华书局,2008年第一版,第2536页。

当再次进攻昌邑时，刘邦联合了魏将皇欣和申徒武蒲带领的人马，仍然没有攻下防守坚固的昌邑城，于是退兵于附近的高阳城（今河南杞县西南）。在这里，刘邦见到了素有"狂士"之称的郦食其，并由此逐渐打开了停滞不前的作战局面。

郦食其为一儒生，因生性傲慢，至60余岁仍一无所成。陈涉起义后天下大乱，已落魄为陈留门吏的郦食其，关心天下大势，伺机而动。当时有多批起义将领先后路过高阳，但郦食其认为他们不能成大事，就一概躲避之。后得知刘邦率军来此并打听当地贤士俊杰，知其"有大略，此真吾所愿从游"①。于是相托曾是自己乡邻的一名骑士求见刘邦，以成就自己一番事业。骑士告诉他，刘邦傲慢且不喜欢儒生，因为他曾经用儒生的头巾做尿壶。骑士所说并非信口无据，因为之前刘邦攻陷胡陵城召一儒生问话时，因儒生对所问军事技能均一概不知而大怒，确实曾摘其头巾做尿壶并怒骂之。可郦食其对此不以为意，仍认为刘邦是个能成就大事的人。但他要求骑士，必须介绍自己是一名别人都认为的狂生，而自称非狂。

刘邦闻知有这样一个恃才而狂的人求见自己，就以非常随意的场景接见了他。

> 沛公至高阳传舍，使人召郦生。郦生至，入谒，沛公方倨床使两女子洗足，而见郦生。郦生入，则长揖不拜，曰："足下欲助秦攻诸侯乎？且欲率诸侯破秦也？"沛公骂曰："竖儒！夫天下同苦秦久矣，故诸侯相率而攻秦，何谓助秦攻诸侯乎？"郦生曰："必聚徒合义兵诛无道秦，不宜倨见长者。"于是沛公辍洗，起摄衣，延郦生上坐，谢之。
>
> ——《史记·郦生陆贾列传》

这是《史记》中刘邦接见郦食其时的对话记载。其大意是，郦食其入见时，刘邦正叉着两条腿坐在床上，让两名女仆帮着洗脚。郦食其见状认为刘邦对他毫无礼貌，这与刘邦之前多次主动向当地人了解贤人俊杰的表现形

---

① 《史记·郦生陆贾列传》，〔汉〕司马迁撰，韩兆琦主译，中华书局，2008年第一版，第1906页。

成了极大反差。郦食其不仅长揖不拜,反而首先质问刘邦:你到底是在帮诸侯灭秦,还是帮秦灭诸侯?

对郦食其的狂妄质问,刘邦斥其为"竖儒"。他反驳郦食其说:天下苦秦久矣,所以各诸侯起兵反秦,你怎能说我助秦呢?

郦食其则毫不怯懦地回应说:你既然以灭秦为志向,那就应该善待投靠你的能人奇士,我的年纪比你大许多,你怎能用这样的态度来接待我这样一个老人。

听郦食其论以灭秦大义,且以奇士和年长者自居,刘邦方整理衣裳,重新以礼接待郦食其,并表示了歉意。郦食其便向刘邦进献计策。刘邦因此封其为广武君。

刘邦一向瞧不起一身酸气的儒生,但他在这次见到郦食其后,开始逐渐改变对儒生的看法。因为郦食其不仅将自己弟弟郦商率领的4000多人马召来推荐给刘邦,还献计拿下了秦军的粮仓陈留,使汉军"因其库兵,食其粟,留出入三月,从兵以万数"①。而更为重要的是,郦食其在后来的楚汉战争中也发挥了十分重要的谋士作用。

也许是由于郦食其的加盟,刘邦在接下来的日子里,率军征战总体顺利,除未能攻克开封城外,其余各城隘如白马县、曲遇、颍阳等均被顺利拿下。

刘邦乘势西进攻打洛阳,但在洛阳东败于秦军,只好放弃走崤函道进入关中的计划,而改道南下走颍川、南阳,再西进武关。

当刘邦率军至颍川时,遇到了早先经项梁同意助韩王成复辟韩国的张良。在张良的谋划下,刘邦大军不仅拿下辕辕关,还顺利拿下了十几城。于是,刘邦安排韩王成留守阳翟,让张良随自己继续南下西进。当行至南阳宛城时,刘邦因南阳郡守齮的顽强抵抗,迟迟没能攻下宛城,便退兵绕城西进。而张良认为,如不拿下宛城,以后则有可能遭受腹背受敌的危险,刘邦于是趁夜返回,重新包围了宛城。南阳郡守感到守城无望欲自杀,其门客陈恢阻止,表示愿为使前往刘邦军营说和。后刘邦许封南阳郡守齮为殷侯,封陈恢为千户,宛城不攻自破。南阳郡下属各城见郡守已降,也纷纷放弃抵抗。

---

① 《史记·郦生陆贾列传》,〔汉〕司马迁撰,韩兆琦主译,中华书局,2008 年第一版,第 1925 页。

这时将军纪信建议,另派一支军队走旬关去占领汉中,以分散秦军正面防守的注意力和力量。刘邦认为此计甚好,于是派郦商率军攻打旬关。而郦商也不负所托,不仅拿下旬关,还在后来占领了汉中。

同时,刘邦率主力大军继续西进,由于一路以招降怀柔为主策,故大军所过之处大多举旗投降。除丹水、西陵已为先期抵达的楚军高武侯戚鳃、襄侯王陵占领外,胡阳、析县、郦县等地秦军均不战而降。直至到达秦军重兵把守的第一道防线武关时,刘邦才不得不施以突然强攻的战术夺下了关隘。

武关之后是进入秦地后的第二道防线峣关,这里已接近关中腹地。如果进攻峣关失败,刘邦军就会成为笼中之鸟,很难退却逃走。为此,张良建议在周围山上多插旌旗以迷惑威慑秦军,同时派陆贾和郦食其为说客,携带大量珠宝财物贿赂拉拢本为屠夫儿子的守军将领。陆、郦的利诱劝降很成功,贪图利益的守军将领同意叛秦并愿助汉军进攻咸阳。当刘邦同意并准备前进时,张良认为愿意投降的是将领,大量守军士兵还很难说,因此应趁其麻痹之机将守军全部消灭,以消除后患。于是,刘邦组织发起猛攻,以武力占领了峣关。突破峣关这条重要防线后,沿秦岭山脉北麓直下,再行进约100公里就是咸阳。刘邦军行进至驻有秦军的蓝田时,刘邦以拯救秦人的姿态宣传自己的目的与主张,"秦人憙,秦军解"。刘邦大军从而长驱直入,顺利抵达位于咸阳东南方位的霸上。

在刘邦进攻武关前,《史记·高祖本纪》中有秦相赵高主动派人联系刘邦,约共分关中的记载:"及赵高已杀二世,使人来欲约分王关中。沛公以为诈,乃用张良计,使郦生、陆贾往说秦将,啖于利,因袭攻武关,破之。"当刘邦突破武关后,在《史记·秦始皇本纪》中,又记载了刘邦秘密派人联系赵高的事情:"沛公数万人已屠武关,使人私于高。"此事具体详情,《史记》没有细说,但也说明了赵高当时确实存有与刘邦瓜分关中称王,和刘邦与赵高再次联系的事实存在。

不过那时秦王庭确实已经发生了大乱。秦二世胡亥被丞相赵高杀害,而赵高及三族又紧接着被灭于新立的秦王子婴之手。因为子婴"闻赵高乃与楚约,灭秦宗室而王关中"[1],于是将其灭杀。

---

[1] 《史记·秦始皇本纪》,〔汉〕司马迁撰,韩兆琦主译,中华书局,2008年第一版,第182页。

63

在秦王子婴杀掉赵高46天后,刘邦率10万大军进驻霸上,传令子婴投降。子婴虽然不愿秦宗室灭,但面对已经兵临城下的刘邦大军,也毫无应策,只好乘白马素车,用丝绳套在自己脖子上,捧着封好的皇帝印信,来到轵道旁向刘邦投降。《史记》载:

汉元年十月,沛公兵遂先诸侯至霸上。秦王子婴素车白马,系颈以组,封皇帝玺符节,降轵道旁。

——《史记·高祖本纪》

用白马拉着以白布覆盖的车舆属于民间葬礼仪式,子婴以此形式迎接刘邦大军,实则是表示投降,以示国亡。至此,于公元前770年建立,已存续564年的秦国正式落下了历史的帷幕。

从灭秦到称帝(41—45岁)

公元前206年:鸿门遇险,屈就汉王

秦王子婴投降后,有将领建议将其杀掉。刘邦以怀王因他宽厚所以派他西进,更何况子婴已经投降了的理由予以否决。

当刘邦率军进入咸阳城内后,官兵们抑制不住对豪华秦宫的好奇,纷纷涌入宫内搜取金银财帛。而刘邦也不由得想起以前见到秦始皇时,自己生发"大丈夫当如此也"之感慨的情景。他现在如做梦一样,不仅亲自灭其基业,还踏足其皇宫之内,真是人世沧桑、天翻地覆啊!看到官兵们欢呼雀跃争相奔入宫内,他也想亲身体验一下皇帝的豪华生活。但在樊哙和张良的竭力劝阻下,刘邦封存府库、还军霸上。

刘邦没有忘记继续实施他的怀柔政策。他召集关中父老至霸上,宣布说:按照之前楚怀王和众将的约定,自己第一个入关就是关中王了,现在约法三章、废除秦法,各官吏行事如旧,老百姓安心生活。刘邦的承诺与举措,受到秦人的欢迎及慰劳。

"父老苦秦苛法久矣,诽谤者族,偶语者弃市。吾与诸侯约,先入关者王之,吾当王关中。与父老约,法三章耳:杀人者死,伤人及盗抵罪。余悉除去秦法。诸吏人皆案堵如故。凡吾所以来,为父

老除害,非有所侵暴。无恐!且吾所以还军霸上,待诸侯至而定约
束耳。"乃使人与秦吏行县乡邑,告谕之。秦人大喜,争持牛羊酒食
献飨军士。

——《史记·高祖本纪》

　　"约法三章"虽然条文简单,但是意义重大。因为刘邦关于秦人同样受
到秦法酷虐的说辞一下拉近了与关中百姓的心理距离,并且"吏人皆案堵如
故"的承诺也消除了秦吏的惊恐与担忧,使他们感到刘邦是一位宽大长者,
而不是秦二世那样的年少暴君。这不仅维持了当时关中地区的社会稳定和
生产生活,也成为后来刘邦能得到关中百姓一直大力拥护支持的首要原因。
　　这时有一个叫鳅生的人向刘邦报告进言:关中是一个非常富庶和地形
优越的地方,听说项羽已封秦降将章邯为关中雍王,如果他们到来,这里的
一切将不再属您所有。建议您马上派兵把守函谷关,在关中再征用一些人
马,以阻止他们进入关中。

　　秦富十倍天下,地形强。今闻章邯降项羽,项羽乃号为雍王,
王关中。今则来,沛公恐不得有此。可急使兵守函谷关,无内诸侯
军,稍征关中兵以自益,距之。

——《史记·高祖本纪》

　　已经以关中王自居并向关中父老夸下海口的刘邦,闻此消息十分重视,
因此"然其计,从之"。但让他没有想到的是,当时随宋义北进援救赵国的项
羽,杀掉观战不前的主将宋义,破釜沉舟大败章邯所率秦主力大军后,合各
路诸侯兵西进而来,所率兵力已达 40 万之众,这已不是他现有的 10 万兵马
可以抵挡的了。
　　公元前 207 年底,项羽率各路诸侯军抵达函谷关,得知已占领关中多日
的刘邦阻止进入而大怒,他命黥布率兵绕道破关。项羽入关后,率 40 万大军
驻扎在戏亭和鸿门亭一带。刘邦手下左司马曹无伤见项羽势大,私下卖好
传信项羽,说刘邦要做关中王,准备让秦王子婴做丞相,并占有了所有珠宝
财物。而项羽的谋士范增这时也趁机火上浇油,说刘邦就是项羽今后夺取
天下的主要敌人,应该立即将其消灭。于是,项羽准备第二天进攻消灭

65

刘邦。

> 沛公左司马曹无伤使人言于项羽曰:"沛公欲王关中,使子婴为相,珍宝尽有之。"项羽大怒,曰:"旦日飨士卒,为击破沛公军。"当是时,项羽兵四十万,在新丰鸿门,沛公兵十万,在霸上。范增说项羽曰:"……吾令人望其气,皆为龙虎,成五采,此天子气也。急击勿失。"
>
> ——《史记·项羽本纪》

项羽季父项伯因在下邳时曾受张良救命庇护之恩,便于当晚自驻地鸿门赴霸上私下见张良,劝其从速逃走。张良感刘邦知遇之情,不愿自行离开并将此事告知了刘邦。刘邦自忖力量不敌项羽,乃交好项伯约定做儿女亲家,并请项伯代为向项羽解释。刘邦说:

> 吾入关,秋毫不敢有所进,籍吏民,封库存,而待将军。所以遣将守关者,备他盗之出入与非常也。日夜望将军至,岂敢反乎! 愿伯具言臣之不敢倍德也。
>
> ——《史记·项羽本纪》

次日一早,刘邦率张良及樊哙、夏侯婴、纪信、靳强四将等百余骑兵赴鸿门拜见项羽。百余骑人马是诸侯出行的最低仪仗,这也是刘邦以弱示好的一种姿态。已听闻项伯先于解释的项羽接见了刘邦。

> 沛公谢曰:"臣与将军戮力而攻秦,将军战河北,臣战河南,然不自意能先入关破秦,得复见将军于此。今者有小人之言,令将军与臣有郤。"项王曰:"此沛公左司马曹无伤言之;不然,籍何以至此。"项王即日因留沛公与饮。
>
> ——《史记·项羽本纪》

刘邦的陈述使项羽释怀,他也解释说:"如果不是你的左司马曹无伤传信,我怎会如此生气? 于是,项羽设酒款待刘邦。

范增见项羽改变主意，私下安排武将项庄，以舞剑助兴为由伺机刺杀刘邦，上演了"项庄舞剑，意在沛公"的故事。项伯知其企图，即起身对舞，几次拦下项庄刺向刘邦的剑势。作陪的张良见事急，赴帐外告知樊哙。樊哙持盾闯入帐内，以勇猛无畏之形象，直言斥责项羽不讲道义，方解刘邦当时之危。之后，刘邦以如厕为由，在樊哙等四人的护卫下走小路返回霸上，而独自留下张良解释善后。

项羽曾对刘邦入主关中、封闭函谷关暴怒，扬言破关入秦后必杀刘邦，但在鸿门宴上，为什么又放过了刘邦？其主因还是项伯以"沛公不先破关中，公岂敢入乎？今人有大功而击之，不义也。不如因善遇之"①的劝解，消解了项羽的怒火。也许项羽还明白，当时如果杀掉已经过来低头居下的刘邦，自己将会处于不利的局面。因为各路诸侯会认为，对一个打下关中而不取财宝分毫且甘居为下的有大功之人，项羽都能杀，那其他人岂非也很危险？因此，若项羽继续对刘邦大军发起攻击，且不说各路诸侯有可能离心反戈，作壁上观以待双方两败俱伤后再坐收渔翁之利，则是大有可能。并且，已休整数月的刘邦 10 万兵马士气旺盛，项羽以连续奔波的疲惫之师与之对战也绝非易事。

刘邦逃回霸上杀掉了曹无伤泄愤，但他仍不敢对项羽心存侥幸，而是枕戈待旦、加强防范，并寄希望楚怀王能尽快兑现"先入定关中者王之"的约定。

这次灭秦之战虽始于各诸侯共同援救赵国之举，但自陈涉、吴广率先起义，至项羽率众诸侯歼灭秦国主力大军，再到刘邦西进咸阳致秦国灭亡，其主导力量一直乃是楚国人。在这一唯楚国马首是瞻的背景下，当前各路诸侯也只能仰楚人鼻息而盼望分一杯羹。

作为诸侯联军的领头人，此时的项羽信心满满，毕竟自拥立怀王近两年来，一直是他率领六国诸侯大军消灭了秦国主力方致其亡国，说不定怀王对自己还有意想不到的封赏。但让他没想到的是，"项王使人致报怀王，怀王曰'如约'"②。这让项羽十分气愤。他不仅恨怀王当初不让他直接西进，更

---

① 《史记·秦始皇本纪》，〔汉〕司马迁撰，韩兆琦主译，中华书局，2008 年第一版，第 182 页。

② 《史记·项羽本纪》，〔汉〕司马迁撰，韩兆琦主译，中华书局，2008 年第一版，第 228 页。

怒怀王坚持"如约",要把占有天下过半财富的关中,赏给刘邦这个让他有所顾忌的危险人物。因此,项羽绝不愿"如约"行事。

于是,项羽以怀王本为叔父项梁所立,而秦国也是由他率众诸侯所败亡的理由,主张由他来分封天下。而众诸侯只等结果,哪看缘由出处,皆拥护应允。

一直以来以复辟楚国为大志的项羽,此时所想的是各诸侯国并存的天下分封,并没有坚持自己过去"彼可取而代也"的想法,如秦始皇那样据关中而一统天下。况且,为报复秦国,他"引兵西屠咸阳,杀秦降王子婴,烧秦宫室,火三月不灭",已经将昔日的咸阳城破坏殆尽,不再复有原壮观都城之形象。项羽还认为,"富贵不归故乡,如衣绣夜行,谁知之者!"而甘愿"收其货宝妇女而东"①。即便当时被人讥讽"沐猴而冠",他亦坚决东归,以彭城为都称王。

站在项羽已经不愿坐拥天下而甘愿独霸一方的立场,他以彭城为王城也算是明智之选。因为彭城不仅处于南屏江淮、北扼齐鲁、东襟大海、西接中原的重要地理位置,而且也是当时东部平原地区唯一的丘陵环伺、泗水绕城的山水和交通俱佳城市。更何况,和即将分割为七零八落的其他十八诸侯国相比,以彭城为中心的战略地位和资源禀赋均属上乘。只是让项羽当时没有想到的是,他后来五据彭城、戏马南山的美好生活很快因自己的分封不公被打破了。

项羽"详尊怀王为义帝,实不用其命"②。他将原楚国地域一分为四,封称自己为西楚霸王,占据西楚和东楚,再将南楚分划为三部分:封黥布为九江王,都六县;封一直在南方独立反秦的原番县县令吴芮为衡山王,都邾县;封已占据原楚国西南旧地的柱国共敖为临江王,都江陵。据《史记·货殖列传》载:西楚包括南郡和淮水以北的沛郡、陈郡、汝南郡,东楚指彭城东部及南部的东海郡、吴郡、广陵郡,南楚包括衡山郡、九江郡以及长江以南的豫章、长沙二郡。

对于其他各诸侯,项羽除了占领150余年前本为楚国地盘的魏国东部地

① 《史记·项羽本纪》,〔汉〕司马迁撰,韩兆琦主译,中华书局,2008 年第一版,第226 页。

② 《史记·高祖本纪》,〔汉〕司马迁撰,韩兆琦主译,中华书局,2008 年第一版,第270 页。

区,将魏王豹分封到魏国的原西北地区成立西魏国,以及将原燕王韩广改封到辽东为王外,大多按照哪儿来哪儿去的原则,将原六国土地拆散予以分封。如对原秦国降将章邯、司马欣、董翳三人三分关中,分别封为雍王、塞王和翟王;再如燕将臧荼、楚将申阳、原赵王歇、原赵相张耳等,被分别封为燕王、河南王、代王、常山王,均基本在原势力旧地附近。而却将他最为担心的刘邦封"为汉王,王巴、蜀、汉中,都南郑"①。

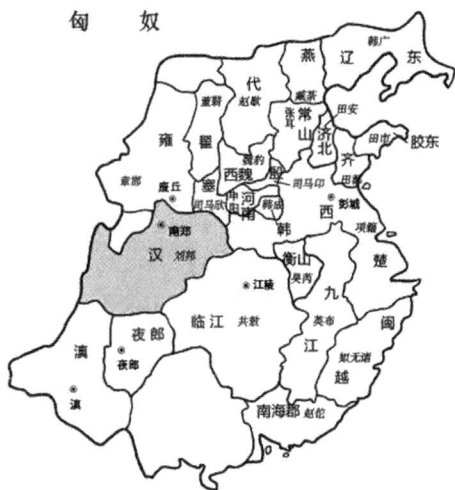

项羽分封十九国地图

此分封虽然对刘邦来说很不公平,但站在项羽的角度也能让人理解。因为他既不愿意如约将关中分给刘邦,也不能将关东原本别人的地盘划给刘邦,更不能将自己的西楚之地再分割一部分给刘邦,而只能将原秦国的南部巴蜀地区分给刘邦。更何况刘邦现在已经成为自己重点防范的人,自然是让他滚得越远越好。这也是后来张良托请项伯再将汉中分给刘邦,而项羽一口应允的原因。

巴蜀地区即四川盆地所在,过去曾分属巴、蜀两个古国。公元前316年,秦国灭巴、蜀二国改设为二郡:巴郡在盆地的东部,郡治在江州(今重庆市);蜀郡在盆地的西部,郡治在成都(今成都市)。自关中去往巴、蜀山路险远,巴、蜀也因此一直被秦国作为流放犯人的地方。虽然巴、蜀地处大巴山以南,但少受中原各国争战影响,因此总体上还算富庶和安宁。如果单从百姓生活度日来讲,这里倒也不失为一个舒适安逸的地方。但从政治战略考量,巴蜀地区的最大问题是被四面高山所环绕,造成了与中原隔绝而难如上青天的交通困境。因此,巴蜀地区割据自守容易,外出扩张很难。汉中是位于巴蜀以北、大巴山和秦岭之间的一个面积十分狭小的盆地,距离关中有几百里远,且隔有平均海拔2000米以上的秦岭。巴蜀和汉中两处如此偏僻闭塞

---

① 《史记·项羽本纪》,〔汉〕司马迁撰,韩兆琦主译,中华书局,2008年第一版,第228页。

之地,对于刘邦这样一个已经怀有抱负的人来说是难以接受的。因为刘邦一直念念在兹的是五据原秦国富饶的关中平原,而非仅是秦国南部如此偏僻的地方。

因此,刘邦对项羽违约封自己为汉王十分恼火,欲与项羽决一死战。萧何为之劝阻说:汉水"语曰天汉,其称甚美","愿大王王汉中,养其民以致贤人,收用巴蜀,还定三秦,天下可图也"。① 萧何口中的"天汉"本指天上的银河。《诗经》中说:"维天有汉,鉴亦有光。"因此萧何认为,汉水连接天上的银河,使汉中不仅美好吉祥,还可养民致贤,自然也是一个可以东山再起的好地方。后来的历史走向还确如萧何当时所说,因为时间过了不久,刘邦果然出汉中取三秦,并在后来与项羽的相争中取得天下。

在萧何的利弊分析和劝说下,刘邦只好以屈求伸,前往已由手下郦商率军占领的汉中任汉王。可又让刘邦十分窝火的是,项羽为控制他的势力,仅允许其带走自己原先的 3 万人马赴任,这让他的兵力大打折扣。虽然后来有其他诸侯手下的数万人闻刘邦仁义自愿跟随同赴汉中,但也远少于他进军关中时的兵力。受项羽如此打压安排,刘邦心中十分恼怒。但他的胸襟和眼光终非常人可比,他不仅率众奔赴汉中南郑,还听从张良在回归韩国前给予的建议,将所经子午道中的栈道全部烧毁,以麻痹项羽,表示自己以后不会再走出汉中去和项羽争夺天下的态度。

公元前 206 年:拜将韩信,率军征楚

"汉之元年四月,诸侯罢戏下,各就国。"② 也就是各路诸侯在四月,纷纷离开,去往自己的封地。按照司马迁写《史记》时已实行太初历推算,"汉之元年四月"大致是公元前 206 年 5 月,当汉军历时多天达南郑时,天气应已经比较炎热。汉军中大部来自关东平原地区的官兵,很不适应汉中崎岖不平的山地和炎热潮湿的气候而纷纷逃走,其中就有负责粮仓管理的淮阴人韩信。韩信原为项羽的侍从郎中,因得不到项羽重视,故在刘邦受封汉王后转投门庭而随之来到南郑。但他在加入汉军后,也仅仅是当个看护粮草的一

---

① 《汉书·萧何曹参传第九》,〔汉〕班固撰,中华书局,2012 年 4 月第一版,第 1760 页。

② 《史记·项羽本纪》,〔汉〕司马迁撰,韩兆琦主译,中华书局,2008 年第一版,第 230 页。

般官员,即便稍后因得到夏侯婴的推荐,提升做了治粟都尉,也依然非其所愿。在当前许多官兵溜号逃走的情况下,韩信也随之逃走以再寻前途。只是让韩信没有想到的是,他的表现举动一直受到丞相萧何的关注。因此,当他逃走不久即被萧何连夜快马追回,并受到了萧何的大力举荐,被刘邦隆重设坛拜为大将军。

刘邦征询韩信意见,韩信分析当前形势并建议说:项羽将你放到南郑这种地方犹如发配,不如利用现在官兵思乡心切的情绪,出汉中夺三秦,去和项羽争夺天下,这样肯定可以成就大功。

> 韩信说汉王曰:"项羽王诸将之有功者,而王独居南郑,是迁也。军吏士卒皆山东之人也,日夜跂而望归,及其锋而用之,可以有大功。天下已定,人皆自宁,不可复用。不如决策东乡,争权天下。"

——《史记·高祖本纪》

韩信所说不仅是收复三秦,还提出了争取天下的宏大愿景。这让刘邦茅塞顿开、相见恨晚。他让大将军一同居住在自己的王宫中,穿着和自己一样的衣服,吃着和自己一样的饭食,就连韩信外出都可以乘坐自己的专驾。这使一直受人冷落而郁郁不得志的韩信备受感动,乃至几年后他也不忘"汉王遇我甚厚,载我以其车,衣我以其衣,食我以其食"[①]的恩情。

和刘邦朝夕相处且深受鼓舞的韩信,很快提出了"明修栈道,暗渡陈仓",进而收复关中的战术方案。

当时自汉中通往关中有五条道路可走:东边是子午道,向西依次是傥骆道、褒斜道、陈仓道和祁山道。子午道通向塞王司马欣的领地,是刘邦自关中来汉中曾走过的路,其栈道因听张良建议已经烧掉。此道且不说现在修复困难,也容易在入关时受到三秦的同时夹击。其余四道均通向雍王章邯的地盘。傥骆道和褒斜道在当时并非官道,路经深山峡谷峭壁,根本不适合大军行走。陈仓位于章邯领地的西端,也是整个关中盆地的最西部,如自汉

---

① 《史记·淮阴侯列传》,〔汉〕司马迁撰,韩兆琦主译,中华书局,2008 年第一版,第 1836 页。

中完全走陈仓故道,需绕道略阳、徽县,再经凤县可至陈仓,路途比较远。韩信派兵探路侦察,发现自汉中留坝向西北方向斜插400里即可至凤县的连云道,然后经连云道再折向东北直奔陈仓。这样走要比经略阳、徽县近500里之多。虽然还比走傥骆道和褒斜道远了不少,但沿途路况比较适合大军行走。并且,陈仓远离塞王司马欣和翟王董翳的地盘,章邯也不容易得到他们的支援。而走祁山道就更加舍近求远了。因此,刘邦同意韩信经连云道再走陈仓道的出兵方案。

为迷惑章邯,韩信不仅派樊哙、周勃等率兵煞有介事地修复子午道和褒斜道,还派兵进攻祁山道沿途县镇,以干扰章邯的判断。

当汉军的一系列军事行动实施后,雍王章邯很快获得了消息。但他认为,作为进军关中最近的通道,子午道和傥骆道应该是汉军的主选之路。因此,章邯虽然在褒斜道、陈仓道等山路的出口也做了防备,但他还是亲自带领主要兵力往傥骆道和子午道方向靠近。但让章邯没有想到的是,汉军最终出击的真正路线是陈仓道。当由曹参为先锋的汉军,经连云道渡褒水,穿行东狼谷,出大散关,突然占领陈仓后,章邯才如梦初醒。当他再率大军赶往陈仓时已为时已晚,且汉军则如猛虎下山、势不可当。章邯军兵败如山倒,先退至好峙,又退至都城废丘固守,陷入了被汉军长达近10个月的围困之中。

章邯兵困废丘后,兵力远逊于章邯的塞王司马欣、翟王董翳相继投降,三秦之地几尽归汉军。刘邦就此设置了陇西、北地、上郡、渭南、河上、中地六个郡,成为真正的关中王。加上原有的巴、蜀、汉中三郡,刘邦已拥有多为富庶之地的九郡。

刘邦完全占领关中,就派薛欧、王吸出武关走南阳,东向沛县接自己的家人。此时在齐国讨伐田荣的项羽,闻关中已失,急忙封吴县县令郑昌为韩王,让他率军到阳翟防止刘邦大军继续东进,还派兵到阳夏阻挡薛欧、王吸的人马。

这时,随韩王成赴彭城的张良,因韩成被项羽杀害,已逃归汉营,正式成为刘邦的谋士。他在此时给项羽写了一封信,说:因为汉王没有得到他应该得到的关中,所以才出兵杀了回来,他只求实现楚怀王之前的约定就满足了,绝不敢再出兵东进和您较量。现在真正反对您的是齐国和赵国,您应该认真对付他们。

张良的解释合情合理,而他关于当前形势的提醒也确如所说。赵国的陈余因不服张耳做常山王将其打跑,已拥立赵歇为赵王,并被赵歇转封为代王;而齐国的田荣更是了得,他赶走齐王田都,杀死胶东王田市、济北王田安,自己做了原整个齐地的齐王。这些不服分封的造反行为,已经让项羽怒不可遏而动兵伐齐。现在张良的来信解释和提醒,消除了项羽对刘邦的担心,因而在齐国继续全力攻打田荣。

虽然刘邦当时也确实停止了东进,但他实际上是休整兵力,并"施恩德,赐民爵","大赦罪人",以收买人心,进行全面的战争动员和准备。因为这时的刘邦,以广袤富裕的领土资源和函谷关之险,已经具有了出关对楚作战的战略优势。

刘邦召萧何自汉中回关中,以塞王司马欣所居栎阳城为汉王都。栎阳城建于秦献公二年,曾为秦国都城 30 余年,秦孝公十二年时方迁都于咸阳。项羽火烧咸阳城未波及栎阳,后被塞王司马欣据为王城,现在又被汉王刘邦作为都城。刘邦还下令拆掉原秦国的社稷坛,而建立了汉王国自己的社稷坛。此举颇有政治意义,因为它具有由汉王国替代原秦朝而欲一统天下的象征性。

汉二年(前 205 年)二月,"五星聚于东井"①。即金、木、水、火、土五星聚于东方天域。此天象为兴国吉兆,因为《史记·天官书》记载说:"五星分天之中,积于东方,中国利;积于西方,外国用兵者利。五星皆从辰星而聚于一舍,其所舍之国可以法致天下。"于是,刘邦率大军出函谷关东进,并首先到达了西部地区与中原的地理分界线——陕县。

陕县乃今天河南省三门峡市陕州区所在地。在陕州区东北方向有一块南北长 10 余公里、宽二三公里的高地,古代称之为陕塬。在距今 3000 年的周成王时期,他的两个叔叔周公旦和召公奭因成王年幼,以陕塬为分界线,将周朝领地划为东西两部分,以东归周公管理曰陕东,以西属召公管理曰陕西。这也是历史上第一次出现陕西的名称,不过当时的陕西仅指关中平原

① 《史记·天官书》,〔汉〕司马迁撰,韩兆琦主译,中华书局,2008 年 1 月第一版,第 550 页。

一带,不包括今天的陕北、陕南。唐朝安史之乱之后设置陕西节度使,使陕西第一次成为真正的行政区,但陕东的名字则慢慢消失了。

刘邦率汉军抵达陕县后,河南王申阳投降。接着,刘邦派韩信将继续抵抗的韩王郑昌击败,封韩国的王室贵族韩信为韩王。之后,刘邦又先后收降魏王豹、殷王司马卬,并设立了河南郡。

刘邦东进,战果辉煌,人心思归。当进至洛阳后,被陈余赶杀的常山王张耳前来投奔,使刘邦再见老友,获一臂膀。不久,在项羽手下任都尉的陈平也前来投奔汉军,使刘邦又多了一位堪比张良的智者,为他后来灭楚建国增添了一大助力。

这时一位新城的三老董公遮前来面见刘邦。他告知了义帝熊心被项羽逼迫迁往郴州,以及在途中被害的消息,建议刘邦号召天下诸侯为义帝复仇,共同讨伐项羽,而这也犹如古代贤王夏禹、商汤、周武王一样的行为。董公遮说:

> 臣闻"顺德者昌,逆德者亡","兵出无名,事故不成"。故曰:"明其为贼,敌乃可服。"项羽为无道,放杀其主,天下之贼也。夫仁不以勇,义不以力,三军之众为之素服,以告之诸侯,为此东伐,四海之内莫不仰德。此三王之举也。
>
> ——《汉书·高帝纪》

刘邦称善。于是三军穿素服为义帝设祭三日,并以为天下共主楚怀王复仇的理由,派使者传檄各国诸侯,号召大家共同讨伐项羽。

> 天下共立义帝,北面事之。今项羽放杀义帝江南,大逆无道。寡人亲为发丧,兵皆缟素。悉发关中兵,收三河士,南浮江汉以下,愿从诸侯王击楚之杀义帝者。
>
> ——《汉书·高帝纪》

一些诸侯本就因项羽分封不公存有怨气。如魏王豹被封河东为西魏王,而原居有之地则被项羽吞占为西楚,就非常不满。并且也并非立下功劳或有势力就能封王,如陈余、田荣在灭秦战争中亦有大功,就因为没有跟随项羽西进入关未被封王,故陈余、田荣已经自己称王造反。而司马欣虽然功劳很少,但他与项梁有旧,且曾说服章邯降楚,所以被封为塞王。现在项羽将天下共主——义帝楚怀王杀害,刘邦号召天下一起为义帝复仇,符合一些诸侯势力的心愿。而一些本已归降的诸侯看到刘邦已经势大,更是愿意加入助战。《史记》就此记载:"春,汉王部五诸侯兵,凡五十六万人,东伐楚。"[1]

除汉军外,另外五支诸侯兵是哪几路呢?《史记·淮阴侯列传》又记载:"汉二年,出关收魏、河南,韩、殷王皆降。合齐、赵共击楚。四月,至彭城,汉兵败散而还。"据此可知,刘邦东进伐楚,所带领的各路诸侯兵,是已经归降汉军的西魏王豹、河南王申阳、韩王信、殷王司马卬以及赵国的军队。因为史书还明确记载,陈余提出了刘邦必须斩杀张耳方才出兵的条件,而刘邦亦斩杀了一名与张耳相貌相似之人,才使陈余派赵军赶往彭城,协助樊哙守护彭城以北邹县一带。而齐国田荣则是在齐地抵抗进犯的楚军。

汉二年四月,刘邦统率56万联军兵马至外黄时,彭越率3万兵马归汉,刘邦让其为魏国相,率兵收复原魏国东部土地。之后,刘邦大军继续东进,先后夺取了定陶、砀县、萧县,直至占领因项羽率精兵强将攻打齐国而只有老弱留守的彭城。

为维护彭城周边的安全,刘邦安排内兄吕泽驻军下邑;令樊哙率军驻守峄县、邹县、薛县一带,以防项羽大军折返。

此时项羽已在齐地打败田荣,正继续追打田荣弟弟田横所带领的残兵,当他闻报彭城已失的消息后大怒。他绝不能容忍自己的老巢失陷,在留下大部兵马继续攻齐后,遂亲率3万精锐骑兵奔袭彭城。他避开了驻守彭城北部的樊哙军,偏西行绕道胡陵至萧县,于拂晓时分由西面直插彭城。

由于刘邦认为项羽远在齐国,且北部还有樊哙率军防守,故放松警惕,成日"置酒高会"。但他没有想到,项羽率3万轻骑绕道胡陵,在毫无预警的情况下从西边萧县突然杀来,遂被打个措手不及。这一仗,刘邦在彭城及南逃路中损失10余万人马,余部向南溃逃至睢水时,因水淹、践踏以及被项羽斩杀,又损失10余万人马。

---

① 《史记·项羽本纪》,〔汉〕司马迁撰,韩兆琦主译,中华书局,2008年1月第一版,第234页。

彭城之战,刘邦除外围樊哙、吕泽的部队外,汉军其他兵力几乎全部被歼或逃散,而他本人也因侥幸遇狂风突至才得以逃命。《史记》载:"大风从汉王乃得与数十骑遁去。"①

关于刘邦出逃彭城的过程,在后来的史载及徐州附近的历史传说中,还有两个地方留下了史迹。一是位于今徐州城西南 10 余公里的汉王镇,有汉王拔剑泉遗迹存在,此事记载于明代陈耀文所著《天中记》;二是位于徐州城南 30 余公里的萧县皇藏峪,有关于刘邦的皇藏洞、马扒泉等遗迹传说,此记载见于萧县志。

彭城之战后,除殷王司马卬战死外,塞王司马欣、翟王董翳以及赵国,见汉王大败而项羽实在强大,又纷纷倒向楚国;就连最早向楚国宣战的齐国,因田荣败亡而被项羽封王的田假,也自然成为楚国的附庸。

在此战中,刘邦的父亲太公和妻子吕雉等家人,被项羽捉拿羁押。

刘邦西逃,先路遇由王陵陪伴保护的鲁元、刘盈姐弟,再至下邑与吕泽率领的队伍会合,后又至虞县休整。

兵败后的刘邦感到项羽的作战实力实在强大,他开始考虑不再与项羽直接对战,而是蚕食削弱其外围势力。为此,他委派谒者随何南下游说九江王黥布叛楚降汉。而随何也竟然不负所托,借黥项之间产生矛盾之际,说服了黥布倒戈归汉。刘邦因此改封黥布为淮南王。

关于刘邦兵败彭城让世人一直存疑的是,建议出汉中夺天下、后来每战必胜的韩信哪里去了?如韩信在,汉军怎会以 56 万兵马败于区区 3 万楚军呢?但如果回顾一下汉军出汉中至彭城大战间的每一件战事,就会发现,史书中几乎没有韩信的任何记载。这说明刘邦当时虽然高度认可韩信的战略构想而封其为大将军,但还不敢把汉军指挥权交给一个并非自己完全可信的人,这也可以从刘邦后来数次夺取韩信兵权的行为看出端倪。因此,此时的韩信还应该是一个仅有大将军之名而无任何实权的军事参谋而已,他又怎能左右已被连续胜利冲昏头脑的汉王刘邦呢?

另外,根据《汉书·韩彭英卢吴传》中,刘邦败逃彭城后"信复发兵与汉王会荥阳"之表述,又似乎说明韩信并没有跟随刘邦至彭城而是留驻在关中

---

① 《史记·项羽本纪》,〔汉〕司马迁撰,韩兆琦主译,中华书局,2008 年 1 月第一版,第 234 页。

或其他地方,不然何来"发兵"之说呢? 看来这确实是一个难以让后人定论的问题。

公元前205—前202年:荥阳对峙,垓下灭楚

汉二年(前205年)五月,刘邦屯残兵于荥阳。他除收拢起许多散兵人马外,"萧何亦发关中老弱未傅系诣荥阳,复大振"①。当楚兵追至京邑、索亭一带时,韩信集合部分汉军击败了楚军。楚军也自此止步,不再西进。

同年六月,刘邦西去栎阳,立刘盈为太子。

之后,刘邦派遣樊哙率兵攻打已被汉军包围近10个月的废丘。樊哙"引水灌溉废丘,废丘降,章邯自杀。更名废丘为槐里"②。

同年八月,刘邦还兵荥阳固守。刘邦之所以固守荥阳,是因为当时荥阳的地理位置太重要了。荥阳附近不仅有丘陵地形有利于防守,更是当时整个关东地区的水运十字路口。《史记·河渠书》记载说:"荥阳下引(黄)河东南为鸿沟,以通宋、郑、陈、蔡、曹、卫,与济、汝、淮、泗会。""此渠皆可行舟,有余则可灌浸,百姓飨其利。"同时,离荥阳不远的敖仓也是除关中、洛阳以外的最大粮仓,但现在还被楚军占领,而必须伺机夺下。由此可见荥阳战略地位的重要性。

汉三年,魏王豹向刘邦请假回河东探亲,后反水投靠了项羽。为此,刘邦派韩信、曹参征讨魏国。韩信、曹参大破魏军,捉拿了魏王豹,刘邦由此在平定的魏国地区设立了河东、太原、上党三郡。

之后,韩信主动提出带三万兵马北击代、赵、燕及东进齐国的请求。刘邦为分散项羽的注意力,根据韩信在京索和攻魏之战中的表现,同意他和张耳一起领兵北征,并命曹参等一众将军及3万兵马跟随。

同时,为保障后勤粮草供应,刘邦听取郦食其建议,迅速夺取敖仓,并修筑了一条通向黄河南岸的甬道,以方便运取敖仓的粮草。

但分兵后的刘邦军力量受到削弱,而且项羽不断出兵袭击汉军甬道的行为,也使汉军的粮草供应经常中断而陷入困境。在艰难相持较长时日后,

---

① 《汉书·高帝纪第一上》,〔汉〕班固撰,中华书局,2012年4月第一版,第32页。
② 《史记·高祖本纪》,〔汉〕司马迁撰,韩兆琦主译,中华书局,2008年第一版,第276页。

刘邦派遣使者与项羽讲和,愿以荥阳为界,以东归楚,以西归汉。

项羽本想同意刘邦的提议,但亚父范增认为现在是打击刘邦的最好时机,如果就此放过,将会后悔莫及。于是,项羽加大了对荥阳的围困进攻,致荥阳粮草缺乏、危在旦夕。

与刘邦身材长相近似的将军纪信见荥阳城被破在即,提出以自己伪装汉王而掩护刘邦出城外逃的计策。陈平假以2000余女子扮士兵,让其随纪信出东门投降。楚军受骗涌向东门,刘邦带数十骑得以出西门遁逃。项羽知道受骗后,愤怒烧杀纪信。

> 汉将纪信说汉王曰:"事已急矣! 请为王诳楚,王可以间出。"于是汉王夜出女子荥阳东门被甲二千人,楚兵四面击之。纪信乘黄屋车,傅左纛,曰:"城中食尽,汉王降。"楚军皆呼万岁。汉王亦与数十骑从城西门出,走成皋。项王见纪信,问:"汉王安在?"信曰:"汉王已出矣。"项王烧杀纪信。
>
> ——《史记·项羽本纪》

此时荥阳城尚留有周苛、枞公、魏豹数将继续坚守。周苛和枞公认为魏豹乃反国之王,不能与其共事,将其杀掉。

刘邦逃出荥阳后,走成皋西行回到关中。

在萧何的动员组织下,刘邦又拥有了一批人马,准备再次出关东征。这时刘邦手下一个叫袁生的人,建议不要再出函谷关和项羽直接正面作战,而是南出武关至宛城一带活动,以吸引楚军主力南移,从而使荥阳、成皋一带的汉军得以减轻压力,并造成楚军战线拉长,给其后勤补给带来困难;等韩信军平定赵国后再进攻燕、齐时,就可以再去荥阳打败楚军了。刘邦听从袁生计,出兵武关至宛城。

项羽听闻刘邦军至宛城,遂引兵进攻宛城。刘邦则坚壁清野拒不应战。这时彭越东进走薛城南下,在下邳大败项声、薛公率领的楚军。项羽只好引兵东下讨伐彭越,而刘邦则趁机率兵占领了成皋。项羽打败彭越后,闻刘邦占领了成皋,遂回兵拿下荥阳,并烹杀了拒不投降的周苛和枞公,然后再围困成皋。刘邦挡不住楚军的攻伐,不得不随夏侯婴乘车弃城落荒而逃。先失荥阳,再失成皋,洛阳的门户大开,此时的刘邦似乎只能西退,回关中防守。但不甘服输的刘邦则北向直奔韩信、张耳的兵营而去。

这时韩信已组织"井陉之战"彻底灭掉了赵国，兵力正劲。因此刘邦直奔韩信、张耳的驻地修武，以汉使身份于凌晨进入兵营，拿到兵符掌控了韩、张的兵马。刘邦封本为常山王的张耳为赵王，封韩信为赵国相，并让韩信在赵地再招兵买马以进击燕国、齐国。而他自己则驻军演练兵马，准备与项羽再战。

面对当前依然难敌项羽的被动局面，刘邦和张良、陈平认真细商，决定从以下几个方面来困扰和打击项羽：一是仍然由刘邦率军从正面牵制项羽主力；二是命韩信继续进攻燕国、齐国；三是派郦食其去齐国，游说时任齐王田广拥汉反楚；四是派卢绾、刘贾率军绕道东进，和彭越联手在项羽的后方加大对其的骚扰；五是收买迷惑项羽手下，施计离间项羽与范增等人之间的关系。此系列计策，被后世称为"下邑之谋"。

"下邑之谋"的实施，使项羽慢慢失去了战略优势。这时项羽虽然在中原还占有荥阳、成皋等多城之地利，但他的高级军师范增因受离间计已愤然离去（并在途中发背疽而死），使他失去了战略上的谋划指导，而代、赵、燕三国也已先后被韩信军占领，并且张耳已被刘邦封为赵王，韩信则以赵国相的身份准备进军齐国。这一切不利形势的出现，让项羽开始感到无助和担忧。

刘邦这时筑城驻军于荥阳境内的广武山，项羽因此指挥士兵隔涧在对面山地筑城以对阵作战。得益于后方源源不断的支援，刘邦坚持拼消耗、拼资源，就是不出战的防守战术思想，与楚军形成了隔广武涧长时间相持对峙的局面。《史记·项羽本纪》中记载说"楚汉久相持未决"。

广武山是一片不高的山峦。据《荥泽县志》载："（广武山）山势自河边陡起，由北而南，绵亘不断……峰峦尖秀峭拔数十丈，朝霞暮烟，变态万状。"广武山中间有一条西北东南向的巨壑，历史上称为广武涧，也是鸿沟的最上游部分，其往下游东南方向可连接汴水、获水、睢水、涡水等。在《文物》杂志 1973 年第一期刊登的张驭寰《汉王城、楚王城初步调查》一文中说：霸王城位于东广武山，长

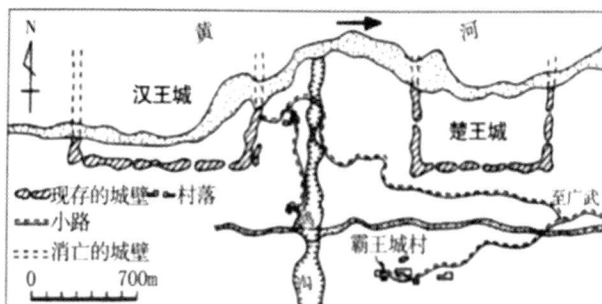

楚汉二王城城址图

1000米,墙身宽26米多,城墙最高处达15米;汉王城位于西广武山,长1200米,现存城墙最高处达10米多;两城均高出黄河200余米。对楚汉两军当时对峙的形势,我们可以从该文中的"楚汉二王城城址图",了解得更为直观一些。图中两城南部的城壁清晰可寻,北部的城墙因黄河南移侵蚀难见所踪,但依作者绘制的两城大致位置和轮廓,似乎仍可让人想象出当时楚汉双方隔涧据守对峙的场景。

面对当前刘邦固守汉王城就是不出战对决的局面,项羽将在彭城大战时俘虏已两年多的刘太公捆绑带至城下,以烹煮刘太公威胁刘邦投降或决战。

项羽将刘太公捆在案板上,并在旁边放置一口熊熊燃烧的大锅,喊话刘邦说:"今不急下,吾烹太公。"意思是你刘邦若不马上投降,我就煮了你的父亲。而刘邦则回答了一句让项羽瞠目无言的话:

> 吾与项羽俱北面受命怀王,约为兄弟,吾翁即若翁,必欲烹而翁,则幸分我一杯羹。
>
> ——《史记·项羽本纪》

刘邦如此应对答复,看起来似乎是置父亲生命于不顾。实际上,刘太公已经被项羽捉拿至军中两年有余,如果项羽欲杀之应已早死多时,可见项羽一直不想杀死刘太公。可现在情况大不一样,如刘邦答应率手下将士投降于项羽,且不说自己与诸多将领难有生机,甚至就连自己的父亲也未必能躲过一死。因为几年来的生死相搏,他们二人已成死敌,况且刘邦出汉中、占关中、夺彭城、据中原的一系列行为,已充分验证了范增当年"夺项王天下者,必沛公也"的断言。此时的项羽也断已醒悟,应不会再做那个"不足以谋"的"竖子",而再次放过哪怕已经愿意投降的刘邦及其父亲。并且,如果刘邦因父亲生命之危率军投降,以项羽的凶狠残忍,很可能其几年前坑杀20万秦降军的悲剧还会重演。

现在,项羽对刘邦令人难以置信的应对感到十分无奈,只好听从项伯"杀之无益"的劝告,将刘太公押回。

为扭转楚汉两军长期对峙而不能对决的被动局面,项羽喊话刘邦说要独身单挑,不要再使天下百姓遭受战争之苦。但刘邦却立城头笑答"吾宁斗智,不能斗力",还历数了项羽十大罪状:

始与项羽俱受命怀王，曰先入定关中者王之，项羽负约，王我于蜀汉，罪一。项羽矫杀卿子冠军而自尊，罪二。项羽已救赵，当还报，而擅劫诸侯兵入关，罪三。怀王约入秦无暴掠，项羽烧秦宫室，掘始皇帝冢，私收其财物，罪四。又强杀秦降王子婴，罪五。诈坑秦子弟新安二十万，王其将，罪六。项羽皆王诸将善地，而徒逐故主，令臣下争叛逆，罪七。项羽出逐义帝彭城，自都之，夺韩王地，并王梁楚，多自予，罪八。项羽使人阴弑义帝江南，罪九。夫为人臣而弑其主，杀已降，为政不平，主约不信，天下所不容，大逆无道，罪十也。吾以义兵从诸侯诛残贼，使刑余罪人击杀项羽，何苦与乃公挑战！

——《史记·高祖本纪》

　　项羽恼羞成怒，搭箭射中了刘邦的胸部。刘邦为不影响士气，强忍疼痛，弯腰抚脚说："虏中吾指。"为稳定军心，刘邦在退兵后听张良建议，勉强支撑身体走遍军营慰问士兵。

　　这种欲进不得、欲罢不忍的长期对峙，使楚军陷于更加不利的局面。因为汉军有关中源源不断的兵员和物资补充，而楚军常陷入后勤难以为继的境地。至汉四年，韩信大军已经进攻齐国都城的事态发展，更使项羽感到了形势的危急。他不能坐视韩信军即将灭掉齐国的结果出现，为此他派手下大将龙且，率20万大军去支援已经紧急求助的齐国。但让项羽没有想到的是，他很快收到了龙且大军被韩信在潍河以囊沙水淹之策大败而亡的噩耗，而之前已代田假为齐王的田广也在逃亡中被杀。

　　同时让项羽头疼的是，彭越又开始了在其后方对后勤粮草的破坏性掠夺，且已经让前线的楚军难以为继。他只好再次回兵去打击驱逐彭越的不断骚扰。

　　他在临走前告诫守护成皋的大司马曹咎，如遇汉军挑战，切勿应战，一定要坚守15天等他回来后再说。

　　项羽转战退兵后，刘邦挥军进攻成皋。曹咎开始还坚守不出，可经不住汉军在城下的不断挑战和辱骂，愤而出城与汉军爆发了汜水之战，终大败自杀而失去成皋。就连当时一起守护成皋的翟王董翳、塞王司马欣也被迫自杀。

81

项王乃谓海春侯大司马曹咎等曰："谨守成皋,则汉欲挑战,慎勿与战,毋令得东而已。我十五日必诛彭越,定梁地,复从将军。"

汉果数挑楚军战,楚军不出。使人辱之,五六日,大司马怒,渡兵汜水。士卒半渡,汉击之,大破楚军,尽得楚国货赂。大司马咎、长史欣皆自刭汜水上。

——《史记·项羽本纪》

项羽顾此失彼、焦头烂额,又想出拉拢韩信的办法。他派手下谋士武涉赴齐国,劝说已被刘邦封为齐王的韩信中立而三分天下,但韩信却表示将一直忠于厚待于他的汉王刘邦。

汉四年(前203年)八月,此时的项羽感到已无胜利可能,并且也没有其他可以回旋的计策可行,只好重新回到刘邦之前愿意讲和的立场。当刘邦先后遣陆贾和侯公为使,要求项羽送还其家人时,项羽借机提出与刘邦中分天下的方案。即"中分天下,割鸿沟以西者为汉,鸿沟而东者为楚"①。刘邦同意接受鸿沟条约,答应率兵返西。而项羽也送还刘邦家人并撤兵东还。至此,楚汉两军在荥阳、成皋一线长达两年零五个月的攻伐对峙,终告结束。

当此时,项羽数击彭越等,齐王信又进击楚。项羽恐,乃与汉王约,中分天下,割鸿沟而西者为汉,鸿沟而东者为楚。项王归汉王父母妻子,军中皆呼万岁,乃归而别去。

——《史记·高祖本纪》

对于项羽因当前势弱而出现的言和局面,张良和陈平担心项羽将来强大后还会重新开战,于是提出了乘势追击消灭项羽的建议:

汉欲西归,张良、陈平说曰:汉有天下太半,而诸侯皆附之。楚兵罢食尽,此天亡楚之时也,不如因其机而遂取之。今释弗击,此

---

① 《史记·项羽本纪》,〔汉〕司马迁撰,韩兆琦主译,中华书局,2008年第一版,第242页。

所谓"养虎自遗患"也。汉王听之。

——《史记·项羽本纪》

汉五年初(前203年底),刘邦率军追楚军至阳夏并大败之。此战俘虏了楚国大将周将军及兵卒5000,使项羽退守固陵。于是,刘邦传令韩信、彭越会师固陵一起围歼项羽。但由于韩信、彭越未能应召前来,刘邦军至固陵时反被项羽的反扑打得大败,而只好回军坚守。

汉五年,汉王乃追项王至阳夏南,止军,与淮阴侯韩信、建成侯彭越期会而击楚军。至固陵,而信、越之兵不会。楚击汉军,大破之。汉王复入壁,深堑而自守。

——《史记·项羽本纪》

历史再次来到了十字路口。如果这时候韩信、彭越还能带兵前来帮助刘邦共击项羽,那么项羽必败无疑。如果韩信、彭越拒绝不来,刘邦也只能任凭项羽自去。这样,不仅项羽还会东山再起,而其他已经纳降的诸侯王也可能背向而自立,今后的天下也将更加难以统一。

韩信和彭越为什么没有遵刘邦召唤而至呢?就韩信来说,他已经帮助刘邦打下了北方诸国并已被封王,虽然他没有依蒯通建议背弃刘邦而三分天下,但现在再让他出力流血去做折本无利的事情,肯定是很不情愿了。而彭越这几年一直在中原腹地积极配合刘邦打游击战,并取得不少战绩,但他并没有如黥布、韩信甚至张耳那样获得王位。更何况魏国王位已空缺一年有余,也一直由他以相国的身份主持大局,这不能不让他心存怨念,因而不听刘邦的召唤。

大概由于上述原因,韩信、彭越没有响应前来。张良因此提出了再予赏赐的建议:

与此两国约:即胜楚,睢阳以北至毂城,皆以王彭相国;从陈以东傅海,与齐王信。齐王信家在楚,此其意欲复得故邑。君王能出捐此地许二人,二人今可致;即不能,事未可知也。

——《史记·魏豹彭越列传》

张良建议的意思是："您可以和两国约定，假如战胜楚国，睢阳以北至谷城的地域，就分封给彭相国；陈县以东一直到海边的地区，都分封给齐王韩信。齐王韩信的家乡在楚国，他也很想再得到自己的故乡。您如愿意拿出这些土地分给二人，这两个人很快就可以召来，即使不能来，事情发展也并非无望。"

冷静下来的刘邦，听信张良的原因分析，不仅采纳张良的建议，给予韩信、彭越扩大地盘的封赏承诺，命他们率部向彭城方向进军；同时传讯黥布和刘贾率部渡过淮河包围寿春，诱降楚国大司马周殷倒戈，并切断项羽逃往西南方向的退路。而刘邦自己则率张良、周勃等文臣武将，不给楚军喘息之机，继续东进追赶楚军。

刘邦大军追楚军至陈县，斩其楼烦将 2 人、虏骑将 8 人。项羽被迫继续东逃，但他没有料到的是，此时的彭城已被灌婴率汉军占领。项羽无奈，只好率军向东南方向移动。至垓下(垓下非准确地名，而是指重重围困的战场中心，其战场大致在今安徽省灵璧县东南地域)时，刘邦军与韩信军的 30 余万人马已会合到一起，而项羽尚剩有的 10 万人马，则处于汉军的合围之中。

对于接下来的战事，一些史家多认为韩信起到了总指挥的作用。但仔细翻阅《史记》，此次战事在《高祖本纪》中有较详细记载，而在《淮阴侯列传》中，只有刘邦"召齐王信，遂将兵会垓下"十个字的简单提及。在《淮阴侯列传》的前文中，对韩信"安邑之战""井陉之战""潍水之战"都有较为详细的描述，而唯独对最为重要的"垓下之战"一笔带过，这说明"垓下之战"的主要谋划者，还是刘邦和张良等人。另外，从汉军当时的布兵排阵来看，坐中军指挥的也是刘邦和张良。当然，韩信作为前军主帅，为"垓下之战"的胜利发挥了最为重要的作用，这也是在《高祖本纪》中着意突出描述的内容。

　　五年，高祖与诸侯兵共击楚军，与项羽决胜垓下。淮阴侯将三十万自当之，孔将军居左，费将军居右，皇帝在后，绛侯、柴将军在皇帝后。项羽之卒可十万。淮阴先合，不利，却。孔将军、费将军纵，楚兵不利，淮阴侯复乘之，大败垓下。

——《史记·高祖本纪》

从上述可知,此战正面对敌由韩信指挥 30 万兵马承担。其中,韩信率领前军,他的部将孔、费两位将军率领左右两军。而后面由刘邦、张良坐镇中军,再后面还有周勃、柴武两位将军率领的后备军。

这时,彭越、刘贾、黥布、周殷等四路兵马,已分别从西北、西南方向赶来或已布置在外围;另外,灌婴所带的骑兵部队也已经出彭城伺机突袭。此阵势布局,也就是后世所说的"十面埋伏"。

"垓下之战"首先由韩信率前军冲杀打响,然后韩信假装不敌而退;再由孔、费二位将军的左右两军从两侧杀出;而韩信又立即率军回头杀了过来。楚军遭受三面合围,被"斩首八万","降左右司马各一人,卒万二千人"。

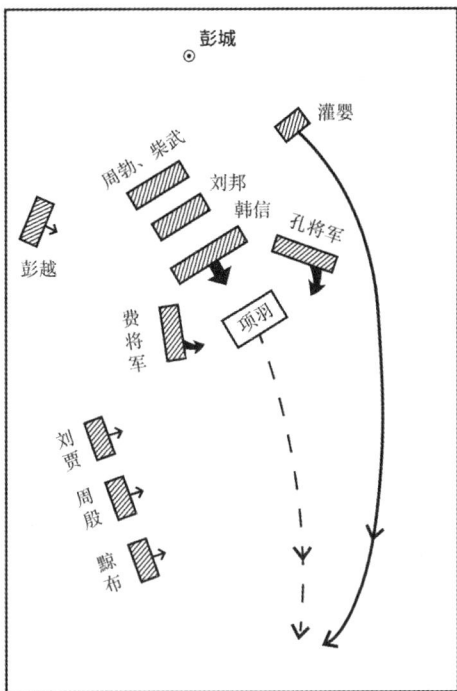

垓下之战汉军布阵及进攻路线示意图

是夜,汉兵依张良计,环项羽军营四面吟唱楚歌。"项王军壁垓下,兵少食尽,汉军及诸侯兵围之数重。夜闻汉军四面皆楚歌,项王乃大惊曰:'汉皆已得楚乎?是何楚人之多也!'"尚存的楚兵闻乡音军心涣散,大多趁夜逃跑。项羽感大势已去,与随军爱妃虞姬悲歌:"力拔山兮气盖世,时不利兮骓不逝。骓不逝兮可奈何,虞兮虞兮奈若何!"①虞姬感到从未服输过的项羽已失斗志,亦弹琴哀和:"汉兵已略地,四方楚歌声;大王意气尽,贱妾何聊生。"②遂伏剑自刎。

项羽忍痛将虞姬就地掩埋。今安徽省灵璧县城东南六七公里处有虞姬墓园,为安徽省重点文物

① 《史记·项羽本纪》,〔汉〕司马迁撰,韩兆琦主译,中华书局,2008 年第一版,第246 页。

② 此诗在《史记》《汉书》中未见收载。唐张守节《史记正义》从《楚汉春秋》中加以引录,始流传至今。《楚汉春秋》为汉初陆贾所撰。

85

保护单位。虞姬墓前分别立有明、清和民国年间的三块石碑,其中一碑文为明代著名书画家倪元璐所题。题词曰:"虞兮奈何,自古红颜多薄命;姬耶安在,独留青冢向黄昏。"横联是"巾帼英雄"。

天蒙蒙亮时,项羽携仅余的800骑官兵向淮河以南突围。韩信命令灌婴率5000骑兵追赶掩杀,致项羽渡过淮河后身边尚剩百余骑。项羽进至阴陵(今安徽淮南市东),遇一农夫故意指错道路,迷失于一大泽中多时。待至东城(今安徽定远县),项羽身边仅剩28人,而汉军追兵达几千人。他自忖难以脱身,乃慨然曰:

> 吾起兵至今八岁矣,身七十余战,所当者破,所击者服,未尝败北,遂霸有天下。然今卒困于此,此天之亡我,非战之罪也。今日固决死,愿为诸君快战,必三胜之,为诸君溃围,斩将,刈旗,令诸君知天亡我,非战之罪也。

——《史记·项羽本纪》

项羽分人马为四组,然后四面出击。待再聚集到一起时,只少了两人。项羽只身再显威武,又回身杀汉军将兵近百人。项羽率余众至乌江河(今安徽省和县乌江镇驻马河,连通长江,古时称乌江)渡口时,乌江亭长划船过来请其急渡,项羽自言无颜见江东父老,将乌骓马赐予亭长。然后率余众返身,持短剑再杀入汉军斩敌数百,因力竭而挥剑自刎。

"垓下之战"是楚汉战争中的一场决定性战役,它结束了秦末以来一直混战的局面。"垓下之战"规模空前,影响深远,是我国历史上最为著名的战役之一。

"垓下之战"结束,楚地除鲁县外已尽归汉军。刘邦后率兵至鲁县示项羽头颅,鲁县降。刘邦以鲁公之礼,葬项羽于谷城山下。

之后,刘邦率军至定陶,并收回了韩信兵权。刘邦之所以驻足定陶,是因为定陶不仅是方便各诸侯聚集的中心之地,也是传闻的尧都所在。因为已经领袖群雄的刘邦,其心中应该不忘"大丈夫当如此也"的曾有念想,而尧都正是寓意登基帝位的理想之处。果不其然,齐聚定陶的众诸侯,以天下已经大定为由,一致推举刘邦为帝。刘邦又如当年即位沛公时的一番说辞,说只有贤者可居。众诸侯再三恳请,刘邦方登基称帝。当时之中国自此开始真正走向统一。

> 正月,诸侯及将相相与共请尊汉王为皇帝。汉王曰:"吾闻帝贤者有也,空言虚语,非所守也,吾不敢当帝位。"群臣皆曰:"大王起微细,诛暴逆,平定四海,有功者辄裂地而封为王侯。大王不尊号,皆疑不信。臣等以死守之。"汉王三让,不得已,曰:"诸君必以为便,便国家。"二月甲午,乃即皇帝位氾水之阳。

——《史记·高祖本纪》

据上述记载,刘邦登基称帝的时间是汉五年二月初三(前 202 年 3 月 11 日),登基之地为"氾水之阳"。氾水原是古济水的一条分支,从济水分出后,向东南方向流经定陶后,复曲向东北。东汉王景治河时,将氾水道再入济水变为南济水道,使氾水不复存在。今菏泽市定陶区仿山镇姜楼

刘邦登基地遗址

村南几百米处,为古氾水流经的北岸,此处有一长宽各数十米、高近 10 米的土丘。由于此处是刘邦举行登基大典之处,为汉朝的发祥地所在,故被称为"官堌堆",又名"受命坛"。同时,又因为此处发现有新石器和商周时期的大量文化遗存,故称其为"官堌堆遗址",并在 1992 年被山东省人民政府列为省级文物保护单位。

从称帝到驾崩(45—52 岁)

刘邦登基称帝后,众诸侯翘首盼封。刘邦续封了项羽曾立的燕王臧荼、九江王黥布、衡山王吴芮,以及自己已立的齐王韩信、韩王信、赵王张耳,新

封了握有重兵并屡立战功的彭越为梁王、都定陶。只是与之前不同的是，刘邦将吴芮由衡山王改封号为长沙王、都临湘，将韩信由齐王转封为楚王、都下邳，对黥布则沿用了一年前新封的淮南王号、都九江。

刘邦在封七家异姓王后，还续封了无诸为闽越王。据《史记·东越列传》记载，无诸为越王勾践的后裔，越国被楚国解体后，越王子孙分散江南沿海各处，无诸祖上迁居到了今福建境内。无诸成人势大后自称为闽越王，秦始皇统一天下后，废诸侯王，降其为郡长。天下诸侯造反时，无诸曾归附吴芮投入反秦。项羽再封时，无诸因被无视，也没有归楚。待刘邦攻打项羽时，无诸曾率领闽越甲兵协助汉军。因此，刘邦承认无诸在闽越的统治地位，续封其为闽越王。

刘邦率众自定陶赴洛阳，在南宫大宴群臣。他问众臣，项羽为何不能取天下？而自己何以得天下？高起、王陵二人认为，是项羽嫉贤妒能，而刘邦与人同利深得人心的原因。刘邦则认为是自己起用了张良、萧何、韩信三杰之故。

> 夫运筹策帷帐之中，决胜于千里之外，吾不如子房。镇国家，抚百姓，给馈饷，不绝粮道，吾不如萧何。连百万之军，战必胜，攻必取，吾不如韩信。此三者，皆人杰也，吾能用之，此吾所以取天下也。
>
> ——《史记·高祖本纪》

对刘邦以识人用人之长而取得天下，东汉班固予以赞同。他认为刘邦：

> 以信诚好谋，达于听受，见善如不及，用人如由己，从谏如顺流，趣时如向赴；当食吐哺，纳子房之策；拔足挥洗，揖郦生之说；寤戍卒之言，断怀土之情；高四皓之名，割肌肤之爱；举韩信于行陈，收陈平于亡命，英雄陈力，群策毕举：此高祖之大略，所以成帝业也。
>
> ——《汉书·叙传上》

而司马迁对刘邦能够取得天下，则以宏观玄奥的地理风水原因作了分

88

析解释:有人说,东方象征着万物开始生长,西方象征着万物的成熟。因此,有些事业的开头虽然是在东南,而最后获得成功的却常常出现在西北。所以夏禹在西羌勃兴,成汤在亳地崛起,周人建立了王朝是因为从丰、镐起兵去讨伐殷商,秦国是由于先有雍州做大本营才成就了帝业,而汉朝的建立是从蜀汉开始的。

> 或曰"东方物所始生,西方物之成孰"。夫作事者必于东南,收功实者常于西北。故禹兴于西羌,汤起于亳,周之王也以丰镐伐殷,秦之帝用雍州兴,汉之兴自蜀汉。
>
> ——《史记·六国年表卷三》

齐国人娄敬赴陇西戍守路过洛阳时求见刘邦,建议刘邦"入关而都"[①]。娄敬分析认为,周朝兴盛的时候,以道义仁德使四方归顺、天下太平。现在天下穷苦,形势难以预料,如今后有动乱,据洛阳则难以应付。而关中地区,不仅东有黄河之险、四周群山环绕,而且人口众多,可出百万之兵,其物产之富饶,亦为天府之国。

西汉"汉并天下"瓦当,直径 17 厘米,现藏北京故宫博物院

对娄敬的建议,家乡多为关东的众大臣皆反对,唯张良力挺娄敬之说。于是,刘邦听从娄敬、张良二人的意见,在汉五年八月将朝廷迁关中,暂都于栎阳。同时赐娄敬刘姓,拜为郎中,号为奉春君。

刘邦将建设新皇宫的任务交由丞相萧何全面负责。同时任命前秦朝的

---

① 《史记·刘敬叔孙通列传》,〔汉〕司马迁撰,韩兆琦主译,中华书局,2008 年第一版,第 1934 页。

军匠阳城延①,为负责宫室、宗庙及陵寝建设的将作少府,因为他曾经主导过秦宫室的设计建设。

新皇宫的位置选定在渭河以南、原西周都城丰镐遗址的东北方向,这里曾是秦始皇弟弟、长安君成蟜的封地所在。这也是刘邦定名新都为长安的历史性原因,并希冀汉朝长治久安。

汉七年(前200年),周长达20里、由14座华丽宫殿组成的长乐宫建成。刘邦遂下令将整个朝廷机构迁到长乐宫。

汉九年(前198年),专为皇帝朝政和生活的未央宫建成。"未央"二字取自《楚辞·离骚》"及年岁之未晏兮,时亦犹其未央"。其意指时间尚未至一年之半。这里把皇帝办公居所取名未央宫,寓意事业未尽尚需继续努力。未央宫规模更加宏大,周长达28里,其中布局殿阁有40余座,气宇非凡,蔚为壮观。刘邦曾在上一年来工地视察,当时嫌宫室设计过于恢宏壮丽,愤怒责备萧何说:"今天下初定,以后未可知,怎能建造如此奢华的宫殿呢?"萧何回答道:"正因为天下刚定,我们才应该借机营建宫室,况且天子是以天下为家,宫室不壮丽就不能显示天子威严。再说,建造这一次也免得以后子孙后代再建了。"刘邦见萧何说得有道理,才转怒为喜。

公元前202—前196年:制定新策,与民休息求发展

刘邦自公元前202年3月登基,至公元前195年6月1日逝世,共做了8个年头的皇帝。8年中,他制定新政,剪除异姓王,妥善处理边疆纷争,约白马之盟,不仅为汉室刘姓江山的永续打下了基础,也开启了汉民族及汉文化逐渐形成的征程。

立国之始,刘邦就命萧何参考秦朝法律,"取其宜于时者,作律九章",即《汉律九章》。《汉律九章》是在战国时期李悝所编纂的《法经》6篇(《盗法》《贼法》《囚(网)法》《捕法》《杂法》《具法》)的基础上,又补充了《户律》(主要规定户口管理、婚姻制度和赋税征收)、《兴律》(主要规定征发徭役、城防守备)和《厩律》(主要规定牛马畜牧和驿传方面)"三律"而形成的。后世一般所说的汉律就是指《九章律》。

---

① 阳城延为彭城人,汉高后元年(前187年)被封为梧侯,食邑500户,其封地在元狩六年设梧县,后属彭城郡,在今安徽省淮北市杜集区石台镇梧北梧南村一带。

刘邦还任用原秦朝待诏博士叔孙通为稷嗣君,要求其整理朝纲。叔孙通制定了一套适合当时形势需要的政治礼仪制度,撰写了《汉仪十二篇》《汉礼度》《律令傍章十八篇》等礼仪法令方面的专著,对汉朝的建立和巩固起到了重要作用,也为后人留下了一笔宝贵的文化遗产。后来东汉卫宏编撰的《汉旧仪》,也是在叔孙通已有朝纲礼仪的基础上撰写的。

刘邦称帝初始,虽然建制立法、确立朝纲,但他依然重武轻文。因为他不仅是在马上得到的天下,也是在马上后来接连平叛反王巩固的天下,因此认为诗书儒学毫无用处。对此,力倡儒家思想的太中大夫陆贾对他说:"马上得天下,能在马上治天下吗?"随后陆贾援引历史,以商周和秦朝的兴亡为例,向刘邦说明行文治、施仁义的重要性。

于是,刘邦让陆贾总结秦朝为什么失去天下、汉朝为什么会得到天下,以及历代国家存亡的原因。陆贾遵旨著书写《新语》12篇,供刘邦参阅。

《新语》多处揭举了秦朝为政的失误,指出汉朝要想不重蹈秦亡之覆辙,就必须实施反秦道而行的为政原则。《新语》主张"行仁义,法先圣",礼法结合;提醒识人"辩惑",行事"慎微";指出王者须自守无为,不可以失法度。特别在第四篇《无为》中,陆贾强调:"道莫大于无为,行莫大于谨敬。"认为君子治国要像虞舜那样,"寂若无治国之意,漠若无忧天下之心,然而天下大治"①,这样百姓才会安分守己、怡然生活。

《新语》为西汉前期的统治提供了理论指导。刘邦在位期间,取消了秦朝"严刑峻罚"的做法,废除连坐法及夷三族,推出了"德主刑辅"的宽舒政策。即以教化为主,刑罚为辅,实施宽柔相济、严松相当的统治策略,从而使社会民生开始走向有序发展的道路。

刘邦亦由此重视儒家思想,他下令建设了天禄阁、石渠阁,用以收集儒家及先秦各家经典。此外,刘邦还对孔子表示了极大尊崇。在汉十二年(前195年)刘邦平定黥布返程时,曾特意前往曲阜,以天子独享的"太牢"之礼祭祀孔子,成为历史上第一个亲临孔庙祭祀的皇帝。

尤为可贵的是,刘邦登基后切实感受到了"马上不能治天下"的困难,而开始重视起用儒生文人。因为那些因军功升迁的高、中级官吏,除萧何、张良、叔孙通、张苍、陆贾等人外,不仅大多不懂如何治国的道理,也难以胜任

① 《新语校注》,王利器撰,中华书局,1986年8月第一版,第59页。

处理政务和民事之责。因此,他不仅起用了叔孙通的儒生弟子100余人为郎官,还于汉十一年(前196年)二月,专门颁布了一份情真意切的求贤诏书,开后世历代帝王多重视人才的先河。

> 盖闻王者莫高于周文,伯者莫高于齐桓,皆待贤人而成名。今天下贤者智能岂特古之人乎?患在人主不交故也,士奚由进!今吾以天之灵,贤士大夫定有天下,以为一家,欲其长久,世世奉宗庙亡绝也。贤人已与我共平之矣,而不与吾共安利之,可乎?贤士大夫有肯从我游者,吾能尊显之。布告天下,使明知朕意。御史大夫昌下相国,相国酂侯下诸侯王,御史中执法下郡守,其有意称明德者,必身劝,为之驾,遣诣相国府,署行、义、年。有而弗言,觉,免。年老癃病,勿遣。

——《汉书·高帝纪第一下》

除上述思想文化建设和求贤措施外,刘邦还着眼社会经济发展,出台了一些抚恤民生、鼓励生产的新政。

由于前些年的连续战争,当时的社会经济凋敝,人口锐减,民生艰辛,粮食奇缺,农民大量流亡异乡不得耕作,甚至还有一些农民卖妻卖子或自卖为奴。刘邦根据陆贾《新语》之思想,结合当下社会之实际,推行"反秦之弊,与民休息"的政策,把恢复农业生产作为当时最为重要的事情,并采取了一系列重要措施:一是"兵皆罢归家","以有功劳行田宅"。从军归农者,除少数高爵上升为地主外,大部分还是农民。这些农民由于获得了一份土地,提高了生产积极性。二是号召在战乱中流亡山泽的人各归本土,恢复故爵、田宅。三是以饥饿自卖为奴婢的人,一律免为庶人。四是抑制商人,不许他们穿丝绸、操兵器、乘车骑马,不许他们做官,并加倍征收商人的税赋,以限制他们对农民的盘剥。五是减轻田租,十五税一。六是制定较秦法缓和的《九章律》,代替临时颁行的"约法三章"。

刘邦推行的这些政策措施,使因常年战争脱离生产的农民得到了土地,从而使农业生产逐步恢复,也使地主阶级的统治秩序得以稳定。刘邦的休养生息政策自汉初开始,历经惠帝、吕后、文帝、景帝等几代统治者,执行了六七十年,终于迎来"文景之治","海内殷富,国力充实",使西汉王朝享运

200 余年。

另外,北方匈奴在汉建国之初时的骚扰虽然也时有出现,但那毕竟发生在边境地区,而且在"白登之围"后,刘邦采取了以和亲换和平的策略,基本形成了边疆少受匈奴侵犯而多有安宁的局面。应该说这也是"与民休息"这一政策的拓展。而以和亲换和平这一策略也为后世所继承,包括武帝刘彻时期刘细君、解忧公主出嫁西域,西汉末年王昭君北嫁匈奴,等等。据统计,两汉期间共有约 18 位公主(宫女)出嫁塞外,为促进汉室外交和边疆安全作出了独有贡献。

公元前 202—前 196 年:镇压反叛,铁腕逐灭异姓王

刘邦初登帝位之时,虽然深知国计民生和边疆安全也是当前忧患所在,但那需要慢慢解决,而如何安置眼前一个个手握军权且觊觎封赏的诸侯将领,才是眼前最需要马上处理的问题。因为他从秦朝被灭的过程已经清楚看到,秦朝灭亡的主要原因固然是其残暴的统治,但也有彻底废除了王国制的因素。废除王国制让六国的贵族后裔再也看不到做一方诸侯的希望,他们因此成为三年灭秦战争中的主力。这说明,和起于底层的农民起义军相比,原诸侯贵族推翻秦朝的愿望更加强烈且更有策略和组织能力,如其中矢志复国的韩国贵族张良就是一个典型例子。作为亲历其中和曾经的农民起义军主要首领,刘邦清醒地认识到,为巩固其统治地位,眼下必须以王位作赏,才能安抚好这些手握重兵且立有大功的诸侯及将领。所以他在"汜水之阳"登基时,首先做的第一件事情就是论功行赏,封了 7 位异姓王。

从所封 7 位王的已有身份可以看出,封王是刘邦不得已的顺势而为,他不能在打下江山的时候,反而削去一起奋战数年且已被项羽或自己封王的诸侯已有的王位和军政大权,也不能无视一直独当一面的彭越所作出的突出贡献,所以当下他只能采取予以再次封王褒奖的策略。但这并非刘邦不知卧榻之侧不容他人鼾睡的道理,而是因为战国几百年来人们所形成的"士无常君,国无定臣"的惯常认识,将是今后江山社稷不稳的最大思想隐患。如果这些拥有地盘和重兵的异姓王一旦产生反叛思想,就会动摇乃至改变汉家姓刘的政治局面。所以必须逐步采取剪除及制度并行的办法。

另外,为防范原关东六国的王室贵族再起波澜,刘邦还在后来听取刘敬的建议,把原六国的贵族世家 10 余万人逐步迁徙到关中控制起来。因为刘

敬认为:"臣愿陛下徙齐诸田,楚昭、屈、景,燕、赵、韩、魏后,及豪桀名家居关中。无事,可以备胡;诸侯有变,亦足率以东伐。此强本弱末之术也。"①这样,关东六国贵族离开了自己的根据地,失去了原地民众的根基与支持,自然孤掌难鸣而不能再有所作为。但这种安排已是几年以后的事情了。

说到刘邦封 7 家异姓王以及后来剪除之,有必要补叙厘清项羽所封除汉王刘邦外的另外 17 家王的去往,否则就无法理解当时天下还有临江这一独立王国存在,以及刘邦紧接着讨伐临江王共驩的部署。

　　1. 雍王章邯:汉二年(前 205 年)自杀。章邯原是秦军大将,在秦二世元年(前 209 年)九月,率领骊山刑徒击败叛军,以及多次击败陈涉、魏咎、田儋、项梁等义军,后在"巨鹿之战"中败降项羽,后随项羽入关,获封雍王,管辖关中西部。

　　汉元年(前 206 年),刘邦、韩信率汉军暗渡陈仓重新杀回关中,章邯仓促迎战惨遭战败,被迫退守废丘。在汉军的围攻下,章邯于汉二年(前 205 年)六月城破时自杀。

　　2. 塞王司马欣:因败于刘邦,自刎于汜水。司马欣曾为栎阳狱吏,秦末时期获封长史,率军随章邯作战,"巨鹿之战"中曾返回咸阳求援,失败后劝章邯投降项羽,并随项羽入关。项羽大封天下时,司马欣获封塞王,建都栎阳,管辖关中东南部。

　　刘邦重入关中后,司马欣兵败投降;汉二年(前 205 年),刘邦在"彭城之战"中战败,司马欣再度叛汉降楚。汉三年(前 204 年)十月,驻守成皋的曹咎兵败,司马欣自刎。

　　3. 翟王董翳:因败于刘邦,自刎于汜水。董翳秦末担任都尉,后奉命随章邯与起义军作战,"巨鹿之战"后与章邯一起投降项羽,后随项羽入关,获封翟王,建都高奴,管辖关中北部。

　　汉二年(前 205 年),刘邦重新杀入关中,翟王董翳兵败后投降。董翳与司马欣一样,在"彭城之战"后又转投项羽。在汉三年(前 204 年)的"成皋之战"中,随曹咎作战的董翳由于兵败,与曹

　　① 《史记·刘敬叔孙通列传》,〔汉〕司马迁撰,韩兆琦主译,中华书局,2008 年第一版,第 1938 页。

咎、司马欣一起自刎。

4. 西魏王魏豹：两度投降刘邦，后被周苛所杀。魏豹原为魏国公子，魏国被灭后流落民间。秦二世元年（前209年），魏豹与兄长魏咎投奔陈涉，后陈涉派周市攻陷魏地，封魏咎为魏王。章邯击败陈涉后，魏咎自尽，魏豹转投楚王熊心，又率兵攻占魏地二十余城，因而获封魏王，后随项羽西入关中。项羽大封时，将魏豹迁徙至河东郡，号"西魏王"。

汉二年（前205年）三月，刘邦出关攻楚，魏豹转投刘邦，并与刘邦一起参加"彭城之战"。刘邦兵败之后，魏豹以探亲为由返回封地叛汉自立。同年秋，为防止两线作战，刘邦派韩信、曹参、灌婴等攻打魏地，魏豹兵败投降，后与御史大夫周苛一起驻守荥阳。汉三年（前204年）八月，楚军围攻荥阳，周苛以"反国之王，难与共守"为由，杀死魏豹。

5. 河南王申阳：下落未见于史料。申阳原为张耳手下，随张耳一起拥立赵王赵歇。"巨鹿之战"后，申阳率军攻陷河南地区（今洛阳一带），后随项羽一起西入关中。项羽大封时，将韩地分为河南、韩两部分，申阳获封河南王，建都洛阳。汉二年（前205年），刘邦率军出关，河南王申阳转投刘邦，此后事迹不见于史料。

6. 韩王韩成：死于项羽之手。韩成为韩国宗室后裔，秦末反秦势力纷起，原各国先后复辟自立为王，唯独韩国无王，在张良的劝说之下，项梁立韩成为韩王。项羽大封时，将韩地一分为二，韩成获封韩王。诸侯受封完毕后各自归国，唯韩成被项羽以"（韩）成无军功"为由，将其带回了彭城，并废王为侯。汉元年（前206年），项羽得知刘邦重入关中，遂将韩成杀死，改立郑昌为韩王，让其西拒刘邦。

7. 殷王司马卬：死于"彭城之战"。秦末时期，司马卬曾为陈涉麾下武臣部将，后随武臣率军攻略赵地。"巨鹿之战"前后，司马卬率兵平定河内地区，后随项羽西入关中。项羽大封天下时，将魏地分为西魏、殷两国，司马卬获封殷王。

在刘邦出关中东进时，殷王司马卬投降，后随刘邦参加"彭城之战"，在此战中死亡。

8. 代王赵歇:兵败被韩信所杀。赵歇原为赵国贵族,在秦二世二年(前208年)赵王武臣被杀之后,被张耳、陈余拥立为赵王,"巨鹿之战"中被围困于邯郸。项羽大封天下时,将赵地分为代和常山两国,赵歇被改封为代王,张耳获封常山王。

汉二年(前205年),陈余率兵杀回赵地,常山王张耳战败转投刘邦,陈余重新迎立赵歇为赵王,赵歇则封陈余为代王。汉三年(前204年)十月,韩信在"井陉之战"中大败赵歇和陈余,随之攻入赵地。陈余、赵歇先后被杀。

9. 常山王张耳:汉五年(前202年)病故。张耳早年与刘邦交好,陈涉起义后,张耳投奔陈涉。秦二世元年(前209年)八月,张耳、陈余随武臣攻略赵地,劝武臣自立赵王。武臣被手下叛军杀死之后,张耳、陈余又拥立赵歇为王。在"邯郸之战"中,张耳与陈余反目,接收陈余兵权。后随项羽入关,被项羽封为常山王。

汉三年(前204年)十月,陈余向田荣借兵杀回赵地,张耳战败转投刘邦。汉四年(前203年)十月,张耳与韩信一起杀回赵地,平定赵地后被刘邦封为赵王。刘邦称帝后,继续封其为赵王。

10. 九江王黥布:汉初因反叛被杀。秦末,黥布率兵追随项梁作战,因在灭秦战争中屡立战功,项羽封其为九江王。楚汉战争中,被刘邦使者随何策反转投刘邦。"垓下之战"前,刘邦改封黥布为淮南王,并命其率兵自九江合攻项羽。刘邦称帝后,继续封其为淮南王。

11. 衡山王吴芮:吴芮曾任番县县令,是秦末第一个响应陈涉起义的秦吏;他出兵横扫赣、湘、桂一带,是南方的主要起义军首领。项羽大封时,被封为衡山王。

"楚汉争霸"中,吴芮结识张良,后在张良劝说下改拥刘邦。项羽败亡后,拥立刘邦称帝,刘邦封其为长沙王。

12. 辽东王韩广:汉六年(前201年),因不愿迁往辽东被燕王臧荼所杀。韩广原为战国末期赵国上谷小吏,秦末天下大乱时,跟随武臣攻略赵地,后奉武臣之命安抚燕地,结果被燕地贵族拥立为燕王。"巨鹿之战"时,韩广派手下将领臧荼救赵,项羽分封天下时,改封韩广为辽东王,反而将臧荼封为燕王。

汉元年(前206年),受项羽所封的各诸侯王返回封地,韩广因不愿迁往辽东地区,与臧荼发生火并,被臧荼所杀。

13. 燕王臧荼:臧荼本为战国末期燕国旧将,"巨鹿之战"时,奉燕王韩广之命率兵救援赵国,后随项羽西入关中。项羽分封天下时,获封燕王。

汉元年(206年),臧荼与辽东王韩广发生火并,杀死韩广后吞并辽东。汉四年(前203年),臧荼转投刘邦。汉五年(前202年),刘邦称帝,继续封其为燕王。

14. 胶东王田市:被其叔父田荣所杀。田市本为齐国贵族之后,秦末时期其父田儋起兵反秦被章邯击杀,田市被叔父田荣拥立为齐王。项羽分封天下时,将齐地一分为三,田市被改封为胶东王。

汉元年(前206年),各诸侯王归国后,田荣不服分封,要求田市不要离开临淄前往胶东就封。但田市因为害怕项羽怪罪,还是悄悄去往了胶东。同年六月,田荣率兵追至胶东,将田市杀死。田荣自立为齐王,后在项羽讨伐时被杀。

15. 齐王田都:被田荣赶跑,下落未见于史料。田都本为田儋、田荣的副将,后因跟随项羽入关,获封齐王。汉元年(前206年)五月,不服项羽分封的田荣起兵反叛,率兵攻打田都,田都败逃西楚,此后事迹不见于史料。

16. 济北王田安:被田荣所杀。田安是齐国最后一位君主齐王建的孙子,秦末天下大乱之际,田安笼络了一些兵马。"巨鹿之战"时,田安率兵攻下济北数城,并率部投奔项羽,随其西入关中。项羽分封天下时,田安获封济北王。汉元年(前206年),田荣率兵攻打田安,田安兵败被杀。

17. 临江王共敖:汉三年(前204年)病逝。秦末时期,共敖被楚怀王熊心任命为柱国,奉命攻打楚国旧地南郡一带。项羽分封天下时,因共敖攻打南郡有功,封其为临江王。

汉元年(前206年),共敖曾奉项羽之命,追杀义帝熊心。汉三年(前204年)七月,临江王共敖因病去世,其子共驩承袭其王位。

从所述可知,项羽所封的原 17 位诸侯王中,在刘邦称帝时已经死亡 10 位,2 位的归处无史料记载;其余 5 位中,黥布、臧荼、张耳、吴芮已归于刘邦麾下,唯有继承临江王之位的共敖之子共驩尚割据一方,继续维系楚国。因此,这时刘邦虽然已获新封诸王的拥护称帝,但还不能说已经一统天下,因为只有消灭了不愿归顺的临江国,才能说坐拥了项羽当时所封的共 19 家王的所有江山。

《史记》中对临江王共敖及他的儿子共驩的记载很少,但综合史料可知,共敖是原战国时期楚国贵族的后代,在项梁立熊心为楚怀王时,投奔于楚怀王被任命为柱国。在楚怀王熊心派项羽北去救赵和刘邦西进时,熊心又安排了共敖率领南路军收复楚国旧地。灭秦之后,已经占领楚国西南旧地的共敖被项羽封为临江王,负责统辖原秦国的南郡一带。共敖于汉三年(前 204 年)病逝,其子共驩接任临江王,并继续听命于项羽而效忠楚国。

刘邦现在称帝,决不能容忍这一项羽的残余势力独立存在。因此,他在称帝后的当月,就命令太尉卢绾和将军刘贾一起出征,去消灭临江王共驩。

天下大定,高祖都雒阳,诸侯皆臣属,故临江王驩为项羽叛汉,令卢绾、刘贾围之,不下。数月而降,杀之雒阳。

——《史记·高祖本纪》

卢绾与刘贾所带的军队,一部分为朝廷大军,一部分为刘贾带来的九江兵。因为《史记·荆燕世家》中记载:"汉王因使刘贾将九江兵,与太尉卢绾西南击临江王共驩。"如此阵容的一支队伍,征讨少有大战经验的共驩,应该是一场没有悬念的战争,但《史记·高祖本纪》却记载,卢绾和刘贾围攻了几个月,后来在刘邦又派来援兵的情况下才拿下临江国都城江陵。这和《史记·秦汉之际月表》中的记载不同,因为其中说在项羽乌江自刎的当月,临江王共驩也被俘虏,后来被押到洛阳处死。

在平定临江国不久,紧接着发生了燕王臧荼叛汉自立的重大事件。臧荼本为战国末年燕国旧将,在公元前 208 年受燕王韩广所派率兵救赵,后随项羽灭秦军进入关中。项羽封王时,以臧荼功劳很大为由,封臧荼为燕王,而把原燕王韩广迁封为辽东王。韩广不愿赴任辽东,臧荼将其杀害,并因此拥有了包括辽东在内的燕国更大地盘。当韩信率兵北进灭掉赵国后,臧荼自认不敌汉军便归顺投降,并被刘邦后来再次封为燕王。但臧荼并不满足,因为这些地方本来就是他已经据有的,他并没有因为投降刘邦得到任何好处。特别是刘邦称帝后斩杀前来投奔的项羽旧将丁公,以及追捕项羽旧将钟离眛等人的行为,也让曾跟随过项羽的臧荼惶恐,于是公开反叛,独立为王。

诸侯王造反非同小可,本就对异姓王不放心的刘邦亲自率大军前去平叛,并斩杀了臧荼。在燕王的继任人选上,刘邦选择了自己少时的同窗、时任太尉的长安侯卢绾。只是后来让刘邦绝对没有想到的是,自己最为信赖的发小同窗竟也背叛他并逃亡到了匈奴,但这已是发生在7年以后刘邦临终前的事情了。

次年,刘邦为加强北部边境对匈奴的防范,考虑韩王信有军事才能,下诏命韩王信迁都晋阳(今太原)驻守。应该说这时的韩王信还有着很强的忠汉意识,因为他认为晋阳距离边境还是太远,不利于防范匈奴,于是上书提出以边境小城马邑为都:"国被边,匈奴数入,晋阳去塞远。请治马邑。"①韩王信在得到刘邦的批准后,毅然将王都迁到了马邑。只是后来让韩王信没有料到的是,以冒顿为单于的匈奴太过强悍,他很快被匈奴大军团团围困在马邑城中。对此,韩王信一面向朝廷求援,一面派人向冒顿求和。当赶来救援的汉军获知这一情况后,怀疑韩王信有背叛之心,遂报知朝廷并请派人处分。韩王信害怕遭杀头之罪,竟真的起兵造反,并约匈奴一起攻打晋阳。

汉七年(前200年)冬,刘邦亲率大军征讨韩王信。汉军一路凯歌,不仅先后在霍地、武泉、晋阳、离石、楼烦等地大败韩王信叛军,还消灭了由左右贤王率领的匈奴军1万余人。当大军进至平阳附近时,刘邦派探子往匈奴探听虚实。匈奴单于冒顿掩藏军事实力,使探子只看到了一些老弱病残在外。刘邦不放心,又派刘敬再探。刘敬探后认为有诈,因为两军交战一般都展示自己的强大,而所见匈奴则示之以弱,尽为老弱病残,因此建议停止进军。连续取得胜利的刘邦认为刘敬扰乱军心,把他押送广武囚禁。当刘邦率军

---

① 《史记·韩信卢绾列传》,〔汉〕司马迁撰,韩兆琦主译,中华书局,2008年1月北京第一版,第1848页。

追杀匈奴弱旅至平城时，匈奴大批骑兵突然而至，把汉军围困在白登山达7日之久。后来由于采纳陈平收买冒顿阏氏的计策使匈奴退军，刘邦才得以脱困回来。刘邦因此亲自向刘敬致歉，封其为关内侯，号建信侯。至公元前196年时，当韩王信又一次和匈奴一起侵犯汉境时，被汉将柴武斩杀。

赵王张敖是第三个被刘邦清理的异姓王。张敖是原赵王张耳的儿子，在张耳被封为赵王后被刘邦招为女婿，因张耳在刘邦称帝不久病逝（逝于汉五年七月），张敖被刘邦续封为赵王。张敖因刘邦对自己父亲一直多有厚待，以及又下嫁鲁元公主招自己为婿，因此对刘邦极为忠诚。汉七年（前200年），遭遇"白登之围"后的刘邦返程时路过赵国。赵王张敖恭敬有加、小心伺候，但仍遭到了心绪不佳的刘邦无端训斥。赵国丞相贯高等人为张敖不忿，欲刺杀刘邦。张敖予以制止，并以咬破自己手指为誓，说不敢忘记刘邦助先父张耳恢复赵国的恩情。汉八年（前199年）冬天，刘邦率军打击韩王信东垣残兵，再次路过赵国时，贯高私下安排了刺杀刘邦的行动，因刘邦警觉于地名不祥没有留宿，贯高的计谋才没有得逞。次年，贯高图谋刺杀刘邦的事情遭人揭发，刘邦将张敖逮捕下狱，赵相贯高自杀。在刘邦了解清楚张敖确实不知贯高图谋刺杀之事后，才将张敖释放，但免去了他的赵王位，将其降封为宣平侯。

楚王韩信是第四个被清除的异姓王。"惜其才，忌其能"，可以说是在韩信打下齐国后，刘邦就对韩信一直存有的矛盾心理。因为韩信用兵的奇谋智慧与"多多益善"的带兵能力，既为刘邦不断带来胜利的惊喜，也让他时常感到不可不予防范的威胁，况且他在之前需要韩信出兵援助的时候，还曾经两次受到韩信请封王和扩大地盘的要挟。刘邦在登基帝位后，或许想到了自己百年后再无人可以制衡韩信而有失去刘氏天下的可能，因此他自然视韩信为最需要加以防范的异姓王。

事实上，在刘邦分封王位时，就已经有了对韩信采取"温水煮青蛙"而逐步削弱其实力的考虑。他当时没有续封韩信为齐王，而是以韩信本为楚人以及把齐国改制成郡为由，把韩信改封到以下邳为都城的楚国，这不仅是因为齐国广袤富足，还因为韩信斩杀项羽手下猛将龙且主政齐国近一年之久，在当地已有了很大影响力，因此刘邦把齐国收归为郡，并把韩信调离齐地。当韩信刚做楚王不久,刘邦又以韩信因收留项羽部将钟离眜,且被人告发图谋造反的理由,亲自将韩信捉拿到长安,降其爵位为淮阴侯,并限制他居住在长安。

事情的发展最终走向了反面。韩信为自己屡立大功却不得信任,且数次被贬而受冷落,心中真的产生了怨恨。当阳夏侯陈豨于公元前200年冬月(十一月)受命代国相并统领代国兵马戍边时,韩信就策动陈豨到任后造反,并许诺自己会在长安配合呼应。陈豨到任后又兼管了赵国的兵马,就在公元前197年秋天自立为代王、起兵造反,而韩信则在次年春天,趁刘邦带兵去平叛陈豨之际,蓄谋袭击吕后和太子,后因遭手下人揭发败露,被吕后和萧何设计逮捕杀之。

梁王彭越是被刘邦清除的第五个异姓王,他被诛的时间发生在韩信死后不久的当年夏天。

彭越和刘邦的关系可谓已久,在刘邦奉楚怀王之命西进的时候,彭越就曾经带自己的巨野泽兵马援助过刘邦。到楚汉战争爆发时,彭越正式投靠刘邦。当刘邦率军与项羽相持于荥阳一线时,彭越则在后方以游击战的方式不断骚扰打击楚军,并数次切断项羽的粮草供应,对楚军起到了很大的牵制作用。所以在刘邦封王时,唯有彭越原没有王位却得到封王,说明了刘邦对彭越功劳的充分肯定。

彭越得罪刘邦的事情,发生在刘邦领兵去讨伐陈豨之时。当时陈豨统赵、代两国兵马,其势力颇为不容小觑。刘邦感所带兵力不足,在到达邯郸时召彭越率兵助战,彭越以有病为由只派出了手下将领带军到邯郸。刘邦非常生气,派人去责备彭越。彭越很害怕,打算亲自前往谢罪。他的部将扈辄劝说:"大王当初不去,现在被他责备了才去,这样您就会被认为是装病而被抓捕。我看不如就此起兵造反。"彭越没有听从扈辄的意见,但也没有主动前往谢罪。

这件事情的始末在次年被彭越的太仆告发。当时彭越因事欲杀掉自己的太仆,太仆慌忙逃到时在洛阳的刘邦那儿控告彭越和扈辄阴谋造反。即"太仆亡走汉,告梁王与扈辄谋反"[①]。于是,刚从赵国平叛陈豨归来不久的

① 《史记·魏豹彭越列传》,〔汉〕司马迁撰,韩兆琦主译,中华书局,2008年1月北京第一版,第1798页。

刘邦,不得不再面对彭越是否造反的问题。他派使臣将彭越逮捕,主审官审定说,彭越造反的证据确凿,请求依法判处。刘邦废彭越为平民,流放其到蜀地青衣县。彭越被押解途中,遇到皇后吕雉自长安赴洛阳,遂向吕雉哭泣喊冤,希望回到故乡昌邑为民。吕雉答应带他去洛阳见刘邦。吕雉见到刘邦并非为彭越求情,而是说:"彭王是豪壮之士,如果把他流放蜀地,就是给自己留下祸患,应该杀掉他。所以我把他带回来了。"刘邦允诺。于是,吕雉就让彭越的舍人告发他还要阴谋造反。廷尉王恬开呈报请诛灭彭越及家族,刘邦批准诛杀彭越,并灭其宗族,废除其王国。不仅如此,刘邦还命人将彭越尸体剁成肉羹,并分送到各诸侯国,以震慑之。

在韩信、彭越先后被诛后,淮南王黥布心中惶恐,因此暗中调集兵马做好警戒,时刻防备刘邦派人来捕杀自己。事情后来发展的版本几乎和韩信、彭越一样,黥布的手下贲赫因被黥布怀疑和他的宠妃有奸情而害怕,就跑到长安告发黥布有造反的动向。刘邦派去调查的人果然发现了黥布备战的证据,黥布对此已经难以解释,于是干脆举兵造反。他向东吞并刘贾的领地,向北攻打刘交的楚国。

刘邦只好再次御驾亲征,当他率兵与黥布大军对峙时,质问黥布为何造反,黥布则直言也想做皇帝,刘邦大怒,挥军与黥布展开大战。在混战中,刘邦虽然中箭受伤,但仍打败黥布,使其连续退逃。当黥布带仅剩的百余人逃到江南时,长沙王吴臣派人说,愿意帮助他逃到越国。黥布信以为真,按照来人引领路线逃跑,结果遭到埋伏被杀身亡。

至此,刘邦即帝位后首封的7位异姓王已除去6位,唯有长沙王安坐其位。其原因主要是吴芮在先后任衡山王和长沙王时,不仅向南拓展领土,成为防范当时已经自立的南越的屏障,还尽心做事带来了属地的发展与安宁,深受百姓尊敬爱戴。当然,刘邦也并非心中无虞,他安排了自己信任的利苍①担任长沙相,以协助并监督吴芮。在吴芮于公元前201年去世后,其子吴臣被续封为长沙王。吴臣继承乃父遗风,无意于权力利益得失,他不仅主

---

① 利苍就是20世纪70年代发现的长沙马王堆2号汉墓的主人,其陪葬品及竹简记载反映了利苍那时的地位和权力。

动把自己的领地割让给刘邦的子女,还将自己的精锐亲兵交给被封为荆王不久的刘贾。这也因此让刘邦感到放心而继续信任使用。

还需要提及的是,刘邦在诛杀彭越前,曾派陆贾赴岭南,立尉佗为南越王。《史记·南越列传》载:"汉十一年,遣陆贾因立佗为南越王,与剖符通使,和集百越,毋为南边患害,与长沙接境。"①南越指长沙郡以南的广大地区,秦始皇时曾收服此地并设为桂林、象郡、南海三郡。秦朝灭亡后,原赵国真定人南海代理郡尉尉佗发兵吞并其他两郡,自立为南越武王。刘邦建汉后,一直无暇顾及遥远的岭南地区,直到6年后他才考虑到还未收回的南越国,因此遣辩才陆贾劝说尉佗归顺汉朝。而陆贾也不负重托,以三寸不烂之舌说服尉佗归附汉朝,接受了刘邦授予的南越王封号。这也是除长沙王吴臣、闽越王无诸外,刘邦承认其存在的另一位异姓王。

另外,刘邦在不断清除异姓王的过程中,先后分封了自己的兄弟子侄为王。公元前201年,他采纳大夫田肯封"亲子弟"的建议,将辖有70城的齐地封给庶长子刘肥为齐王;封二哥刘仲为代王;将韩信的楚地分为二国,以堂兄刘贾为荆王、弟刘交为楚王。之后几年,他又先后封三子如意为代王(后改封赵王)、四子刘恒接任代王、五子刘恢为梁王、六子刘友为淮阳王。在平定黥布叛乱后,他封七子刘长为接替黥布的淮南王,封次兄刘仲之子刘濞接替被黥布叛军杀掉的荆王刘贾为吴王,并封八子刘建为燕王。

公元前196年:感恩乡亲,寄情沛县歌大风

公元前196年秋末冬初,刘邦平定黥布叛乱返程,专程绕道沛县看望家乡父老乡亲。

刘邦称帝后,一直没有忘记那个承载了他大半生美好希望且已经离开了14年之久的家乡,他只是因为繁多的国事和几乎每年都不消停的平乱,实在没有时间回去探望。现在他只要稍微绕道就可以走经沛县,自然要去看望那曾经熟悉的山水和乡亲。

---

① 《史记·南越列传卷五十三》,〔汉〕司马迁撰,韩兆琦主译,中华书局,2008年1月第一版,第2210页。

故乡的水,故乡的人,让刘邦情不自抑。他感怀几十年来的世事沧桑,他生发握取天下大权后的万丈豪情,他叹惜诸雄背叛而忧虑今后有何人可以代守四方疆土。在这些可亲可信、可倾吐心声的乡亲面前,在120名沛县少年武士的伴舞下,刘邦开怀畅饮,激情与伤感奔涌而出,忍不住手持竹尺,抚筑击弦,慷慨吟唱《大风歌》。司马迁就此记载:

> 酒酣,高祖击筑,自为歌诗曰:"大风起兮云飞扬,威加海内兮归故乡,安得猛士兮守四方!"令儿皆和习之。高祖乃起舞,慷慨伤怀,泣数行下。
>
> ——《史记·高祖本纪》

"酒酣、击筑、歌诗、起舞、伤怀、泣下",司马迁寥寥数字,生动无比地描写了刘邦此时此刻的真实情感。回顾刘邦人生几十年来的行为表现,他从未如此亢奋喜悦,也从未有过伤怀泣下。这既是他对沛县父老乡亲感情的热烈倾诉,也是他从布衣艰难前行而至帝尊的感慨表达。而尤为感人的是,《大风歌》更是深切饱含了刘邦对英雄迟暮的人生无奈,以及对江山社稷未来的担忧和期许。《大风歌》这一千古绝唱,由此流传,影响甚大。

《新唐书·礼乐志》记载:唐太宗李世民还乡,不仅"晏群臣,赏赐闾里,同汉沛苑",还写了一首名为《幸武功庆善宫》的诗,其中说"共乐还乡宴,欢比大风诗"。

南宋朱熹对《大风歌》评赞说:"自千载以来,人主之词,亦未有若是其壮丽而奇伟者也。"

东汉时,沛县当地官府为纪念刘邦,于高祖庙前筑台立大风歌碑。北魏郦道元在《水经注》中说:沛县城内有汉高祖庙,庙前有三碑,后汉立。汉代大风歌碑是其中之一,郦道元是该碑较早的见证人。

至元代,沛人摹刻此碑,在碑的后面阴刻有刘邦还乡唱《大风歌》时的情景记述,以及摹刻此碑原因与参与人的情况介绍。

清代诗人袁枚作《歌风台》赞曰:"高台击筑忆英雄,马上归来句亦工。一代君民醵饮后,千年魂魄故乡中。青天弓剑无留影,落日河山有大风。百二十人飘散尽,满村牧童是歌童。"

同是清代诗人的黄任,则对刘邦希望有后人守好汉室江山的呼唤表示惜问。他作诗曰："天子依然归故乡,大风歌罢转苍凉。当时何不怜功狗,留取韩彭守四方?"

位于沛县城内的"歌风台",内藏仿元代大风歌碑

左图为东汉大风歌碑,右图为元代摹刻大风歌碑,现均藏于沛县博物馆。两碑均高285厘米、宽123厘米,由于年代久远,两碑石质剥落较甚,只有上部少许字迹可以辨认。其中汉碑原体仅存185厘米高的上半部分,现下半部分为今人续接,其碑文字体为悬针篆,据《沛县志》和《徐州府志》记载,是东汉蔡邕或曹喜所书

图片由沛县博物馆张玉兰馆长于2024年1月31日拍摄提供

慷慨而歌、伤怀泣下的刘邦，没有忘记自己年轻时在沛县生活的点滴，也没有忘记父老乡亲当年对沛公的支持与拥戴，更尤为今日沛县父老的热情接待而感动。他要回报父老乡亲给予他的这份深情厚谊。他十分动情地说：

> 游子悲故乡。吾虽都关中，万岁后吾魂魄犹乐思沛。且朕自沛公以诛暴逆，遂有天下，其以沛为朕汤沐邑，复其民，世世无有所与。
>
> ——《史记·高祖本纪》

刘邦感恩沛县父老，把沛县作为自己的汤沐邑，从此免除沛县百姓的徭役赋税，且世世代代继承。

刘邦和沛县父老"日乐饮极欢，道旧故为笑乐"达10余日，但考虑众多人马长时间留驻会加重沛县的负担，不忍而道别。沛县父老不舍，举城相送至城西又"帐饮三日"。当再次作别时，沛县父老提出了让已经独立设县的丰邑也作为汤沐邑的请求。刘邦回曰：我怎能忘记自己出生于丰邑，只是当年他们跟着雍齿背叛了我。沛县父老再予恳请，刘邦才答应让丰县和沛县一样免除徭役赋税。

刘邦对沛县、丰县免除徭役赋税这一政策延世甚久，因为至南朝刘宋时，刘裕还以丰沛作比，对彭城、下邳免租。他在《复彭沛下邳诏（八月戊辰）》中这样说："彭、沛、下邳三郡，首事所基，情义缱绻，事由情奖，古今所同。彭城桑梓本乡，加隆攸在；优复之制，宜同丰、沛。其沛郡、下邳可复租布三十年。"①

刘邦离开沛县后，又专程绕道去往曲阜，以太牢之礼祭祀孔子。牢，指以动物作祭品，其中分太牢和少牢两种规格。太牢是牛猪羊三牲俱全，而少牢则只有猪羊。刘邦以太牢祀孔子，表达了他对圣贤和先秦文化的敬畏之心，也开启了古代帝王祭孔的先例。

刘邦返程经过大梁时，没有忘记到信陵君的墓前再次祭祀。之后，他要求当地官府安排五户人家专职守墓，以世世祀奉之。而这一次，也成为刘邦

---

① 《宋书·武帝纪下》，〔南朝梁〕沈约撰，中华书局，2000年版，第38页。

生前对信陵君表达敬仰之情的最后作别之举。《史记》就此记载：

> 高祖始微少时，数闻公子贤。及即天子位，每过大梁，常祠公
> 子。高祖十二年，从击黥布还，为公子置守冢五家，世世岁以四时
> 奉祠公子。
>
> ——《史记·魏公子列传》

刘邦平黥布叛乱凯旋，回归故乡、祭祀孔子和信陵君，是他人生的最后晚唱。因为回到长安后的刘邦，并未能安心养伤，而是又收到了最为信赖的燕王卢绾竟然与匈奴勾结的上报。他先后命樊哙、周勃率兵前往燕国镇压卢绾，并封自己的儿子刘建为燕王。

曾经视若兄弟的卢绾背叛，让刘邦悲愤不已，致已经受伤的身体渐入膏肓。

公元前 195 年：约白马盟，非刘姓不得为王

面对异姓王先后造反，甚至连卢绾也背向而去，使刘邦深深感到异姓王乃"异心王"也，给予他们诸侯王的封地和权力，实在不能保证刘姓汉室江山的长治久安。他要在自己归天之后，给子孙留下一个不再有异姓王掣肘的政治环境。因此，当他不再犹豫而明确刘盈为储君的同时，又召集众大臣齐聚长乐宫，约誓"白马之盟"。

所谓"白马之盟"，就是杀白马以盟誓，其核心内容为"非刘氏而王，天下共击之"。

应该说，立"白马之盟"是一个极为重要的历史事件，但在《史记》中司马迁并没有单独记载此事的发生过程，这也因此使后世有人怀疑"白马之盟"的真伪。实际上"白马之盟"是真实存在的，因为司马迁虽然没有单独记载，但他在《史记》年表和其他章节中多次提及。

《史记·汉兴以来诸侯王年表第五》记载：

> 高祖末年，非刘氏而王者，若无功上所不置而侯者，天下共诛之。
> 高祖子弟同姓为王者九国，唯独长沙异姓，而功臣侯者百有余人。
>
> ——《史记·汉兴以来诸侯王年表第五》

《史记·吕太后本纪》记载了吕雉称制以后，欲立自己兄弟为王，征询右丞相王陵、左丞相陈平、绛侯周勃等人的问答：

> 太后称制，议欲立诸吕为王，问右丞相王陵。王陵曰："高帝刑白马盟曰'非刘氏而王，天下共击之'。今王吕氏，非约也。"太后不说。问左丞相陈平、绛侯周勃。勃等对曰："高帝定天下，王子弟，今太后称制，王昆弟诸吕，无所不可。"太后喜，罢朝。王陵让陈平、绛侯曰："始与高帝喋血盟，诸君不在邪？今高帝崩，太后女主，欲王吕氏，诸君从欲阿意背约，何面目见高帝地下？"
>
> ——《史记·吕太后本纪》

吕太后临终前，深知"白马之盟"的影响力，告诫吕产和吕禄千万不要着急给自己发丧，一定要紧紧抓住手中的权力，防范拥护刘氏的大臣们生变。她说：

> 高帝已定天下，与大臣约，曰"非刘氏王者，天下共击之"。今吕氏王，大臣弗平。我即崩，帝年少，大臣恐为变。必居兵卫宫，慎毋送丧，毋为人所制。
>
> ——《史记·吕太后本纪》

汉景帝时期，窦太后想请景帝册立王皇后的兄长王信为侯，景帝征询丞相周亚夫的意见。周亚夫认为：

> 高皇帝约"非刘氏不得王，非有功不得侯。不如约，天下共击之"。今信虽皇后兄，无功，侯之，非约也。
>
> ——《史记·绛侯周勃世家》

从上述的多处记载来看，"白马之盟"这件事情确实存在，并且其中多次提及的时间都发生在拟立异姓王侯的动议之时，不然尊于实录的司马迁不会无中生有地多次在此重要时刻提及。并且，后世的《汉书·高惠高后文功臣表》中也有关于"白马之盟"的记载。

至于司马迁为什么没有就此事件单独列出记载,应该是由于"白马之盟"仅为口头约定,而没有形成诸如诏书这样严肃的文件,才未被司马迁予以单独成文记载。这也因此成为后来吕太后敢于无视"白马之盟",而大封诸吕的重要原因之一。

六、驾崩归处

公元前 195 年:病重不治,遗言后事,归眠长陵

刘邦约"白马之盟"后,病势日渐沉重。他自认天命而不治,看淡人生归处。史书就此载:高祖"病甚,吕后迎良医。医入见,高祖问医。医曰:'病可治。'于是高祖嫚骂之曰:'吾以布衣提三尺剑取天下,此非天命乎?命乃在天,虽扁鹊何益!'遂不使治病,赐金五十斤罢之"①。

刘邦自知不久于世,对主持朝政运行的相国之位也有了缜密考虑。当吕后询问其后事安排时,他作了以下回答:

> 吕后问:"陛下百岁后,萧相国即死,令谁代之?"上曰:"曹参可。"问其次,上曰:"王陵可。然陵少憨,陈平可以助之。陈平智有余,然难以独任。周勃重厚少文,然安刘氏者必勃也,可令为太尉。"吕后复问其次,上曰:"此后亦非而所知也。"
>
> ——《史记·高祖本纪》

"四月甲辰,高祖崩长乐宫。"②汉十二年四月十二日(前 195 年 6 月 1 日),刘邦在长乐宫驾崩,享年 53 虚岁。

刘邦去世后,朝廷没有及时对外发布。因为吕后和自己的宠臣辟阳侯

---

① 《史记·高祖本纪》,〔汉〕司马迁撰,韩兆琦主译,中华书局,2008 年第一版,第 296 页。
② 《史记·高祖本纪》,〔汉〕司马迁撰,韩兆琦主译,中华书局,2008 年第一版,第 296 页。

审食其认为,那些和先帝一样出身于编户①的将军桀骜不驯,将来很难会服从于少主刘盈,因此应该先将这些人杀掉后,再昭告刘邦去世的消息。

朝廷不马上发布刘邦去世的原因,被曲周侯郦商从宫内人口中获知,他找到审食其说了以下一番话:

> 闻帝已崩,四日不发丧,欲诛诸将。诚如此,天下危矣。陈平、灌婴将十万守荥阳,樊哙、周勃将二十万定燕、代,此闻帝崩,诸将皆诛,必连兵还乡以攻关中。大臣内叛,诸将外反,亡可翘足而待也。
>
> ——《史记·高祖本纪》

这段话的意思是:听说皇上已经去世四天了还不发丧,是因为吕后和你商量要杀掉诸位将军,如果这样天下就大乱了。现在陈平和灌婴率 10 万大军镇守荥阳,樊哙、周勃率 20 万大军在燕国和代国,他们一旦听说朝廷有意隐瞒皇帝驾崩的消息,都会明白自己将面临危险,他们必定会联合发兵进攻关中。那时候大臣在内作乱,诸侯在外造反,这样国家灭亡就指日可待了。

审食其认为郦商的话很有道理,便马上转告吕后。吕后遂决定当天丁未日(前 195 年 6 月 4 日)昭告并大赦天下;于五月丙寅日(前 195 年 6 月 23 日),葬刘邦于长陵。

长陵又被称为长陵山,是刘邦生前亲自选定的归宿之地。长陵坐落在长安城北的咸阳原上,与未央宫隔渭水相望。之所以取长陵之名,与此地的古地名长平或长平坂有关;同时在古代汉语中,长又音 zhǎng,长者,尊长也。刘邦为开国君主,其陵曰长,实至名归。

长陵陵址选在咸阳原的最高点,是因为这里曾是秦咸阳宫旧址的所在位置。原秦咸阳宫建筑群是在秦孝公至秦昭王年间建成,规模宏大,《史记》云:"咸阳之旁二百里内,宫观二百七十。"据当代考古证实,该建筑群占地面积达到 3.72 平方公里,因此这里也是当年整个咸阳城的中心位置所在。可惜的是,在项羽进占咸阳后,烧毁了秦朝的几乎所有宫殿,史载"烧秦宫室,

---

① 秦朝时建立了严格的户籍制度,规定每人必须登记入籍,凡登记在国家户籍上的人口统称为编户民。这里意指不守规矩的平民。

火三月不灭"。咸阳宫建筑群虽成一片废墟,但因位于整个咸阳原的最高处,面临绵绵东流的渭水,并能隔河远望未央宫及整个长安城的景色,故实乃风水绝佳之地。另外,脚踏咸阳宫旧址、南望长安,应该也有镇压故秦、希冀刘汉社稷和子孙后代昌盛永续之意。因此,刘邦将咸阳宫旧址作为自己百年之后的归宿之地。

长陵的西北部是面积广大的长陵邑。长陵邑在秦国时期已经存在,因为咸阳宫建成后,仍需要大量的工匠居住在附近予以经常性维护。汉朝建立后,为防范原六国贵族后裔和关内豪门大族的势力作祟,刘邦"乃使刘敬徙所言关中十余万口"①。《汉书》就此载:"汉兴,立都长安,徙齐诸田,楚昭、屈、景及诸功臣家于长陵。后世世徙吏二千石、高訾富人及豪桀并兼之家于诸陵。"②由此可见,此前刘邦已经开始安排建造长陵,并因此让六国贵族后裔聚集于此,既为当时之劳工,以后为其守陵,亦备军以防匈奴。

西晋皇甫谧所著《帝王世纪》记载:"长陵山东西广百二十丈,高十三丈,在渭水北,去长安城三十五里。"③是仅指陵墓及位置而言,实际上当时陵墓周围还建有豪华的寝殿和多处便殿等礼制建筑。寝殿是陵园中的主要祭祀场所,陈设有刘邦生前的服装冠冕,每天都有专人恭敬地为其送上四次饮食,并严格遵守日祭于寝的礼仪制度,即"随鼓漏、理被枕、具盥水、陈严具"。便殿是在举行重大活动前后供参与人员休息的场所,这里同样也供奉着皇帝生前穿用过的衣物,以供后人随时祭祀。

2000多年后的今天,我们看到的长陵陵园平面为方形,边长约780米,周长约3120米。刘邦陵墓位于整个陵园的偏西南位置,状若覆斗,为夯土迭筑而成。其底部东西宽153米,南北长135米;顶部东西长55米,南北宽35米;整体高度达31.94米。刘邦墓东边约280米处是吕后的陵墓,其堆土规制与刘邦墓近似。

刘邦之后,又有8位西汉帝王先后入葬咸阳原。并且,在刘邦去世后的几十年间,萧何、曹参、周勃、王陵等近百位跟随刘邦立下汗马功劳的功臣、贵戚,在去世后也陪葬于此,其墓群自长陵向东至达泾河岸边,长达七八公

① 《汉书·卷四十三》,〔汉〕班固撰,中华书局,2012年4月第一版,第1858页。
② 《汉书·地理志》,〔汉〕班固撰,中华书局,2012年4月第一版,第1467页。
③ 《帝王世纪 世本 逸周书 古本竹书纪年》,〔晋〕皇甫谧等撰,齐鲁书社,2010年1月第一版,第55页。

汉高祖刘邦墓长陵

里。后世唐人彦秋曾作《长陵诗》云:"长陵高阙此安刘,附葬累累尽列侯。"1988年1月13日,国务院公布长陵为全国重点文物保护单位。

功高至伟,庙号太祖,谥号高帝

刘邦去世后,大臣们提出为其上封庙号和谥号。

庙号起源于商朝,是对于国家有功的先王予以冠名立庙祭祀的一种纪念。至西周孝王以后,简化为不予立庙而仅追封谥号的形式。到秦朝时,嬴政认为让儿子评议父亲、臣子评议君王很没有道理,于是又要求"自今以来,除谥法"①。

刘邦作为功高至伟的汉朝开国皇帝,大臣们认为应该沿用商周制度,为其立庙供后人永远祭祀,同时享有谥号和庙号。

具体到谥号的取用,就是用一两个字来总结其一生,然后在后面加上"帝"字,如文帝、武帝等;而后面的朝代为示区分,则又在前面加上该王朝的

---

① 《史记·秦始皇本纪》,〔汉〕司马迁撰,韩兆琦主译,中华书局,2008年1月第一版,第150页。

名字,如汉文帝、汉武帝等。一般来说,有名望的贵族和有功大臣去世后,朝廷也可根据其生平赐予谥号。

而庙号则只有那些建有重大功绩的皇帝才能享有。就西汉来说,也仅有高帝刘邦、文帝刘恒、武帝刘彻、宣帝刘询四人享有庙号。即便后来有的皇帝因当时形势使然一时享有庙号,后世也会因其功绩不显予以废除,如汉元帝刘奭、汉顺帝刘保等。

关于刘邦谥号、庙号的确定以及纪念形式,《史记·高祖本纪》这样记载:

> 群臣皆曰:"高祖起微细,拨乱世反之正,平定天下,为汉太祖,功最高。"上尊号为高皇帝。太子袭号为皇帝,孝惠帝也。令郡国诸侯各立高祖庙,以岁时祠。

也就是说,群臣认为刘邦开创建立了汉朝,其庙号可为"太祖";因其功劳最高,其谥号应为"高皇帝"。刘盈继位后,又要求各郡国建高祖庙并每年祭祀。

至汉景帝时,刘启进一步重申刘邦的庙号为太祖,谥号为高皇帝,并合称为太祖高皇帝,简称尊号为汉高帝。只是到了后来,世人多称刘邦为汉高祖,而少称汉太祖或汉高帝。其原因主要还是司马迁在《史记》中,将刘邦庙号与谥号的合称"太祖高皇帝"简化成了"高祖"两字,如刘邦的本纪就名为"高祖本纪"。所以,后人多按《史记》称刘邦为"汉高祖"。

刘盈继位称帝后,不仅"令郡国诸侯各立高祖庙,以岁时祠",还于惠帝五年,因刘邦回乡时曾说"万岁后吾魂魄犹乐思沛",下诏将刘邦还乡时的行宫改建为高祖原庙;并要求把刘邦击筑唱《大风歌》时,为之伴舞的120名少年组成乐队经常演练,以便让他们每逢春秋祭祀时在高祖原庙演奏,其人员组成如出现空缺还要立即补齐。

> 及孝惠五年,思高祖之悲乐沛,以沛宫为高祖原庙。高祖所教歌儿百二十人,皆令为吹乐,后有缺,辄补之。
>
> ——《史记·高祖本纪》

高祖庙为汉代最为重要的历史遗迹呈现，历史上多有文人名士到此瞻仰参观。在千年后的时间节点，北宋时任徐州知州苏轼陪同来徐的弟弟苏辙，专程到高祖庙瞻仰祭拜，并观赏了

现沛县高祖原庙图

传说中的高祖试剑石。苏辙为此写下铭文——《彭城汉祖庙试剑石铭（并叙）》，由衷表达了对刘邦历史功绩的钦佩和赞赏。

汉高皇帝庙有石，高三尺六寸，中裂如破竹，不尽者寸。父老曰："此帝之试剑石也。"熙宁十年，蜀人苏轼为彭城守，弟辙实从入庙，观石而为之铭曰：

维汉之兴，三代无有。提剑一呼，豪杰奔走。厥初自试，山石为剖。夜断长蛇，旦泣神母。指麾东西，秦、项授首。敛然三尺，一夫之偶。大人将之，山岳颓仆。用巨物灵，不复凡手。武库焚荡，帝命下取。岿然斯石，不尚有旧。①

七、个人优缺点

在《史记·高祖本纪》的最后，司马迁没有依其格式习惯对刘邦的个人特点作出最终评价。但班固在《汉书·高帝纪》中，评价刘邦"性明达，好谋，能听"。就是说刘邦天资聪明，善于谋略，能够虚心纳谏。据此，本书再按照当今评价个人之标准，从优、缺点两个方面，对刘邦的人生表现作以分析评价。

---

① 《栾城集·卷十八》，〔宋〕苏辙撰，曾枣庄、庄德富校点，上海古籍出版社，2009年10月第二版，第430页。

优点

思想抱负：不甘平庸，志向远大

刘邦一直是一个不甘平庸、怀有理想抱负的人。

刘邦少年及壮之时，本应尊父亲安排安心读书学习，但他志不在此，而是崇拜信陵君魏无忌，想做一个有大智大勇的任侠般人物。因此，他并没有继续专心于学习，而是专程赴魏国拜访信陵君。当得知信陵君已经过世后，他又数次到外黄拜访继承信陵君遗风的张耳。当张耳因魏国被灭离开外黄不知所终后，他离开自幼生长的乡下，就近到视野更为广阔的沛县城寻求发展。刘邦虽然在开始几年混迹街头，但也仿任侠般大度待人，做一些仁义施舍之事，而不屑于劳务农事。即"仁而爱人，喜施，意豁如也。常有大度，不事家人生产作业"。

刘邦在做泗水亭长后一直尽心做事。他不畏艰辛，曾数次带民工远赴咸阳从事徭役。他不仅看到了咸阳都城的宏伟壮阔，还有幸见到秦始皇外出巡视时的气派场景，因此不由自主地生发"大丈夫当如此也"的感想。这时他的思想已不再是之前满足于做一个任侠的梦想，或做一名小权在握的地方基层小吏，而是隐隐萌生了做一位能够掌控一方天下的大人物之志。

秦朝暴政所引发的陈涉起义以及各地义军的涌起，为刘邦闯一番人生事业提供了机遇。他借机在沛县杀县令举义旗，拉起了自己的一支队伍，开始在此天下大乱之际努力争取自己的一席之地。他陆续攻取胡陵、方与、薛城、砀郡、夏邑等城，先后投奔景驹和项梁，并被楚怀王封为砀郡长，从而获得了做一方大员的地位。

刘邦紧接着受命于楚怀王西进攻秦，又开始以"怀王之约"——"先入定关中者王之"为目标，一路克险进入咸阳，迫使秦王子婴投降。他也因此向关中父老宣告："吾与诸侯约，先入关者王之，吾当王关中。"

但刘邦"王关中"的目标并没有实现，而是被势力强大的项羽封为地处西南山地的汉王。因此，他不满足于在汉中这一偏僻之地称王，而是觊觎富饶的关中，乃至原秦国的整个地域。为了实现这一目标，他"明修栈道，暗渡陈仓"拿下关中，成为真正的关中王。

可这时刘邦的奋斗目标已不满足于此，他还要向东部中原地区扩充自己的地盘。他也因此和项羽在荥皋一线进行了3年多的拉锯战，并迫使项羽签下了"鸿沟条约"。在他得意于两分天下获其一的条约成果时,张良、陈平关于一鼓作气灭掉项羽的建议,又让他树立起一统天下的宏大目标,因此奋力追杀项羽,将其在垓下消灭。刘邦也自此开始君临天下,最终建立了一统天下400余年的大汉王朝。

由刘邦前期的人生经历可以看出,他的事业成功,是在一个目标接着一个目标的奋斗中不断实现的。由于他一直不甘于现状而砥砺前行,因此最终达到了人生事业的巅峰。

心胸格局:审时度势,能屈能伸

一个目光远大、有志向的人,大都既能勇往直前,又懂得韬光养晦,用通俗话讲,就是审时度势、能屈能伸,而刘邦就是这样一个人。他审时度势的判断能力和能屈能伸的开阔胸襟,几乎反映在他人生的每一个重要时期,充分表现了其见微知著的洞察水平和灵活狡黠的人生智慧。

刘邦年轻失意时,他并不因自己心有志向而索居离群,而是十分自然地融入社会之中。他既能和家境优渥的公子哥王陵称兄道弟,也能和身处底层的吹鼓手周勃、贩缯者灌婴等结为好友,甚至和最不为人称道的屠狗辈樊哙成为不分彼此的酒肉朋友。当他登步于最基层的亭长之职后,他不仅和县府要员萧何、曹参关系亲近,也能和底层官吏打成一片,甚至"廷中吏无所不狎侮"。但在杀掉沛县令推举沛公,且萧何、曹参等原地位在他之上的人顾虑失败后果而退缩时,他不再坚持辞让,而是大胆地站出来,歃血结盟,义无反顾地举起反秦大旗做了带头大哥,反映了其敢作敢当的大无畏精神。

在刘邦率先攻进咸阳并致秦廷灭亡,本应实现楚怀王之约出任关中王时,却很快面临了势力强大的项羽的威胁,在这种实力悬殊的情况下,刘邦主动赴鸿门以属下之礼向项羽道歉,以化解被其消灭的危险。当后来项羽把各路诸侯大都分封在原地或家乡,而唯独把他分封在偏乡僻壤的西南山区时,刘邦虽然愤愤不甘,但也听从萧何等人的意见,仍然接受了项羽的分封而屈就汉王之位。可这种屈就对刘邦来说是为了以后的伸展,因为他从未放弃返回关中进而攻占中原的雄心。时隔4个月后,他拜韩信为大将军,以智谋和武力强势夺回关中,从此拉开了楚汉相争天下的大幕。

刘邦审时度势的眼光和化解非常之事的智慧与能力,尤其以面对项羽欲烹其父太公时的应对表现最为经典。刘邦面对如此难解局面,在常人看来似乎只有两个选择:立战或投降。但在刘邦心中还有第三种选择,那就是以攻心术使项羽无可奈何而作罢。所以,刘邦情急之下说出"吾翁即若翁,必欲烹而翁,则幸分我一杯羹"这句让人感到石破天惊的话。事情的发展果如刘邦心中所料,项羽威胁不成,又感"杀之无益,只益祸耳",遂退兵而去。一道如此让人难解的天大难题,竟被刘邦轻松化解,其以非常之举应对非常之事的智慧表现,可谓登峰造极。

刘邦在平定天下荣登皇帝之位后,并没有因此目空一切,其善于审时度势的眼光和能屈能伸的胸襟依然表现如故。

刘邦在汉七年(前200年)平叛韩王信时,因追击匈奴被围困在白登山达7日之久。为解脱当时困境,他采纳陈平曲线解围的建议,重赂阏氏说服单于退兵,才得以突围逃命。也正由于此战的失利,使刘邦认识到北方匈奴的强悍,而绝非短时间内可以解决,并且会陷入无休止的更大战乱之中。因此,他采纳大臣刘敬的提议,自此开始了以"公主和亲"为主要形式的对匈外交政策。虽然此策有失泱泱中原大国之颜面,但也确是当时避免战乱、与民休息、恢复民生的不二选择。

汉十年(前197年),统领赵、代两国兵马的赵国相陈豨,拥兵自重,自封代王,起兵造反。刘邦亲自带兵平叛到达邯郸,发现下辖25城的常山郡已丢失20城,随军御史大夫周昌就此建议斩杀守土不力的常山郡守和郡尉。刘邦则分析认为,他们没有跟随陈豨反叛,只是因为抵抗力量不足失去了城守。因此,刘邦"乃赦赵、代吏人为豨所诖误劫略者"[1]。周昌的提议是坚持过去惯有的处理办法,而刘邦的做法是将官吏的无奈失职和百姓的盲从与叛军区分开来,这就最大化地争取了民意并孤立了陈豨与叛军。并且,由于当时聚集到邯郸的汉军兵马较少,还不足以和陈豨马上开战,因此刘邦的宽大政策也为在当地顺利征兵营造了舆论氛围。当时有4个没有军功的赵人首先应征,为鼓励更多的人积极入伍,刘邦就任命这4个赵人为将军,并给予他们千户封邑。刘邦的随从们感到不公平,认为:"从入蜀、汉,伐楚,功未遍行,今此何功而封?"而刘邦则坚定地说:"吾胡爱四千户封四人,不以慰赵子

---

① 《史记·韩信卢绾列传》,〔汉〕司马迁撰,韩兆琦主译,中华书局,2008年1月第一版,第1854页。

弟!"①刘邦如此审时度势的容人用人之举,使之在赵国招到了大批士兵,从而保证了歼灭陈豨之战的胜利。

刘邦的心胸格局,不仅是审时势、能屈能伸,还表现在遇大事不拘细微、分缓急及时变通方面。汉六年(前 201 年)正月,刘邦封赏了第一批列侯,但这些受封者都是跟随刘邦最早且最为信任的人,如萧何、张良、曹参、周勃、夏侯婴、樊哙等人。因此,未被受封的一大批人开始躁动不安,议论纷纷。刘邦意识到问题的严重性,因为开国之初的朝廷急需稳定和团结,而非人心的猜忌和背离。为此他听从张良的建议,封自己平生最恨的雍齿为什邡侯。雍齿是第一个背叛刘邦的人,并几乎让刘邦的起义大业陷于早亡。雍齿在背叛刘邦投奔魏国后,又先后投奔了赵国和项羽,后来看到刘邦势大,又转而投向刘邦。刘邦因用人之际重新接纳了他,而雍齿在后来灭楚大战中也确实立下了战功。但雍齿曾经背叛刘邦且如墙头草一样的行为,是众所周知的事情。因此,刘邦将自己最为记恨和为人不齿的雍齿封侯,让其他未受封的人看到了希望,因而平复了心中的猜忌和不满。至汉六年八月,刘邦又续封了王陵等一批人为侯,并进行了新的位次排序。这样,在剪秦灭楚数年间立有大功的人都先后得到了封赏。刘邦这次以大局为重而不计雍齿前嫌的封赏做法,化解了可能引发朝廷人心失散的一次隐患。

为民情怀:仁而爱人,与人同利

司马迁评价刘邦"仁而爱人,喜施,意豁如也"。就是说他待人慈和,喜欢施舍,心胸开阔。纵观刘邦一生,无论其年轻时于沛城街头的喜施舍,还是称帝后的施政所为,都饱含了仁而爱人、与人同利的浓浓为民情怀。

刘邦年轻时喜施舍,其本纪中没有直接细说,但有他在赴咸阳徭役时"吏皆送奉钱三"的记述,这也从侧面说明了刘邦平时一贯喜施舍、好交友所结下的广泛人缘。并且后来王陵母就义前也曾请使者转告王陵说,刘邦是个宽厚慈爱的人,让他好好为刘邦效力。

刘邦起义跟从楚怀王后,在楚怀王主持讨论西进伐秦带兵人选时,众将

---

① 《史记·韩信卢绾列传》,〔汉〕司马迁撰,韩兆琦主译,中华书局,2008 年 1 月第一版,第 1856 页。

皆以为应"遣长者扶义而西,告谕秦父兄",并认为"独沛公素宽大长者,可遣"。① 而刘邦率兵进入关中后,确实以仁而爱人的宽大长者风范获得了秦人的拥戴。因为他"籍吏民,封府库",不仅不报复秦人,不贪恋富贵钱财,反而与关中父老"约法三章",废除当时的苛法严政,为地方官吏和百姓带来了从未享有过的好处。所以,当刘邦被项羽封到蜀汉地区后,"楚子、诸侯人之慕从者数万人"。这些来自其他诸侯军的底层慕从者,不在大战后归国回家与亲人团聚,却甘愿跟着刘邦跑到西南大山阻隔的蜀汉之地,应该是因为在咸阳的时日里听闻过刘邦治下的好处,并且他们依然确信,跟着刘邦干,不仅能利益均沾、享受公平,还能得到更多的好处。

《汉书》记载了刘邦登基后颁布的一道诏书,其中有:"军吏卒会赦,其亡罪而亡爵及不满大夫者,皆赐爵为大夫。故大夫以上赐爵各一级,其七大夫以上,皆令食邑,非七大夫以下,皆复其身及户,勿事。"②其大意是:军中所有的吏卒,除去有罪者,其无爵位及爵位不满大夫者,都赐予大夫爵位(注:师古曰:大夫,第五爵也)。已获得大夫和以上爵位者,再提升一级爵位;拥有七大夫以上爵位者,都给予食邑;七大夫以下爵位者,都免除其本人和同户者的徭役。

据史书记载,汉初的大夫可以享受国家授田 500 亩、宅基地 25 亩的待遇。而诏书规定,汉军中所有的无罪士兵都能够得到,已有第五等爵位以上者,还可以得到更多。也就是说,一个无有一寸土地的人,可以突然变成拥有耕田 500 亩的地主。

据有关史家测算,汉初全国耕地有 8 亿余亩,而刘邦建朝后的军队大致有 60 万人,这样国家授予普通士兵的耕地占当时全国耕地的 40% 左右。加上给更高爵位者以及各王侯的封地,全国的大部分土地都属于了私人所有,而其中最大的受益群体就是普通士兵。虽然其中仍然存在着多寡悬殊,但在那个曾经连年大战的年代,哪家没有当兵的人?更何况现在都成了拱卫汉室江山的兵卒。因此,以是否拥有军籍为获得土地的基本条件,已基本上等同于北魏以后施行的均田制了。这也充分体现了刘邦仁而爱人、与人同

---

① 《史记·高祖本纪》,〔汉〕司马迁撰,韩兆琦主译,中华书局,2008 年第一版,第262 页。

② 《汉书·高帝纪第一下》,〔汉〕班固撰,中华书局,2012 年 4 月第一版,第 46 页。

利的为民情怀。

说到这里,我们不免还会联想到刘邦不以成败论英雄,对自己心仪或有历史影响且没有后人的人物,依然以感人的至性情怀客观视之、尊敬有加的事迹。这也是其推人推己、仁而爱人的表现。

刘邦在平叛黥布归来后,因自己病势日渐沉重,特意安排了对几位没有后人的历史人物的守墓问题。

刘邦没有忘怀率先起义而引发秦朝天下大乱却早亡的陈涉。他不仅追封陈涉为"隐王",还安排了役为其守墓,并给予王侯待遇,要求年年杀牲祭祀。因为他知道,如果没有陈涉大泽乡起义的先导,他也许会止步于泗水亭长而平淡一生。因此,他对高呼"帝王将相宁有种乎"而首先揭竿起义的陈涉怀着由衷的敬仰。

刘邦对"苦秦天下"并让自己多次受苦服役的秦朝并无好感,但他对始皇嬴政给予了极大的尊重。他诏令安排20户人家为秦始皇守墓,这是在其亲自交代的6位历史人物中享受规格最高的。因为作为曾经的臣民和后来的替位者,刘邦理解和敬佩秦始皇统一天下的雄心壮志和其有关所为,这也许是英雄惜英雄的情结使然。

同时,刘邦还对同样没有后人但曾有所作为的魏安釐王、齐缗王、赵悼襄王各安排10户人家为其守墓。而对其一生崇拜的信陵君魏无忌,因他不是帝王,也安排了5户人家为其守墓。

> 高祖曰:"秦始皇帝、楚隐王陈涉、魏安釐王、齐缗王、赵悼襄王皆绝无后,予守冢各十家,秦皇帝二十家,魏公子无忌五家。"
>
> ——《史记·高祖本纪》

即便对生死相搏数年的项羽,刘邦在其自刎后,也以鲁公之礼给予厚葬,且"汉王为发哀,泣之而去";并同时封项伯等4位族人为列侯,赐姓刘氏。这在当时虽然也有收买鲁国人心的用意,但其亲自主持祭拜而泣和赐封项氏族人的行为,仍让人真切感到他对项羽这位英雄人物的惋惜与厚悯,以及其仁而爱人的包容胸怀。

用人智慧:知人善用,御人有术

刘邦作为一介草民出身,文不能书字成章,武不能临阵搏杀,却在群雄逐鹿的战乱社会中独取天下,着实让人惊奇。其成功的秘诀是什么? 其实就是刘邦善于识人用人的处人智慧,或者说是其"性明达"的原因。对此,他自己则认为是起用张良、萧何、韩信三位人杰的原因。

张良是位处中军的主要谋士,萧何是负责兵员粮草供给的后勤总管,而韩信则是处于前线的先锋官,他们三人分别代表了构成行军作战的三个方面而缺一不可。在萧何、张良、韩信三人身上,确实体现了刘邦高超的识人、用人之道。

萧何是刘邦布衣时就相交可信的老友,他熟悉历代律令,曾任沛县主吏掾,具有处理政务和抚慰百姓的丰富经验。用萧何管理后方大本营并负责军中后勤供应,可谓用人得当、放心无忧。

刘邦和张良相识于留县途中,他在相互交谈中了解到张良不仅久有灭秦之志而且有政治盟友的可靠性,还熟知《太公兵法》,深谙战略之道,所以刘邦请他伴随左右出谋划策。而张良也不负所托,在西进峣关攻秦、鸿门化险、争取汉中、阻封六国、出下邑之谋等重要时刻,都发挥了极具战略眼光的重要谋士作用。

韩信虽然得益于萧何的极力推荐做了大将军,但也是在被刘邦面试后才得到信任的。韩信分析强敌项羽之不足、纵论关中民心之所向及东进中原的战略意义,使刘邦全面认识到韩信的将帅之才,才真正把军中指挥大权授予了韩信。而后来韩信所发挥的作用,正如后世司马光曾评价说的:"汉之所以得天下者,大抵皆信之功也。"

刘邦虽然认为能取得天下是重用张良、萧何、韩信三人的原因,但也同样认可其他谋士和将领之功,他也因此均予以了封赏。因为刘邦深知,他的事业得以发展也一直是其不拘一格不断吸引各方人才加入的结果。从最初的主吏掾萧何、狱掾曹参、车夫夏侯婴、狗屠樊哙、商贩灌婴、吹鼓手周勃等,到后来现身的贵族张良、高阳酒徒郦食其、老发张耳、叛吏陈平、强盗彭越、叛将黥布等,都先后聚集到其麾下。可以说,这些不同出身、不同地位、不同才能的人甘愿臣服于刘邦,除了刘邦仁而爱人的品格以及他们具有共同的政治目标等原因外,说到底还主要在于他们为刘邦所重用,能发挥出自己的智慧与能力所长。

刘邦对于可用人才,一直愿意用不计前嫌、以绩论才的胸襟去接纳和重用他们。哪怕这些人眼高过顶、孤傲不驯,甚至来自敌营,一时难辨忠奸,但刘邦仍然

"取其所长,避其所短"而用之。因为他不仅识人,而且有高超的驭人之术。

如后来担任丞相的陈平,最早跟随魏王咎,后跟随项羽,在鸿门宴时还曾经被范增指使追杀过刘邦,至刘邦出关后才改投于其麾下。因他在项羽手下时担任都尉,刘邦仍然让他任都尉,并留在身边陪伴出行及监护三军将校,紧接着又任命其为亚将。一直跟随刘邦的周勃、灌婴都认为不应该如此重用陈平,并控告他盗嫂受金、收人钱财、反复无常的行径。据记载:

> 臣闻平居家时,盗其嫂;事魏不容,亡归楚;归楚不中,又亡归汉。今日大王尊官之,令护军。臣闻平受诸将金,金多者得善处,金少者得恶处。平,反覆乱臣也,愿王察之。
>
> ——《史记·陈丞相世家》

刘邦也由此心生疑团,召陈平质问。陈平就此作了解释,不仅让刘邦疑虑顿消又予赏赐,还提升他为护军中尉,继续负监督诸将之责。从此,陈平一心为刘邦出谋划策,助刘邦夺取天下,并成为西汉安邦定国的重臣。

孤傲不驯者莫如高阳酒徒郦食其,但刘邦在接见他时,则以自己正在洗脚的场景来有意冷落郦食其这个恃才而狂的儒生,也是故意给他出难题看其怎样应对。

从当时二人的态度及语言交锋来看,郦食其并没有示弱落了下风。但从郦食其后来的一系列表现看,他在刘邦面前再也没有狂过,而是竭尽智慧为刘邦出谋划策。他不仅为刘邦西进灭秦以及在楚汉战争中收复荥阳、占领成皋、夺取敖仓立下大功,还在后来只身赴齐国说降齐王田广,并因此慷慨就义。由此看出,刘邦对郦食其这种恃才傲物的人物,就是首先杀一杀他的傲气,然后再以礼收用,因为只有这样他才能心悦诚服地效忠自己。

刘邦在接见愿意归顺的九江王黥布时,也是以与对待郦食其同样的方式予以接见。黥布自项梁起兵时就追随项羽,因战功被项羽册封为18家王之一,论地位和汉王刘邦一样。在楚汉相争后,项羽几次派他带队出兵,但黥布均以身体有病推诿,因而被项羽猜忌。后刘邦派谒者随何策反黥布,黥布在遭到项羽军攻打失败后,只好跟随何前来拜见汉王刘邦。但让黥布没有想到的是,刘邦对他的到来很不以为意,而是以两个侍女正在为其洗脚的场面接见他,这让同为诸侯王的黥布感到极为羞辱,非常后悔来此,甚至想自杀一死了之。在随何的劝解和引导下,黥布愤愤来到接待的住处,却发现饮食、住宿及服侍人员的配备规格和汉王完全一样,这又让他喜出望外。《史记·黥布列传》这样记载:

> 淮南王至,上方踞床洗,召布入见,布大怒,悔来,欲自杀。出就舍,帐御饮食从官如汉王居,布又大喜过望。

看来,刘邦无论是接待恃才狂傲的儒生,还是面见不可一世的武将,都是以先冷后热的方式对待,以让他们收敛自己、衷心臣服。这也是后世所说的恩威并施的驭人之术。

刘邦对后来投奔的人这样收服,对自始一直跟随自己的身边人,也不忘以驭人之术不断予以敲打和提醒,从而保证自己的地位和权威不受到影响或威胁。

刘邦在出关征战以后,当时最让他担心的并不是率军在外的将领,而是握有相权且一直独自掌控大后方的萧何。因为偌大的整个关中地区全由萧何负责,萧何不仅负有镇抚关中百姓的责任,还负责招兵运粮确保刘邦前方之需的任务。萧何一旦存有异心,刘邦将前功尽弃而失去所有。

公元前 204 年,刘邦与项羽对峙于荥阳一线时,其军旅生活极为艰苦。在这种情况下,刘邦反而连续几次派遣使者赴后方慰问萧何。对此,萧何认为是汉王对他工作的认可,但萧何手下的鲍生看出是刘邦对萧何不放心,就劝告萧何派遣子弟到军前效力。萧何听从了鲍生的建议,刘邦大悦。

当刘邦取得天下后,因异姓王不断出现反叛,他仍然只能较多时间率军在外,而继续将朝廷所有事务交由留守的相国萧何主持处理。但长此以往,刘邦开始担心萧何的民心声望会超过自己。公元前 196 年,刘邦率兵平叛黥布期间,他仍十分关注萧何在关中的一举一动。一天,萧何偶与门客聊起这件事,门客听后认为,皇上现在就是担心将来百姓心中只有你萧何而没有其他。门客同时建议萧何,强制贱买或赊欠购置良田以自污,这样反而可以让皇上放心。

萧何听信门客建议,只好违心做一些剥削百姓的事情,以此降低自己的社会声望,来消除刘邦对自己的猜忌。在获悉萧何也发生有不法之事后,刘邦笑着对萧何说,你自己看着处理吧。猜度刘邦当时所想,应该是你萧何在百姓中的威信也不过如此嘛。

对于刘邦的识人用人能力，唐太宗李世民曾感慨说："正主御邪臣，不能致理；正臣事邪主，亦不能致理。唯君臣相遇，有同鱼水，则海内可安也。昔汉高祖，田舍翁耳。提三尺剑定天下，既而规模弘远，庆流子孙者，此盖任得贤臣所致也。"[①]

处事能力：着眼长远，杀伐果断

刘邦虽然善于识人用人，但关键时候还得靠他自己的决断能力，否则优柔寡断也将错失良机而难成大业。这不仅反映在他起义后出任沛公、投靠项梁、屈就汉王等几件事情上，也表现在楚汉相争后期以及即将离世前的后事安排等几次"能听"和决断方面。因为刘邦对这几件事情所展现出的果断魄力，才最终保证了汉朝的建立和长续。

封韩信为齐王　汉四年（前203年）八月，楚汉双方在荥阳一线已对峙两年多时间，但刘邦一直少有胜绩，基本是处于防御或逃亡之中，只因得益于关中后方的不断支持和几次从韩信处获得兵力，才一直输而不倒。而被他派往北方作战的韩信大军则一路凯歌，在先后平定代国、赵国及收降燕国后，又在齐地斩杀齐王田广以及项羽派出支援齐国的大将龙且。

就在当下刘邦于荥阳困守之际，已完全占领齐国的韩信派人向刘邦请立代理齐王。《史记·淮阴侯列传》就此载：

> 汉四年，遂皆降。平齐。使人言汉王曰："齐伪诈多变，反覆之国也，南边楚，不为假王以镇之，其势不定。愿为假王便。"当是时，楚方急围汉王于荥阳，韩信使者至，发书，汉王大怒，骂曰："吾困于此，旦暮望若来佐我，乃欲自立为王！"张良、陈平蹑汉王足，因附耳语曰："汉方不利，宁能禁信之王乎？不如因而立，善遇之，使自为守；不然，变生。"汉王亦悟，因复骂曰："大丈夫定诸侯，即为真王耳，何以假为！"乃遣张良往，立信为齐王，征其兵击楚。

[①]　《旧唐书·列传》卷二十。

对韩信要求被封为假齐王，"汉王大怒"。其怒从何来？不仅是刘邦当下急需有人来解荥阳之围，也有韩信进攻齐国杀田广打乱了刘邦原先部署的原因。因为，刘邦本已派郦食其前往齐国说服了田广降汉，但韩信妒郦食其以三寸不烂之舌获大功，仍坚持以武力占据齐国，不仅让郦食其失信被田广烹杀，还打乱了刘邦对项羽当时乃至此后的战略部署。因此，刘邦一听到韩信提出封假齐王的要求，立即怒骂。

对于刘邦的瞬间暴怒，坐在一旁的张良、陈平固然理解，但更清楚已经做大的韩信乃是今后灭项羽取天下的主要力量，现在万万不可抚逆其驴毛。因此，陈平踩足附耳劝说：我们现在处于不利的境地，怎能禁止他称王呢？不如趁机封他为王，不然有可能发生难以控制的变数。刘邦是一点即明的聪明人，他立即又顺势大声说：大丈夫干事，要做就做真王，为什么要做假王？并派张良立即带印绶赴齐国封韩信为齐王。

从刘邦瞬间改变认识并擢升韩信为真齐王的手段，可以看出他的应变能力和做事果决的气魄。

实际上，擢升韩信为真齐王的意义还不仅是激励韩信本人。因为，这对于其他几位分别割据一方的大佬也起到了鼓励和团结的作用。当时，除张耳已被封为赵王外，彭越在魏王豹死后以国相之位主持魏国多时，也在以急切的心情觊觎魏王之位；而投降不久的臧荼，他的燕王之位是在灭秦时被项羽所封，对刘邦成事后能否得到续封，他也心中忐忑。因此，刘邦于此时封韩信为齐王，无疑会使他们看到可以续封的希望。

后来的事情发展，完全验证了张良、陈平建议和刘邦决断的正确。因为之后不久，项羽就派说客武涉离间策反韩信，齐国辩士蒯通也接踵而至，均游说韩信脱离刘邦而自立。这时已被封为齐王的韩信，感恩刘邦的再次重用与厚待，不愿做忘恩负义之人，坚定拒绝了二人的说辞。

《史记·淮阴侯列传》就此记载：

> 汉王授我上将军印，予我数万众，解衣衣我，推食食我，言听计用，故吾得以至于此。夫人深亲信我，我倍之不祥，虽死不易。

由此可见，刘邦即封韩信为齐王的决断是多么及时和英明。因为蒯通建议韩信三分天下的说辞，确实让韩信一度犹豫不决，如果没有已被封齐王在先,他还真有可能脱汉自立。

废鸿沟条约　未能说降韩信后的天下格局,对项羽来说已经极为不利。因为,除刘邦已经割据原秦国并牢牢控制荥阳以西地域外,还有张耳占据了赵国故地,韩王信占据了韩国故地,燕王臧荼也已投降汉王,可以说天下几方势力已尽归属刘邦麾下。另外,彭越挠楚、刘贾烧粮等不断破坏其后勤补给的行为,也使项羽苦不堪言。特别是韩信命灌婴率一支骑兵从齐国南下,已经先后攻克薛郡、下邳、广陵等地,使项羽的大后方已多有陷落。因此,从全局形势发展看,项羽不仅已经完全处于下风,而且已岌岌可危。

现在的项羽已经失去了战争的主动权,他不仅不能在短时间内消灭正面对抗的刘邦,而且会因其他战场的不断落败而损失更多。因此,当刘邦派人前来交涉让放回其家人时,项羽主动提出了和刘邦以鸿沟为界、中分天下的条件。

对项羽主动求和、中分天下的提议,刘邦立即应允,因为他所在的战场并非如韩信、彭越那样主动,而是一直处于苦苦的抵抗状态,况且他还可以借机迎回被项羽囚禁了两年多的家人。于是,双方履约,各自罢兵回归。

在汉军即将启程回归时,张良和陈平认为,在当前有利形势下言和罢兵实在可惜。因为如果此时任凭项羽率军离去,将如"养虎自遗患",给将来带来更大的危险。

听闻张良、陈平二人的分析,"汉王听之"。这不仅又一次表现了刘邦一直虚心纳谏的胸襟,也反映了刘邦每遇大事而杀伐果断的性格。

当然,要想彻底消灭项羽,并非张、陈建议所说的那么简单。因为几年来与项羽的困难相持,使刘邦深知,单靠他自己目前还不具有歼灭项羽的实力。因此,当追兵至阳夏附近时,他派信使传令彭越和韩信,让他们出兵至固陵一带,共同围歼楚军。

但韩信、彭越并未听令而至。分析其原因,张良认为是奖赏不明的原因,他就此提出了消灭楚国后可以扩大他们地盘的建议。刘邦再次采纳张良的建议,迅速分别派信使将此意见告知韩信、彭越二人。韩信、彭越得此许诺迅疾发兵,共同赴垓下围歼楚军,并致项羽自刎于乌江。

在楚汉之争的最后关键时刻,刘邦多次采纳张良、陈平的建议,充分反映了其"从谏如顺流,趣时如响赴"的胸襟与气魄。

约"白马之盟"　如果说刘邦立足长远、做事果决,其突出事例还有在他去世前和大臣们共同约定"白马之盟"这件事。盟约的主要内容是,以后只有刘邦的后辈才能称王,不然天下人就群起而攻之。

刘邦为什么和大臣们约定"白马之盟"？其原因就是异姓王不能保证刘姓汉室江山的永续,因为刘邦登基之初分封的多数异姓王后来纷纷造反的先例,已经充分证明了非刘姓而王者心必存异。特别是自幼交好亲如兄弟的燕王卢绾的反叛,对刘邦刺激很大,让他深感异姓王实在不可信用。另外,约定"白马之盟"背后的原因还有防范吕后以后专权的意思,只是当时不宜挑明而已。刘邦和吕雉几十年夫妻,深知她私心和野心颇重,在自己活着的时候她会一心辅佐,但当自己死了由懦弱的儿子刘盈登基做皇帝后,吕雉很可能会专权为吕家谋私利。这也是之前刘邦就打算废掉刘盈而立三子如意为太子的原因之一,只是由于当时众大臣的强烈反对而只好作罢。但当他将不久于世的时候,刘姓汉室江山能否永续就成了他最为担心的事情,于是和众大臣约定了"白马之盟"。并且,在约定"白马之盟"之后,刘邦还紧接着要求陈平、周勃去杀掉一直和吕家交好的吕雉妹夫樊哙。从此也可以看出,"白马之盟"防范的也有吕后及其背后的势力。

既然刘邦当时也有对吕氏将来篡权作乱的担心,为什么不直接赐死吕后呢？对此,北宋文学家苏洵在其《高祖论》一文中认为:"吕后佐帝定天下,为大臣素所畏服,独此可以镇压其邪心,以待嗣子之壮。故不去吕氏者,为惠帝计也。"苏洵的认识非常清楚,就是各大臣对吕后素来敬畏佩服,只有她才可以镇住他们可能存在的野心;所以刘邦没有废掉吕后,也是顾忌众大臣,为仁弱的惠帝刘盈考虑。

"白马之盟"的影响很大。两汉期间,除吕雉封诸吕、王莽篡朝和曹操当魏王之外,"白马之盟"一直被严格遵守。由此可见,此盟约对两汉历代皇帝一直有着很强的约束力。

当然,刘邦的本意是以血脉关系来巩固自己建立的刘氏汉家政权,只是让他没想到的是,随着血脉关系的疏远和权势利益的纷争,刘姓诸侯王也并非铁板一块,而是也先后出现了叛乱。但这毕竟是发生在刘氏宗族内部的事情,还不至于因此改变汉室江山姓刘的本质。

不足之处

上述从正面对刘邦的思想与行事风格所作的几点概括。可刘邦也并非完人,他不仅有被视为不拘小节的率性与随意,也有难以被常人理解的不寻常思维表现。但刘邦存在的这种所谓不足,既要以常人的眼光看待理解,还要从非常人的政治家高度论之。

对此,或许不拘泥于中国人情感好恶的外国史学家对刘邦所作的评说,更为宏观和客观一些。

内藤湖南的评说

日本近代中国学专家内藤湖南这样评说刘邦的优缺点:

秦汉之交是一个起自布衣者大显身手的时代,高祖刘邦即是其中的代表人物。在中国历代帝王中,高祖是最能体现与生俱来中国人特色的人物,尤其是他具有虽无学识,却丝毫不加以掩饰的特点。

有人称汉高祖为宽仁大度之主,但又不忘其中的利害得失。也正因为他不忘利害得失,所以有时他的行为又近似残酷,这也正如注中所云,他是天生的英雄。

此后,中国历史上的英雄人物皆以高祖为心中楷模。像尧舜、文武等神秘人物,本不能成为现实人物榜样。

后汉光武帝曾向人询问,自己与高祖有多少不同;蜀汉刘备也一直梦想成为第二个汉高祖。不过这些人都有些虚饰。光武帝刘秀多少有些学问,是儒生类;刘备起自民间,具游侠之风,有股不服输的劲儿,但不是天生如此;其后的唐太宗、明太祖更多虚饰,又残忍。

在这一点上,汉高祖堪称是位最伟大的楷模式人物,这也是时势使然。

高祖兴起时,正值战国后列国学问颓废,更加之以秦始皇毁弃学问之时,所以要避免来自学问的祸害。不过,他平素听到的一些前代逸闻,对自己的修养并非没有益处。

高祖平素最羡慕的人物是魏国的信陵君。他称帝之后,为秦始皇及六国之后护陵,置守冢十家(秦始皇守冢二十家,陈涉三十家),特别是为信陵君也置守冢户五家,可见他对颇有游侠之风的信陵君的崇敬。他虽然没有像信陵君那样谦让和礼贤下士,但却有"己不能为而任之以人"的度量,这点反而较信陵君更为自然。

因此，若说汉高祖稍微有点修养，应该是以信陵君为楷模的结果。

司马迁在其传记中虽有这样的表述，只是拘泥于其为创业之君，并未给予充分的论述，考虑的只是天运循环，以三统之序而成为天子。然而不管如何，像司马迁这样杰出的历史学家撰写出来的高祖其人其事，时至今日，都给人以一种恰如其分的感觉。[1]

约瑟夫·汤因比的评说

被誉为"近世以来最伟大的历史学家"的英国学者阿诺德·约瑟夫·汤因比，在1973年和日本著名学者池田大作有一段关于刘邦的对话：

池田大作："杰出的领袖是很少的。看看历史上的人物，很多领导人留下了伟大的功绩，但人格上不一定完全令人敬佩。这是一个讽刺。"

汤因比："中国的汉高祖刘邦、罗马帝国的奥古斯都，还有萨拉森帝国的哈里发·阿摩维亚，这三个人是专在金钱上打算盘，一心想出人头地的领袖，他们都是在前一代领袖缺乏灵活性而开始出现衰败征兆时接替政权的。他们有善于处世的手腕，各自把帝国体制从崩溃中解救出来，进行整顿，打下了长治久安的统治基础。他们的处世才能和手腕，在伦理上是绝不该称颂的。但在当时的情况下，在政治上反而是切合时宜的。"[2]

刘邦并非完人，他同样是一个有血有肉的凡人

归纳上述几位外国学者关于刘邦不足之处的认识，大致有以下几点："无学识"，"他的行为又近似残酷"，仅"稍微有点修养"，"在伦理上是绝不该称颂的"。但如果我们就此而论的话，似乎又感觉也不过如此而已。因为"无学识"这一点，连刘邦自己也"丝毫不加以掩饰"；而"行为又近似残酷"和"稍微有点修养"及"在伦理上是绝不该称颂的"，实际上是说他杀异姓王

① 《中国史通论》，〔日〕内藤湖南著，夏应元、钱婉约译，九州出版社，2018年版。
② 《展望二十一世纪——汤因比与池田大作对话录》，荀春生、朱继征、陈国梁等译，国际文化出版社，1999年6月第一版。

和好酒及色。关于杀异姓王，前文已经提到，虽然也落下了"兔死狗烹，鸟尽弓藏"的负义之名，但其主要原因还是刘邦顾虑今后汉室江山的稳固；因此，"在当时的情况下，在政治上反而是切合时宜的"。至于好酒及色，应是世上大多数男人的本色，也不惟刘邦。何况"高祖其人其事，时至今日，都给人以一种恰如其分的感觉"。

关于刘邦愿与项羽同吃烹父亲的一杯羹，以及弃子女独自逃生这两件事情，较多被作为人性的话题一直受到后人谴责。关于其一，前文已经予以分析。而第二件刘邦弃子女独自逃生这件事情，我们不妨可以理解为这样做反而使双方更有逃生的可能。因为这不仅车轻马快使刘邦能更快逃离，也可以使鲁元、刘盈姐弟二人减少危险性。因为仅他们姐弟即便遇上楚兵，大概率不会有人认为他们是刘邦的孩子，反而应该更为安全一些。当时还有一个细节或许被人忽视，那就是鲁元姐弟当时是在王陵的保护下，自丰邑逃出遇到刘邦的。刘邦不愿鲁元姐弟跟随他这个一直被楚军紧追不舍的数十骑醒目队伍，应该是有分头逃生的意思，而王陵也自然会继续保护鲁元姐弟西逃。并且，在此3个月之后，刘邦就在栎阳册立刘盈为王太子，作为自己的未来与寄托，这也反映了刘邦当时并非真的要放弃自己的子女，而只是为彼此绝处求生的一种选择而已。当然，此解或许有人认为牵强，但我们如果不这样从普通人的人性立场分析，而是站在以获取天下为目的的政治家角度来看，也应该可以理解。因为对政治家来说，当面临天下大义和私人亲情矛盾的时候，亲人的生死或家庭的利益往往会被放在次要位置。而这也应该是刘邦所具备的胸怀和决断力，不然一个心中只有自己和家庭的人，也不可能会拥有天下。

也许还有人拿刘邦年轻时多有孟浪之举再说事，却忽略了刘邦本出身布衣这一历史事实。幼时长于乡野，成年混迹市井，我们怎能奢望年轻时的刘邦就是一个十分循规蹈矩的谦谦君子呢？少时多有孟浪乃至放荡不羁，恰是刘邦年轻时应有的真实人性表现，也是司马迁还原历史、予以"实录"的学术态度反映。况且，历代的无数底层人士，哪一个不是从刘邦年少时这样过来的？谁没有过瓜田之嫌和爱美之好？可让人不解的是，这些本属年轻人自然表现的正常行为，到了刘邦身上却成了一张一直难以揭去的"流氓"标签。究其原因，大概还是刘邦后来咸鱼翻身成了皇帝，让人瞠目生妒而横挑鼻子竖挑眼罢了。

刘邦也确实不是一个完人，但只有不完美的人才能被称为一个正常的人，而只有一个正常的人才有可能绽放出人性的光辉，况且世上从来就没有过完美之人。全面仔细阅读《史记》中关于刘邦即帝位前的内容，虽然也有多处"好酒及色"的描述，但就其通篇前后所有涉及刘邦人生的介绍而言，无不更多展示的是"仁而爱人，喜施，意豁如也"的大丈夫品格。

孟子曰："食色性也。""好酒及色"也是大多数男人的原始本性。史考秦始皇、李世民的婚姻生活行为，其嬉美好色有过之而无不及。秦始皇后宫女人有多少无史书记载，但其去世时陪葬的嫔妃"死者甚众"，以及生有 10 个女儿和 18 个儿子的历史记载是十分清楚的。唐初李世民的私生活，也许还没有达到唐后期白居易所说"后宫佳丽三千人，三千宠爱在一身"的淫靡，但他一生有过 15 个女人，并生有 14 个儿子和 21 个女儿也是不争的历史事实。他们哪一个不比刘邦更好色？尤其是李世民杀兄弑弟、霸占兄嫂的行径，更是成为其历史之垢。

遗憾的是，在一些文人和世人眼中，诸如秦始皇、李世民这些贵族后代的奢靡放纵行为，被视为本应如此而给予了完全忽略，而对草根出身的刘邦，其少时"好酒及色"的孟浪行为，反而成为被人时时咀嚼调侃的人生重要组成部分。

此议，并非掩饰刘邦之不足，实际历史上任何人都有不宜为人道的另一面。因此，对刘邦这一本为凡人而非圣贤的布衣皇帝，真正的有识之士不应被无知的偏见和媚俗所裹挟，而应该还原其既符合基本人性又反映史实本真的人物形象。

八、历史功绩评价

人们评价中国历史上的伟大皇帝，一般多举秦始皇嬴政、汉武帝刘彻和唐太宗李世民为例。其中汉武帝、唐太宗以创建强大帝国为主要功绩，而秦始皇则更是以扫灭六国实现中华民族统一被后世啧啧称道。事实上，刘邦以平民布衣之身，亲执剪秦灭楚之壮举，在自春秋以来几百年战争的废墟上建立起享世最为长久的大汉王朝，其开国创业艰辛之功，也十分令人钦佩。

刘邦以布衣之身创千秋大业

从其出身比较而论,嬴政、刘彻、李世民诸人是集前人之功立当世之业,而刘邦则完全是以布衣之身创千秋大业。

就刘彻来说,其事业之基础来自前辈数代人的建立。其曾祖父刘邦建立汉室天下,确立"与民休息"之国策,并遗嘱"非刘氏而王,天下共击之"之戒言,才逐步形成基本稳定的社会政治发展局面,并为后来"文景之治"的出现打下了基础。以至景帝时,"京师之钱累巨万,贯朽而不可校。太仓之粟陈陈相因,充溢露积于外,至腐败不可食"。稳定的政治社会环境,丰裕的国家财力物力,为继位于景帝的刘彻提供了以武力开疆拓土的资本。否则,刘彻何来底气以驱逐匈奴?何来实力敢拓西域之广袤疆土?况且,刘彻强兵穷尽国库之所为"使天下愁苦",也难辞其咎,他在封禅泰山时对众臣的所说,就表示了对自己过去的悔悟:"朕即位以来,所为狂悖,使天下愁苦,不可追悔。"因此,就以上而论,刘彻即便驱匈奴拓疆土有功,并在辞世后荣获"世宗"之庙号,也实乃蒙先祖余荫之故。

李世民也是在隋朝社会经济已经比较殷实的基础之上发展唐朝盛世的。结束南北朝近 300 年分裂局面的隋朝享世 37 年,隋文帝杨坚在位 23 年间励精图治,在政治、经济、文化和外交等领域进行一系列改革,至隋炀帝杨广继位后的几年间,国力达到了万国来朝的"大业盛世"。这也是杨广敢于浪费财力、人力开挖大运河的依仗所在,虽然其后的奢靡之为引起民声哀怨,但大运河的开通无疑促进了中原地区的工商业繁荣及经济的持续发展。以至到唐建国 20 年后,国库尚有隋时之余粮支持。唐太祖李渊建唐称帝 8 年,基本完成全国统一大业,进一步完善建立法规制度,为后来的"贞观之治"创造了不可或缺的重要条件。李世民继位后虽然继续革弊创新、奋力有为,并如汉武帝般开疆拓土甚至达欧洲里海之远,但也是以已经稳定的社会国情和多有积累的财力为基础而开创大唐盛世的。

秦始皇同样是在其先人的基础上开创大业的。因为司马迁在《史记》中曾写道:"及至始皇,奋六世之余烈,振长策而御宇内,吞二周而亡诸侯,履至尊而制六合,执敲扑而鞭笞天下,威振四海。"①其大致意思是,到嬴政为秦王后,秦国继承前面六世君主代代相传的雄心志向,推翻了周朝各诸侯分治的统治,亲自带兵扫灭六国,终于完成了统一天下之大业。从历史记载可知,自秦始皇的曾祖父秦昭襄王嬴稷始,秦国就已经成为富强之国,他曾先后打败山东六国,其中著名的长平之战,就是嬴稷和白起的杰作。但是,嬴稷只能打赢山东六国,却没能消灭山东六国,所以他感慨地说,秦国统一天下的事业,要让后人来完成了。嬴稷的儿子和孙子继续志在于此,致力强兵富国,但均因早逝没能完成嬴稷的遗志。到了曾孙子嬴政这一代,秦国终于吞并天下,完成了嬴稷的心愿。因此,秦始皇能够完成统一大业,虽然与他的雄才大略不无关系,可也跟他祖先确立的奋斗目标和已经形成的雄厚国力息息相关。并且令人大跌眼镜的是,其创立的秦朝仅维系短短14年便轰然倒塌。

反观刘邦,出身草民布衣,无先人庇佑之荫,唯独自摸索前行,提三尺剑定天下,打下刘姓汉室江山延世400余年,真正统一了一个永远立于后世的伟大中华民族。

上述之说辞,也并非否定嬴政、刘彻、李世民曾有巨大之功绩,只是据其出身背景说明他们的起点与刘邦不同。如果再就其具体功业而详论,我们还可以将更多被人称颂的秦始皇及秦朝与之作比。

刘邦真正实现了中华民族的统一

世人多认为是秦始皇实现了中华民族的统一,但真正聚焦秦汉历史,就会发现刘邦才是实现中华民族统一的伟大帝王。因为非汉朝传世400余年,秦始皇的14年统一也只是战国期间的昙花一现。

秦始皇灭六国实现了当时的七国统一是历史事实,但其国祚仅有14年,因为其不顾民生艰辛的残暴统治以及无视原六国贵族残余势力的存在,很快导致了各地造反而将其推翻。由此可以推测想到,如果没有后来汉朝400余年的长治久安,中原大地在秦朝灭亡后必将接续诸侯纷争的战国时代,而秦朝14年的统一时间在战国继续延宕的历史长河中,也只能被视为短暂的闪现。这犹如后来两汉期间15年的王莽新朝一样,虽然它也曾推翻西汉的

① 《史记·陈涉世家》,〔汉〕司马迁撰,韩兆琦主译,中华书局,2008年1月第一版,第1124页。

最后统治,但也仅使汉朝历史出现短时断裂,而并没有影响东汉再续西汉血缘的一脉相传,这也是王莽新朝并不被史学家视为一个历史朝代的主要原因。而彼时的秦国也同样只是为社会带来了 14 年的新鲜,因为陈涉以张楚为国号反秦复楚后,其他五国也均已先后自立复辟称王。所以,在秦二世死后,赵高认为继位的子婴不宜再为帝而应称王。他宣称:"秦故王国,始皇君天下,故称帝。今六国复自立,秦地益小。乃以空名为帝,不可。宜为王如故,便。"①这实际上就是对天下重新分裂而进入"后战国时代"的分析和宣告。而事实也证明赵高所说的成立,因为紧接而至的各路诸侯大军,不仅很快推翻了秦朝,还继续开始了以楚汉相争为主线的多国战乱,并且其战况之胶着与社会之混乱,丝毫不亚于前战国时代。因此,就这一"后战国时代"的开始出现,秦始皇也只能被历史记载为第一位曾经使中华民族实现过短暂统一的"始皇",而并非"让中华民族自此永远实现了统一"的伟大帝王。其所谓 14 年的秦,如果没有汉朝的出现和长期延续,也许会和王莽新朝的历史结局一样,被后世史学家视为战国时代延续中的一段插曲,而不被完全认可为一个朝代。

还应该看到的是,从建立朝代的夏商开始,中国版图到汉代时才扩大到包括了现代中国边界内的大部分地区。

不囿于历史的时间阶段来就事论事,而是以这样更加宏阔的历史视野进行链接分析,我们应该明晰得出这样的结论:秦始皇嬴政及其昙花一现的秦王朝,并未能终止战国时代的车轮继续向前的战乱社会局面,而真正终止战国时代重演并实现中华民族统一和强大的人,是汉高祖刘邦及其创立的长 400 余年的两汉王朝。

刘邦开启形成了以汉文化为表征和引领的中华文化体系

汉朝的建立使中国的最广大人群,从此烙印上"汉族""汉语""汉字"这些鲜明的民族文化符号,从而定性确立了中华民族这一主体人群的文化表征。这是源于刘邦的另一伟大历史贡献。

中国古代中原的先民称为华夏族,至汉代随着长期的统治融合,国家认

① 《史记·秦始皇本纪》,〔汉〕司马迁撰,韩兆琦主译,中华书局,2008 年第一版,第 182 页。

同和文化认同得到深化发展,华夏族以及更广大范围的人群逐渐被"汉人"这一称谓所统一,汉族之名由此产生,并成为中国人口最多的民族。

汉族人群长期以来所共同使用的华夏语言被称为汉语,在秦朝时期被统一的华夏文字被称为汉字。使用汉语和汉字成为汉人身份的主要象征。

由汉而生的文化凝聚力是巨大的,它扭转因秦朝"焚书坑儒"、唯倡法家的文化开始衰落的局面,逐渐恢复了春秋战国时期"百家争鸣"的文化繁荣景象。刘邦由陆贾的"马上说"推行制度与礼仪规范,经惠帝废止秦朝"挟书律"和文帝倡导经学,使汉朝进入了政治清明和"与民休息"的文化恢复期。道家、儒家、阴阳家、农家、名家等思想派系纷纷重新登场,逐渐形成了以儒家思想为主导,道、法、阴阳诸思想为补充的文化体系。诸子百家之思想作为中华文化的源头和根本,在汉朝400余年的延续发展中,获得了取其所长的不同选择和升华,并被冠融于"汉文化"这一共同的概念和称谓之中。

汉朝是经学发展最为繁荣和昌盛的时期。经学本指先秦各家学说之要义,后特指"五经"(《诗经》《尚书》《礼经》《易经》《春秋》)。汉文帝时设立五经博士,秦朝时被毁坏的很多文献经整理得以重现,包括五经中的《尚书》。到了汉武帝时期,董仲舒创阴阳五行化的儒学,被称为"今文经学",使儒学成为服务封建统治的主流。西汉末年时,刘歆对古文经学的开创进一步拓展了经学的内容,而他和父亲刘向共同创立的目录学更是影响至今。

汉朝新制度产生的魅力,不仅使先秦百家思想再现生机,而且也生发了许多影响后世的文化与科技创新。

汉赋是继《诗经》《楚辞》之后,在文坛上出现的又一文体,在中国文学史上后接唐诗、宋词、元曲,占有不可或缺的重要地位。汉赋是两汉400多年间文人创作的主要样式,被历代词章家所推崇,为中国文学观念的形成起到了积极促进作用。汉赋的主要代表人物有司马相如、扬雄、班固、张衡等人,他们的作品对后世一直有着十分重要的影响。

与汉赋相得益彰或者说起到重要补充作用的是汉乐府。乐府本是专门管理乐舞演唱教习的机构,它成立于汉武帝时期,其职责是收集各地民间歌谣或文人的诗歌,进行整理编纂后并创作配以音乐,以备朝廷祭祀或宴会时演奏之用。这些原本在民间流传的诗歌,在当时叫作"歌诗",魏晋以后始称为"乐府"或"乐府诗"。汉乐府在文学史上占有特殊地位,它是一种被赋予了乐舞情感形式的新诗体,与《诗经》《楚辞》相媲美。其代表作有《孔雀东南飞》《陌上桑》等。

西汉天文学家落下闳等人创制的《汉历》(《太初历》),一并研究考虑太阳和月亮的运行周期,将二十四节气订入历法,成为后世纪年和行使农事的重要指南。《汉历》延续至今,与西方历法并行,是汉文化对世界历法的一大贡献。

东汉张衡精通天文历算,不仅创造了世界上最早的浑天仪和地动仪等9项发明,还正确解释了月食的成因,并提出"宇之表无极,宙之端无穷"的宇宙观。

西汉初期,人们已经懂得造纸的基本方法。20世纪30年代在新疆出土的汉初麻纸,以及1957年在西安灞桥发现的更为久远的古纸,就是历史佐证。东汉蔡伦总结麻纸制造技术,改进工艺方法,"用树肤、麻头及敝布、渔网以为纸"①,形成了现代意义上的纸。

西汉时期的《周髀算经》、东汉初年的《九章算术》是中国古代数学领域的杰作,形成了与古希腊数学完全不同的独立体系。

东汉张仲景因《伤寒杂病论》被尊为中华医圣、中医之祖,而华佗则是被史书记载为世界上第一个试行全身麻醉的人。

汉朝也是中国宗教的勃兴期。东汉张道陵学先祖张良,潜心道家学说,创立了中国唯一的本土宗教——道教;印度佛教也大致在同时传入。

张骞出使西域,开辟"丝绸之路",把中华文明宣传到阿拉伯以远地域,吸引西方文化艺术及技术到中国,促进了东西方文明的互鉴与交流。

还不能忘记的是,司马迁和班固先后著《史记》和《汉书》,对中国文学和史学的发展影响,是不可估量的。

总之,汉朝时期产生了灿若群星的代表人物,他们在哲学、文学、史学、艺术及自然科学、工程技术等许多方面,创造了诸多接续先秦、启迪后世的文化成果。这无不说明汉文化为中华文化体系的完整形成,所起到的融通和引领作用。

美国中国史和地理学专家罗兹·墨菲在《亚洲史》一书中明确指出:中国人在汉朝统治期间取得的领土和确立的政治与社会制度一直维持到20世纪。中国人至今仍然称自己为"汉人",他们因自己是汉代首次确立的典型中国文化和帝国伟大传统的继承者而深感骄傲。

---

① 《后汉书·蔡伦传》,〔南朝宋〕范晔撰,中华书局,2012年4月第一版,第2018页。

刘邦建立了郡国并存的地方行政管理体制

被历史各朝代基本沿用的郡县制一直被认为起源于秦朝,实际此说并不准确,因为郡县的设立在春秋时期已在多国实行。并且,秦始皇单一推行郡县制也成为秦朝很快灭亡的重要原因之一。

《史记·秦本纪》记载:秦武公"十年,伐邽、冀戎,初县之。十一年,初县杜、郑"。即,在公元前688年,秦国讨伐邽、冀两地的西戎,设立了邽、冀两县;次年又设立了杜县和郑县。还有史书记载,楚国设县要更早一些,约在公元前706—前701年,楚武王灭掉权国时即将其改建为权县。郡的设置较县为晚,公元前651年为秦国设郡的最早记载时间。也就是说,郡县的设置早在春秋时已经先后出现。随着后来众多方国被大国所灭改建为县,至战国末年时,各大国郡县的设立已很普遍。因此,秦始皇实现统一后推行郡县制也只是沿袭旧制而已。并且,秦朝时期的郡县制也非真正的地方分级管理模式,郡当时为朝廷外派官署,主要是"监察式行政"①;而县则直接对朝廷负责。只有到了汉惠帝时期,郡才具有了完整的一级管理职权,国家也因此形成了朝廷—郡—县三级行政模式。

另外,秦始皇建立秦王朝后,废弃分封制,独推郡县制,也是引发天下各地造反而很快被灭亡的重要原因之一。之所以如此判断,我们可以从当时各路起义大军的首领组成分析看出,因为其面孔主要是原六国贵族后裔或官宦贵戚。西楚霸王项羽、刘邦谋臣张良是贵族后裔,项羽率大军灭秦后所封19位诸侯王(含项羽自己)中除刘邦、黥布出身平民外,其余17人也均是原已处于王位或贵族官宦出身。我们设想,如果秦始皇灭六国后暂仿周天子做天下共主的做法,安抚分封新的诸侯王为其治下,那些贵族后裔大概率不会马上蜂拥起兵。果如此,而仅有逊于经验谋略的陈涉等农民起义军,是很难打败秦朝大军并推翻秦朝统治的。况且,陈涉所立张楚国已迅速先于败亡的事实,也已经证明确系如此。因此,秦很快灭亡的重要原因不仅仅是其不顾民生的残暴统治,也有无视六国贵族后裔势力废除分封制,而单独推行郡县制的重要因素。本书如此研判,并非否定秦始皇废除分封制有利

---

① 《十七史商榷》,〔清〕王鸣盛著,黄曙辉点校,上海书店出版社,2005年12月第一版,第101页记载:"《萧何传》注苏林亦曰:'秦时无刺史,以御史监郡。'"

于国家统一管理的政治进步性,但其当时不考虑分封制已沿袭千余年之久的历史影响性,以及六国贵族残余势力渴望复辟的现实性,而贸然废除分封制,确实成为秦朝很快倾覆的重要原因之一。

再看刘邦登基皇位后的执政所为,他基于秦始皇单纯推行郡县制和项羽恢复分封制均已失败的教训,既没有仿秦继续全面实施郡县制,也没有如项羽那样将天下全部分封而治,而是实行了分封和郡县并行的"一国两制"。他分封7位原已旧封或握有重兵的异姓者为王,是考虑当时这些势力希望继续裂土封王的心理所盼;在自己直管的地域实行郡县制则是为了加强直接统治管理。分封制和郡县制并行的行政管理体制,实现了汉朝初立之时的皆大欢喜政治局面。同时,刘邦也没有无视六国贵族后裔这一潜在的不安定势力,而是在后来将他们陆续迁到长安城附近居住并控制起来。

刘邦的高明之处还不止如此。后来他对7位异姓王视机逐一除之,并在自己不久于世的前夕又约定"白马之盟"——"非刘氏而王,天下共击之",从而在政体和制度上保证了刘氏政权的长治久续。尤其是刘邦临终前确立的分封血亲与地方郡县并存之体制,成为后来历代巩固氏族统治、有效管控地方的基本行政模式。虽然后来随着血统关系的疏远和藩王势力的扩大导致发生过叛乱事件,致汉武帝刘彻时不得不以"推恩令"之策使分封制逐渐名存实亡,但藩王这一象征尊贵身份的爵位建制,仍然被后来的历代封建王朝所沿用。直到清朝,依然不弃"王"之封号,而以亲王的爵位形式予以保留,并限于皇兄弟、皇子孙的范围。

刘邦完善发展了中国的封建法规和礼仪制度

一般认为,是秦朝为后世封建朝代提供了国家法规制度建设摹本,但此说不仅有夸大之嫌,也掩盖了汉朝完善创新之功。

关于国家法规制度建设,中国历史上第一部比较系统的封建成文法典,是公元前5世纪魏国李悝编纂的《法经》。百年后,商鞅变法取其所用,最终对社会文明进步和百姓生存发展带来极大伤害,而以"驭民五术"①为要义的秦国律法,并一直沿用至秦始皇时期。可以说,秦朝制定实施的国家法规制

---

① 商鞅在所著的《商君书》中,为统治者总结了五条驭民方法,即"愚民、弱民、疲民、辱民、贫民"五术,如果还有人反抗统治的话就直接杀掉。

度,不仅主要继承了前人已有的律法文本,还增加突出了如何对百姓更加严控与盘剥的内容。这说明,秦朝法规制度的形成并非首创,也是集前人长期积累之结果,而且其演绎部分还束缚了社会进步与民生发展。因此,如果完全认为后世律法之形成肇始于秦始皇时期,以及多么进步,实在有违史实。

至于后来汉朝对秦制度的继承,人们也不能仅记《晋书·刑法志》中"汉承秦制"的首言,却淡化紧接其后的"萧何定律,除参夷连坐之法,增部主见知之条,益事律《兴》《厩》《户》三篇,合为九篇"的补充说明。如果全面理解该段文字之意,应该是萧何以秦朝的律法制度为底本,予以删减修改并又增加3篇,即"取其宜于时者,作律九章",而并非全部"汉承秦制"。实际上,《史记·萧相国世家》中已明确记载,在刘邦率大军攻下秦朝都城咸阳后,萧何"先入收秦丞相御史律令图书藏之",也仅使"汉王所以具知天下厄塞,户口多少,强弱之处,民所疾苦者"①等,也并非掌握了秦王朝的所有制度律法。并且,后来项羽入咸阳"烧秦宫室,火三月不灭"②,也使秦室所有典籍难有留存。在清代《十七史商榷》一书中,作者王鸣盛载《续百官志》云:"汉之初兴,法度草创,略依秦制。虽依秦,亦递变之。"③评价得就比较中肯准确。因为,秦王朝所沿袭建立的制度多为严刑苛法,后世甚至以暴秦和桀纣并称以为训,这也促使西汉逐渐采取了"德主刑辅"的政策取向。应该说,是刘邦的自省自律意识和众大臣的共同努力,不仅筛选扬弃了先秦以来的既有制度,还创造性补充制定了一些新的律法章程。刘邦纳太中大夫陆贾言:"居马上得之,宁可以马上治之乎?"令萧何作《汉律九章》;后又命待诏博士叔孙通再补作《律令傍章十八篇》,以及礼仪制度《汉仪十二篇》《汉礼度》;让张良、韩信制订军法;让时任计相张苍修改制订历法和度、量、衡等各种章程。并且,刘邦还让陆贾著书论述秦亡汉兴、天下得失的道理,陆贾又成书《新语》十二章,为西汉前期的统治思想提供了一个基本模式。

汉朝对律法制度的进一步完善和《新语》警世醒言般的提示告诫,不仅

---

① 《史记·萧相国世家》,〔汉〕司马迁撰,韩兆琦主译,中华书局,2008 年第一版,第 1176 页。

② 《史记·项羽本纪》,〔汉〕司马迁撰,韩兆琦主译,中华书局,2008 年第一版,第 226 页。

③ 《十七史商榷》,〔清〕王鸣盛著,黄曙辉点校,上海书店出版社,2005 年 12 月第一版,第 100 页。

对巩固当世政权起到了重要作用,也为后世留下了一笔十分宝贵的文化制度遗产。当然,我们不能否定汉朝对秦朝律法制度的借鉴或继承,诸如"车同轨、书同文、衡同制""朝廷官府架构""兵制""实行土地私有制,按亩纳税"等许多方面,汉朝均予以了延用。在 1975 年出土的睡虎地秦简中,发现有秦律 18 种,而在 1983 年发现的张家山汉简中,有律文 27 种、津关令 1 种。虽然两地出土简牍并不是秦汉两朝律令的全部,但也反映了秦汉律令之间的继承与创新关系。因此,对"汉承秦制"之说,我们不能简单解释为完全继承,而应该理解为选用与补充。

刘邦是中国历史上最伟大的皇帝之一

刘邦的历史功绩是巨大的,他的伟大也早已为历史上的著名政治家和文史大家所结论。

唐太宗李世民作《金镜述》一文示群臣,其中评价刘邦说:"睹汉祖、殷汤,仰其有德行,譬若阴阳调,四时会,法令均,万民乐,则麒麟呈其祥。汉祖、殷汤岂非麒麟之类乎?"

同为布衣出身的明太祖朱元璋曾不无赞誉地说:"惟汉高祖皇帝除嬴平项,宽仁大度,威加海内,年开四百。有君天下之德而安万世之功者也。"

毛泽东主席也曾多次在重要场合,以通俗和富有哲理的用语对刘邦作出评价:刘邦是在封建时代被历史学家称为"豁达大度,从谏如流"的英雄人物。刘邦同项羽打了好几年仗,结果刘邦胜了,项羽败了,不是偶然的。能够打败项羽,是因为刘邦和贵族出身的项羽不同,他比较熟悉社会生活,了解人民心理。汉太祖刘邦比西楚霸王项羽强,他得天下一因决策对头,二因用人得当。[1]

历史上的著名政治家如此评价刘邦,而历代著名文史家们对刘邦也极尽溢美之词。

太史公司马迁在《史记·秦楚之际月表》中,以神乎其神的用词感叹说:"王迹之兴,起于闾巷,合从讨伐,轶于三代,乡秦之禁,适足以资贤者为驱除难耳,故奋发其所为天下雄,安在'无土不王'?此乃传之所谓大圣乎?岂非天哉,岂非天哉!非大圣孰能当此受命而帝者乎?"

---

[1] 《毛泽东评点古今人物》,张明林编著,西苑出版社,2012 年 1 月第一版,第 25 页。

班固在《汉书·刑法志》中赞曰："汉兴,高祖躬神武之材,行宽仁之厚,总揽英雄,以诛秦、项。任萧、曹之文,用良、平之谋,骋陆、郦之辩,明叔孙通之仪,文武相配,大略举焉。"

东汉史学家荀悦在其所著《汉纪》中亦赞曰："高祖起于布衣之中,奋剑而取天下,不由唐虞之禅,不阶汤武之王,龙行虎变,率从风云,征乱伐暴,廓清帝宇,八载之间,海内克定,遂荷天之衢,登建皇极。上古已来,书籍所载,未尝有也。非雄俊之才,宽明之略,历数所授,神祇所相,安能致功如此!"

北宋文学家苏轼在《上皇帝书》中说："古之英主,无出汉高。予观汉高祖及光武,及唐太宗,及我太祖皇帝,能一天下者四君,皆以不嗜杀人者致之,其余杀人愈多,而天下愈乱。"

英国近代历史学家阿诺德·约瑟夫·汤因比在他的 12 册巨著《历史研究》中,更是高度评价了刘邦的伟大:"人类历史上最有远见、对后世影响最大的两位政治人物,一位是开创罗马帝国的恺撒,另一位便是创建大汉文明的汉太祖刘邦。恺撒未能目睹罗马帝国的建立以及文明的兴起,便不幸遇刺身亡,而刘邦却亲手缔造了一个昌盛的时期,并以其极富远见的领导才能,为人类历史开创了新纪元!"

第二卷　刘邦的父母兄弟

按照现在个人档案的建立分类,刘邦的父母是他的直系亲属,而他的兄弟一般会被记入其他社会关系之列。但为了更好地说明刘邦家庭成员的血缘关系,这里将刘邦兄弟和父母的情况列为同一卷宗,一并梳理介绍。

一、父亲太公

关于刘邦父亲祖上的情况,《史记》中没有记载。但在《汉书·高帝纪》中,班固提到刘向对刘邦家族起源的概括说:"'汉帝本系,出自唐帝。降及于周,在秦作刘。涉魏而东,遂为丰公。'丰公,盖太上皇父。其迁日浅,坟墓在丰鲜焉。"①也就是说,汉帝的本系出自陶唐尧帝;传世到周,在秦国获得刘姓;后来经魏国向东迁徙到丰,于是为丰公;丰公就是太上皇的父亲(刘邦的祖父);由于迁来丰邑的时间晚,也没有先人的坟墓。

上述内容简要说明了刘姓由来,刘邦的先祖由秦至魏,以及刘邦祖父再从魏迁徙到丰的过程。至于对刘邦祖父的丰公称谓,应该是刘向对先祖的尊称,而不是做了丰县县令。因为刘邦祖父迁来之时尚属战国时期,那时的丰地还仅为一邑,并没有独立设置为县。对此也有人根据《汉书》中有"丰,故梁徙也"这句话,解释认为,丰邑曾欲作为魏国的陪都,而刘邦的祖父之所以迁丰,就是因为受魏王所托负责建设陪都而来,所以被称为丰公。但此解有些牵强,因为这本来是周市劝雍齿降魏所说的话,意思是丰地是过去魏国人因秦国侵犯而常迁徙留足的地方,并没有所谓建设陪都之意。并且,如果魏国有建设陪都的考虑,且不说丰邑当时隶属楚国沛县,即便丰邑那时隶属

---

① 《汉书·高帝纪第一下》,〔汉〕班固撰,中华书局,2012 年 4 月第一版,第 70 页。

魏国,其地址也不可能选在与楚国紧邻的边境线上。再说了,司马迁"沛丰邑中阳里"之说岂非大错?另外,如果刘邦祖父被赋予建设魏国陪都这一重任,其荣耀也应该值得让司马迁写进《史记》,或让班固补写进《汉书》。但这两本正史中均没有如此记载。

无定论,刘太公名讳存疑

关于刘邦父亲刘太公的情况,在《史记》中有过多次出现,但均用语寥寥,且对刘邦出生前刘太公的情况更是一字未提,仅讲"父曰太公,母曰刘媪"。就是说司马迁连刘邦父母的名字也不清楚,只能称之为刘老爷子、刘老太太。这也许是司马迁就像不知道刘邦的出生时间一样,同样不知道刘邦父母的详情。

刘邦父母的名讳,最早出现在西晋皇甫谧所著的《帝王世纪》之中:"丰公家于沛之丰邑中,其妻梦赤鸟若龙,戏己而生执嘉,是为太公,即太上皇也。太上皇之妃曰媪,是为昭灵后,名含始。游于洛池,有玉鸡衔赤珠出,刻曰:玉英,吞此者王。含始吞之,生邦,字季。"①对于《帝王世纪》中刘太公名执嘉、刘媪名含始这个说法,唐代颜师古予以了否定,他说:"皇甫谧等妄引谶记,好奇骋博,强为高祖父母名字,皆非正史所说,盖无取焉。宁有刘媪本姓实存,史迁肯不详载?即理而言,断可知矣。"②

在千年以后的北宋时期,由宋祁、欧阳修等人合撰的《新唐书·宰相世系表》中,出现了刘邦祖上较为完整的世系介绍:"(士)会适秦,归晋,有子留于秦,自为刘氏。生明,明生远,远生阳,十世孙,战国时获于魏,遂为魏大夫。秦灭魏,徙大梁,生清,徙居沛。生仁,号丰公。生煓,字执嘉。生子四:伯、仲、邦、交。邦,汉高祖也。"只是该书对这段内容的出处,没有作出具体交代。

同为宋代的史学家郑樵在《通志·氏族略》中也说:"刘煓,字执嘉,生四子,伯、仲、季、交。季即汉高祖也,名邦。"

① 《帝王世纪 世本 逸周书 古本竹书纪年》,〔晋〕皇甫谧等撰,齐鲁书社,2010年1月第一版,第56页。
② 《汉书·高帝纪第一下》,〔汉〕班固撰,中华书局,2012年4月第一版,第2页。

还有人提出刘太公生于周赧王四十四年庚寅(前271年)八月十五日午时,卒于汉高祖刘邦十年甲辰(前197年)五月,崩年75岁,以及刘邦生母名为王含始、温氏的称呼等。

上述所说大多缺少史据由来,如按照颜师古的认识论之,均很难作为历史定论。因此,本书不对刘邦父母及祖上名讳予以引申探究,只是在此作为已有史料给予简单提及而已。

故此,本书还是主要以《史记》所载,梳理刘邦父母之史迹。

受牵连,太公遭项羽拘押

刘太公本为丰邑一农民,他娶了一个叫作刘媪的女人,生有3个儿子和1个女儿(刘邦为汉王后追尊其为宣夫人),3个儿子分别是刘伯、刘仲和刘季。刘媪怀伯、仲时,无有奇异,到了怀刘邦时,却与前几胎不同。《史记》就此记载:"其先刘媪尝息大泽之陂,梦与神遇。是时雷电晦冥,太公往视,则见蛟龙于其上。已而有身,遂产高祖。"[①]此段描述,显然是司马迁对刘邦出生背景的神化。

有意义的是,后世当地官府对此神话般的史载给予了积极呼应。1981年,在丰县城偏东北方向约5里处,当地村民先后挖掘出了2块石碑。一为

丰县龙雾桥遗址公园内明、清两碑亭及仿建龙雾桥

明景泰元年(1450年)《重修丰县龙雾桥庙记》,一为清康熙五十九年(1720年)《重修丰县龙雾桥碑记》。两碑记载中均说此处为龙雾桥遗址,并言"所谓龙雾桥者,乃汉高帝受妊之始,龙环雾绕,而桥以名焉"。现在此

---

① 《史记·高祖本纪》,〔汉〕司马迁撰,韩兆琦主译,中华书局,2008年第一版,第252页。

处已建设为丰县龙雾桥遗址公园,并将两块石碑分立于亭内,及建仿古桥一座,成为刘邦母亲受妊之地的传说史证所在。

刘太公除生有伯、仲、季三子和一女外,还有一个名叫刘交的庶生儿子。因为刘媪大约在刘邦少年时就去世了,而太公又续娶了一个姓李的女子为妻,并生下了四子刘交。这也是刘邦后来常年离开家庭混迹于沛县城的原因之一。但这也说明,刘邦也曾一度在继母李氏的关照下生活过。

刘太公一生在乡村务农种田,在他的影响下,大儿子刘伯和二儿子刘仲也自小随父亲下地劳动。只有三子刘邦因自幼随母逃亡生活在外较长时间,故失教而多有散漫,至长大后乃游手好闲。

刘太公见刘邦长大后仍"不事家人生产作业",就经常拿他跟刘仲做比较,说刘仲勤快,刘邦懒惰,认为他以后也不会有出息。然而刘邦后来的发展却大出刘太公预料,因为这个整日混迹沛城街头的儿子,不仅做了小权在握的泗水亭长,还在后来因起义成为可以与楚霸王项羽相争天下的汉王。

可成为汉王后的刘邦给家庭亲人带来的不是平安幸福,而是成日的担惊受怕,因为那时的沛县属于西楚而处在项羽的控制之下。汉二年(前205年)八月,刘邦率军东进占领彭城。项羽对刘邦不尊分封,先取关中、后侵占自己老巢彭城的行为极为恼火,在捉拿不到刘邦的情况下,抓来了刘邦的家人作为人质。

汉四年(前203年)春,楚汉两军相持在荥阳一线。项羽对据险坚守不出的刘邦毫无办法,因此把已经拘押两年多的刘太公拉出来作为威胁,说刘邦要是不投降就把他的老父亲煮了吃。

可刘邦对项羽的喊话回应说:"吾与项羽俱北面受命怀王,约为兄弟,吾翁即若翁,必欲烹而翁,则幸分我一杯羹!"[1]即:我和你一起听命楚怀王,跟你相约为兄弟,我爹就是你爹,你要是真煮了他吃,就请分给我一碗。

面对刘邦软硬不吃的如此态度,项羽只好听从季父项伯"杀之无益"的劝解,将刘太公押回。此事对刘太公来说虽然有惊无险,但总是在生死线上走了一趟。受儿子如此牵连,想来刘太公当时应该十分悔骂自己:到底造了几辈子孽,生了刘邦这个不肖子,连累自己不仅长时间被拘,还险些性命

---

① 《史记·项羽本纪》,[汉]司马迁撰,韩兆琦主译,中华书局,2008年第一版,第240页。

不保。

公元前203年八月,因战争形势对楚军越来越不利,项羽提出休战言和的"鸿沟条约",把已关押两年多的刘太公及家人放回。

承儿福,乡下佬成太上皇

根据《史记·高祖本纪》载,刘邦在称帝一年后尊父亲太公为太上皇。实际上"太上皇"这个尊号在先秦的历史中还从来没有出现过,只是到嬴政灭六国称帝后,追尊其亡父秦庄襄王为太上皇,才有了"太上皇"这个称谓。但秦始皇的这一做法并没有形成秦朝的规制,因为他还没有考虑到立太子及以后的禅让问题。因此,刘邦建汉称帝后,也没有规制可循,而去主动考虑对在世的父亲太公作如何安排。但遵于礼数的刘邦每五天去看望一次父亲,有一次发现了太公不同于往常的表现,才醒悟而开始尊父亲为太上皇。

> 六年,高祖五日一朝太公,如家人父子礼。太公家令说太公曰:"天无二日,土无二王。今高祖虽子,人主也;太公虽父,人臣也。奈何令人主拜人臣! 如此,则威重不行。"后高祖朝,太公拥篲,迎门却行。高祖大惊,下扶太公。太公曰:"帝,人主也,奈何以我乱天下法!"于是高祖乃尊太公为太上皇。
>
> ——《史记·高祖本纪》

这段话的意思是:汉六年(前201年)时,刘邦每隔五天就去向父亲跪拜请安。细心的管家告诉太公:"天无二日,土无二王。现在皇帝虽然是您的儿子,但您也是他的臣民,您怎么能让皇帝给您这个臣民下跪呢! 如果这样,皇帝的尊严何存。"太公恍然,就在刘邦下一次来的时候,像下人一样拿着扫把在门口弯腰恭敬退行迎接刘邦。刘邦大惊,即问为何。太公说:"皇帝是天下人主,不能因为我乱了礼法!"

如何不违礼法并解决父与子、君与民这种交织的关系问题,有大臣提出了秦始皇追尊其亡父秦庄襄王为太上皇这个先例。刘邦称善,于是在当年五月下诏尊太公为太上皇。

> 诏曰:"人之至亲,莫亲于父子,故父有天下传归于子,子有天

下尊归于父,此人道之极也。前日天下大乱,兵革并起,万民苦殃,朕亲披坚执锐,自帅士卒,犯危难,平暴乱,立诸侯,偃兵息民,天下大安,此皆太公之教训也。诸王、通侯、将军、群卿、大夫已尊朕为皇帝,而太公未有号。今上尊太公曰太上皇。"

——《汉书·高帝纪下》

刘太公被尊为太上皇与秦庄襄王不同的是,后者是在死后被追尊为太上皇,而刘太公则是在活着时被尊为太上皇的。并且,由于刘邦创立的是一个新王朝,而刘太公作为一个出身于乡村的农民,也因此成为中国历史上唯一一位没有当过帝王的太上皇。

想家乡,太上皇嫌居深宫

太公虽已贵为太上皇,并享受深居宫苑、锦衣玉食、被人伺候的人上人生活,但他对这样的环境并不适应,而时常闷闷不乐。因为他难以忘记自己曾劳作一辈子的乡村市井生活,也只有那种"酤酒卖饼、斗鸡蹴鞠"的生活场景,才能让他感到人生的乐呵。为此,刘邦询问太公身边的仆人,仆人回说是因为太公怀念过去的市井乡野生活。

由西汉末年刘歆著、东晋葛洪辑抄的《西京杂记》中有这样一段记述:

太上皇徙长安,居深宫,凄怆不乐。高祖窃因左右问其故。以平生所好,皆屠贩少年,酤酒卖饼,斗鸡蹴鞠,以此为欢;今皆无此,故以不乐。

如何让因怀念家乡而经常"凄怆不乐"的老父亲高兴起来呢?刘邦煞费苦心地请工匠胡宽比照丰邑中阳里的市井环境,在长安城东北方向的渭水岸边规划建造了一个新丰城,并将太公所熟悉的家乡父老迁来新丰,为老父亲营造了一个能拾起回忆的仿故乡。太上皇至此才重新快乐起来。《西京杂记》续文说:

高祖乃作新丰,移诸故人实之间,太上皇乃悦,故新丰多无赖,无衣冠子弟故也。高祖少时,常祭枌榆之社,及移新丰,亦还立焉。

高帝既作新丰,并移旧社,衢巷栋宇,物色惟旧,士女老幼,相携路首,各知其室。放犬羊鸡鸭于通途,亦竞识其家。

上述是说,刘邦专为太公营建了一座新丰城,并把原来的邻居旧人迁来,这些人没有赖以为生的产业,多是平民百姓;由于刘邦年少时经常祭祀土地神,还因此建了一个枌榆社(土地庙);新丰城的街巷房舍一切如旧,其仿真效果达到了以假乱真,因为不仅居者以为故宅,就连犬羊鸡鸭也能识路找到家。

关于《西京杂记》中所说的枌榆社,《史记·封禅书》中这样记载:"高祖初起,祷丰枌榆社。""后四岁,天下已定,诏御史,令丰谨治枌榆社,常以四时春以羊彘祠之。"①"社"在这里指祭祀土地神的场所,而"枌榆"则指地名。南朝裴骃在其所著《史记集解》中解释:"张晏曰:'枌,白榆。社在丰东北十五里。'或曰乡名,高祖里社也。"上述说明,刘邦起兵期间曾在丰邑的枌榆社祭祀土地神,并在称帝后,诏令御史,命丰县整修枌榆社及要求在节令祭祀。因此,这也应该是葛洪著书取材的出处。而至于建设新丰城之说,在《史记·高祖本纪》中仅记载为,刘太公去世后刘邦"更名郦邑曰新丰"②。就是把秦王政于前231年设立的郦邑更名为新丰。由于《西京杂记》是一本小说式文集,其中不乏葛洪发挥编写的传闻逸事,因此其内容真实性尚难以定论。

汉九年(前198年),长安未央宫建成的时候,正值太上皇寿诞。刘邦置酒未央宫前殿,与群臣一起为太上皇祝寿。已有酒意的刘邦端着酒杯,有些得意地对太上皇说:"您老当年常常说我没出息,不会做赖以生活的产业,诸事不如二哥。如今您看,我所置产业与二哥相比谁多谁少?"殿上的大臣听了都笑着高呼万岁。

遗憾的是,这种众星捧月般的寿辰庆典并没有连年持续下去,因为年事已高的太上皇于次年七月(前197年)病逝;而太上皇后李氏也已在两个月前先于刘太公去世。

① 《史记·封禅书》,〔汉〕司马迁撰,韩兆琦主译,中华书局,2008年第一版,第576页。

② 《史记·高祖本纪》,〔汉〕司马迁撰,韩兆琦主译,中华书局,2008年第一版,第292页。

从刘邦于公元前 202 年称帝时算起,刘太公当了 5 年的太上皇。

妻早亡,刘太公续娶李氏

之所以回过头来重提刘太公旧事,是因为史书中关于刘邦兄弟之间的关系表述出现歧义,引发了后世几种不同的认识。因此,有必要就刘太公先后娶刘媪和李氏的情况,予以厘清有关不同认识。

一种认识是刘邦和刘交是同母所生。因为《史记·楚元王世家》开篇就说:"楚元王刘交者,高祖之同母少弟也,字游。"那么,言刘邦和刘交同母,刘伯、刘仲和两位弟弟是否为同一母亲呢? 不好说。因为是同母兄弟可以明指,也可以不明指;但在这里指出来呢,似乎又隐含了只有刘邦和刘交才是一母同胞的兄弟,而刘伯和刘仲则是异母兄弟。因此,这里就产生了两种异议:一是四兄弟都是同一位母亲所生;二是刘伯、刘仲两位兄长是太公前妻所生,而两位弟弟刘邦和刘交则是应为续弦的刘媪所生。对此,有人认可第一种观点,因为代以同母二字介绍兄弟之间关系的说辞也很普遍;持第二种观点的人偏少,但也有其一定道理。如日本学者佐竹靖彦在其近年所著《刘邦》一书中,就明确认为刘邦和刘交同为刘媪所生,而刘伯、刘仲二人则是太公前妻所生。因为他的立论不仅有《史记》中的表述所出现的不确定性,还有刘邦称帝后一直厚待刘交,而对大嫂一家和刘仲一直不怎么认可的理由。

另一种认识是,刘邦和刘伯、刘仲同为刘媪所生,而四弟刘交则是太公与续弦李氏所生的异母兄弟。其依据有二:一是在《史记·吴王濞列传》中,时任景帝御史大夫的晁错曾说这样一句话:"昔高帝初定天下,昆弟少,诸子弱,大封同姓……庶弟元王王楚四十余城……"①这里显然指楚元王刘交是刘邦同父异母的弟弟(这样《史记》中就先后出现了自相矛盾的关系表述)。二是《汉书·楚元王传》中载:"楚元王交字游,高祖同父少弟也。"这里似乎也是说他们兄弟不是同一个母亲,否则,同父二字的出现实属多余。因为在语言文字的日常运用中,人们往往以同一父母或同父异母来说明兄弟关系,少有人单独以同父作介绍。因此,颜师古在《汉书》中就此注释曰:"言同父,

---

① 《史记·吴王濞列传》,〔汉〕司马迁撰,韩兆琦主译,中华书局,2008 年第一版,第 2048 页。

知其异母。"①由于在《史记》和《汉书》中均出现有刘邦和刘交为同父异母兄弟的表述,故后人以持此认识者居多。

《汉书》是班固按东汉朝廷要求专写西汉历史的一部史书,虽然其中关于西汉初期的描述多来自《史记》的介绍,但其补记或改写之处也应该是基于真实的修订。因此,《汉书》将司马迁之前表述的刘交为"高祖之同母少弟也",改写为"高祖同父少弟也",显然是班固认为前述是司马迁的笔误,而其后述以晁错之口所说的庶兄弟关系才是准确的。况且,仅200余年的时间差,班固也应该能考证厘清这个比较严肃的兄弟关系问题。而至于刘邦称帝后厚待刘交、轻慢大嫂一家和刘仲的原因,主要应该是刘邦年轻时多承李氏照顾,以及自起义始,颇有文采的刘交一直伴随左右,起到重要帮助作用。

对此,可以形成以下两个结论:

第一,刘媪是刘太公的发妻,她生有刘伯、刘仲、刘邦三个儿子和一个后来被刘邦追封为宣夫人的女儿。

第二,史书中关于刘太公的妻子只先后出现过两人,即刘媪和李氏。因此,四子刘交是李氏所生。

在明确刘邦兄弟四人之间的嫡庶身份后,关于刘媪去世以及李氏进门的时间,也有必要予以梳理。

刘太公续娶李氏为妻,应该是刘媪去世后的事情,不然作为一个已有三子一女的普通农民,于刘媪在世时还有条件纳妾的可能性应该比较小。另外,从刘交在兄弟中年龄最小,也许可以推断李氏应该是在刘媪去世后嫁于太公的。关于刘媪去世的时间,《汉书》注释如淳曰:"高帝母兵起时死小黄北,后于小黄作陵庙。"②只是此处"兵起时"所指的时间并不十分明确,但一般理解为秦灭六国而致天下大乱的起始时间。在《史记·秦始皇本纪》中,第一次描述为"大兴兵"的时间是嬴政为秦王的十五年(前232年),这一年秦国大举进兵赵、魏以及已经沦为附庸的韩国。如果是这一年刘媪死于小黄北,而稍后李氏进门生下刘交,在时间上倒也有吻合之处。因为刘交成年后在浮丘伯门下读书时,恰逢秦始皇焚书坑儒因而退学,焚书坑儒事件发生

---

① 《汉书·楚元王传第六》,〔汉〕班固撰,中华书局,2012年4月第一版,第1687页。

② 《汉书·高帝纪第一下》,〔汉〕班固撰,中华书局,2012年4月第一版,第59页。

在公元前213—前212年间，而刘交这时正值十八九岁的年龄，非常符合李氏于公元前232年稍后嫁于太公的时间推断。只是此处所载不能说清的是，刘媪是何原因自丰邑远遁到200余公里外的小黄。除非小黄是刘邦祖父自大梁迁丰邑前的故里所在，而刘太公夫妇回故乡探亲(小黄大致在今开封市祥符区的范围，地址也算符合)。

母亲刘媪的早亡和继母李氏的进门，以及兄姐的各自先后成家，使刘邦失去了家的温暖，因此他在此以后的多年时间里，"不事家人生产作业"，一直混迹于沛城街头。但由于他欣赏弟弟刘交的文采和感谢自起义后刘交的一直忠心伴随，所以在尊太公为太上皇的同时，亦尊李氏为太上皇后。况且，李氏这时也确已陪侍太公生活了近30年，并在几年前刘邦大败彭城后，还和太公、吕雉一起曾被项羽作为人质拘押过两年多时间，即：项羽"乃取汉王父母妻子于沛，置于军中以为质"①。因此，李氏和刘太公也完全算得上苦难夫妻老来伴了。

关于刘媪与李氏后来获得皇家封号的问题，也是一件需要厘清的家庭大事。

《汉书·高帝纪》记载："汉王即皇帝位于氾水之阳。尊王后曰皇后，太子曰皇太子，追尊先媪曰昭灵夫人。"②就是说，刘邦即帝位后，改立王后吕雉为皇后，改立王太子刘盈为皇太子，还追尊先母刘媪为昭灵夫人。此前，刘邦为汉王时已经先追封大哥刘伯为武哀侯、已故姐姐为宣夫人。所以，在吕后称制以后，她认为先帝刘邦之前对母亲和兄姐追封的谥号不适合他们的身份，因此要求大臣们重议。于是丞相陈平提出了追"尊昭灵夫人曰昭灵后，武哀侯曰武哀王，宣夫人曰昭哀后"的建议。

> 夏五月辛未，诏曰："昭灵夫人，太上皇妃也；武哀侯、宣夫人，高皇帝兄姊也。号谥不称，其议尊号。"丞相臣平等请尊昭灵夫人曰昭灵后，武哀侯曰武哀王，宣夫人曰昭哀后。
>
> ——《汉书·高后纪》

---

① 《史记·高祖本纪》，〔汉〕司马迁撰，韩兆琦主译，中华书局，2008年第一版，第274页。

② 《汉书·高帝纪第一下》，〔汉〕班固撰，中华书局，2012年4月第一版，第46页。

至于刘邦之前追尊母亲为昭灵夫人而不是"后"，应该是出于对礼制的考虑。因为出自战国时期的《礼记》中说："天子之妃曰后，诸侯曰夫人。"而刘邦那时刚由汉王登基皇位，其父亲太公也还没有任何名分，所以他也只能追封母亲为"夫人"，而不是"后"。这也因此有了后来吕后再次改封刘媪及兄姐谥号的事情。

李氏是在刘太公被尊为太上皇的同时被尊为太上皇后的。根据《汉书·高祖本纪》记载："十年……夏五月，太上皇后崩。秋七月癸卯，太上皇崩，葬万年。"既然刘媪已经早亡，且已被刘邦即帝位时追尊为昭灵夫人，那么在汉十年这个时间所指的太上皇后必然是李氏。而她获得太上皇后封号的时间，也应该是和太公获封太上皇的时间同步。

另外需说明的是，"万年"是当地县名，因为在太公去世安葬后，刘邦设立了万年县以奉陵寝。万年陵位于今西安市临潼区姚村以南。

二、长兄刘伯

刘伯是刘邦的同胞长兄，史书对刘伯的情况几乎没有任何记载，仅有刘邦为汉王时曾追封他为武哀侯，以及在高后八年（前180年）夏五月辛未被吕后再追封为武哀王的说辞。但由于他的妻子刘大嫂和刘邦有嫌隙过节，所以史书中对刘大嫂和其子刘信反而稍有提及。

大嫂嫌，刘邦蹭饭失脸面

刘伯和二弟刘仲从小跟父亲以务农为业，长大后先后结婚成家。而成年后的刘邦仿任侠做派，经常带一些朋友或出入沛城酒家，或野游他乡，并时常带朋友路经丰邑时回家中吃饭。

一生勤于农事的刘太公不满意刘邦整日游手好闲，故见面后就斥责他"不事家人生产作业"。

大哥刘伯的妻子也看不惯小叔子刘邦作为一个七尺男儿，整日游手好闲、不务生产的这种行为。当刘邦带人来吃饭时，开始还不好说什么，但次数多了，她心中的不满就藏不住了。

有一天刘邦再次带人来到家中时，大嫂就在厨房用铲子不停地用力刮锅底，表示锅里已经没有饭了。刘邦的朋友听到刮锅底的声音也认为是没有饭吃了,只好怏怏不乐拱手相别,这让刘邦感到很难堪。后来刘邦进入厨房,见锅中还有饭菜,心知大嫂不愿招待大家,故从此怨恨大嫂驳了他的脸面。

记私怨,刘邦戏封"羹颉侯"

刘邦做汉王后不久,还曾追封已经故去的大哥刘伯为武哀侯。

汉五年(前202年)春正月,刘邦在灭掉西楚霸王项羽的次月登基称帝,并陆续分封了众多功臣及宗亲,但他没有封刘伯的儿子刘信任何爵位或官号。为此,刘太公质问刘邦,为什么独不封刘信?刘邦从容回答:"某非忘封之也,为其母不长者耳。"①其意思是,我并不是忘记了封赏大哥的儿子,是因为他的母亲不是个厚道人。太公知其原因,当时也无言以对。

好在刘信还算争气,他在两年后平定韩王信的战事中立下战功,才被刘邦正式封侯,也因此成为汉初刘氏子侄中以战功取得爵位的极少人之一。可有意思的是,刘邦授予刘信的封号是"羹颉侯"。羹是汤饭,颉含有尖刻的意思。颜师古曾注曰:"颉,音戛,言其母戛羹釜也。"因此,"羹颉侯"似乎是"刮锅底侯"的意思。当时其他人的王侯封号都是按地名授予,而唯有这个"羹颉"却是一个莫名其妙的名字,看来是刘邦有意戏称。

"羹颉"虽不是地名,但刘信也确有实地所封。清初顾祖禹所著《读史方舆纪要·卷二十六》记载:"羹颉城,(舒)县西北三十里。相传汉高帝封兄子信为羹颉侯,食邑于舒,此城为信所筑。"因此,如按此记载,刘信的食邑当时在今安徽省舒城县境内,说明"羹颉侯"之称谓虽然搞笑,却也有封地所在,只是羹颉城之名应该是刘信被封后才有的。

刘信以"羹颉侯"之爵位荣称了13年。吕后当政元年(前187年),刘信因罪削爵一级,被改封为关内侯,既失去了封地(关内侯没有食邑,仅为生活在关内的侯),也失去了"羹颉"之谓。

值得注意的是,不仅刘信获得了侯爵,就连他的母亲刘大嫂后来也获得了阴安侯的爵位。此事见载于《史记·孝文本纪》中,同时还记载刘邦的二

---

① 《史记·楚元王世家》,〔汉〕司马迁撰,韩兆琦主译,中华书局,2008年第一版,第1150页。

嫂也获得了列侯顷王后的尊谓。① 虽然史书没有就此详细记载,但她们妯娌二人的受封时间,应该是吕后改封刘媪谥号时同时所为。

三、次兄刘仲

刘邦的二哥刘仲,字喜(？—前193年)。刘仲在史书中被记载得很少,仅有太公训斥刘邦时拿他作以对比,以及他任代王后畏匈奴而逃回的极少文字交代。但他的儿子刘濞在汉初历史中的表现很不寻常,因此司马迁反而为刘濞单独列传,使之成为汉初史载中不可或缺的一个重要人物。并且,刘濞能够被封王以及后来造反,受到父亲刘仲的影响也是原因之一。

好农民,勉为其难获封代王

刘仲自小跟随父亲在农田干活,大概是大哥刘伯的身体不如刘仲好(刘伯比刘仲早亡了10年),因此地里的农活主要由刘仲承担,他也因此成为一名种庄稼的好手。所以刘太公教育刘邦时总是以刘仲作比:你看你二哥多么能干,全面负责家里的产业,再看看你,成日游荡,今后肯定没有出息!

刘仲确实比大哥刘伯幸运得多,他不仅深得父亲喜欢,还无病无恙地活到了刘邦称帝去世以后,而刘伯则在刘邦做汉王前就去世了。由此,刘仲不仅理所当然地成了皇亲国戚,还有幸成为一方诸侯。但他这个诸侯王做得非常窝囊,因为还不到1年时间就狼狈地逃了回来。

汉六年正月壬子(前201年3月12日),刘邦封庶长子刘肥为齐王,封二哥刘仲为代王。同年四月(前201年5月14日—6月12日),刘邦削韩信楚王位将其贬为淮阴侯,并将原楚国之地一分为二,立庶弟刘交为楚王,立本家兄弟刘贾为荆王。从上述连续所封的四位刘姓王中,除刘肥为刘邦亲生儿子外,其余三兄弟中,刘仲既是刘邦血缘关系最近的人,也是唯一没有从政经验和战功的人,但刘邦却唯独把刘仲安排到了最为贫瘠和边远的代国。代国不仅自然条件远不如其他三国,还处于国家的最北部,与好战的匈奴接壤,随时有被匈奴侵略的危险。汉十一年(前196年)时,刘邦封四子刘

---

① 《史记·孝文本纪》,〔汉〕司马迁撰,韩兆琦主译,中华书局,2008年第一版,第322页。

恒为代王,后来刘恒登基为文帝,他在给南越国王赵佗的信中,曾说"朕,高皇帝侧室之子,弃外,奉北藩于代"。我们从其中"弃外"两个字就可以看出,代国应该是当时所有封王都不乐意去的艰苦边远地方。刘邦此次安排自己的同胞二哥这个老实巴交的好农民,去守卫代国这种最为困难和危险的地方,也许是他认为刘仲能吃苦耐劳,亦或许赌气试一试这位被父亲一直赞许有加的二哥究竟还有多大本事。

汉七年十二月(前200年1月5日—2月3日),也就是刘仲刚当上代王还不到1年的时间,匈奴就打过来了。刘仲一生务农,哪能懂得带兵打仗,结果不敢带兵和匈奴交战,只身抄小路逃回了洛阳。《汉书》载:"匈奴攻代,代王喜弃国。"对刘仲临阵脱逃、丢弃国土家园的行为,刘邦非常生气,但看在骨肉分上没有依法制裁,只是削了他的王位,贬其为郃阳侯。

刘仲犹如现代人坐过山车一般,一飞冲天,忽又落下,险经生死,应该是刺激难忘。但他本就是一个无所欲求的木讷农民,因此又好好地活了7年,于惠帝二年(前193年)去世,被追谥为代顷王。

积怨深,刘濞发动七国之乱

刘仲生有二子,长子刘濞,次子刘广。刘邦称帝后,刘濞、刘广兄弟被分别封为沛侯和德侯。汉十一年淮南王黥布造反,刘濞以骑将身份跟随平定黥布有功,刘邦让其接管荆王刘贾的封地,赐封号为吴王,统辖3郡53城。

等刘濞任命授印后,刘邦召见他,发现刘濞有反相,心中后悔,但又不好出尔反尔,就拍着他的肩膀警告说:"你的相貌有造反的象征,汉朝建立五十年后,东南方向将要发生叛乱,难道是你吗?天下刘姓封国皆为一家,千万不要造反。"刘濞叩头说:"不敢。"也许刘邦受到过岳父吕公的相面术指点,他对刘濞的怀疑还果然在40多年后应验了。

汉文帝时,刘濞的儿子刘贤进京,得以陪伴皇太子刘启喝酒博弈。刘贤个性轻佻、剽悍,与刘启博弈时,态度不恭敬,被刘启拿棋盘一下打死了。刘濞想起先父刘仲被贬的往事,以及现在儿子因礼节而招致的无辜死亡,心中产生怨恨,索性不再拘泥于藩臣所应尽的礼仪,称病不再来京觐见汉文帝达20余年。

由于吴国所辖拥有铜山和海盐而非常富有,故吴地的百姓也没有赋税,使得刘濞深得民心,并拥兵自重。公元前154年(景帝三年)冬,汉景帝采用晁错的《削藩策》，借机楚王刘戊有错下诏削去了他的东海郡，之前还曾有因削减了赵王刘遂、胶西王刘印的封地。刘濞担心以后自己的封地也会被削减，因此想借机发难举事。因为胶西王刘印勇猛好战，诸侯都畏惧他，于是刘濞派中大夫应高去游说刘印。刘印同意反叛，又派使者去联络楚王刘戊、赵王刘遂，以及淄川王刘贤(非前文刘贤，而是刘肥之子)、胶东王刘雄渠、济南王刘辟光等一众刘姓王，约他们一起以"清君侧，杀晁错"为由，发动叛乱。

刘濞为保证这次造反能够成功，在国内下诏令说：

> 寡人年六十二，身自将。少子年十四，亦为士卒先。诸年上与
> 寡人比，下与少子等者，皆发。
>
> ——《史记·吴王濞列传》

这段话的意思是，上至像我一样 62 岁的年龄，下至我小儿子 14 岁的年龄，都要应征入伍。这样刘濞共调集了 20 余万人，率先在广陵起兵。

七国反叛的消息被汉景帝知道后，派太尉周亚夫带领 36 个将军去攻打吴、楚，派曲周侯郦寄攻打赵国，派将军栾布攻打齐地四国，同时派大将军窦婴屯兵荥阳监视齐、赵的军队及战况。仅 3 个月时间，刘濞的军队就被周亚夫击败，仅剩 1000 多人，而他本人也因遭东越诱骗被杀。其他六国或失败，或投降，或退缩。

"七国之乱"虽然失败，但此次叛乱在历史上的影响和后来晋朝的"八王之乱"及唐朝的"安史之乱"齐名，并险些动摇了汉朝的统治。

对于刘濞能够被刘邦封为吴王以及后来带头反叛的原因，司马迁在《史记·吴王濞列传》中解释说：刘濞之所以能被封王，是由于他父亲刘仲被贬去了王爵。……刘濞的反心是由他的儿子被杀引起的。

实际上，刘濞也并非毫无头脑的一介武夫，他也喜欢诗文歌赋，并招揽一些文人为门客。《汉书·地理志》载："汉兴，高祖王兄子濞于吴，招致天下之娱游子弟，枚乘、邹阳、严夫子之徒兴于文、景之际。"[1]枚乘、邹阳、严忌等人都是当时著名的文学家或辞赋家，他们投奔于吴王刘濞门下也是慕其志

---

① 《汉书·地理志第八下》，〔汉〕班固撰，中华书局，2012 年 4 月第一版，第 1487 页。

趣。当刘濞图谋造反时,枚乘等人也曾苦谏,怎奈刘濞一意孤行不听劝阻,最终还是走向了被杀身亡的道路。

四、四弟刘交

刘交(？—前179年),字游,是刘太公第四子,生母李氏。为刘邦的异母兄弟。

追随刘邦,弃文从军封楚王

刘交自幼爱好读书,少时曾与鲁人穆生、白生、申公等人一起,跟随荀子的弟子浮丘伯学习《诗经》,后因秦始皇焚书坑儒,他们才中断学业"各别去"。

在刘邦起义后,刘交弃文从军,随同转战四方。至于刘交当时出任何职,史书没有详细记载,只说他"与卢绾常侍上,出入卧内","传言语诸内事隐谋"。但根据刘交善诗书之特长,以及刘邦入关灭秦后,封刘交为文信君来看,应该是从事文案和信息工作。刘邦登基后,在汉六年(前201年)废黜楚王韩信,将其封地一分为二。南部为荆国,封刘贾为荆王;北部为楚国,封刘交为楚王。同年,刘交前往封地就藩,定都彭城(今江苏省徐州市)。

汉十二年(前195年)秋七月,淮南王黥布造反,他不仅南侵荆国杀害了刘贾,还北渡淮河进攻楚国。刘交不敌黥布,逃到了北边的薛县。刘邦率大军平定黥布叛乱后,刘交始返回彭城。

刘邦去世以后的许多年,国内没有再发生过战乱。而刘交也得以在其任上,致力于各项事业的发展,推动了经济繁荣和军事发展,使楚国成为拱卫汉室东方安全的一道重要屏障。另外,刘交及后人对《诗经》的偏好与研究,也使彭城成为当时全国《诗经》学兴盛之地。

重视发展,经济军事有建树

在汉代诸多的藩国中,楚国的地位十分重要。楚国当时统辖薛郡、东海、彭城共3郡36县,其范围大体相当于与今天的江苏长江北、鲁南、皖北和豫东部分。该地域位置优越,除鲁南多山地外,其余主要是平原地貌;适宜的暖温带湿润季风气候,也使得水系较为发达,因而具备优越的农业生产条件。司马迁在《史记·夏本纪》讲述大禹划分九州时说,徐州的土地是仅次于有部分上等土的冀州的二等土,由此可见楚国的农业自然条件比较优越。后来受秦统一六国战乱以及楚汉之争的影响,楚国在刘交到任后的前几年经济表现较差。在刘邦去世后,国内局势开始趋于平稳,刘交对吕太后称制期间的作为,也不置评、不介入,一心致力于楚国的农业生产发展,从而促进了多方面的繁荣。虽然史书对此记载不多,但近些年徐州汉代文化遗存的不断发现佐证了这一点。

汉初楚国的手工业已经比较发达。近些年徐州地区汉墓考古发掘出土了金、银、铜、铁、玉、陶、瓷、漆器等各类器物,表明当时至少有冶铁、冶铜、金银器加工、制玉、纺织、陶瓷烧造、漆器制作等门类众多的手工业,其中尤以冶铁业和制玉业最为发达。[①]

汉初楚国的铁兵器冶炼技术非常先进。于1984年发掘的狮子山楚王陵,其中一未被盗的耳室武库内,出土含有铜质和铁质的100余件(套)各类兵器。其中,21件长矛中铜矛4件、铁矛17件,33件长戟中铜戟5件、铁戟28件,反映了由铜兵器向铁兵器过渡的时代与技术特征。而且,铁器中多为经过热处理工艺的炒钢制品,表明当时已经掌握以生铁为原料的炒钢技术。

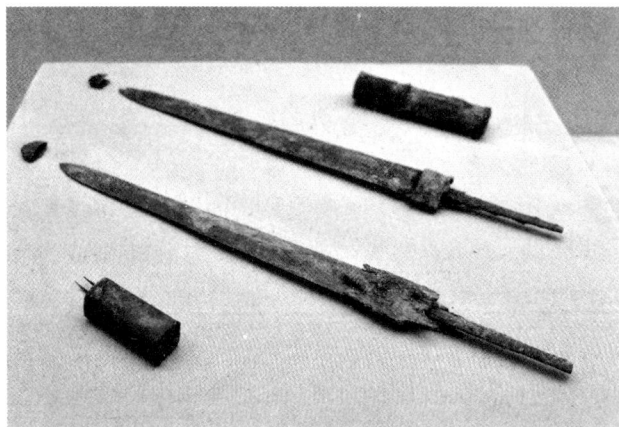

徐州狮子山楚王陵出土的铜兵器和铁兵器

---

① 《西汉楚元王刘交略论》,刘照建,载《江苏师范大学学报(哲学社会科学版)》2019年第3期。

158

而秦始皇兵马俑坑发现的兵器,其铁兵器仅占万分之五左右。这说明,仅短短几十年的时间,楚国的铁器冶炼技术与军事兵器配置已超过秦朝时期很多,这是非常了不起的进步。

汉玉是中国玉器发展史上的一个高峰。在徐州地区考古中发现的单体汉代玉器达 1000 多件(不包括出土的金缕玉衣、银缕玉衣缝制的大量玉片),其中汉初楚国玉器加工的制作技艺最为高超。经过对比发现,迄今出土的狮子山楚王陵玉器不仅代表了汉代玉器工艺的最高水平,也奠定了中国玉器、玉文化的基本形态。

在农业、冶炼、手工业发达的基础上,楚国的商品交易和流通也日益繁荣,其突出表现是楚国铸币业发达。考古发现,在徐州的汉初墓葬中,普遍发现有随葬的大量钱币,如狮子山楚王陵出土钱币 17 万余枚,北洞山楚王陵出土 5 万余枚。其种类数量之多,说明那时的楚国市场繁荣,商贾云集,货物交易频繁。

经济的繁荣为军事发展提供了强大的财力支持,刘交在位期间建立了一支兵种齐全、装备精良、训练有素的军事武装。狮子山楚王陵的 4 座兵马俑坑,反映了楚国当时军队的编制组成情况。该兵阵由步兵、骑兵和

徐州狮子山楚王陵兵马俑

车兵 3 个兵种组成,共有 4000 余人马的规模,分别由中尉、卫尉和都尉统率。这反映的应该仅是王室卫队情况,而整个楚国的军队还会远远超过此数。因此,从公元前 195 年黥布造反到前 154 年,汉家王朝东部 40 余年无战事,雄踞东方的楚国军队应该是起到了重要的屏藩作用。

后来,刘交的孙子刘戊率兵参与谋反,和吴国联合发动"七国之乱",反而成为动摇汉室江山的反动势力,这是刘交所预想不到的。不过,这次叛乱终被镇压,但楚国兵力的强悍,也被平叛主将周亚夫慨叹为"楚兵剽轻,难与

争锋"。

喜好诗文，后辈子孙多大家

刘交统治时期的楚国，最为后人称道的是对《诗经》的研究。该地域文化底蕴深厚，战国时期的诸子百家有许多出现在此范围，如老子、孔子、墨子、孟子、庄子等。刘交受封之后，将原来的同学穆生、白生和申公都请到楚国担任中大夫，并一起研究《诗经》。在吕太后执政时，刘交听闻自己昔日的老师浮丘伯到了长安，就让儿子刘郢客和申公到长安学习，而其他人则在楚国继续研读《诗经》和先秦典籍。

刘交曾为《诗经》作传注，而被后人称为《元王诗》，这是汉代第一部《诗经》学著作。他的太傅韦孟（彭城人）研究《诗经》，创作了《诗经》体的四言诗。刘郢客在长安学有所成，受到汉文帝重用，担任宗正，管理刘氏宗室事务，并封爵上邳侯。在刘交的引领下，楚国的《诗经》研究蔚然成风，成为当时《诗经》学的派别之一。

刘交一共生有7个儿子，除世子刘辟非早卒，其余诸子在他的影响下，都潜心学习《诗经》和先秦典籍，其中以四子休侯刘富一支最为出色。刘富在刘戊叛乱时，逃亡留居京师长安，这也使他的子孙在京城以文治教化的学术优势得以展现。

宗正为西汉时期设置的九卿之一，其职责主要是掌管皇室内部事务。西汉有文献记载的宗正有13人，其中6人来自楚元王支系。除刘郢客外，刘富的儿子刘辟疆及其子刘德，在昭帝时相继出任宗正。后来刘德之子刘向、刘向之子刘歆，在汉宣、元、成三朝也担任过宗正或大夫、侍中等要职。宗正作为皇家宗室表率，对皇亲国戚负有教化责任，这也说明了刘交的文治及礼教对子孙后代的深远影响。

刘向、刘歆父子，在中国文化史中占有重要地位。

刘向精通儒家和道家方术之学，著作有《洪范五行传论》《新序》《说苑》《别录》及辞赋等数十篇（部），其中《别录》为我国目录学的奠基之作，刘向也因此被公认为中国目录学之祖。著名的《山海经》由刘向与其子刘歆共同编著成书。

刘向少子刘歆是西汉末年著名的大学者。他承继父业，所著《七略》，为我国历史上第一部图书分类目录。刘歆好古，集六艺群书，校阅整理儒家经典《毛诗》《春秋左氏传》《周礼》等，编著了《钟律书》，成为古文经学的创立者。刘歆博学，他还整理制定了《三统历》这一历法。

刘向父子对西汉的政治、学术，乃至后世学术文化都产生了无可估量的影响。顾颉刚称刘向、刘歆父子是"学术界的大伟人"，章太炎说"孔子以后的最伟大人物是刘歆"。

今人邓骏捷就西汉楚元王刘交家族学术文化传统及影响，在其参加编著的《两汉全书》中指出：

> 综观整个西汉学术大势，与其他盛极中绝或无以为继的藩王学术相较而言，楚元王家族的学术文化传统代代相传，历久不断，对汉代政治、学术的影响深刻巨大，堪称西汉学术文化第一世家。①

在刘交的后裔中，还出现了南朝宋开国皇帝刘裕这一曾经改变中国历史的重要人物。

德高望重，安坐楚国稳汉室

自汉六年（前 201 年）刘交被封为楚王，被刘邦先后分封的刘姓诸侯王中，除刘喜、刘贾和刘交同辈外，其余 8 王中，吴王刘濞是刘喜之子，其他 7 王均为刘邦之子。随着刘喜被贬、刘贾阵亡去世，刘交成为当时年龄最大、辈分最长的刘姓诸侯王。作为高祖刘邦的亲弟弟，刘交不仅身份尊贵，还担任其家乡——东方强国楚国之王。况且，他历经高祖、惠帝、高后、文帝四朝，是刘邦去世后刘氏家族中最为资深和有影响力的人物，也俨然成为当时刘姓汉室的中流砥柱。特别是在皇室权力并不稳定的惠帝、高后时期，刘交对维护和巩固西汉初期王朝的统治发挥了重要的影响作用。因为吕后在大权在握的多年间，虽然也尽力为吕家争取利益，但也从来没有产生过像后世武则天那样废李唐建武周而弃汉自立的念想。个中原因或许是她本来从无此意，抑或小叔子刘交在世且虎视固守一方的态势，成为她有所顾忌的一个重要因素。

我们可以从后来刘恒继位时的表现，看出刘交的超然地位和影响力。

---

① 《两汉全书》，董治安主编，山东大学出版社，2009 年 12 月第一版。

在诛灭诸吕的行动中,刘交因年事已高,并未派兵参与。但从时任代王的刘恒对推举他继位的周勃、陈平等重臣所说的话,仍然可以看出他对楚王刘交这位叔父所持态度的重视。《汉书·文帝纪》记载:

> 代王曰:"奉高帝宗庙,重事也。寡人不佞,不足以称。愿请楚王计宜者,寡人弗敢当。"

刘恒的这番话耐人寻味。他一方面谦称,继承高祖宗庙是重大事情,自己才疏德薄,没有资格担任;另一方面请楚王考虑更合适的人选。这既是刘恒在礼节上对刘交这位直系长辈表示尊重,更是对楚王刘交所持态度的担心和试探。隐含了我刘恒当不当这个皇帝,并不是你们这些斩杀诸吕而认为立了大功的文臣武将说了算,还应该和我的叔叔刘交相商,看他老人家是否同意,不然我不敢接任。

由此可以看出,刘交作为刘邦之弟和颇有实力的楚王,确实是唯一一个能够代表刘姓宗室决定皇权交接去向的重要人物,况且他在朝中还具有举足轻重的威望和影响。因此,从法理上讲,能够获得楚元王刘交的支持,才是刘恒可以顺利继承帝位的最大保障。

刘恒登基三个月以后,有大臣提出了确立太子事。刘恒感到事情重大,再次提到应该由楚王刘交考虑这样重要的问题。因为他认为:

> 楚王,季父也,春秋高,阅天下之义理多矣,明于国家之大体;吴王于朕,兄也,惠仁以好德;淮南王,弟也,秉德以陪朕,岂为不豫哉!
>
> ——《史记·孝文本纪》

刘恒此时是说,叔父楚王年高德劭,具有丰富的阅历和治理国家的经验;吴王和淮南王作为兄弟都在秉德辅助自己,他们都可以将来接任自己啊!刘恒此说虽然反映了他即位后依然谦虚自律,但也同时说明了刘交当时在朝中的地位和影响力无人能及。

刘恒登基当年(前179年),在位二十三年的楚王刘交在彭城去世,谥号元王。

楚王刘交死后葬
在了自己的封地彭城，
但他的陵墓所在至今
没有定论。在徐州目
前发现的几十座汉墓
中，目前被较多认为是
刘交墓的有两座，一是
西郊的楚王山，二是于
1984 年发掘的狮子山
楚王陵。楚王山至今

位于徐州市区西郊的一座土石山，后人多认为是刘交的
陵墓所在而称其为楚王山

未进行全面发掘，而狮子山楚王陵则已经基本展示出它的全貌。过去一直
较多认为楚王山是刘交的陵墓，狮子山楚王陵是第三代楚王刘戊的墓，但后
来也有观点认为狮子山楚王陵是刘交的陵墓所在。因为刘交作为刘邦的弟
弟，以及文帝刘恒当时对这位唯一在世叔叔的重视程度来看，刘交死后的安
葬规格应该很高。而"狮子山楚王陵是我国迄今发现规模最大、遗存最多、

徐州狮子山楚王陵兵马俑博物馆

文物考古价值最高的一处汉代王陵遗址"①。狮子山楚王陵墓室面积达851平方米,也是全国少有配置金缕玉衣和陪葬大量兵马俑的汉墓。在西汉年间的12位楚王中,也唯有第一代楚王刘交有资格、有条件在死后获得此等殊荣。而刘戊作为刘交的孙子,虽然任楚王也长达20年,有时间和条件建造这样规格的陵墓,但他后来因参与"七国之乱"而自杀的叛逆身份,还会让他死后享受金缕玉衣以及4000余兵马俑伴驾的待遇吗?不过世事总是难料,现代医学对墓主牙齿及骨龄的测试,说明墓主去世时的年龄在35—37岁之间,这不仅基本对应了刘戊去世时的年龄,也排除了狮子山楚王陵为刘交墓的可能性。刘交墓究竟存在于何处,看来还有待以后的考古发现。

① 《大遗址保护利用,徐州汉墓考古的"进阶"》,《徐州日报·汉风周刊》第126期,2024年3月5日。

第三卷　刘邦的女人们

司马迁在《史记》中说刘邦"好酒及色"，有其缘由。因为根据他的记载，为刘邦诞下皇子的女人有8人之多，其中4人有名姓有事迹，其他4人无考；另外还有几位仅提到名姓的嫔妃。虽然这一数字和历史上的其他皇帝相比，刘邦所接触的女人说不上很多，但也不算少了。

一、曹夫人

在《史记·高祖本纪》开篇记载刘邦年轻时的活动内容中，有经常到王媪和武负这两位女老板的酒馆喝酒的情况，并没有说他和其他女人有接触的行为，只是在《史记·齐悼惠王世家》中，才出现了曹氏这个为刘邦生了第一个孩子的女人的记载。但其中也仅有一句"刘肥者，高祖长庶男也。其母外妇也，曰曹氏"。而在《汉书·高五王传》中的记载是"齐悼惠王肥，其母高祖微时外妇也"，甚至简单到连姓氏也没有说。对这位生了齐王刘肥的曹氏，后人出于礼制，多称其为曹夫人。

虽生子，难为人道是外妇

曹氏虽生子刘肥，其身份却为一外妇。对于"外妇"之字意以及曹夫人的"外妇"身份，从荀悦、应劭等东汉学者，至唐初的几百年间一直没人就此注释或提出疑问。直到初唐时期的颜师古，在注解《汉书》时才说："谓与旁通者。"至此，在后世学者的眼中，曹氏成了一个非明媒正娶而与刘邦私通的女子。

与"外妇"相对应的称谓是"内妇""内子""内人"等，后面这些称谓的词意很容易被人理解，这就是指家中的妻子。那么，对"外妇"该如何理解呢？

对此,我们可以列举同时代的典籍记载进行分析。

例一:

西汉学者刘向在《列女传·贤明篇》中记载:"女宗者,宋鲍苏之妻也。养姑甚谨。鲍苏仕卫三年,而娶外妻。"

例二:

东汉学者袁康在《越绝书·德序外传记》记载:"故传曰:'桓公迫于外子,能以觉悟,勾践执于会稽,能因以伯。'"

据上例可知,"外妇"与"外妻""外子"的含义是一样的,即家里已有正妻,外面又养了一个女人,或称之为"外宅"。因此,"外妇"既不同于正室,可以名正言顺地成为一家主妇;也不同于只能以偏房的资格存在而从属于正室的妾室。可以说,"外妇"就是一个不受制于"内妇"及家族管理,且又几乎不可以为人道的独立存在。按照今天的话说,"外妇"就是一个没有名分,但也甘为男人生儿育女的同居女人,如果其同居时间发生在男人结婚之后的话,那就是"小三"。

如果这样理解"外妇"的含义,那么曹氏又是何时与刘邦走到一起的呢?

结孽缘,何时同居跟刘邦

史书中没有记载曹氏何时与刘邦同居,只是说她是"高祖微时外妇",也就是说在刘邦还为无业游民时,两人生活在了一起。但也由此可以说明,曹氏是在刘邦担任泗水亭长前——与吕雉结婚之前相识成爱的,而并非现代人所说的"小三",只是不知何种原因她未能被刘邦娶进家门。至于曹氏究竟何时与刘邦同居,我们似乎可以用曹氏和刘邦儿子刘肥的出生时间进行大致推断。但遗憾的是,史书中只记载了刘肥的卒年(前189年),没有记载他的生年。我们再退而求其次,以刘肥长子刘襄的出生年份推算。刘襄出生于秦二世二年(前208年),如果以古人最早15岁生子来推断,可知刘肥出生于秦始皇二十四年(前223年)前后。据此,我们可以推断出曹氏最晚于公元前225年或更早一些与刘邦同居。但是,这个推断的前提是在刘肥之前没有姐姐出生的情况下。

当然,即便刘肥之前还有一个谁都不知道的姐姐,这样一个时间推断也基本符合刘邦当时的状况。因为那时的刘邦正是成年后,处在整日混迹沛城街头,或数次远赴外黄拜访张耳的时段,还并没有到楚国灭亡后出任秦朝泗水亭长的时间,因此史书说刘邦此时为"微时"。这时间,整日无所事事的刘邦艳遇曹氏,结下了这段有始无终的孽缘。好巧不巧的是,刘邦拈花结果,使曹氏有了身孕。延世800年之久的周朝所建立的人伦礼仪这时早已深入人心,未婚先孕这种情况在那时已是为人所诟病的丑事。因此,刘邦在曹氏怀孕和生育后,只能作为"外妇"安排,而不敢让世人知晓。即便刘邦后来已贵为皇帝,曹氏也只能避世而不能露面(应该是已经去世)。所以,司马迁及班固在后来写史时,也只是为交代刘肥的庶子身份,对曹氏略有提及而已。

也有人猜测,曹氏一开始就正式嫁给了刘邦,只是由于后来夫妻感情不和分手了。这种情况应该是不存在的,古代女人"嫁鸡随鸡,嫁狗随狗",只能是被休才会回到娘家,问题是刘邦会让已经出生而可继承香火的长子刘肥随曹氏出门吗? 当然,这种怀疑也有一定史据可依。《史记·齐悼惠王世家》记载:琅邪王刘泽为劝诱齐王刘襄放他去京城,乃说"齐悼惠王高皇帝长子,推本言之,而大王高皇帝适长孙也,当立。……今大王留臣无为也,不如使我入关计事"①。这里,刘泽说刘襄是"高皇帝适长孙",据此似乎可以推断刘肥为"嫡长子",而曹夫人也应是刘邦第一个明媒正娶的妻子。琅邪王刘泽是刘邦同一个曾祖父的堂弟,他以同宗长辈的身份说刘襄为嫡长孙应该有可信性。但是,嫡庶区分是涉及宗法继承的大事,当年刘邦自己会搞错这个根本之分吗? 显然,这是刘泽为了不被刘襄软禁在齐国,而以讨好捧诱的心理说出此言的,故不能作为史据。

或许还有人猜测,刘邦一开始结识的曹氏是一个孀居妇人,因为曹氏如果是个未婚的黄花闺女,那么刘邦就没有不娶进门的道理。反过来说,如果曹氏是已经孀居的寡妇,也很难改嫁于刘邦这个未婚男子,因为古代女子丧夫后是很难再嫁的,否则就是对伦理秩序的公然反叛,除非她私下与男人偷偷往来做一个"外妇"②。另外,娶一个寡妇入门,恐怕刘太公及全家都不会答应。所以曹氏在怀孕及生下刘肥后,只能以外妇的身份被刘邦养着。此猜测虽然大胆了一些,但仔细想来,确是一种最大的可能,只是我们没有史证而已。

---

① 《史记·齐悼惠王世家》,〔汉〕司马迁撰,韩兆琦主译,中华书局,2008 年 1 月第一版,第 1164 页。

② 至惠帝以后,因需要尽快恢复人口增长,舆论上对寡妇再嫁有了松动,如后来大儒董仲舒就主张:"夫死无男,有更嫁之道。"但在刘邦年轻时,寡妇再嫁应该还不为人称道。

抛却上述种种猜测,继续回到曹氏何时与刘邦同居这个问题上来,我们所能得出的结论依然只是:曹氏是在公元前225年前与刘邦结缘同居的。

身不明,曹氏应为平民女

曹氏是刘邦的"外妇"而非明媒正娶的妻子,其出身应该不会是富贵之家,而是一位平民百姓家的女子。因为刘邦作为当时一个"不事家人生产作业"的无业游民,虽然也长得高大英武,但作为富贵人家的未婚女子,一般也很难会青睐而委身于他。因为直到后来刘邦做了亭长时,逃亡沛县而身家并非显贵的吕媪,还质问吕公为何将女儿吕雉"妄许与刘季"①。由此可以推论,曹氏的出身也应该是普通人家。

上述是仅就曹氏的出身而言,那么她是否还有与之相近的本家亲人呢?

有人认为,曹参可能是曹氏较为亲近的同族关系。其依据是,刘肥被封为齐王后,刘邦派去的相国是功劳仅次于萧何的曹参,并且曹参还在齐国安心任相国达9年之久。从对齐国如此高规格的安排,和曹参乐意远赴齐国屈身就职,并长达9年而尽职无怨的行为,似乎说明了曹参和曹氏具有较为亲近的宗室关系,所以他要尽力帮助刘肥这个或许有着血缘关系的外甥。②

还有人说,曹氏和刘邦西进时担任左司马的曹无伤有亲属关系,不然刘邦怎么会重用表现不多的曹无伤担任重要的左司马职务呢?

上述两种推测显然是仅建立在他们同为曹姓人家的基础上,但也并非没有可能,只是没有任何史料可以佐证罢了。当然,即便上述推测成立,那也是仅为同姓或同宗的较为疏远关系。就曹参而言,以他后来能够在县衙做狱掾的地位和影响,当时他会允许与自己血缘关系很近的同族女子,不明媒正娶而做一个无业游民的外妇吗?同理,如果曹无伤是和曹氏关系较为亲近的人,他也不会跑到项羽那里告发刘邦,而刘邦也可能会因曹氏的关系放过曹无伤一马。

作出以上或许被认为是毫无根据的梳解,实在是关于曹氏的一切个人

① 《史记·高祖本纪》,〔汉〕司马迁撰,韩兆琦主译,中华书局,2008年1月第一版,第254页。

② 诸侯国的相国在级别上远低于朝廷的相国及御史大夫。《史记·张丞相列传》中记载,刘邦派时任御史大夫周昌往赵国任相国辅助赵王如意,周昌哭了,而刘邦也知道是降职,但为了赵王如意也只好坦诚对周昌说:委屈你了。

情况在史书中均无有记载，包括她何时去世也是一个无解之谜。因此，上述所议也仅是就猜测引申而已。

二、吕　后

关于吕后的名字，《史记·外戚世家》只是记载："吕娥姁为高祖正后。"而《汉书》也未有提及。唐代颜师古在注解《汉书》时，根据东汉荀悦之说——吕后"讳雉之字曰野鸡"，亦说："吕后名雉，字娥姁，故臣下讳雉也。"意思是，吕后名雉，字娥姁，只是由于"雉"是吕后的名讳，所以作为下臣的史官司马迁和班固都先后回避了。看来吕后之名也因"讳"说难以厘清，不过后人还是以"吕后名雉、字娥姁"称之。

关于吕氏家族的情况，史书上仅记载"单父人吕公善沛令，避仇从之客，因家沛焉"，然后便是吕公为刘邦看相，接着把女儿吕雉嫁给刘邦的故事。但进一步分析，吕公应该是一个在单父县没有太大势力的小康人家，否则也不会因躲避仇家而逃亡沛县；但也非一般的普通平民之家，因为他能够"善沛令"并受到客人一样的待遇。还有，后来刘邦起兵反秦时，吕公的两个儿子还能率领一批人马加入，说明吕氏家族在单父县还是有一些影响力的。

下嫁刘邦，早年苦累多遭罪

吕雉虽然出身小康之家，但能随父母奔波避难到沛县，也是一个能够吃苦的人。吕公安排她嫁给刘邦，是因为看好刘邦的将来，而不是认为当时的刘邦多么好。因此，吕雉过门以后也是过着普通农妇的清贫生活，成日下田种地，吃苦甚多。这时的刘邦虽然是一个基层官吏，但亭长的那点收入仍然捉襟见肘，更不要说刘邦"常有大度"喜欢施舍了。因此，成家后的刘邦也开始知道顾家帮忙。《史记·高祖本纪》载："高祖为亭长时，常告之归田。吕后与两子居田中耨……"也就是说，刘邦为亭长时经常回家帮助种田，就连已经养育了两个孩子的吕雉，也需要带着孩子亲自下地拔草。这说明刘邦的小家庭还需要以种田为生，并且连长工也请不起。

吕雉这时的生活虽然过得贫苦，可还算安宁，她没有想到真正让她担惊受怕的日子还在后头。因为稍后不久，刘邦在押送劳工途中失职逃匿了。

逃匿后的刘邦藏身芒砀山中，虽然暂时无被逮捕及性命之忧，但总归让吕雉放心不下。因此,她还需要不时长途跋涉给刘邦送去生活物品。芒砀山区虽然不算太大,但也方圆百里,再加上刘邦及众人唯恐暴露行踪,还要经常迁移,所以深入山中找人并不容易。但吕雉总能发现刘邦的行迹,从不盲目地跑冤枉路。刘邦问其原因,吕雉说:"季所居上常有云气,故从往常得季。"①就是说,你刘邦头顶上空常有祥云盘旋,所以我能很快找到你。吕父善相人,吕雉能观云,也确是家传的本事。刘邦听后欣喜,因为他早就听闻秦始皇数次东巡是认为东南有天子气,故暗忖是否应验在自己身上。

吕雉能前来看望刘邦,也是刚刚脱离牢狱之苦。因为在刘邦逃亡后,县令将吕雉以连坐罪监禁起来。秦狱本来苛虐,再因吕雉风韵犹在,故狱吏仗势作威,有时予以轻薄。好在有一个狱吏任敖,是与刘邦相交的好友,闻知后将负责看管的狱吏暴打一顿,吕雉在狱中才没有继续遭罪。因狱吏斗殴之事县令予以审问,时任主吏掾萧何、狱掾曹参趁机为吕氏解脱,说吕雉身为女流不闻外事,夫有过罪不及妻,不如予以释放,免得麻烦,再生事端。县令也顺势同意,将吕雉释放回家。吕雉因遭到此次拘押,才知刘邦犯事逃匿到了芒砀山中,于是前来寻夫并与之相遇。

后来陈涉起义,刘邦回沛县率家乡子弟响应并转战各地,又让吕雉在家担惊受怕数年。灭秦后,刘邦被项羽封为汉王,按说吕雉以王后之身可以享福了,没承想刘邦并不甘心于此,又开始了和项羽争霸天下的战事。这次吕雉受牵连更甚,竟然和太公一起被项羽捉去做了两年多的人质,直到楚汉双方签订鸿沟条约之后,一家人才获得自由。仔细算来,从嫁于刘邦之日起到刘邦称帝定都长安,吕雉只身带着孩子吃苦受怕竟达十几年时间,也可以说其前半生够悲惨的了。

晋位皇后,面临大事显心机

刘邦登基称帝,吕雉成为皇后。至此,历经磨难的吕雉终于修成正果,从此结束了成日担惊受怕的生活,并开始显示出她下得了厨房、上得了厅堂的不凡与能力。

吕后深知,让自己的正宫之位坐稳的前提,是必须确保自己儿子刘盈的

---

① 《史记·高祖本纪》,〔汉〕司马迁撰,韩兆琦主译,中华书局,2008 年 1 月第一版,第 256 页。

皇太子之位稳固。现在刘邦不仅已牢固掌握皇权,还与其他嫔妃生有多个儿子,他还会一直坚持最初的选择吗?这是吕后尤为警惕的事情。

让吕后最为担心的事情后来还是发生了。因为:

> 孝惠仁弱,高祖以为不类我,常欲废太子,立戚姬子如意,如意类我。
>
> ——《史记·吕太后本纪》

这段记载意思非常明了,那就是刘邦认为刘盈仁弱,不像他的作风性格,而戚姬生的儿子如意则十分像他,因此他时常产生废黜刘盈而改立如意为太子的念头。

戚姬是刘邦兵败彭城逃跑的路上与之相识成爱的。在那最艰苦的几年岁月里,是戚姬为困难孤独的刘邦提供了难得的精神慰藉,她也因此受到了刘邦的格外宠爱。在刘邦登基后多次出征时,他也带着年轻的戚姬伴随左右。现在戚姬为爱子如意考虑,不断吹让如意做太子的枕边风,所以让刘邦对太子人选产生了动摇。一直未得到过父爱的刘盈仁弱也是实情,但当时年仅八九岁的如意又会有什么坚强的过人表现呢?看来所谓"如意类我",也只是刘邦爱屋及乌罢了。

史书没有具体说明刘邦何时提出改立太子的廷议,但有"是后戚姬子如意为赵王,年十岁……"①的记载,而这一年是汉十年(前197年)。如意此时应该为八九岁的年龄,"年十岁"是虚龄,因为刘邦结识戚姬是汉二年(前205年)兵败彭城以后的事情。

让吕后感到有惊无险的是,当刘邦改立太子的想法在朝中提出时,立即遭到了众大臣的强烈反对而没有通过。这也因此使刘邦只好将如意由贫瘠的代国,暂改封到条件较好的赵国为王,而给予如意母子这样一个小小的安慰。

在这次改立太子风波中,吕后最为感谢的人是御史大夫周昌。据《史记·张丞相列传》记载:

---

① 《史记·张丞相列传》,〔汉〕司马迁撰,韩兆琦主译,中华书局,2008年1月第一版,1892页。

而周昌廷争之强,上问其说,昌为人吃,又盛怒,曰:"臣口不能言,然臣期期知其不可。陛下虽欲废太子,臣期期不奉诏。"上欣然而笑。既罢,吕后侧耳于东厢听,见周昌,为跪谢曰:"微君,太子几废。"

上述记载是说,周昌在朝廷中和刘邦极力争辩,刘邦问他反对的理由,由于周昌有口吃的毛病,再加上非常激动,口吃得更加厉害了。他说:"我的口才虽然不好,但是我……知道……这样做是不行的。陛下您虽然想废掉太子,但是我……不能……接受您的诏令。"刘邦听后也被逗笑了。事过之后,在东厢侧耳听到上述对话的吕后,见到周昌时跪谢说:"若不是您据理力争的话,太子几乎就被废掉了。"

虽然这次改立太子的廷议因众大臣的一致反对而未能通过,但吕后还是放心不下,因为她仍然担心刘邦再次提起,甚至不进行廷议直接下诏。为此,她又请教张良,而张良提出了请商山四皓辅助刘盈的建议。当后来刘邦见到四位白发苍苍的世外高人跟随刘盈后,知道刘盈羽翼已丰。因为刘盈背后不仅有其母族吕氏势力,还有众多大臣的强力支持,而现在就连自己多次相请而不至的商山四皓也出来为其站台,知道不能再动议废黜太子之事了。

如果说,在上述保刘盈太子之位这件事上,吕后显示的是心机与智谋,那么她在后来处理韩信和彭越两件事情上,则表现了她的果敢与狠辣。

韩信由楚王降为淮阴侯并被限制在长安城内生活后,积怨成恨,慢慢产生了准备造反的念头。汉七年(前200年),阳夏侯陈豨被任命为代国国相,向淮阴侯韩信辞行时,韩信怂恿他到任后造反,并表示自己会在京城做内应。汉十年(前197年),陈豨果然反叛,刘邦亲自率领兵马前往平叛。韩信则在京城假传诏书赦免服役的罪犯,打算组织发动他们去袭击吕后和太子。由于当时一位家臣因事被韩信囚禁,他的弟弟上书向吕后告发了韩信准备反叛的情况。《史记》就此记载:"其舍人得罪于信,信囚,欲杀之。舍人弟上变,告信欲反状于吕后。"[①]于是,吕后找来萧何谋划,让萧何派人谎说陈豨已

---

① 《史记·淮阴侯列传》,〔汉〕司马迁撰,韩兆琦主译,中华书局,2008年1月第一版,第1843页。

172

被刘邦平叛杀掉,要求列侯群臣前来宫廷祝贺。韩信见是自己信任的萧何派人通知,不疑有他,马上赶到宫廷。韩信到来后,吕后立即命人将他拿下,用布袋套头,悬空吊在长乐宫钟室的钟梁上,然后让宫人用竹签刺死。后来又诛杀了韩信的三族(父族、母族、妻族)。

按理说,对韩信这位灭楚扶汉的大功臣,吕后应该先关押起来,等刘邦回来后再作处理,因为之前刘邦在处理韩信与钟离昧的关系问题上,也是仅作了先逮捕然后再予以降职的惩罚处理。但现在吕后不仅擅断将韩信直接杀了,还残忍地将韩信的三族灭了,她为什么要这么做呢?

仔细分析,吕雉此举主要还是要立威。因为,此时常年在外带兵打仗并留下一身伤病的刘邦已过天命之年,而小于刘邦不少岁的吕后,今后的日子还长着呢,她要借机为自己和仁弱的太子刘盈,树立可以决定大事、掌控皇权的坚强形象,而曾经战无不胜的韩信就是眼下立威的最好样板。如果等刘邦回来后处理,一方面不能彰显她敢作敢为的魄力;另一方面她还真担心刘邦下不了手,从而给自己和儿子将来执政时留下一尊惹不起的煞星。事实证明,刘邦归来后的心情表现,还确实有这种可能,因为他得知吕后已将韩信杀掉时,并不是完全高兴或生气,而是"且喜且怜之",反映了刘邦在处理韩信问题上一直摇摆不定的矛盾心理。当然,从一个月后告发者栾说被封为食邑2000户的慎阳侯,以及萧何也受到了封赏来看,刘邦对吕后处死韩信最终还是满意的,因为对汉室的长治久安来说,韩信确实是今后一个难以把握的最大变数。

至于吕后为什么对韩信以套头、悬空、竹刺的方式处死,正史没有记载,后来明代甄伟在其所著的《西汉演义》中说:刘邦曾经对韩信许诺"五不杀":见天不杀,见地不杀,见君不杀,见光不杀,见铁不杀。甄伟所说解释了对韩信这种处死方式的由来,但未必是史实,也可能就是演义而已。

最能反映吕后心机和狠辣的事例是诛杀梁王彭越。彭越因家臣诬告,被审案判定为谋反,但刘邦念其有功,只是废其为平民流放蜀地。不巧的是彭越在去往蜀地的路上遇到了吕后,他向吕后哭诉说自己没有谋反,如皇上实在不相信,也希望吕后为他求情让其回到故乡昌邑去,而不是流放到西南蜀地。吕后答应了彭越的请求,并把他带了回去。但吕后见到刘邦后则说的是另一番话,她说彭越是"豪壮而勇敢"的人,留下他只能是给自己留下祸患。实际上,这又是吕后在为了自己和儿子刘盈的未来扫清障碍。于是,刘邦默许吕后指使彭越的家臣再次告发彭越,这就等于坐实了彭越造反的事实,因而使彭越最终被杀,并被灭族。

对于刘邦铲除异姓王,后世议论最多的是韩信、彭越和黥布。但其中韩信和彭越的死并非刘邦主导,而是完全死在吕后之手。尤其彭越最为冤枉,他自刘邦起义不久,就主动跟随刘邦并立有大功,他没有像韩信那样后来真的有了反叛的念头,也没有产生过黥布妄言想做皇帝的想法,只是因为家臣诬告和自身"豪壮",就被吕后阴谋杀害了,而且遭到碎身成酱以及牵涉三族被灭。所以,当时代表梁国赴齐国出使归来的大夫栾布,在得知彭越被杀后,甘冒被烹杀之禁令收取了彭越悬挂示众的头颅,并向刘邦为之申诉说:

> 方上之困于彭城,败荥阳、成皋间,项王所以不能遂西,徒以彭王居梁地,与汉合从苦楚也。当是之时,彭王一顾,与楚则汉破,与汉而楚破。且垓下之会,微彭王,项氏不亡。天下已定,彭王剖符受封,亦欲传之万世。今陛下一征兵于梁,彭王病不行,而陛下疑以为反,反形未见,以苛小案诛灭之,臣恐功臣人人自危也。今彭王已死,臣生不如死,请就烹。
>
> ——《史记·季布栾布列传》

刘邦对栾布的说辞无言以对,不仅饶其违背禁令之罪,还任命他做了都尉。

专权行事,大封诸吕失人心

吕后的心机之深,在刘邦病重之际充分暴露,她毫无顾忌地询问刘邦对百年之后的朝廷人事安排。因为这样她才能做到心中有数,为将来更好地把控朝政提供参考依据。

刘邦去世之后,吕太后并未马上插手朝政,而是首先以女人之心,报复曾经被刘邦宠过的嫔妃。她先把刘邦以前宠幸过的妃子全部关押起来,然后重点惩治那个曾经怂恿刘邦剥夺自己儿子继承权的戚姬。她首先将戚姬幽禁做苦役,然后设法除掉刘如意,最后再以极为残忍的手段将戚姬做成人彘,任其痛苦死去。惠帝刘盈因怨吕后做事狠毒,自此不再过问朝政,而吕太后也自此进入专权时代。

公元前 188 年,"惠帝崩,太子立为皇帝,年幼,太后临朝称制,大赦天下"[1]。所谓"临朝称制",就是直接现身朝堂、面对群臣,行使皇帝一样的职权。吕太后的"临朝称制"和后世慈禧太后"垂帘听政"有着本质的不同,因为慈禧太后不仅不能直接在朝堂面对群臣,就连下诏也必须以皇帝的名义才可以行使自己的意志。而吕太后有自己的玉玺,她完全可以以自己的名义号令群臣和天下,甚至就连纪年也改为"高后"。

就此应该可以佐证的是,于 1968 年在长陵附近发现的皇后玉玺,多被认为是吕后所用。因为从发现地点来说,西距长陵吕后墓仅几百米,而附近最近的只有惠帝安陵和景帝阳陵。安陵在其以西 3.5 公里,景帝阳陵在其东边 5.9 公里,因此不可能是安陵和阳陵之物。该玉玺"正方形,边长 2.8 厘米,高 2 厘米,重 33 克,螭虎钮,四侧刻有云纹,通体晶莹。印面阴刻'皇后之玺'四个字"[2]。就其年代而言,专家鉴定为汉初所制作。只是其中存疑的是,吕后称制用印应该是在刘盈去世以后,因而应该是"太后之玺",而不是"皇后之玺"。这或许只能理解为,此玉玺是吕后在刘邦没有去世时的用印,后作为陪葬品而被放置于墓中。

"皇后之玺"由上等和田羊脂白玉制作,根据东汉卫宏《汉宫旧仪》记载:"皇帝六玺,皆白玉,螭虎钮;皇后玉玺,文与帝同。"至于该玉玺为何被发现于墓外,则可能是公元 25 年赤眉军毁吕后墓以及后来洪水不断冲刷所致。

西汉"皇后之玺",陕西省历史博物馆藏

---

① 《汉书·高后纪第三》,〔汉〕班固撰,中华书局,2012 年 4 月第一版,第 83 页。
② 《秦汉文化史大辞典》,林剑鸣、吴永琪主编,汉语大词典出版社,2002 年,第 557 页。

吕太后深谙权术之道。她在刘盈去世后,不为失去儿子悲伤,而是首先考虑和担心的是如何巩固自己的地位与权势。

史载,孝惠帝驾崩发丧时,吕太后并没有因为儿子的去世伤心掉泪。当时,年仅15岁的张良之子张辟彊任侍中,他就此对丞相陈平说:"太后独有孝惠,今崩,哭不悲,君知其解乎?"陈平忙问张辟彊怎么看待这个问题,辟彊曰:

> 帝毋壮子,太后畏君等。君今请拜吕台、吕产为将,将兵居南北军,及诸吕皆入宫,居中用事,如此则太后心安,君等幸得脱祸矣。
>
> ——《史记·吕太后本纪》

张辟彊说,先帝没有成年的儿子在世,太后担心你们这些权臣。你如果提出让她的两个侄子分别掌控南、北军,以及再有其他一些吕姓人进朝执政,太后就放心了,而你们也就安全了。还不得不说张辟彊的分析恰是吕太后所念想,因为"丞相乃如辟彊计。太后说,其哭乃哀。吕氏权由此起"[1]。

由此,吕太后将负责守卫皇宫的南军交给大哥吕泽的两个儿子吕台、吕产掌控,将负责守卫整个京城的北军由自己二哥吕释之的儿子吕禄率领。按说吕太后至此应再无其他担忧,但她仍然心愿未了,因为她还想追封自己的亲人为王,而进一步增强吕氏族人的地位和声望。为此,吕太后首先询问右丞相王陵的意见,而王陵则以刘邦曾立"非刘姓而王者,天下共诛之"的白马盟约,否定了她的想法。吕太后接着再问左丞相陈平、绛侯周勃的意见,而他们则顺应了她的想法,这让她十分高兴。

周勃、陈平回答太后说,先帝平定天下封他的子弟为王,现在太后称制,也可以封吕氏子弟为王。

于是,吕太后首先追封已经去世的大哥吕泽为悼武王、二哥吕释之为赵昭王,之后又陆续封侄子吕台为吕王、吕产为梁王、吕禄为赵王、侄孙吕通为

---

① 《史记·吕太后本纪》,〔汉〕司马迁撰,韩兆琦主译,中华书局,2008 年 1 月第一版,第 304 页。

燕王,追尊父亲吕公为吕宣王。① 次年,吕台去世,谥号肃王,吕太后又续封吕台的儿子吕嘉为吕王。5 年后,因吕嘉行为放纵被废,太后改封吕产为吕王;次年,又改封吕产为梁王。在吕太后称制的 8 年,她不仅先后封吕氏 8 人次为王,及多位吕氏子弟为侯,还任命宠臣审食其为左丞相,以及 5 位吕姓子弟为诸侯国丞相。就当时来说,大汉王朝已基本形成了由吕氏家族把控朝政及部分地方政权的局面。当然,其间吕太后也封了几位刘姓子弟为王侯,但这也主要是为防人口舌而已。

吕太后虽然以重用吕氏子弟的手段把控了朝政,但她深知自己任人唯亲的做法不得人心,况且她还在后来不择手段地先后逼杀了刘邦的 4 个儿子,因而经常忧虑担心。高后七年(前 181 年)正月三十日日食,大白天像黑夜一样,吕太后心中恐惧,对身边的人说:"这大概是因为我啊。"次年三月,吕太后外出祭祀回来路上,被一黑狗状的动物咬到腋下,被卜者认为是前赵王如意的阴魂作怪,使太后被黑狗咬伤生病(依现代医学论,吕雉遭受疯狗所咬,得了狂犬病,在没有疫苗的古代,遭到疯狗咬伤只能等死)。至七月,病入膏肓的吕太后非常担心自己去世后吕氏把持朝政的局面会被改变。因此,她将吕产、吕禄两位侄儿叫到床前谆谆告诫,并提出了紧紧控制京城军队的策略:

> 高帝已定天下,与大臣约曰:"非刘氏王者,天下共击之。"今吕氏王,大臣弗平。我即崩,帝年少,大臣恐为变。必据兵卫宫,慎毋送丧,毋为人所制!
>
> ——《史记·吕太后本纪》

吕太后一方面遗诏任命侄子赵王吕禄为上将军,再次明确其统领北军;同时任命吕产担任相国及统领南军,并让吕禄的小女儿做傀儡少帝刘弘的皇后。她告诫两个侄子:"高帝平定天下以后,与大臣订立盟约:'不是刘氏

---

① 《史记·高祖功臣侯者年表》记载:"以吕后兄初起以客从,击三秦。汉王入汉,而释之还丰沛,奉卫吕宣王、太上皇。天下已平,封释之为建成侯。"说明吕公被吕雉追封为吕宣王。

宗族称王的,天下共诛之.'现在吕氏称王,刘氏和大臣愤愤不平,我很快就要死了,皇帝年轻,大臣们可能发生兵变。所以你们要牢牢掌握军队,守卫宫殿,千万不要离开皇宫为我送葬,免得被人扼制。"

另一方面,吕太后留下遗诏赐各诸侯黄金千斤,对将、相、列侯、郎、吏都按官阶赐给黄金,并大赦天下。其用意不言自明,当然是收买人心,让各级官吏和百姓念她的好,而继续支持吕氏子弟们执政。

无奈的是,吕太后这些年抑刘扬吕的做法,早就积累了难以调和的矛盾。更何况她这次遗诏吕产为相国,更是动了军功大臣们一直视为非我等莫属的权力。因此,在她死后马上就发生了刘姓皇室宗亲和军功大臣联手,共同诛灭诸吕的重大事件。齐王刘襄发难于外,陈平、周勃、刘章响应于内,最终灭杀诸吕,以刘氏皇族和军功大臣们的胜利告终。此时,距吕太后去世尚不足两个月时间。

就此,东汉著名思想家王符在其政论著作《潜夫论》中评价说:吕太后显贵独揽朝政,让吕禄、吕产掌管国家大权,擅立4个吕姓诸侯王,大肆分封吕氏子弟,同时占据了将军、相国的位子,朝廷内外紧密勾结;自以为商汤、周武王似的圣明帝王兴盛起来,"春秋五霸"似的强大诸侯再次出现,也不能危害自己。于是抛弃了仁德道义而崇尚威严暴虐,灭绝了礼节信用而致力于权变诡诈,弄得国内怨恨,人人希望他们覆灭,所以一下子灭亡了也没有人哀怜他们。

当吕氏之贵也,太后称制而专政,禄、产秉事而握权,擅立四王,多封子弟,兼据将相,外内磐结,自以虽汤、武兴,五霸作,弗能危也。于是废仁义而尚威虐,灭礼信而务谲诈。海内怨痛,人欲其亡,故一朝摩灭而莫之哀也。①

吕太后于公元前180年七月去世后,被葬在长陵内刘邦陵墓以东约280米处。这也开启了西汉皇帝和皇后"同陵不同穴"的丧葬制度,即埋葬在同

① 《潜夫论》,〔东汉〕王符著,马世年译注,中华书局,2018年1月第一版,第133页。

178

西安长陵内的汉高祖皇后陵

一个陵园而不葬在同一个墓穴之中。

功过两分，太后称制有政绩

在《史记·吕太后本纪》中，总体上是说吕雉心狠手辣而几无是处。而本书之前述，也基本据史书所梳理归纳。虽然所述符合史载，且吕雉有关所为确实人神共愤，但如果完全回避其或称之为借口的某些原因，以及吕雉对社会发展所作出的有关贡献，也有失公允。

一方面，吕雉所为确有让人可理解之处。

如在对待戚姬这件事上，吕雉长期在家辛苦农事、养幼伺老，当历经十几年的辛苦才得以和刘邦团圆后，却发现备受宠爱的是戚姬，而非她这个为刘家吃尽苦头的糟糠之妻，这让她备受打击；不仅如此，她紧接着又受到了戚姬怂恿刘邦更换太子，而皇后之位难保的最大威胁。凭女人心而论，这种事情应该是绝大多数人难以容忍的，所以她对戚姬母子恨之入骨。只是她太过心狠手辣，不仅杀害了刘邦的亲生骨肉如意，还将戚姬做成了人彘，以至于连他的儿子刘盈都认为这不是人做的事。

179

关于吕雉极尽心智杀害韩信和彭越之事,应该是她出于对儿子刘盈将来的考虑,因为她实在担心仁弱的刘盈登基后,根本驾驭不了这些握有重兵的元勋枭雄,更何况也确有人举报韩信及彭越造反。

至于吕雉对两位兄长封王,虽然违背了之前刘邦约定的规矩,但应该回首的历史事实是,吕泽、吕释之两兄弟所带的几千单县子弟兵,是刘邦起兵后自愿加入的第一支队伍;在刘邦后来征战的几年,吕泽率领自己的军队,几乎参与了所有战役,如暗渡陈仓之战、彭城之战、荥阳会战、灭齐之战、陈下之战、垓下之战等。可以说,吕泽兄弟和后来带人投奔刘邦的彭越、黥布相比,其资格与功劳丝毫不差。并且,汉军中的很多重要将领,如陈豨、张平、冯无择、周信、丁复、蛊逢、郭亭、郭蒙、朱轸等,或出自吕泽手下或有很深的渊源。因此,司马迁在《史记·高祖功臣侯者年表》中评价说:吕泽"复发兵佐高祖定天下"。而仔细翻阅《史记》,其中明确以"定天下"或"平天下"之语句记载协助刘邦的人,只有吕后、吕泽、萧何、张良、夏侯婴、陈平、陆贾、王陵8人而已。如此看来,即便刘邦当时为吕泽封王也不算为过,毕竟吕泽和彭越一样,也曾有过自己的一支独立武装。但是,刘邦在公元前201年的首次封爵中,也只是分封吕泽、吕释之兄弟为周吕侯与建成侯。所以,吕雉在称制后为两位兄长加封王位也不是毫无道理。只是她在后来又续封自己的侄子甚至侄孙为王,确实是违背"白马之盟"而任"吕"唯亲了。

另一方面,吕雉在她的称制时期也确实为汉朝的稳定和发展作出了重要贡献。

虽然司马迁仅在《史记·吕太后本纪》的最后,将吕雉和刘盈放在一起悄悄评价为:"孝惠皇帝、高后之时,黎民得离战国之苦,君臣俱欲休息乎无为,故惠帝垂拱,高后女主称制,政不出房户,天下晏然。刑罚罕用,罪人是希。民务稼穑,衣食滋殖。"但我们还可以从其他篇章中一并分析看出,吕太后用权的15年,确实是社会平稳发展的15年。因为这不仅反映在国内再也没有出现过类如诸侯王反叛的内乱事件,也可以在有关刘盈为帝以及曹参、陈平等人先后出任丞相时的历史记载,看到朝廷一批利国利民政策的实施,以及所带来的"天下晏然"之社会景象。如:在政治上主张以文治国,推行了一系列改革制度,如官员选拔和考核制度、设立太学、数次大赦天下等;在经济上实行均田制,继续推行薄税赋、与民休息的宽松政策,以及推广农业技术等;在文化上开始倡导儒家思想,废除秦时制定的"挟书律","除三族罪,妖言令"，"减刑，颁布赎罪法"，以及提倡勤俭治国、"举民孝悌"等风气。可以毫不夸张地说，吕太后称制时期一系列政策的推行实施，为后来的"文景之治"打下了较好的基础。

还值得一提的是，在对待宿敌匈奴的问题上，吕太后即便受到匈奴单于冒顿来信的调戏侮辱，也依然以国家大局为重，而继续采取和亲政策与之维系。惠帝三年(前192年)春，匈奴使者带来冒顿单于写给吕后的信。信中不仅表达对中原的觊觎之心，还含有对吕后的调戏之意。吕后大怒，召将相议斩匈奴使者，并欲发兵击匈奴。樊哙豪言：愿得十万众，横行匈奴中。而时为中郎将的季布则认为：樊哙轻言开战该斩，当年先帝领30万兵被匈奴围困平城，你樊哙作为随军大将尚不能拒匈奴，今日国力尚未恢复，怎能谩言与匈奴再开战端。冷静下来的吕后采纳季布建议，不仅回信拒绝匈奴的无礼轻佻要求，又以示好之举防止了匈奴因而寻衅。她说：

> 单于不忘弊邑，赐之以书，弊邑恐惧。退而自图，年老气衰，发齿堕落，行步失度，单于过听，不足以自污。弊邑无罪，宜在见赦。窃有御车二乘，马二驷，以奉常驾。①

综上所述，吕太后用权期间还是做了不少利国利民的事情。至于司马迁在《史记·吕太后本纪》中，为什么不就吕太后对汉朝发展作出的贡献加以记述，而仅记她心狠手辣、独揽朝政之处，还应该是当朝对吕太后干政讳莫如深的原因。从当时汉武帝决定立幼子刘弗陵为皇太子，为防止再出现如吕太后这样的女主乱政，不惜杀掉刘弗陵生身母亲钩弋夫人的绝情手段看，汉武帝对吕太后这位非亲生曾祖母的作为该是多么的深恶痛绝啊！所以，汉武帝就此解释说："往古国家所以乱也，由主少母壮也。女主独居骄蹇，淫乱自恣，莫能禁也。女不闻吕后邪?"②

如此，司马迁还敢把吕太后及其两位兄长在剪秦灭楚和建立汉朝中所发挥过的重要作用，如实记载史册而褒扬于后世吗?

---

① 《汉书·匈奴传》，〔汉〕班固撰，中华书局，2012年4月第一版，第3225页。
② 《史记·外戚世家》，〔汉〕司马迁撰，韩兆琦主译，中华书局，2008年1月第一版，第1148页。

三、戚夫人

戚夫人何许人也？《史记》记载："及高祖为汉王,得定陶戚姬,爱幸,生赵隐王如意。"①其中的信息就是,刘邦做了汉王后,遇到了定陶女子戚氏,非常喜欢,纳她为姬并生了儿子如意。

另外,也有后世的史家根据《史记》中有沛公"至丹水,高武侯鳃、襄侯王陵降西陵"②的记载,说高武侯戚鳃是戚姬的父亲。如清代学者王相所著的《百家姓考略》中就说:"汉有戚鳃,高祖戚夫人父,封临辕侯。"但这一说法没有史据。并且,之前宋元时期的冯端临在其所著《文献通考》中就此已经质疑称:"戚鳃者,毋乃戚夫人之族属欤？高帝钟爱赵王,屈周昌使相之,及莫年,则以戚氏本兵,得非阴为保护赵王之计?"冯端临予以否定的理由就是:如果戚鳃是戚姬的父亲,那刘邦就不需要安排周昌去保护赵王如意了,而直接由戚家军保护不是最好的办法吗？另外还有经不起推敲的是,刘邦遇到戚氏是做了汉王以后发生的事情,现在将还未做汉王的刘邦西进咸阳途中遇到的戚鳃与戚女联系在一起,也未免有违史实,更何况戚鳃所在的西陵与定陶还相距千里之遥。所以,我们不能纠结于戚姬的父亲是否是戚鳃这样一个看来不可能的问题,还是要尊重《史记》中的记载,确定刘邦与定陶女子戚氏相遇在成为汉王之后,而不是西进至丹水时。如果再进一步细究的话,其最大的可能是发生在刘邦败退彭城之后,也不是发生在刘邦率大军东进彭城的路上,不然《史记》中就会有刘邦携带戚姬进入彭城以及一起逃离的记载了。

心比天高,为子妄争太子位

一个路上偶遇的女子值得已贵为汉王的刘邦"爱幸"吗？应该值得,因为戚姬确有做嫔妃的容貌和才华。戚姬的相貌自不必说,若不貌美刘邦不会迷恋多年而自会弃之。就其文才来说,戚姬后来含悲咏唱的《春歌》,是最早出现在正史中的五言诗。清代著名诗人费锡璜在其所著《汉诗总说》中,

---

① 《史记·吕太后本纪》,〔汉〕司马迁撰,韩兆琦主译,中华书局,2008年1月第一版,第300页。

② 《史记·高祖本纪》,〔汉〕司马迁撰,韩兆琦主译,中华书局,2008年1月第一版,第266页。

将《舂歌》与《垓下歌》《悲愁歌》《幽歌》等一起评论说:"皆到发愤处为诗,所以成绝调;亦不论其词之工拙,而自足感人。"而就其艺伎而言,虽然《史记·留侯世家》中仅有刘邦要求戚姬"为我楚舞"的记载,但在《西京杂记》中则描述为:"高帝戚夫人,善鼓瑟击筑,帝常拥夫人倚瑟而弦歌,毕,每泣下流涟。夫人善为翘袖折腰之舞。歌《出塞》《入塞》《望归》之曲,侍妇数百皆习之,后宫齐首高唱,声彻云霄。"由此可见,戚姬确有让刘邦"爱幸"的容貌与才华。

再说,刘邦败退彭城是他一生中最为危险和悲惨的事情,他在之后这段最为困难和无助的时间里,遇到如此才貌出众的戚姬,必然是感到了最为温暖的慰藉和最大的人生动力,所以他对戚姬十分宠爱。并且这种爱在他做皇帝多年后依然不减,相关内容在《史记》中有多处表述,反映了刘邦对戚姬的深切迷恋。

其一是说御史大夫周昌有事进宫禀奏,见到刘邦正在亲热拥抱戚姬,周昌急忙退走:

> 昌尝燕时入奏事,高帝方拥戚姬,昌还走……
> ——《史记·张丞相列传》

其二,商山四皓说的话,直指戚姬和如意极为受宠于皇上刘邦,并且威胁到了刘盈的太子地位:

> 臣闻"母爱者子抱",今戚夫人日夜侍御,赵王如意常抱居前,
> 上曰"终不使不肖子居爱子之上",明乎其代太子位必矣。
> ——《史记·留侯世家》

不仅如此,由于刘邦宠爱戚姬,因而在外出征战时也经常带着她,并由此疏远了吕后。遗憾的是,受宠的戚姬并不满足于此,她还想为儿子如意争取储君的地位并使自己的将来更加尊贵。

> 戚姬幸,常从上之关东,日夜啼泣,欲立其子代太子。吕后年长,常留守,希见上,益疏。
> ——《史记·吕太后本纪》

由于刘邦对戚姬爱之深切，自然爱屋及乌，对所生之子也感到"如意"，并取名为如意。在这种心理驱使和戚姬的不断要求下，刘邦也自然产生了"如意类我"而刘盈仁弱的认识，所以他于汉十年（前197年）在朝堂正式提出了"废长立幼"的想法。只是让刘邦没有想到的是，大臣们表示了强烈的反对而未能实施。因此，他于次年改封如意由代王到赵王，暂作为对如意母子的补偿性安慰。但刘邦对改立如意为太子的念想一直没有放弃。汉十二年（前195年），刘邦抱病出征击败黥布归来后，病势愈加沉重，为戚姬和如意未来计，他心中又想动议替换太子。对此，张良极力劝谏，而太傅叔孙通旁征博引述说利害，甚至以死相谏，刘邦均不听。直到他一直求贤不得的商山四皓跟随太子出现在面前，刘邦才感到太子已经羽翼丰满不能再改立了。戚姬也因此万念俱灰，泪如雨下，与刘邦一起上演了一出犹如之前"霸王别姬"般的悲情场面。

这件事情出现在一次举办宫宴时，太子刘盈携商山四皓出席，刘邦大惊，因为这四位白发老人是他之前曾多次相请而不至的大贤。当他目送商山四皓离去后：

> 召戚夫人指示四人者曰："我欲易之，彼四人辅之，羽翼已成，难动矣。吕后真而主矣。"戚夫人泣，上曰："为我楚舞，吾为若楚歌。"歌曰："鸿鹄高飞，一举千里。羽翮已就，横绝四海。横绝四海，当可奈何！虽有矰缴，尚安所施？"歌数阕，戚夫人嘘唏流涕，上起之，罢酒。
>
> ——《史记·留侯世家》

刘邦召唤戚姬过来，指着那四个人给她看，说道："我想更换太子，但由于现在这四个人辅佐他，太子的羽翼已经形成，就难以更动了。吕后真是你的主人了。"戚姬悲痛哭泣，皇上说："你为我跳楚舞，我为你唱楚歌。"于是，刘邦留下了继《大风歌》之后的第二篇诗歌。只不过《大风歌》表达的是放眼天下的豪情壮志，而这首诗则囿于儿女私情，表达了对太子刘盈羽翼已丰的欣慰之意，以及不能再予改立的纠结无奈心情。戚夫人听后更是唏嘘不绝、泪如雨下。

这时刘邦只能做到的是,为如意采取一些安全措施,防止他以后遭到吕后的迫害。因此,他听从时任符玺御史赵尧的建议,安排刚正不阿的御史大夫周昌去做赵国的相国,以保护赵王。只是遗憾的是,戚姬没有随子赴赵国,而是继续留在了宫中,不然戚姬也不会因唱《春歌》再次得罪吕后,或许有可能逃过后来惨遭的劫难。

命比纸薄,惨遭凌辱成人彘

刘邦去世后,戚姬失去了唯一的保护伞,因为她既没有强大的娘家外戚做支持,也没有大臣们为她发声(戚姬怂恿刘邦改立太子这一动摇国本的行为,使大臣们对她和如意不再同情)。所以,现在已经可以左右皇权而能为所欲为的吕太后,自然不会放过这个曾经对她产生最大威胁的女人。吕太后不仅关押了所有被刘邦喜欢的姬妾,更因为"最怨戚夫人及其子赵王,乃令永巷囚戚夫人,而召赵王"。永巷是什么地方?出自魏晋年间而以专记长安都城及附近建设为主要内容的《三辅黄图》(又名《西京黄图》)载:"永巷,宫中长巷。幽闭宫女之有罪者。汉武帝时改为掖庭,置狱焉。"说白了,永巷就是当时关闭罪不至死的宫女劳动的地方,只是到了汉武帝时期,才改为犹如宫中监狱一样的场所。

如果就此理解,吕太后这时可能还没有打算置戚姬于死地,而只是让她穿着下人的衣服做一些苦役,也或者是基于只有先除掉赵王如意才能再除去戚姬的考虑。但事情的发展并非如此简单,戚姬最后迎来的是历史上最为残酷的刑罚。从在永巷做苦役到遭受惨绝人寰的非人折磨,吕太后对戚姬处置方式如此升级,说明她从来就没打算给予戚姬薄惩。当然,也许是戚姬在永巷吟唱的思念儿子的《春歌》,刺激吕后最后产生了必须严惩戚姬的狠心。

《汉书·外戚传》记载戚姬在永巷被囚禁时唱了一首《春歌》:"子为王,母为虏,终日春薄暮,常与死为伍!相隔千里,谁当使告汝?"戚姬在歌中如泣如诉,说自己像奴隶一样整日春米,就连性命也不能保证,却没有人能把自己这种处境告诉远在赵国为王的儿子。儿子是她人生的唯一希望,她多么希望儿子来救她脱身苦海啊!

可以想到,当吕太后听到已经被拘禁劳役的戚姬,不仅不思己过,反而怨恨满满,甚至期盼赵王如意能够救她出去的汇报时,心中是多么的愤怒啊!好啊,既然你对儿子还抱有希望,那我就先把你的儿子召来杀掉,然后再重重折磨你。

吕太后在将赵王如意召来杀害后，随即就让人砍断了戚姬的手脚，挖掉她的眼睛，用火熏烧她的耳朵，又给她喝哑药，把她扔在厕所里，并称其为"人彘"。

> 太后遂断戚夫人手足,去眼,辉耳,饮瘖药,使居厕中,命曰"人彘"。

——《史记·吕太后本纪》

如果说，吕太后为报复而用平常手段杀死戚姬还能被人理解的话，那么她以如此狠毒残忍的手法予以折磨致其死亡，则让人视其毫无人性可言。所以，就连他的儿子刘盈也因此痛哭失声，斥之为"此非人所为"。戚姬的惨死，多有后人对吕后进行谴责，对戚姬表示同情。唐代司马贞批判吕太后"志怀安忍，性挟猜疑。置鸩齐悼，残彘戚姬"。诗人李白则说："戚姬髡剪入春市，万古共悲辛。"五代时期的刘昫在其所著《旧唐书·则天皇后本纪》中说："悲夫，昔掩鼻之馋，古称其毒；人彘之酷，世以为冤。"（悲哀啊！楚怀王时，有郑袖掩鼻的谗言，古代称其为狠毒；吕后残酷的人彘刑法，更被世上认为是最大的冤枉。）

戚姬的悲惨遭遇，不仅使后世文史学家表示了极大同情，就连普通百姓也对戚姬给予了深深的怜悯，甚至奉为神祇。

明代冯应京《月令广义·正月令》载："唐俗元宵请戚姑之神。盖汉之戚夫人死于厕，故凡请者诣厕请之。今俗称七姑，音近是也。"即唐代的百姓把戚夫人视作厕神。

清代学者程廷祚自号青溪居士，他在其《蒋孝廉西征述异记》一文中记载：他结识旅人蒋孝廉，蒋孝廉向他讲述自己旅途中的见闻说"凡天下名花，百余种，各有一司神。历代后妃，以至民间淑媛，或生前德容兼美，菁英未散，或沉冤以没精灵不泯者，皆为花神。前汉后妃为花神者，只有寥寥九人。……其纤腰绰约，顾盼生姿，手执桂花者，戚夫人也"[1]。就提到了戚姬被奉为桂花神的故事。

---

[1] 《青溪集》,〔清〕程廷祚著,黄山书社,2004 年 1 月版。

186

四、薄夫人

薄夫人是历史上少有的与世无争却最终登位皇太后,并得以善终好评的传奇女子。

据《史记·外戚世家》记载:薄夫人是私生女。她的父亲是吴地人,秦朝统一六国时,魏国的部分宗室人员逃到吴地避难,薄夫人父亲与一魏国宗室女私通生下了她。薄夫人父亲去世后,其母亲魏媪携女返回魏地。秦朝末年陈涉建立张楚国后,派周市扶持魏咎做了魏王。后魏咎因败于秦将章邯而自杀,其弟魏豹被项羽复立为魏王。魏媪曾请女相师许负为女儿卜算命运,许负说该女将来会生一位天子。于是,魏媪就将自己的女儿送进魏王宫中为姬。

受召临幸,生刘恒随子入代

楚汉相争初期,刘邦派韩信、曹参打败叛变的魏豹,收复魏国改置为郡,并把魏豹的姬妾送进了工坊做织女,而薄姬也在其中。

一日,刘邦入织坊发现薄姬颇有姿色,就把她纳入了后宫。也许是薄姬少歌舞才华得不到刘邦的进一步关注,因此她自入宫后的一年多的时间里再也没有见到过刘邦,更不要说得到御幸了。后来薄姬见到刘邦并得到宠幸,则得益于薄姬年少时的两个女伴。

> 始姬少时,与管夫人、赵子儿相爱,约曰:"先贵无相忘。"已而管夫人、赵子儿先幸汉王。汉王坐河南宫成皋台,此两美人相与笑薄姬初时约。汉王闻之,问其故,两人具以实告汉王。汉王心惨然,怜薄姬,是日召而幸之。薄姬曰:"昨暮夜妾梦苍龙据吾腹。"高帝曰:"此贵征也,吾为汝遂成之。"一幸生男,是为代王,其后薄姬希见高祖。
>
> ——《史记·外戚世家》

上述是说,薄姬年少时,与管夫人、赵子儿是相好的伙伴,她们曾约定:"先得到富贵的人不要忘记同伴好友。"后来管夫人、赵子儿先遇到汉王并受到了宠爱。一日,汉王坐在河南宫内成皋台上,管夫人和赵子儿两位美人相伴,她们在一起谈笑说起当年与薄姬的相约。汉王听到后,内心怜悯薄姬,当晚就把薄姬召来。聪明的薄姬投其所好说:"昨夜我梦见有苍龙盘踞在我肚子上。"汉王说:"这是显贵的吉兆,我为你促成这件好事。"仅这一次同房,薄姬就幸运地怀有了身孕,并于当年(汉五年,前202年)生下儿子刘恒。薄姬生性淡泊,既没有吕后的精明干练,也没有戚姬的妩媚多艺,因此她并不为刘邦所喜爱。所以,自生下儿子后,薄姬就很少再见到刘邦了。

汉十一年(前196年),6岁的刘恒被立为代王。次年,刘邦去世,薄夫人随儿子刘恒去往了代国。她的弟弟薄昭一同前往。

从刘邦分封刘恒到代国,可以看出刘恒母子在刘邦心中的地位远不如如意母子。因为这次分封,是刘邦将已是代王的如意改封到条件较好的赵国后,再将贫瘠偏远的代国续分给比如意年龄还小的刘恒。但性情淡泊的薄夫人并没有提出任何异议,并在刘邦去世后按照吕雉的安排,带着刘恒去往了封地代国。这既是她随遇而安的心态使然,也或许是她已经洞察到吕雉将会清理内宫而有意避之。但无论她当时怎么想,后来所发生的吕雉幽禁所有曾被刘邦宠爱的姬妾,以及将戚姬母子残杀的事实,确实让人感到薄夫人的明智。虽然她没有像戚夫人那样受宠,且当时也没有和吕后有任何名利纷争,但毕竟也是曾经让刘邦迷恋一时的美姬,并且她还生了一个和如意年龄相仿的儿子。《史记》这样记载:

> 高祖崩,诸御幸姬戚夫人之属,吕太后怒,皆幽之,不得出宫。而薄姬以希见故,得出,从子之代,为代王太后。太后弟薄昭从如代。

——《史记·外戚世家》

偏居代国,诸吕天再返京城

也许因为薄夫人是和吕后一样长时间受到刘邦冷落的女子,因此吕后没有像对待其他姬妾那样将其幽禁,而是允许她随儿子刘恒去了代国。在常人看来,代地不仅贫瘠,还处在匈奴随时侵犯的前沿,实在是一个让人受苦和担心的地方。但在薄夫人看来,代地虽然苦寒,有战争风险,但与京城复杂的矛盾纷争和难以预料的宫廷险恶相比,还是让人安心和安全许多。

所以,薄夫人毫不犹豫地携子去往代国,并安于清静自守,默默无闻地在那里生活了十几年。

吕后将赵王刘如意杀害后,曾先后将刘邦其他姬妾生的儿子——淮阳王刘友、梁王刘恢先后改封到赵国为王,然后又因为他们不满意自己以吕氏女为其姬妾的强行安排,将刘友、刘恢杀害或逼其自杀。这样,赵王的位置就空缺了下来。之后,吕后曾派人去往代国告诉薄夫人母子,打算改封刘恒到条件较好的赵国为王。但薄夫人母子面对这份仿佛充满好意的诱惑,予以感谢推辞,表示愿意继续待在苦寒的代国守边。《史记·吕太后本纪》载:吕后七年,"秋,太后使使告代王,欲徙王赵。代王谢,愿守代边"①。这也许是由于薄夫人确实适应了这样与世无争的避世生活,但或许更主要的原因是她担心到赵国后会引起吕太后更多的注意。况且,赵国已经先后有三位王因吕太后死于非命。

在刘恒被封为代王的第十七年(前180年)七月,吕后去世。"九月,诸吕吕产等欲为乱,以危刘氏。大臣共诛之。"②以周勃、陈平等为首的大臣在诛杀诸吕后,首先决定的是废除吕后所立的少帝刘弘,然后再选一个新皇帝。基于吕后干政所带来的重大教训,这个新帝的条件之一必须是其母亲娘家没有强大的势力。如此对比下来,代王刘恒最符合条件,因为薄夫人的父母出身低微且早亡,其娘家现在也仅有一个没有权势的弟弟薄昭,且薄夫人本人温良恭俭,在她教育下成长起来的刘恒也仁孝宽厚。因此,刘恒成为大臣们一致认可的最佳人选。史载,众大臣一致认为:

> 代王,方今高帝见子。最长,仁孝宽厚。太后家薄氏谨良。且立长故顺,以仁孝闻于天下。便。
>
> ——《史记·吕太后本纪》

大臣们商议拥立新的皇帝,认为刘恒是现在最年长的先帝儿子,且仁孝宽厚,而薄夫人性情谨良,因此刘恒是皇帝最佳人选。

---

① 《史记·吕太后本纪》,〔汉〕司马迁撰,韩兆琦主译,中华书局,2008年1月第一版,第310页。

② 《史记·孝文本纪》,〔汉〕司马迁撰,韩兆琦主译,中华书局,2008年1月第一版,第320页。

当周勃、陈平派朝廷要员赴代国请刘恒来京时，安于代国17年而从无称帝念想的刘恒，不相信天上掉馅饼这种好事会落在自己身上，他甚至怀疑这是不是一个阴谋。刘恒召集属臣们进行商议，但大家的意见也是莫衷一是。为此，刘恒请母亲裁定。薄夫人虽然也无从判断，但她提出了占卜的判定方法。巧合的是，占卜的结果是刘恒确有天子之命，这就促进了刘恒赴长安登基的成行。因此，刘恒成为汉朝的继任皇帝，而薄夫人也由王太后荣升为皇太后。

潜心黄老，淡世事得以善终

薄太后随子返回长安后，深居宫中潜心于黄老道家之说，祈佑国泰民安、天下太平，并不时提醒刘恒常立为国爱民之心。而刘恒也谨遵母亲教诲，以国泰民安为执政目的，"常战战栗栗，恐事之不终"，经常自我反省，由此开启了"文景之治"之盛世。

薄太后以无为之心安于修身养性，很少过问世事，但在两件事情的处理上却起到了一言九鼎的作用。

一是在决定皇后人选的问题上。刘恒登基3个月后，大臣们提议封立太子。因刘恒的王后及其所生4子均已亡故，故封爱姬窦漪房所生长子刘启为太子。之后，大臣们又奏请封立皇后。确立皇后属内宫大事，必须尊重皇太后的意见。薄太后认为既已立刘启为太子，就应该立太子的母亲窦漪房为皇后。于是，刘恒册立窦漪房为皇后，并封其所生长女刘嫖为长公主，封其次子刘武为代王。

二是关于绛侯周勃是否谋反的裁定。曾经削平诸吕、挽救刘汉皇朝的周勃，在被免职回到封地养老时，受人诬告谋反，被刘恒关押到长安的监狱。薄太后听闻后，认为周勃不会谋反。在刘恒前来请安时，她抓起头巾向文帝掷去，怒斥说："当初，绛侯拿着皇帝的印玺，统率北军数十万大军，不在那时谋反，如今身居在一个小县里，反而想要谋反吗！"刘恒即向薄太后赔礼说："让主管的官吏再复核一下，马上放他出狱。"于是，刘恒派使臣手持符节释放周勃，并恢复了他的爵位和封邑。①

---

① 《史记·绛侯周勃世家》，〔汉〕司马迁撰，韩兆琦主译，中华书局，2008年1月第一版，第1244页。

刘恒先于母亲薄太后于后元七年(前157年)去世,薄太后被继位的孙子景帝刘启尊为太皇太后。两年后,已年近古稀的太皇太后去世。据《汉书·外戚传》记载,薄太后"孝景前元二年(前155年)葬南陵","以吕后是正嫡,故不得合葬也"。因吕后是先帝刘邦的正妻,而薄太后作为姬妾则不能与刘邦合葬,而是葬在了汉文帝霸陵的南边,故称"南陵"。南陵位于现陕西省西安市灞桥区,现存有清代陕西巡抚毕沅所立陵碑,上书"汉薄太后南陵"六字。

东汉建武中元元年(56年),光武帝刘秀认为"吕太后不宜配食高庙,同祧至尊"。他追尊薄太后为高皇后,并评价说:"薄太后母德慈仁,孝文皇帝贤明临国,子孙赖福,延祚至今。其上薄太后尊号曰高皇后,配食地祇。"[①]不过在稍后班固所撰写完成的《汉书》中,对薄太后的称谓一直是薄姬,而不称高皇后。这大概是由于班固认为,刘邦在世时薄太后一直是姬妾身份,故不能因为子孙加尊而改变其原本地位。

五、刘邦的其他女人

为刘邦诞下皇子并被史书有所记载的女人除上述4人外,还有为刘邦生下儿子的另外4名姬妾,但她们都没有留下名姓及事迹。即:第五子恭王刘恢的母亲;第六子赵王刘友的母亲;第七子淮南王刘长的母亲(原赵王张敖的姬妾,在刘邦于公元前199年路过赵国时,被张敖送与刘邦而受到宠幸怀孕,在生下儿子刘长后因被刘邦无视而自杀);第八子燕王刘建的母亲。

另外见之史书的刘邦女人还有管夫人、傅夫人、唐山夫人、石美人、赵子儿等人。

---

① 《后汉书·光武帝纪第一下》,〔南朝宋〕范晔撰,中华书局,2012年4月第一版,第67页。

第四卷　刘邦的儿子们

根据《史记·高祖本纪》载："高帝八男：长庶齐悼惠王肥；次孝惠，吕后子；次戚夫人子赵隐王如意；次代王恒，已立为孝文帝，薄太后子；次梁王恢，吕太后时徙为赵共王；次淮阳王友，吕太后时徙为赵幽王；次淮南厉王长；次燕王建。"①由此可知，刘邦共生有 8 个儿子。但可惜的是，8 个儿子均短命，虽然四子刘恒属无人为原因去世，但也因操劳过度仅活到 47 岁，而其他 7 人均属于因人因病的非正常死亡。因此，班固在《汉书》中感慨说："高祖八子，二帝六王。三赵不辜，淮厉自亡，燕灵绝嗣，齐悼特昌。"在这里，班固提到刘盈和刘恒做了皇帝，其余六子被封为诸侯王，并说到其中五子的无辜死亡和刘肥后人的昌盛。

一、长子刘肥

《史记》对刘肥的出身介绍比较简单，也就"刘肥者，高祖长庶男也。其母外妇也，曰曹氏"这样两句话。而对刘肥生平事迹的陈述，除了在刘邦讨伐黥布时，有他派相国曹参率齐兵 12 万协助作战一事的简单提及外，另外涉及刘肥稍详细一些的事迹介绍也仅有两件。

身为庶子，因年长被封齐王

由于刘肥的生母曹夫人是刘邦的外妇，故其只能以庶子的身份简单出现于史书之中。尤其关于刘肥做齐王前的二十几年人生，在史书中就没有

---

① 《史记·高祖本纪》，〔汉〕司马迁撰，韩兆琦主译，中华书局，2008 年 1 月第一版，第 298 页。

任何记载,至于他自幼跟谁长大更是无从得知。是跟随避世的曹夫人长大,还是因曹夫人早亡而跟随祖父刘太公或后妈吕雉成人?并且,刘邦于前209年起兵时,刘肥也已经到了15岁的年龄,按说也可以跟叔叔刘交一起随刘邦入伍。但史书中提到了刘肥的长子刘襄出生于前208年,这大概说明刘肥没有随军,而是在家成婚生子。总之,刘肥做齐王前的人生记录就是一片空白。因此,对刘肥有关情况的梳理,还只能从刘邦安排他做齐王时说起。

汉五年(前202年)二月,刘邦即帝位后封赏诸侯,将齐王韩信改封为楚王,而将齐国改为直属朝廷的郡,后来又恢复齐国。就此,《史记·曹相国世家》载:"项籍已死,天下定,汉王为皇帝,韩信徙为楚王,齐为郡。参归汉相印。高帝以长子肥为齐王,而以参为齐相国。"①

"高帝以长子肥为齐王"的事情发生在次年三月。其背景是因为有人举报韩信想造反,刘邦借赴云梦泽视察之机逮捕了韩信,于是大赦天下,群臣祝贺。而齐地复国、刘肥晋升齐王之事,也是在此时稍后出现。因为当时大夫田肯对刘邦的进言,让刘邦认识到齐地堪比关中一样的重要,并且非自己的嫡亲子弟镇守不可。

是日,大赦天下。田肯贺,因说高祖曰:"陛下得韩信,又治秦中。秦,形胜之国,带河山之险,县隔千里,持戟百万,秦得百二焉。地势便利,其以下兵于诸侯,譬犹居高屋之上建瓴水也。夫齐,东有琅邪、即墨之饶,南有泰山之固,西有浊河之限,北有勃海之利。地方二千里,持戟百万,县隔千里之外,齐得十二焉。故此东西秦也。非亲子弟,莫可使王齐矣。"②

田肯这段进言的意思就是:陛下拿下了韩信,又已经治理了关中。秦地是形势险要之地,周围有山河环绕,与关东有千里长的疆界被山河阻隔。如果关东有百万军队进攻关中,那么秦地只需兵力2万就可以抵挡住。秦地地势这样有利,如果对诸侯用兵,就好像在高高的屋顶用容器往下倒水一样。

① 《史记·曹相国世家》,〔汉〕司马迁撰,韩兆琦主译,中华书局,2008年1月第一版,第1190页。

② 《史记·高祖本纪》,〔汉〕司马迁撰,韩兆琦主译,中华书局,2008年1月第一版,第288页。

还有,齐地东有琅邪、即墨的富饶,南有泰山的险固,西有黄河天险,北有渤海地利。土地纵横 2000 里,与其他诸侯相隔超过千里,如果有百万军队进犯齐地,那么齐国只需 20 万就可以抵挡住。所以说,齐地可以和关中并称东秦和西秦。如果不是陛下的嫡亲子弟,就不可派去做齐王。

在田肯看来,齐地的重要等同于另一个关中,而刘邦已经亲自坐镇关中,那么与之东西遥相呼应的齐地,就需要一个皇子这样身份的人去镇守才能放心。

刘邦非常赞同田肯的进言,就将已经实行郡治的齐地复立为国,封长子刘肥为齐王,任用曹参为齐相国。

在当时刘邦的诸位皇子中,唯有长子刘肥已是成年可以托付外任,而其他各子均年龄幼小,就连已立为太子的二皇子刘盈也还不足 10 岁。

为了确保刘肥能稳定接收和管理齐国,刘邦让曾在韩信为齐王时治理过齐国的曹参再赴齐国协助刘肥。即"高帝以长子肥为齐王,而以参为齐相国"。曹参的功绩和能力自然无须多说,因为他是大汉开国功臣中唯一能文能武的人。封刘肥为齐王以及安排曹参出任相国辅助,既是刘邦对齐国的高度重视,更是对刘肥这个长子从未给予过关心的心理补偿。并且他还将凡是能说齐语方言的地方全部划入齐国,使其下辖范围达到 70 城,使之成为当时诸侯国中最大的王国。

进京朝见,违礼数险遭丧生

史书中直接反映刘肥事迹的第二件事,发生在惠帝刘盈继位后的第二年。那一年齐王刘肥入京朝见,刘盈设宴招待来自远方的唯一哥哥。因为是一家人,刘盈就以长幼之序让大哥刘肥坐在了上首位置,而木讷的刘肥也没有谦让,就心安理得地坐在了上座。这看似极为平常的无心之举,但在吕太后看来,却是有违礼数、僭越犯上的大逆不道行为。于是,吕太后大怒,安排人斟来两杯毒酒,欲杀害刘肥。《史记·吕太后本纪》载:

> 二年,楚元王、齐悼惠王皆来朝。十月,孝惠与齐王燕饮太后前,孝惠以为齐王兄,置上坐,如家人之礼。太后怒,乃令酌两卮鸩,置前,令齐王起为寿。齐王起,孝惠亦起,取卮欲俱为寿。太后乃恐,自起泛孝惠卮。齐王怪之,因不敢饮,详醉去。问,知其鸩,

齐王恐,自以为不得脱长安,忧。齐内史士说王曰:"太后独有孝惠
与鲁元公主。今王有七十余城,而公主乃食数城。王诚以一郡上
太后,为公主汤沐邑,太后必喜,王必无忧。"于是齐王乃上城阳之
郡,尊公主为王太后。吕后喜,许之。乃置酒齐邸,乐饮,罢,归
齐王。①

　　吕太后让刘肥为她祝酒,惠帝也端起其中一个酒杯站起来一起向太后
祝酒。太后急忙站起来打掉了惠帝手中的酒杯。刘肥觉得奇怪,没敢喝手
中这杯酒,便假装醉酒离开了。事后了解,才知道那是一杯毒酒。刘肥很害
怕,也感到难以从长安脱身,心中非常焦虑。随同来京的齐国内史向刘肥献
策说:"太后只有惠帝和鲁元公主两个孩子。如今大王您拥有 70 座城,而公
主的食邑也只有几座城。大王如果能把一个郡的封地献给太后,作为公主
的汤沐邑,太后一定高兴,您也就不必再担心了。"于是,刘肥主动献上城阳
郡作为鲁元公主的汤沐邑,同时还违背礼仪尊自己的异母妹妹鲁元公主为
王太后。吕太后对此欣然接受,并要求刘肥在他的京城官邸设酒宴请自己,
之后才同意刘肥返回齐国。
　　此事看来,吕太后仿佛有些小题大做,而实则不然,或许在她潜意识中
就一直存有是否除掉刘肥的考虑。因为在刘邦的其他 7 个儿子中,除赵王如
意已被吕太后除掉外,也只有刘肥是实实在在拥有强大实力的王。这不仅
是因为齐国广袤富庶,还因为刘肥曾经出兵 12 万协助刘邦追杀黥布,这表明
了齐国还有强大的军事实力。而其他几子虽然也居王位,但均年幼,短时间
内断不会有所作为。因此,目前能够对刘盈构成威胁的也唯有刘肥。所以,
当吕太后看到刘肥竟然不知尊卑坐于刘盈上位时,自然动了杀机,只是她没
有料到刘盈主动端酒的行为打乱了自己的部署。另外,刘肥之后的表现也
实在窝囊,他不仅示好割舍城阳郡送给鲁元公主为汤沐邑,还主动尊鲁元为
齐国王太后,让本为妹妹的鲁元成了自己名义上的母亲。这不仅让人感到
好笑,也让吕太后感到刘肥确实难成气候,并不足以为虑,所以放他一马任
其回国。

　　① 《史记·吕太后本纪》,〔汉〕司马迁撰,韩兆琦主译,中华书局,2008 年 1 月第一
版,第 302 页。

郁闷早亡，子积愤起兵讨吕

刘肥虽然安全回到了齐国，但在京城差点被吕太后杀掉的经历让他心有余悸，而为保全性命，自己主动尊妹妹鲁元公主为母后和割地相让的行为，更时常让他感到憋心和屈辱。后怕、悔恨与郁闷，这种长期难以挥去而倍感折磨的心境，让刘肥的身体每况愈下，于四年后去世。"悼惠王即位十三年，以惠帝六年卒。"①即在公元前189年，齐王刘肥过完了自己憋屈的一生。大致算来，刘肥也仅活了30多岁。不过刘肥子嗣兴旺，其短暂的人生却有13个儿子，其中8位还在后来陆续做了诸侯王。

刘肥虽然已死，但强大的齐国依然是吕太后的顾忌所在，所以她封侄子吕台为吕王，将齐国的济南郡割出作为其封地；封刘邦堂弟营陵侯刘泽为琅琊王，割齐国的琅琊郡为其封地。而此时继位不久的刘肥长子齐哀王刘襄，心中虽然有一万个不同意，但尚年少的他也不敢公然反对，只好将自己的不满与愤怒埋在心里。

公元前180年七月，吕后去世。"当是时，诸吕用事擅权，欲为乱，畏高帝故大臣绛、灌等，未敢发，朱虚侯妇，吕禄女，阴知其谋。"②就是说，吕禄、吕产专权行事，欲作乱自立，被吕禄的女婿朱虚侯刘章获知。刘章是悼惠王刘肥的次子，也是一个在京城很有影响的人物，因为他不仅力气很大、勇武过人，还曾经以饮酒执法为名当着吕太后的面斩杀过吕氏族人。

刘章首先将消息传递给了远在齐国的大哥刘襄，他请刘襄进军长安，说自己和三弟东牟侯刘兴居做内应。刘章将消息传递给自己的大哥是有野心的，并且他这个想法还得到了刘襄的积极响应，那就是借铲除诸吕之机由刘襄做皇帝。

> 朱虚侯章以吕禄女为妇，知其谋，乃使人阴出告其兄齐王，欲令发兵西，朱虚侯、东牟侯为内应，以诛诸吕，因立齐王为帝。
>
> 齐王既闻此计，乃与其舅父驷钧、郎中令祝午、中尉魏勃阴谋

---

① 《史记·齐悼惠王世家》，〔汉〕司马迁撰，韩兆琦主译，中华书局，2008年1月第一版，第1160页。

② 《史记·吕太后本纪》，〔汉〕司马迁撰，韩兆琦主译，中华书局，2008年1月第一版，第310页。

发兵。

——《史记·齐悼惠王世家》

是年八月,刘襄在获知刘章传来的消息后,先以面商大事的理由请身为琅琊王的堂叔祖父刘泽来临淄,然后将其软禁夺取了琅琊国的军权;接着逼死反对起兵的国相召平,然后"以驷钧为相,魏勃为将军,祝午为内史,悉发国中兵"①。刘襄率两国之兵向西攻下吕台的封地济南郡后,同时向各诸侯国发出告知信,说自己将率兵西进诛杀诸吕以维护刘氏政权。

刘章的想法和刘襄的行动,不能说没有道理。因为放眼刘邦的儿子们,现在也仅剩下庶出的四子刘恒和七子刘长。刘恒一直默默无闻地远居于偏僻的北方代国;而刘长自幼由吕后带大,和吕后有着比较亲近的关系,难于让人相信。因此,既然同为庶出,无论讲实力还是论出身,现在怎么排也应该轮到庶长子刘肥这一脉出任皇帝了。况且,从刘肥到刘襄的父子两代,一直受到吕后的欺辱打压,因此哪怕为出心中的恶气,刘襄也要杀到长安灭掉诸吕。

刘襄"悉发国中兵"的兵势还是很大的,并且增加了琅琊国的兵力。但遗憾的是,刘襄这么大的声势,在拿下济南郡后就偃旗息鼓了。原因是刘襄的大军走到济南郡西界时,收到了颍阴侯灌婴关于待诸吕公开反叛后再去共同灭掉诸吕的来信。灌婴本来是受相国吕产所派东进阻拦刘襄大军的,只是一直忠心于刘氏的他带队伍至荥阳时,幡然做出了和刘襄一起灭掉诸吕的决定,于是将所率大军停滞在了荥阳,并与刘襄去信,约待吕氏公开反叛后再名正言顺地一起出兵。

刘襄的出兵行为,不仅促使周勃、陈平主动出击灭杀了诸吕,也彰显了自己的勇气和实力。因此,周勃、陈平等大臣在诛杀诸吕后讨论新任皇帝人选时,首先想到的是齐王刘襄。但让刘襄万万想不到的是,他之前骗取琅琊国的行为,让刘泽恼恨至极。当刘泽以游说推举刘襄登基为由离开临淄来到京城后,他不仅反对推举刘襄为帝,还提出了代王刘恒这个人选,并最终获得了众大臣的一致同意。

---

① 《史记·齐悼惠王世家》,〔汉〕司马迁撰,韩兆琦主译,中华书局,2008 年 1 月第一版,第 1162 页。

大臣议欲立齐王,而琅邪王及大臣曰:"齐王母家驷钧,恶戾,虎而冠者也。方以吕氏故几乱天下,今又立齐王,是欲复为吕氏也。代王母家薄氏,君子长者;且代王又亲高帝子,于今见在,且最为长。以子则顺,以善人则大臣安。"于是大臣乃谋迎立代王,而遣朱虚侯以诛吕氏事告齐王,令罢兵。

——《史记·齐悼惠王世家》

　　刘泽不同意刘襄为帝,并不直接说刘襄不好,而是说刘襄的舅父驷钧是一个像老虎一样凶恶的人,如果立刘襄为帝,那就会出现一个新的吕氏家族;然后指出薄夫人是一位有德的长者,而刘恒在现有刘邦诸子中年龄最长,立年长的儿子为帝名正言顺,况且立一个善良的人大臣们也都安全。对于刘泽的分析和建议,大臣们都同意,于是放弃刘襄而考虑如何迎立代王刘恒,并让朱虚侯刘章将已灭掉诸吕的事情通知齐王刘襄,让其罢兵回国。

　　当刘襄获知诸吕已灭且即将迎刘恒为帝时,只好率兵悻悻返回齐国。

　　刘襄本来是以做皇帝为目的西进的,可他现在怎么就甘心罢兵东归了呢? 这显然是事情的发展完全出乎了他的预料。刘襄虽然以争做皇帝为目的,但他西进的公开理由是为了灭杀诸吕,现在诸吕不仅已经被周勃这批功勋元老率先消灭了,还推举了刘恒为帝。因此,刘襄既失去了继续西进的借口,也不好再公然提出要和刘邦的儿子争做皇帝。并且,他也没有胆量与已经掌握朝廷大军的功勋元老们叫板,更何况前面挡道的肯定还是灌婴这个老牌悍将。反观自己的手下主将魏勃,就是一个被灌婴称为庸人的人。因为当时前去联系合作的魏勃见到灌婴时,"股战而栗,恐不能言者,终无他语"。被灌婴熟视笑曰:"谓魏勃勇,妄,庸人耳,何能为乎!"[1]因此,刘襄感到现在已经没有理由和实力再继续西进争夺帝位。综上,具有自知之明的刘襄,只好退兵打道回府。

　　满怀信心轰轰烈烈西进,最终失望偃旗息鼓东归,这让刘襄郁闷至极,一年后竟撒手西去了。

---

　　① 《资治通鉴·卷第十三·汉纪五》,〔宋〕司马光编撰,沈志华、张宏儒主编,中华书局,2009 年 5 月第一版,第 476 页。

父亲刘肥的人生遭遇,以及大哥刘襄称帝愿望的落空,让在世的刘肥诸子一直难以释怀。他们不仅深恨诸吕,也对偶得皇位的刘恒一脉心怀不满。因为"始诛诸吕时,朱虚侯章功尤大,大臣许尽以赵地王章,尽以梁地王兴居",但是,"及文帝立,闻朱虚、东牟之初欲立齐王,故黜其功"①。也就是说,本来因刘章有大功,大臣们许诺封刘章为赵王、封刘兴居为梁王,但由于刘恒登基后,听闻他们兄弟曾欲推举刘襄为帝,就否定了他们的功劳。直到近二年后,文帝才在本为刘襄封地的齐国地盘内分封刘章兄弟几人为王。因此,在一年后城阳王刘章也郁闷病亡后,济北王刘兴居造反;三十几年后刘肥的另外四个儿子(济南王刘辟光、胶西王刘卬、淄川王刘贤、胶东王刘雄渠)参与七国之乱,向景帝刘启发难。但这些内容已不属于本书梳理介绍的范畴。

二、次子刘盈

刘盈(前210—前188年)是刘邦与吕后之子,也是刘邦的第二个儿子。刘邦去世后,刘盈继位为西汉第二任皇帝。

幼时显贵,童年生活多磨难

刘盈幼时即已显贵,因为在他不足周岁时,曾被人认为有大贵之相。当时他和姐姐鲁元被母亲吕雉因务农带至田地时,遇一老翁路过求水喝。老翁对吕雉说:"夫人乃天下贵人啊。"吕雉又把两个孩子拉过来请其相之。老翁对吕后说:"夫人尊贵,皆因此男。又相鲁元,皆贵。"

刘盈虽然幼时已有贵相,但他之后几年的生活却是在担惊受怕中度过。一是父亲刘邦在当年因押送劳役失职逃亡到芒砀山,母亲吕雉受到牵连,曾被县衙关押一些时日,刘盈也因此一度成为没有爹娘的孩子,而只好由年迈的祖父抚养。二是在紧接着的灭秦之战和楚汉相争期间,作为战争一方主要首领刘邦的家眷,自然也是在恐惧和随时逃亡避难的环境下生活。特别是后来,如果不是王陵护送以及夏侯婴相救,刘盈和姐姐鲁元肯定会随祖父、母亲一起被项羽捉拿,去坐两年多时间的牢房。

---

① 《汉书·高五王传》,〔汉〕班固撰,中华书局,2012年4月第一版,第1753页。

汉二年(前205年)三月,刘邦兵败彭城西逃时,路遇由王陵保护的女儿鲁元和儿子刘盈,遂将其姐弟抱上车一并逃亡。不料楚军追之甚急,加之车重马缓,刘邦心想,如楚军追至不仅自己就连儿女也将性命不保,故多次把刘盈和鲁元踢下车。但太仆夏侯婴,几次下车把刘盈和鲁元抱上来,并对刘邦说:"虽然情况危急,马也不能赶得再快,可是怎能把他们扔掉呢?"就这样,刘盈姐弟俩才得以脱险。据《史记·项羽本纪》载:

> 汉王道逢得孝惠、鲁元,乃载行。楚骑追汉王,汉王急,推堕孝惠、鲁元车下,滕公常下收载之。如是者三。曰:"虽急,不可以驱,奈何弃之?"于是遂得脱。[①]

刘盈随父西逃至栎阳。同年六月,刘邦立刘盈为王太子,由萧何协助都于栎阳。

少时立储,性格羸弱勉称皇

汉五年(前202年)二月,刘邦在定陶即帝位,并立王太子刘盈为皇太子。

在刘盈任皇太子后,刘邦发现刘盈为人仁弱,不像自己,而戚夫人所生子刘如意则酷肖自己。且戚夫人年轻貌美,深得刘邦宠爱,并多次哭求刘邦立如意为太子。故刘邦产生了改立太子的想法。

汉十年(前197年),刘邦就易太子事提出廷议。对刘邦这一动摇国本的议题,众大臣纷纷表示反对,尤其以御史大夫周昌反对得最为强烈。刘邦见状,只好搁置此议。

事后,吕后担心刘邦仍怀易储之意,于是令其兄建成侯吕释之去要求张良出主意。吕释之对张良说:"您常为陛下的谋臣,今陛下欲易太子,您怎么还能高枕而卧?"张良说:"当初皇上数陷于危难,才用我的计策。现在天下安定,皇上要易太子,这是他们骨肉之间的事,我也无能为力!"吕释之强迫道:"不管怎样,还请您想个办法!"

---

① 《史记·项羽本纪》,〔汉〕司马迁撰,韩兆琦主译,中华书局,2008年1月第一版,第234页。

张良只好建议说："这种事情，仅靠我的劝说已经难以奏效。我知道有四个人，是皇上一直想要罗致而又未能如愿的世外高人。他们因听说皇上一向蔑视士人，故躲在山中隐居。如果请太子写一封言辞谦恭的书信，派能言善辩之人，多带些金玉礼物，并配备舒适车辆去诚恳聘请，估计他们会来。然后请他们做太子的宾客，经常随太子上朝，故意使皇上看到他们，这样会对太子很有帮助。"后来吕后依张良建议，把称为"商山四皓"的四位隐世老人请来，并把他们安顿在吕释之的府邸。

汉十一年（前196年），黥布反叛。这时刘邦刚从赵国平叛陈豨归来，且疲惫患病，因此打算派太子率兵前往讨伐黥布。商山四皓就此商议认为："我们之所以来此，就是为了保全太子。如果太子去率兵平叛，那太子就危险了。"于是提醒吕释之说："太子率兵出战，如立了功，权位也不会高过太子之位；如果无功而返，以后就存在被废的危险。再说，跟太子一起出征的各位将领，都是曾经跟随皇上平定天下的猛将，如今让太子统率这些人，这和让羊指挥狼一样，他们肯定不会为太子卖力，太子也不能建功。人常说'爱其母必抱其子'，戚夫人日夜侍奉皇上，赵王如意常被皇上抱在怀里，并言'终归不能让不成器的儿子居于我的爱子之上'。很明显，皇上要以赵王如意取代太子。所以，您应该赶快请吕后向皇上提出反对让太子带兵的理由。"

于是，吕后向刘邦哭诉说："黥布是很会用兵的天下猛将，如今的各位将领都是陛下过去的同辈，您让太子统率这些人，这和让羊指挥狼没有什么两样？他们不会为太子效力。而且如果让黥布知道这个情况，他更会向西进犯。现在皇上虽然患病，可还能乘坐辎车指挥军队，众将也不敢不尽力。您虽然受些辛苦，但为了妻儿还是您带兵出征吧。"刘邦只好答应，并愤愤说："我就知道这小子不堪大用，还是老子亲征吧！"

刘邦亲自带兵东征，留守群臣送到霸上。张良拖病体送到曲邮，他对刘邦说："我本应跟从前往，但病势沉重。楚国人迅猛剽悍，希望皇上不要跟他们正面拼斗。"同时建议："令太子为将军，监关中兵。"刘邦同意，并任命张良任少傅之职以协助太子。

刘邦灭黥布还京后，因受伤致病情更加严重，联想太子刘盈不堪大用，才使自己亲征受伤加重了病情，于是再次提出易储的想法。但这次不仅遭到了太子少傅张良的劝阻，更是受到太子太傅叔孙通的竭力反对。叔孙通

201

说："宗周之时,晋国的晋献公宠爱郦妃,废掉太子,改立郦妃之子奚齐,致晋国经历了几十年的大乱,为天下人耻笑。秦始皇不早定扶苏为太子,使得赵高得以矫诏立胡亥为二世,身死国灭。现在太子仁孝,天下皆知。况且皇后与陛下出生入死,创业维艰,如今大业已成,怎么能轻易背叛? 如果陛下一定要废嫡而立少,臣愿意第一个赴死,以颈血污地。"面对叔孙通引经据典的以死相谏,刘邦只好再次搁置提议。

在一次刘邦宴会时,太子侍奉在侧,商山四皓跟随在后。刘邦见到四位胡须雪白的80余岁老人,问其姓名,得知他们分别名为东园公唐秉、绮里季吴实、夏黄公崔广、甪里先生周术,乃是自己仰慕已久的四位隐士大贤。刘邦说:"多年来我多次寻访诸位高人,你们都避而不见,现在为何来追随我的儿子呢?"商山四皓回答:"陛下一向轻慢高士,吾等不愿自取其辱,因此躲藏了起来。如今听说太子仁厚孝顺,恭敬爱士,天下人无不期待为他效死,所以自愿前来协助。"刘邦知道刘盈羽翼已丰,已难以再废其太子位,于是说:"那就有劳诸位今后辅佐太子了。"①

刘邦虽不想刘盈再为太子,但事已不可为,作为帝王和父亲的他,为江山社稷考虑,还是发自肺腑地对刘盈提出了希望和要求。为此,他专题《手敕太子书》,劝勉刘盈好好学习:

吾遭乱世,当秦禁学,自喜,谓读书无益。洎践阼以来,时方省书,乃使人知作者之意,追思昔所行,多不是。

尧舜不以天子与子而与他人,此非为不惜天下,但子不中立耳。人有好牛马尚惜,况天下耶? 吾以尔是元子,早有立意。群臣咸称汝友四皓,吾所不能致,而为汝来,为可任大事也。今定汝为嗣。

吾生不学书,但读书问字而遂知耳。以此故不大工,然亦足自辞解。今视汝书,犹不如吾。汝可勤学习。每上疏,宜自书,勿使人也。

汝见萧、曹、张、陈诸公侯,吾同时人,倍年于汝者,皆拜。并语

① 《史记·留侯世家》,[汉]司马迁撰,韩兆琦主译,中华书局,2008年1月第一版,第1214页。

于汝诸弟。

吾得疾遂困，以如意母子相累，其余诸儿皆自足立，哀此儿犹小也。①

刘邦开篇就很坦率地讲起自己过去不重视学习。他说，我生在乱世，当时秦朝禁学，我还很高兴，认为读书没有用。但自从当了皇帝，才知道读书的重要性，我让别人给我讲书，明白了很多道理。想想自己以前的所作所为，确实有很多地方做得不对。

他接着说，古代尧舜把天下禅让给别人，并不是他们不知道天下的重要，而是因为他们的儿子都是庸才，不足以当王。普通人有好牛好马都会倍加珍惜，何况是天下呢？你是嫡子，我早已立你为太子。我多次征召商山四皓都不至，现在他们为你而来，认为你有德行可成大事。现再次明确你为太子。

他督促刘盈说，我自己不爱看书，但靠着不断学习，也能粗知大意，能写出表达自己意思的文章。我现在看你写的东西，还不如我，你可要好好学习呀。你以后给我上疏，要自己写，不要让别人代劳。

他告诫说，你见到萧何、曹参、张良、陈平，还有和我同辈的公侯，岁数比你大一些的长者，都要依礼下拜。你也要把这些话告诉你的弟弟们。

他还担忧说，我现在重病缠身，最使我担心牵挂的是如意母子，其他儿子都有依靠立足，可怜如意这孩子还是太小。

刘邦在自己人生的最后时间，通过反省自己过去轻视知识的言行，告诫即将接位的儿子刘盈，只有不断学习知识，才能做一个合格的皇帝。另外，他还告诫刘盈要尊重元老长辈，照顾好如意母子。

《手敕太子书》真挚感人，反映了刘邦的家国情怀。读来让人再次深切感受刘邦的伟大和仁爱。

在刘邦因病去世后，16岁的刘盈于公元前195年五月继承皇位。

萧规曹随，无为施政亦有成

刘盈继位后，事务处理内决于吕后，外决于萧何，朝政运转一切如常。

---

① 《古文苑》卷十，〔清〕顾广圻校勘，中国书店出版社，2012年2月。

惠帝二年,萧何去世,曹参继为相国。曹参为相后,弄巧好名之徒尽皆斥去,只留老成木讷之辈。国政仍尊萧何旧制,自己则日夜饮酒作乐。属下有看不惯者欲谏,曹参即呼之与饮,直至酒醉,说者终不得一言。刘盈见状,深以为忧。时曹参子曹窋为中大夫,刘盈召其代为劝谏。结果曹窋劝谏不成,反遭曹参一顿鞭挞。

刘盈见曹窋挨打,只好亲自召曹参问话。曹参反问刘盈:"陛下自认为跟高帝相比谁更圣明?"刘盈答道:"我怎么敢跟先帝比!"曹参又问:"那陛下看我与萧何谁更贤能?"刘盈道:"你好像比不上萧相国。"曹参道:"这就对了。高帝与萧何定天下,制度法令已经非常清楚,陛下只须垂衣拱手,我们臣下只需各安其职,遵纪守法无有过失即可。"刘盈听后应曰:"很好,我明白了。"①

刘盈自即位起不仅继续推行与民休息政策,还下诏书恢复了原来实行过的十五税一政策。因为刘邦在位时,为了对内平定叛乱,对外迎击匈奴,又增加了一些赋税。等刘盈继位时,内乱已经平定,匈奴也因为和亲政策不再骚扰边境,所以,惠帝便取消了增加的赋税,重新恢复了十五税一的政策。刘盈鼓励农民努力耕作,对于种田有成绩的农民免除其徭役。为了促进人口增加,他还下令督促民间女子及早出嫁,如果女子到了 15 岁还不出嫁,就要征收 5 倍的税赋。对于原来限制商人的政策,刘盈也大为放宽,以促进商业发展,增加国家收入。刘盈为帝期间所采取的这些措施,使西汉初年的经济得以健康向前发展。

刘盈在思想和文化方面也进行了有益的改革。他废除秦时禁锢,使黄老学说进入殿堂,并允许其他各种思想一并发展。公元前 191 年,刘盈将"挟书律"废除。"挟书律"是秦始皇焚书坑儒时推行的一项法令,就是除了允许官府有关部门可以藏书外,民间一律禁止私自藏书。为鼓励文化发展,刘盈废除了这一法令,使长期受到压抑的百家思想等都开始活跃起来,这也为后来汉武帝确定儒家为国家的统治思想提供了基础条件。

刘盈在很短的皇帝生涯中,还完成了对长安城的完善整修。刘邦在位时建设了未央宫和长乐宫,但没有建造城墙,因而缺乏都城的完整性和应有

---

① 《史记·曹相国世家》,〔汉〕司马迁撰,韩兆琦主译,中华书局,2008 年 1 月第一版,第 1194 页。

的气势。那时西汉和外界的交往已经开始增多,长安的都城形象急需提升,刘盈于是决定全面整修长安城。他发动长安周围 600 里以内的民工,从公元前 193 年春开工,到前 191 年秋完工,不仅拓宽了长安城的所有街道,还修建了周围达 65 里的城墙。城墙四面共有 12 座城门,每个城门又分成了三个门道,右边的为入城道,左边的是出城道,中间的则是皇帝专用御道。根据考证,那时长安已经成为世界上可与罗马相媲美的都城了。

刘盈崇尚礼仪,他即位后因为大臣们不懂朝拜、祭祀先帝陵寝和宗庙的礼仪,就任命叔孙通为太常,专门制定祭祀宗庙的仪法。

刘盈恪守孝道,定时自未央宫到长乐宫去朝拜吕太后。由于每次出行都要清道禁行很是烦扰,就在未央宫武库的南面修了一座天桥。叔孙通对此认为:把天桥修建在从高寝到高庙的通道上面十分不妥。因为高庙是汉朝始祖所在,在后代子孙每月祭奠时,从高寝送衣冠走天桥经过通道的上方到高庙,是对高祖的大不敬。刘盈听了大为惊恐,欲马上拆掉此桥。叔孙通接着说:做君主的不能有错误的举动。现在此天桥已经建成,百姓都知道这件事,如果再拆掉,那就说明你之前的做法是错误的。建议陛下在渭水北面另立一座原样的祠庙,在每月送高帝衣冠出游时送到那里,这样就不需要走天桥经过通道了,而且给祖先扩建了宗庙,这也是子孙大孝的重要表现。刘盈听后,就下诏令另建了一座宗祠。①

刘盈虽然宅心仁厚,但也并非完全没有脾气。他在听闻吕太后与身边宠臣审食其过从甚密后"大怒",虽然他管不了自己的母亲,但也不能放过犯上妄为的审食其。因此把审食其关进大狱,并"欲诛之"。审食其是刘邦起义后安排照顾刘太公一家老小的管家。在刘邦称帝后,由于审食其护主之功以及吕后的要求,没有军功的审食其被封为辟阳侯,并继续服务听命于吕后。至于吕太后与审食其是否有私情,司马迁在《史记》中没有明说,只是写道"吕太后惭,不可言"②。只不过刘盈确实仁弱,最后因为有人说情,还是放过了审食其。

---

① 《史记·刘敬叔孙通列传》,〔汉〕司马迁撰,韩兆琦主译,中华书局,2008 年 1 月第一版,第 1946 页。

② 《史记·郦生陆贾列传》,〔汉〕司马迁撰,韩兆琦主译,中华书局,2008 年 1 月第一版,第 1920 页。

积郁早逝，遗世妻小命可悲

刘盈在位 7 年，前有曹参"萧规曹随"，后有吕太后强势干预，故很少处理朝政。特别是目睹如意和戚夫人被吕太后所害的惨状后，更是感到有负先父重托，因而较多沉溺于宫内消极度日，以致积郁成疾，于惠帝七年（前 188 年）八月十二日在未央宫去世，年仅 23 岁。

刘盈谥号为"孝惠"，"惠"有"仁慈、柔顺"的意思，"孝"指喻继承了先人的事业。后来汉朝皇帝的谥号中都有一个"孝"字，仅东汉光武帝刘秀因为是中兴之主而例外。

刘盈死后，吕太后先后立少帝两人，实际亲自执政 8 年。

总体而言，刘盈的 7 年皇帝做得平庸乏陈，所以司马迁未将其单独载入帝王本纪，而是将真正把持朝政 15 年的吕太后列入本纪之中。但惠帝吕太后前后 15 年，是大汉王朝从建国到文景之治的过渡时期，在历史上占有重要地位。因此司马迁在《史记·吕太后本纪》的最后，也一并对刘盈作出中肯评价："孝惠皇帝、高后之时，黎民得离战国之苦，君臣俱欲休息乎无为，故惠帝垂拱，高后女主称制，政不出房户，天下晏然。刑罚罕用，罪人是希。民务稼穑，衣食滋殖。"

东汉班固在《汉书·惠帝纪》中也称赞刘盈说："孝惠内修亲亲，外礼宰相，优宠齐悼、赵隐，恩敬笃矣。闻叔孙通之谏则惧然，纳曹相国之对而心说，可谓宽仁之主。"

另外尚需交代的是刘盈的皇后张嫣，以及刘盈与其他嫔妃生的六个儿子。

吕后为巩固自己的权势，不仅把吕家的女儿嫁给几个刘姓王为妻，还于惠帝四年（前 191 年），把鲁元公主 11 岁的女儿张嫣嫁给刘盈做皇后。刘盈不敢反抗，只好娶了自己的外甥女为皇后，但他一直对其冷落，从不近身。

刘盈去世后，张嫣居后宫守寡。前 180 年，刘恒在大臣们的推举下继承帝位后，为了诛灭吕氏家族势力及免除后患，刘恒默许大臣将后少帝及与吕氏相关的人员都杀了，但唯独留下孝惠皇后，将她安置在北宫中。汉文帝后元年（前 163 年），孝惠皇后去世，享年 40 岁。朝廷将她和刘盈合葬于安陵，没有另外起坟。

吕太后崩,大臣正之,卒灭吕氏。少帝恒山、淮南、济川王,皆以非孝惠子诛。独置孝惠皇后,废处北宫,孝文后元年薨,葬安陵,不起坟。

——《汉书·外戚传》

张嫣自 11 岁出嫁至刘盈去世,四年间并未留下子嗣。因此,吕太后夺取刘盈与后宫其他美人生的孩子作为孝惠皇后所生。即:"吕太后以重亲故,欲其生子万方,终无子,诈取后宫人子为子。"①

刘盈和张嫣无子,但他在位 7 年间却和其他嫔妃一共生有 6 个儿子。其中就有吕太后"诈取后宫人子为子"的前少帝刘恭、后少帝刘弘,以及被吕太后所封的梁王刘太、常山王刘不疑、轵侯刘朝(刘不疑死后,任常山王)、壶关侯刘武(后封淮阳王)。六子中,前少帝刘恭被吕太后废位、处死;刘不疑死在吕太后之前;后少帝刘弘及其他三子,由于群臣认为"少帝及梁、淮阳、常山王,皆非真孝惠子也。吕后以计诈名他人子,杀其母,养后宫,令孝惠子之,立以为后,及诸王,以强吕氏"②,就在刘恒入主未央宫的当夜,将这几个所谓的非刘盈亲生子嗣处死在他们各自的官邸。

实际上,上述被杀诸子皆系刘盈与其他嫔妃亲生。只是大臣们担心这次诛吕及废后少帝的行为,会引来以后刘盈诸子报复,故以不是刘盈亲生为由,将他们全部杀害。可怜刘盈,虽曾贵为帝尊,但因生性仁弱且致早亡,而使吕氏掌权,牵连诸子受害,最后竟然落了个无子绝后的悲惨结局。

三、三子刘如意

如意是刘邦的第三个儿子,根据前文关于刘邦败退彭城后遇到戚姬的时间推断,如意出生在前 205 年至前 204 年间。刘邦登基时,刘如意随母亲戚姬入宫为皇子。由于刘邦感到如意"类我",因此史书中对如意的记载主

---

① 《史记·外戚世家》,〔汉〕司马迁撰,韩兆琦主译,中华书局,2008 年 1 月第一版,第 1130 页。

② 《史记·吕太后本纪》,〔汉〕司马迁撰,韩兆琦主译,中华书局,2008 年 1 月第一版,第 316 页。

要是围绕废立太子的恩怨展开,而其中大臣周昌是一个较多牵涉其中的人物。

命运不济,晋位太子成泡影

汉五年(前202年),时任代王刘喜弃代国逃回,刘邦降其职为郃阳侯,封三子如意为代王。因当时如意年幼不能外放,故刘邦任命陈豨为代国相,全面主持代国一切事务。

如意母亲戚姬是刘邦最宠爱的姬妾,她的宫闱居所是刘邦常去的地方,如意也由此得到刘邦更多的宠爱,甚至让刘邦产生了"如意类我"的感觉。而戚姬则依仗刘邦对自己的宠爱,多次要求立自己的儿子如意为太子。时间长了,刘邦也慢慢产生此意,欲废刘盈而改立如意为太子。

汉十年(前197年),刘邦在朝中提出了改立太子的想法。改立太子是动摇国本的大事,在原太子不犯大错的情况下,一般不能轻言改立。而刘邦此时就因为刘盈仁弱便欲废其太子位,自然遭到了众大臣的一致反对,尤其是御史大夫周昌,更是竭力反对。

御史大夫负有监察百官的责任,与丞相、太尉并列为三公,对人事变更及涉及朝廷根本的大事最具有发言权。周昌和他的堂兄周苛都曾是秦朝的泗水卒吏,当刘邦在沛县起兵后,兄弟二人第一时间投靠了刘邦。依和刘邦的私人关系而论,周昌兄弟也是仅次于起于丰沛的萧何、周勃等人的铁哥们。因此,刘邦为汉王时,任命周苛为御史大夫,周昌为中尉。后来,周苛执行刘邦命令坚守荥阳,被项羽捉拿拒不投降而遭到烹杀,这让刘邦颇为感动,就让其弟周昌继任为御史大夫。刘邦即帝位后大封功臣,不仅让周昌继续担任御史大夫,还封他为汾阴侯。

周昌不仅有功绩、资历深,还刚强正直、敢于直言。周昌有一次去刘邦处汇报情况,发现刘邦正在拥抱戚姬,急忙回避。刘邦追出来捉住周昌,骑在他的脖子上问:"我是怎样的君主?"周昌仰起头说:"陛下就是桀、纣之主。"刘邦一时竟然笑了起来,但从此对周昌也生有怯意。

现在周昌极力反对更换太子,刘邦只好问其理由。周昌因口吃且十分愤怒,就说:"臣口吃不能讲出来,然而臣知其不可。陛下想废太子,臣不接受诏命。"这让刘邦感到既无奈又好笑,只能暂时作罢。

同年九月,代国相陈豨反叛自立为代王,次年被刘邦剿灭。刘邦随之将如意由代王改封到自然与经济条件比代国优越的赵国为王。

难逃厄运，周昌无力护安全

刘邦改立太子之事未能实施，担心自己死后如意母子的命运，为此经常闷闷不乐。符玺御史赵尧猜到刘邦心思，借机问刘邦说："陛下之所以不高兴，是不是因为赵王年少，戚夫人又与吕后不和，您担心万岁之后赵王不能自保呀？"刘邦说："我确实担心，但不知怎么办。"赵尧说："陛下只要为赵王安排一个坚强的相，而这个人是吕后、太子、群臣一向尊敬畏惧的人就可以了。"刘邦说："是这样。然而谁可以担当此任呢？"赵尧说："御史大夫周昌，其人坚强正直，从吕后、太子到以下大臣都一向敬畏他。也只有周昌可以。"刘邦回道："可以。"

> 于是乃召周昌，谓曰："吾欲固烦公，公强为我相赵王。"周昌泣曰："臣初起从陛下，陛下独奈何中道而弃之于诸侯乎？"高祖曰："吾极知其左迁，然吾私忧赵王，念非公无可者。公不得已强行！"于是徙御史大夫周昌为赵相。
>
> ——《史记·张丞相列传》

此段内容是讲，刘邦召来周昌说："我必须烦劳你的大驾，一定要为我去当赵相。"周昌哭泣说："臣从一开始就追随陛下，为什么陛下中途把我抛弃到下面的诸侯国去呢？"刘邦说："我很清楚这是降了你的职，可我实在担心赵王没人照顾。思来想去也只有你能当此重任，所以不得已委屈你赴赵国。"周昌虽然敢于顶撞刘邦，但那是就国本等原则性问题而言，而眼前的迁任实际是情义相托，他实在不好拂逆刘邦的信任，因而只好赴赵国为相。

汉十二年（前 195 年），黥布造反。刘邦身体有恙，本打算让太子刘盈领兵平叛，后因吕后以刘盈难以胜任为由阻拦，只好御驾亲征，这也让刘邦对刘盈再度感到失望。刘邦归来后，感到自己时日无多，遂再次提出了废长立幼的动议。如上次一样，此议仍然招致了大臣们的强烈反对。当商山四皓这四位世外高人伴随刘盈出现时，刘邦感到改立太子已无可能。因此，他也只好让刘如意继续在赵国为王。

刘邦去世后，他之前担心的果然出现了。由于吕太后对戚姬母子怀恨极深,她为杀掉赵王如意,在刘邦去世不久就派使臣召赵王入京。赵相周昌知道吕太后的歹意,就推脱说赵王有病不能前往。使臣前后三次到赵国,周昌一直推阻。对于周昌的阻拦,吕太后感到很无奈,因为当年是周昌的竭力反对,才保住了刘盈的太子之位,也算保住了她的皇后之位,她也因此欠周昌很大的人情。于是,吕太后就采取了调虎离山的办法,先调周昌入京,然后再调赵王赴京。周昌到京后,前去拜谒吕太后,吕太后并不隐讳自己的想法,怒斥周昌说:"你不知道我恨戚氏吗?为什么还阻止赵王前来见我!"但她也仅此而已,对有大恩于己的周昌,吕太后也不好对其作出惩处。

周昌被调离赵国后,赵王如意失去了周昌的强力保护,只得奉召来京。开始所幸运的是,刘盈谨记先皇所嘱及顾念兄弟之情,担心太后杀害如意,不仅亲自到霸上迎接如意回京,还和如意同饮食、共起居,使太后一时没有机会下手。但防不胜防的是,在惠帝元年十二月,因刘盈一早出去射猎,担心如意年龄小且天寒不能早起,就留他一人在宫内。太后听报如意一人在宫内,就派人以毒药害死了如意。

正直守信的周昌,因没有完成先皇交代的任务保护好赵王,非常自责而从此称病不朝,3 年后去世,谥号悼侯。

四、四子刘恒

刘恒是刘邦的第四个儿子。在刘邦的 8 个儿子中,刘恒属于最幸运的一个。因为得益于母亲薄夫人的影响,从不参与朝政而偏安一隅的刘恒,竟然十分意外地做了汉朝第五任皇帝。

喜从天降,冷静处置登基成真

汉十一年(前 196 年),刘邦在平定代地陈豨的叛乱后,册立 8 岁的刘恒接任如意为代王,都于晋阳(今山西太原)。次年刘邦去世,吕太后放刘恒赴代国就任。刘恒在就藩代国的 15 年间,谨遵母亲薄夫人教诲,恭俭作则,认真做事,不仅养成了谨慎沉稳的性格,还锻炼培养了处理国事的能力。

高后八年(前 180 年),吕太后去世。忠于刘氏汉室的太尉周勃、丞相陈平和朱虚侯刘章携手诛灭了吕氏势力,但大臣们马上面临着是否还要继续拥立刘弘为少帝这个重大问题。按照周朝留下来的宗法制度,皇帝的继承人必须是嫡长子,作为刘盈长子的刘恭早已被吕太后杀害,而后来接任帝位的是刘恭的弟弟刘弘。从法统上讲,让刘弘继续留任称帝当无问题。但让大臣们担心的是,作为吕太后亲自安排为皇帝的刘弘长大后,是否会对曾灭掉其祖母家族的大臣们进行报复?这是让大臣们极为担忧的。因此,必须废掉刘弘的帝位,改立新的皇帝人选,才能让大臣们彻底放心。

当时,刘邦尚在世的儿子只有时任淮南王刘长和代王刘恒;另外,刘邦的孙子中居长的是刘肥的长子齐王刘襄。刘长无母系氏族背景,应该无须担心,但他自幼由吕后代为养大,和吕氏家族有很深的渊源关系,因而让大臣们感到不放心。而刘襄呢?虽然是他最先发起了灭吕行动而立有大功,但他有一个凶恶如虎的舅舅驷钧,如推举刘襄为帝,他的娘舅家族是否会成为一个新的吕氏集团呢?如此看来,刘长和刘襄皆非理想人选。再仔细考量代王刘恒的情况,他不仅一直安居代地,性格平和,待人谦恭,且其母亲薄夫人的娘家也是平常人家。因此,综合刘恒的各方面条件,推举他为新皇,最符合大臣们的长远利益。刘恒也由此成为众大臣一致赞同的皇帝人选。

刘恒有自知之明,他不是嫡子,且戚姬为赵王如意谋求太子之位的人生结局已有前鉴。因此,此时的刘恒只求和母亲薄夫人能有一个安定之地平静地生活,也从来没有产生过当皇帝的欲望。

当朝廷使臣来代国传达众大臣的推举结果时,刘恒不仅不相信,反而怀疑这是个阴谋。他的属臣们也就此产生了分歧:郎中令张武等认为有诈,建议刘恒以有病为由不要前往,坐观其变,等待时机;而中尉宋昌力排众议,认为刘氏江山稳固,不必有所顾虑。刘恒决定用龟甲占卜来决定吉凶。结果卦兆得到一个"大横"的结果。卦辞表明:"大横"预示更替,卜卦人将马上成为天王,就像夏启延续夏禹的事业那样。卦师还解释说:天王就是指皇帝。

刘恒此时虽然已经有所相信,但仍谨慎地派舅舅薄昭去往京城见绛侯周勃,以再探虚实。

薄昭赴京对周勃的求问,证实了朝中大臣们确已推举刘恒为帝,这使刘恒决定入京即位。但他在去往长安的路程中,还是心有忐忑,担心意外。为预防万一,在到达离长安城50里的高陵附近时,刘恒派宋昌先行探路。宋昌到达渭桥时,见到丞相及以下的官员都在迎接刘恒的到来,于是迅速回报。当刘恒一行来到渭桥时,恭候的群臣均以臣子之礼拜见,刘恒亦下车回拜。这时太尉周勃进言要求单独禀陈。宋昌回答:"如果太尉所陈的是公事,就请当着众臣的面说;要是所陈的是私事,我们大王不接受私下相请。"于是周勃就跪着送上天子玉玺和符节。刘恒辞谢说:"这些事情等到京都的代国府邸再议。"

刘恒从听闻即帝位到赴京至渭桥时的表现,已然显示出了处事的谨慎和政治上的成熟。他即将登位大宝,如此时应周勃的要求主动移步说话,不仅影响自己的威仪,也会引来其他大臣的猜忌甚至不满;至于暂不接受周勃奉上的玉玺,一是登基需要隆重的礼仪,二是也不能显得自己对皇位迫不及待,免得被群臣轻视。所以,刘恒先后两次拒绝了周勃的请求。

刘恒在周勃、陈平等众大臣的簇拥下进入代邸后,众大臣再次陈述了拥戴刘恒为帝的理由。他们说,皇子刘弘等都不是孝惠皇帝的儿子,不应当做皇帝,而您是高祖现在最年长的儿子,应该继承皇位。刘恒则面对站在西面的大臣三次辞让,向站在南面的大臣二次辞让。陈平等大臣再次劝进说:

> "臣伏计之,大王奉高帝宗庙最宜称,虽天下诸侯万民以为宜。
> 臣等为宗庙社稷计,不敢忽。愿大王幸听臣等。臣谨奉天子玺符
> 再拜上。"代王曰:"宗室将相王列侯以为莫宜寡人,寡人不敢辞。"
>
> ——《史记·孝文本纪》

于是,刘恒在做足礼数、众大臣以依天命民心所归为请的情况下,同意即天子位。是日,刘恒派遣太仆夏侯婴和东牟侯刘兴居清理宫掖,而后乘坐天子专用的车马仪仗从代王府邸迁居到未央宫。

公元前180年十月七日,刘恒正式举行登基仪式即帝位。

一改温良,恩威并施巩固皇权

入住未央宫后的刘恒,为自身安危和巩固皇权,一改进京时的温良谦和形象,马上采取了一系列的强硬措施。

刘恒在进入未央宫的当天,就任命亲信宋昌为卫将军,镇抚南、北二军,将兵权从周勃手里夺了过来,独掌禁军;任命张武为郎中令,负责巡察保卫宫中,同时将皇宫内的守卫全部撤换成自己从代国带来的亲兵。

当日夜,刘恒认可大臣们关于现刘盈之子皆非亲生的说法,同意将刘盈尚在世的儿子——后少帝刘弘、梁王刘太、常山王刘朝、淮阳王刘武全部诛

杀。因为他深知，如不否定刘弘及其兄弟乃刘盈亲生的血缘身份，他将没有任何理由即帝位继承大统。

紧接着，刘恒连夜召集陈平、周勃、张苍三人拟诏，为灭诸吕和自己登基正名以及笼络民心。即：

> 制诏丞相、太尉、御史大夫："间者诸吕用事擅权，谋为大逆，欲危刘氏宗庙。赖将、相、列侯、宗室、大臣诛之，皆伏其辜。朕初即位，其赦天下，赐民爵一级，女子百户牛、酒，酺五日。"①

经过如此一番紧张的操作，刘恒不仅加强保障了自己的安全，也为自己的登基作了符合道统的声明。于是，他于第二天去太庙祭告天地祖宗，正式接过玉玺，登上大位。第三天，安排国舅薄昭去代国接回薄太后。

刘恒知道自己无雄厚的政治基础，仅是依靠一批老臣的拥戴才登上皇位的，因此他所面临的首要任务，是紧紧拉住和用好诛杀诸吕及拥护他登基的这批老臣。他改封周勃为右丞相，陈平为左丞相，将大将军灌婴升为太尉，增加了周勃、陈平、灌婴、刘章、纪通、刘兴居等人的封邑，还对其他有功之臣以及从代国跟来的官员进行了相应提拔，并将以前诸吕所侵占的齐、楚等国的故地，归还给各国。

之后，刘恒新立了一批刘姓诸侯王，这使他在宗族内的威信大大提高。他立原赵幽王刘友之子刘遂为赵王，徙封原琅琊王刘泽为燕王。后来又立刘遂之弟刘强为河间王，朱虚侯刘章为城阳王，东牟侯刘兴居为济北王。次年又立3位皇子：刘武为代王（后徙封为淮阳王，再徙封为梁王），刘参为太原王（后徙代王），刘揖为梁王（在位10年时坠马而亡，后刘武徙为梁王）。

刘恒所采取的奖励功臣及普惠天下的行为，确实笼络了人心。因此，在他即位3个月后的孝文元年（前179年）正月，大臣们就积极建议册立刘恒的长子刘启为太子，刘恒在依旧谦让推辞一番后，立刘启为太子。同月，刘恒又立刘启的生母窦姬为皇后。这进一步确立和巩固了刘恒帝位的合法性，以及帝制架构的完整性。

---

① 《史记·孝文本纪》，〔汉〕司马迁撰，韩兆琦主译，中华书局，2008年1月第一版，第324页。

这里还应记叙的是,刘恒本有王后,并且生有几个儿子,只是在进京前王后就死了,而几个嫡子也在刘恒称帝后的 3 个月内相继病死。这也是刘启能被立为太子、窦氏能被立为皇后的原因。《史记·外戚世家》载:"先代王未入立为帝而王后卒。及代王立为帝,而王后所生四男更病死。"①《史记·孝景本纪》也载:"孝文在代时,前后有三男,及窦太后得幸,前后死,及三子更死,故孝景得立。"②两处记载不同,一说四子,一说三子,但这不重要,重要的是先王后及几子在刘恒称帝前后的相继死亡。如此离奇的事情发生,不免使人联想,先王后是否也是吕太后当年指定的吕氏女?而娶吕氏女为王后,是否就是当年吕太后安排刘恒赴赵国而拒去的条件交换?如果此联想成立,那么先代王后及其几子的短时间相继死亡,就不难理解了。因为,刘恒也需要以这样的投名状切断与诸吕的联系,才能取得周勃、陈平诸大臣及刘氏宗族的信任。当然,此联想没有史料可以佐证,这里也仅推测认为是一种最为合理的解释而已。

刘恒上述这些广洒雨露的恩惠措施,使他的民意大为提升。但他在展现自己施恩普惠的圣明后,还必须彰显自己的皇权帝威。

抑制重臣是刘恒执政初期所采取的一项重要手段。最典型的例子是对大功臣周勃的态度变化和相应处理。周勃因为拥立刘恒有功,每次退朝时总是表现出傲慢的样子,仿佛不把新帝放在眼里。而刘恒则对他非常有礼,经常目送他先行离去。有大臣劝说刘恒,不该对周勃如此礼遇,这样有失君主的身份。但刘恒并没有直接对周勃表现皇帝应有的威严,而是以询问国情为由考问周勃。

刘恒称帝半年后,已经熟悉国家大事。他在一次廷议时问右丞相周勃:"全国一年有多少刑事案件?"周勃回答不知。刘恒又问:"全国一年的钱粮收支各有多少?"周勃亦不能回答,而顿感汗流浃背。刘恒只好再问左丞相陈平,陈平回曰:"有专门负责刑狱、钱粮的官员,把他们叫来一问即可。"刘恒则说:"既然有官吏专管此事,那二位丞相又管什么呢?"陈平则回答:"宰相者,上佐天子,下理万物;外抚诸侯,内附百姓,使卿大夫各司其职焉。"刘

① 《史记·外戚世家》,〔汉〕司马迁撰,韩兆琦主译,中华书局,2008 年 1 月第一版,第 1132 页。

② 《史记·孝景本纪》,〔汉〕司马迁撰,韩兆琦主译,中华书局,2008 年 1 月第一版,第 348 页。

恒对陈平的回答称善。

这次让周勃陷于窘境的考问,既使周勃感到了惶恐,也让刘恒树立了自己的威严。因为刘恒知道,对周勃和陈平这样的老臣,只有恩威并施,才能使他们真正忠心于自己。

而经此考问的周勃也感到自己理政能力不足,主动要求辞去了右丞相职务。左丞相陈平独自任丞相。

1年后,陈平去世,文帝二次任命周勃做丞相,但仅10个月后,刘恒就以列侯归封国为借口免除了他的相职。因为当时很多的列侯都住在长安,这需要各封地用大量的人力物力不断往京城输送粮食等各种物资,给地方百姓增加了很大的负担。因此,刘恒就下诏命列侯到自己的封地去生活。但很多人还是找各种借口留在京城,这让刘恒很生气,便让周勃带头做表率,并免去了他的丞相职务。

对周勃来说,事情到此并没有结束。因为他居住的封地绛县,地处河东郡,每当河东郡守或郡尉来绛县时,周勃总是怀疑他们来逮捕自己,因而披盔戴甲出面,就此有人举报周勃怀有谋反之心。于是,周勃被刘恒派人抓到了京城。后来周勃通过国舅薄昭的周旋,以及薄太后的干预才得以释放。

一个拥新帝而功列第一的开国元勋,被如此反复捧起和摔下,确实让大臣们看得心惊胆战,哪里还有人敢存有二心,也只能效忠新帝而尽心做事。况且,刘恒在免去周勃丞相职务时,又任命了另一位开国元勋灌婴接任丞相。他似在表明,我弃用的只是周勃一个人,听话的老臣、老将们依然是我重用的人。就此,众大臣还能说什么呢?

已经立威的刘恒,不允许任何人挑战他的权威,包括他的舅舅薄昭。薄昭是刘恒最为信任的人,他在刘恒进京时的前期探查功莫大焉,因为如形势有变,薄昭将首先丧命,他也因此被即帝后的刘恒封为轵侯,并任车骑将军。但后来薄昭依仗自己国舅的地位,干涉朝政,骄纵不法,使刘恒逐渐感到不满。在文帝十年(前170年)时,薄昭竟然处死了刘恒派去调查土地侵占情况的使臣,这让刘恒大为恼怒。前事历历在目,刘恒不能容忍母系氏族篡权妄为的历史重演。因此,他派公卿大臣登门劝说薄昭认罪并以自尽了断,而薄昭因期望姐姐薄太后说情,迟迟不愿从命。刘恒则又命大臣们前往轵侯府生祭吊唁,迫使薄昭无奈自杀。①

宽俭待民,开启"文景之治"盛世

《史记·文帝本纪》通篇所述,皆是刘恒一直以谦虚自省的态度行使仁政,以勤俭孝义的行为垂范世人,没有一点不是之处。

西汉王朝建立后,虽然高祖、惠帝、吕后都先后着力于发展农业生产,稳定统治秩序,并收到了显著的成效,但至刘恒即位时,国家财力和人民生活还是非常困难。于是刘恒开始实施自己的治国之策。

时任太中大夫贾谊作文《过秦论》,分析指出秦国灭亡的内在原因,并提出治国的根本方针为"牧民之道,务在安之",使刘恒深知百姓生活之苦乐对政权安定的重要意义,故采取了一些更为宽松的经济生产政策。

刘恒首先从减轻农民负担入手,大幅度减轻田租税率,先后在文帝二年(前178年)和文帝十二年(前168年)"除田租税之半",把之前的田租十五税一,改为三十税一。到了文帝十三年(前167年),甚至免除了田租。直到景帝继位以后,田租才恢复到三十税一,并从此成为汉代田租的定制。

刘恒不仅认为"农,天下职本,其开籍田",相继颁布一系列惠农措施,还"朕亲率耕,以给宗庙粢盛"②,多次亲自下田耕作。刘恒重视农业,亲力亲为,以身作则的示范效应,大大促进了农民生产的积极性。

刘恒为增加民力还减轻了徭役,他"闵中国未安,偃武行文,……丁男三年而一事"③。刘恒把成年男子的徭役改为每三年服役一次,不仅为汉代的人丁兴旺奠定了基础,也是中国封建历史上独有的。

刘恒不仅重视农业生产,也鼓励发展商业,因为这样可以增加税收,缓解田租税减少带来的财政压力。他开放山泽之禁,废除过关用传制度,促进了商品的流通,加强了地区间的经济合作,"是以富商大贾周流天下,交易之

---

① 《汉书·文帝纪第四》,〔汉〕班固撰,中华书局,2012年4月第一版,第108页。

② 《史记·孝文本纪》,〔汉〕司马迁撰,韩兆琦主译,中华书局,2008年1月第一版,第330页。

③ 《汉书·严朱吾丘主父徐严终王贾传》,〔汉〕班固撰,中华书局,2012年4月第一版,第2454页。

物莫不通"①。

刘恒在位期间一心向民,不劳民力,处处以民众的利益为最高准则。甚至当出现天灾和异象时,他就联系反省自己的所思所为,并及时出台更加有利于民生的政策。

刘恒躬修节俭。他在帝位23年,从未修建过宫室、苑囿,没有更新过车骑仪仗、服饰器具;他规定后宫女性裙衫不得拽地,帷帐不饰花纹;他甚至对修建自己的陵墓也要求只用瓦器,不得用任何贵金属装饰;他还强令禁止各诸侯国向朝廷进贡。当他病危时,依然不忘节俭和心系百姓,留下了历朝历代皇帝中最为感人的遗诏。他说:

> 世上之人,总是喜生而恶死,死后厚葬,破家费业,过度服丧尽孝而损害活着的人的身体健康,朕很不赞成这些做法。且朕本就没什么德望,没有什么恩惠给百姓,我死后,如果又让臣民过度服丧几年,让父子悲哀、老人伤感,让大家饮食受影响,连鬼神的祭祀都荒废了,这是加重了朕的失德啊,怎么对得起天下呢!……现诏告天下臣民:我死后,大家哭吊三天,便可脱去丧服;不要禁止民间嫁娶、祭祀、饮酒、食肉;亲戚中应当参加丧事穿丧服哭吊的,都不要赤脚;孝带宽度不要超过三寸,不要在车辆和兵器上蒙盖丧布;不要组织百姓在宫外哭丧;宫殿之中应该哭祭的,只要早晚哭十五声,待礼仪完毕即可;非早晚哭祭时间,禁止擅自前来哭祭;棺椁葬下后,该穿大功之服的宗室亲戚,服丧十五天,该穿小功之服的服丧十四天,其余人穿丧服七天即可。其他不在此诏令之中的情况,都要参照办理,并布告天下,让天下人知道朕的用意。霸陵周围要维持原有山川的面貌,不得有所改动。后宫中女子自夫人以下至少使,都遣送回家。②

刘恒"循守成法"。他在一次出行时路过渭桥,有人从桥下走出,使其乘

① 《史记·货殖列传》,〔汉〕司马迁撰,韩兆琦主译,中华书局,2008年1月第一版,第2536页。

② 《史记·孝文本纪》,〔汉〕司马迁撰,韩兆琦主译,中华书局,2008年1月第一版,第343页。

车的马受惊。廷尉张释之判处此人"罚金"（罚4两金），刘恒则要求处死。张释之向刘恒说："法律是天子和天下人共同制定的，如果我们轻易地改变法律，就会使人们对法律失去信任。"刘恒当即表示廷尉说得对。

刘恒孝名留世。史载："生母薄太后，帝奉养无怠。母常病，三年，帝目不交睫，衣不解带，汤药非口亲尝弗进。仁孝闻天下。"刘恒的孝母行为，被引入世传的"二十四孝"中，其一"亲尝汤药"，说的就是刘恒。

刘恒不仅自己行孝，还大力倡导孝悌思想。他专就此下诏说：

> 孝悌，天下之大顺也。力田，为生之本也。三老，众民之师也。廉吏，民之表也。朕甚嘉此二三大夫之行。今万家之县，云无应令，岂实人情？是吏举贤之道未备也。其遣谒者劳赐三老、孝者帛人五匹；悌者，力田二匹；廉吏二百石以上率百石者三匹。及问民所不便安，而以户口率置三老孝悌力田常员，令各率其意以道民焉。①

立足安定，妥善处置内政外交

刘恒即位之后，虽然以软硬兼施的手段稳定了大局，但刘氏宗室内部因皇位继承问题还是潜伏着尖锐的矛盾。

文帝三年（前177年），济北王刘兴居率先发动叛乱。刘恒派兵镇压，叛军土崩瓦解，刘兴居被俘自杀。

3年后，皇弟淮南王刘长又举起了叛旗，但尚未开始行动，即被朝廷发觉。刘恒派人传讯刘长入京，罢去他的王位，将他发配蜀郡。刘长于途中绝食而亡。

两起叛乱虽然被平息了，但汉初诸侯王势力的恶性发展，仍然是潜在的朝廷分裂势力。为此，大臣贾谊上《陈政事疏》（《治安策》），提出两点认识：第一，亲疏不是主要问题，即同姓诸侯王不比异姓王可靠；第二，是强者先反叛，弱者后反叛，在这样的封国条件下，最后都会威胁到朝廷政权。他就此还提出了"众建诸侯王而少其力"的建议，即分割诸侯王国的势力，从而达到朝廷集权的目的。

---

① 《汉书·文帝纪》，[汉]班固撰，中华书局，2012年4月第一版，第109页。

刘恒十分欣赏贾谊的《治安策》，但当时他正用心于稳定政局和发展社会经济，形势还不允许他马上以激烈的方式实施《治安策》中的政治构想。直到文帝十六年（前164年），齐王刘则死，无子嗣位，文帝趁机将最大的齐国分为六国。后来又将淮南国一分为三，分封刘长的三子刘安、刘勃、刘赐为王。至此，诸侯国的势力方才有所削弱。但是，皇权和王权的矛盾仍未能从根本上解决，所以至景帝时期又发生了吴楚七国之乱。

刘恒在位期间，主要采取防御性的国防政策。他即位后，将军陈武等提议收取南越和朝鲜，刘恒说：

> 朕能任衣冠，念不到此。会吕氏之乱，功臣宗室共不羞耻，误居正位，常战战栗栗，恐事之不终。且兵凶器，虽克所愿，动亦耗病，谓百姓远方何？又先帝知劳民不可烦，故不以为意。朕岂自谓能？今匈奴内侵，军吏无功，边民父子荷兵日久，朕常为动心伤痛，无日忘之。今未能销距，原且坚边设候，结和通使，休宁北陲，为功多矣。且无议军。
>
> ——《史记·律书》

从上述刘恒的回答可以看出，他非常愿意和周边修好，而不愿再动干戈，让百姓重陷于战火之中。

刘恒为了谋求安定的和平环境，对匈奴一直采取忍让的态度，继续执行和亲政策，尽量避免再动干戈。但他也深知，匈奴虽然受益于和亲政策，却不信守和亲盟约，因此还必须同时准备有效的御边之策。当时太子家令晁错上书，分析汉朝与匈奴双方在军事上各自的长短，建议实行"徙民实边"、耕战结合的积极防御策略。其主要内容为：在边地建立城邑，招募内地人民迁徙边地，一面种田，一面备"胡"；每个城邑迁徙千户以上的居民，由官府发给农具、衣服、粮食，直到他们能自给为止；迁往边地的老百姓，按什伍编制组织起来，平时进行训练，有事则可应敌。凡能抵抗匈奴人的侵扰，夺回被匈奴人掠夺的财富，则由官府照价赏赐一半。刘恒采纳了这个建议，从而改变了单一轮换屯戍的制度。因为这不仅有利于对边郡的开发，还大大加强了抗击匈奴的防御力量，并且有利于休养和生息，使内地的社会经济得以迅速恢复和发展。这也为后来汉武帝彻底解决匈奴问题打下了基础。

刘恒即位后,解决了与南越前些年发生的矛盾和归属问题。

秦始皇三十三年(前214年)统一南越,设置了桂林、象、南海3个郡。秦末农民起义爆发后,行南海郡事的赵国人尉佗侵吞其他两郡,自立为南越武王。汉高祖十一年时,尉佗接受刘邦的"南越王"封号,从此"称臣奉汉约",使南越国成为西汉王朝的属国。吕太后统治期间,对南越实行经济封锁政策,尉佗即以兵戎相见,不时与长沙郡发生争战。

刘恒现在立足于对南越修好,主动采取了一些安抚政策。他不仅召来尉佗的兄弟,奉以高位和显爵,还派人修葺尉佗在真定(今河北正定)的祖坟,置守邑,岁时祭祀。之后,刘恒亲写《赐南越王赵佗书》,示之以亲,晓之以理,动之以情,洋洋洒洒千言,并派遣曾出使过南越的陆贾,南下面见尉佗示好。在刘恒的诚意感召下,尉佗大为感动,跪倒谢罪称臣,表示永为大汉藩国。

后元七年六月初一日(前157年7月6日),刘恒在未央宫逝世,享年47岁。群臣上庙号为太宗,谥号孝文皇帝。同年六月七日,葬于霸陵。

司马迁赞刘恒曰:从汉朝建立到孝文皇帝即位,经过了40多年,德政达到了极盛的地步。按理说,孝文帝完全可以改历法、换服色和进行封禅大典了,但孝文帝总是谦让自己的德行不够,因而一直未做。这难道不正是仁德的表现吗?

五、五子刘恢

刘邦的第五个儿子名刘恢,生母不详。

汉高祖十一年(前196年)三月,梁王彭越被杀后,刘邦下诏"选择可以受封梁王、淮阳王的人"。燕王卢绾、相国萧何请求立皇子刘恢为梁王,皇子刘友为淮阳王。此建议得到刘邦的采纳,遂封刘恢为梁王,命其都于定陶。

吕太后七年(前181年)正月,已被改封赵王的刘友遭吕太后幽禁饿死后,吕太后下诏让刘恢迁往赵地为赵王,把梁国封给自己的侄子吕产为王。

刘恢到赵地后,吕后为了完全控制他,就勒令刘恢娶了吕产的女儿,并在他身边安排吕氏子弟服侍。在此之前,刘恢有一个很宠爱的姬妾,吕产的女儿性格歹毒,竟然把她毒死了。爱妾死后,刘恢创作了四首挽歌,每天让乐工演唱。同年六月,刘恢殉情自杀。

吕太后听说后，认为刘恢不思供奉宗庙祭祀，却为一个女人自杀，遂废其国。由于刘恢没有儿子，因此绝嗣。

汉文帝时，刘恢被追谥为恭王。

六、六子刘友

刘友是刘邦的第六子，生母不详。

汉高祖十一年（前 196 年）三月，刘邦封刘友为淮阳王。同时废除颍川郡，将颍川大部分土地扩充到淮阳国。

汉惠帝元年（前 194 年）十二月，吕后毒杀赵王刘如意后，改封刘友为赵王。

当时刘友的王后也是吕氏女，刘友不喜欢她，而喜欢其他的姬妾。吕王后很妒忌，恼怒之下离开赵国，到吕太后面前诬告刘友曾经说过"吕氏怎么能封王，太后百年之后，我一定要收拾他们"这样的话。吕太后大怒，于吕后七年（前 181 年）正月召刘友进京。

刘友来到京城后，吕后把他安置在官邸里，派护卫将他看管起来，不给他饭吃，并说如果发现有人给刘友偷着送饭，就抓起来一并问罪。刘友饥饿期间，作了一首诗歌（《幽歌》），抒发哀怨愤懑之情。

同年正月十八日，刘友终被饿死。因刘友是被幽禁而死，所以后来追封其谥号为幽王。

七、七子刘长

刘邦的第七个儿子是刘长，他的事迹在《史记》和《汉书》中均有单独记载。

刘长的母亲是原赵王张敖的美人赵姬。汉八年（前 199 年），刘邦从东垣讨伐韩王信回来路过赵国，赵王张敖派一些美人伺候，其中赵姬受到刘邦的宠幸并怀孕。

《史记·淮南衡山列传》载："淮南厉王长者，高祖少子也，其母故赵王张敖美人。高祖八年，从东垣过赵，赵王献之美人。厉王母得幸焉，有身。"

或许刘邦一夜情后，再也不记得赵姬这位美人，更不知赵姬已经受孕。

直到赵相贯高等人意欲谋弑刘邦的事情被朝廷发觉,赵姬受孕于刘邦的事才暴露出来。因为张敖及他的母亲、兄弟和嫔妃,受贯高谋杀罪牵连悉遭拘捕。赵姬在囚禁中对狱吏说:"我曾受到陛下宠幸,已有身孕。"狱吏如实往上禀报,刘邦当时正在气头上,没有理会。赵姬的弟弟赵兼也通过辟阳侯审食其转告了吕后,吕后因此生恨,不肯向刘邦进言说情,而审食其也不再多言。赵姬在生下刘长后,因心中怨愤而自杀。狱吏抱着刘长送至宫廷,刘邦知情后也很后悔,就让吕后收养了刘长。

刘邦灭黥布后封刘长为淮南王。也许是长期受吕太后影响的原因,成人后的刘长性格非常骄横。他在汉文帝即位后,自恃是汉文帝仅存的兄弟,待人处事更是放纵跋扈。

文帝三年(前177年),刘长以从未与兄长刘恒谋面为由主动入朝,受到了刘恒的厚待。他常跟随刘恒到上林苑打猎,并和刘恒同乘一辆车驾,但他不尊礼仪,时常以"大哥"随意称呼刘恒。

刘长自幼随吕后长大,虽然没有受到吕后的迫害,但他对吕氏危及刘氏江山、杀害戚夫人母子,以及辟阳侯审食其没有替自己母亲尽力求情的事情记恨在心。他借此次来京之机,前往辟阳侯府邸,用藏在袖中的铁椎亲自击杀审食其,又命随从魏敬割下审食其的脑袋。事后,刘长驰马奔至宫中,向刘恒袒身谢罪道:"我母亲本不该因赵国谋反事获罪,那时辟阳侯若肯尽力说服吕后,我母亲就不会去死,这是他的第一桩罪;赵王如意母子无罪,吕后蓄意杀害他们,而辟阳侯不劝阻,这是第二桩罪;吕后封吕家亲戚为王,意欲危夺刘氏天下,辟阳侯也不劝阻,这是第三桩罪。我既为国家除了害,还为母亲报了仇,现在特来跪伏请罪。"

不经皇帝同意,任意杀害一位侯爷,是一件轰动朝野的大事,可刘恒出于手足亲情还是赦免了他。刘长的骄横和刘恒对他的纵容,使诸位大臣都非常惧怕他,甚至就连薄太后和皇太子刘启对刘长也有所顾忌。大臣袁盎提醒刘恒予以约束,说:"诸侯太骄,必生患。"但刘恒没有理会。

刘长返回淮南国后,不遵朝廷法度,行事越发骄纵肆志。他在淮南制定了一套法令,其一切行为礼仪都和皇帝一样。他还窝藏逃犯,对从长安逃来淮南的犯人,一概收纳,对有本事的甚至让其享受关内侯一样的俸禄。这些事情都是犯上的大罪,刘恒对此不能再置之不理,于是就让舅父薄昭写信劝阻刘长。

薄昭在与淮南王刘长的信中,首先写道文帝对刘长的仁爱与恩赐,然后指责刘长辜负了文帝的厚爱,指出其"不孝、不贤、不义、不顺、不礼、不仁、不智、不祥"等"八不"的恣意妄为,并要求刘长主动上书请罪。

　　当年 24 岁的刘长年轻气盛,薄昭的信不仅没有让他醒悟,反而激起了他的造反之心。文帝六年(前 174 年),刘长让一个名字叫但的人,会同 70 余众,带 40 辆马车,到谷口起事造反,并派出使者前往闽越、匈奴联络起事。朝廷发觉此事后,立即派使臣把刘长押解到京城。

　　时任丞相张苍等一众大臣上书启奏,列出淮南王刘长的许多罪状,认为按律当斩,坚决要求将刘长依法治罪。刘恒不忍心依法制裁,提出免去刘长的死罪,只废其王位。

　　大臣们认为:既然皇上施恩只免除他的王位,那就把他流放到蜀郡严道县的邛邮,令其妻妾子女随行,由当地县府为他们兴建房舍,并提供一切生活所需。同时要求将此事布告天下。

　　刘恒为此批示:每日供给刘长食肉 5 斤,酒 2 斗,并让他所宠幸的嫔妃美人 10 人一同前往蜀郡。其他皆准奏。

　　朝廷尽杀刘长的同谋后,将淮南王刘长及家人用辎车囚载押送入蜀,并令沿途各县交接递解。

　　当时大臣袁盎劝谏刘恒说:"陛下一向骄宠淮南王,不为他安排严正的太傅和国相去劝导,才使他落到如此境地。淮南王性情刚烈,现在落到如此下场,臣很担忧他会突然在途中患病而死。陛下若落个杀弟的恶名就不好了。"刘恒说:"我只是让他尝尝苦头罢了,很快就会让他回来。"

　　沿途各县接送的县令知道刘长勇猛,都不敢打开囚车让刘长出来活动。刘长气愤地对随从说:"谁说你老子我是英雄?我哪里还算一个英雄!我就是因为太骄傲,听不到自己的过错,才落到如此下场。人生在世,我怎能忍受如此生活!"于是绝食身亡。囚车行至雍县,县令打开封门,并把刘长的死讯上报朝廷。刘恒哭得很伤心,对袁盎说:"我不听你的劝告,终至淮南王身死。"袁盎劝说:"事已至此,望陛下节哀。"并建议刘恒处理有关人员。于是,刘恒命令丞相、御史调查拷问各县发送淮南王而不予开封进食者,要求一律问斩。然后按照列侯的礼仪在雍县安葬了刘长,并安排 30 户人家为其守坟。

　　刘长遗有 4 个年龄较小的儿子,分别名为刘安、刘勃、刘赐、刘良。文帝八年(前 172 年),刘恒将他们分别封为阜陵侯、安阳侯、阳周侯、东城侯。

八、八子刘建

刘建是刘邦最小的儿子,生母不详。

汉十一年(前196年),燕王卢绾勾结匈奴事发。汉十二年(前195年)二月,刘邦封儿子刘建为燕王。

吕后七年(前181年)九月,在燕王位15年的刘建去世,谥号"灵"。史书没有写刘建死亡的原因,但他身为刘邦最小的儿子,当时也不过十七八岁而已,因此其死因也应该和吕太后大有关系。况且在刘建去世后,吕后派人杀害了他与姬妾所生的唯一儿子,其封国也被废除。

第五卷　刘邦的其他社会关系

在当下的档案分类中,一个人的其他社会关系,除兄弟姐妹外,一般还包括叔、姑、舅、姨等亲属关系。刘邦的兄弟在前文已经述及,而他的叔、姑、舅、姨这些亲属关系在史书中没有任何记载。因此,本卷所说的刘邦其他社会关系,仅指自他起兵至驾崩后的一段时间内,那些和他多有交集且对他的事业发展有过较大影响的人。

仔细分析刘邦的其他社会关系,主要可分为两种类型:一是乡党关系,也就是刘邦家乡那些与之有旧且一直跟随的人,如萧何、曹参、周勃、樊哙、夏侯婴等人;二是归依关系,就是那些在刘邦起义后陆续投奔于他的非家乡人员,如张良、陈平、韩信、彭越、陆贾等人。如果再细分类的话,还可以把吕氏这一在刘邦起兵时就给予大力支持的外戚关系单列出来,但由于这部分人或许因为"诛除诸吕",史书中对他们的记载很少,故本书仅记叙前两种类型。

乡党群体和归依群体是刘邦事业有成而缺一不可的两个重要方面。乡党群体以忠诚和实干为主要表现,如一心辅佐的萧何、忠心护主的夏侯婴、诛吕安刘的周勃等;而归依群体则以智慧和率军才能为显著特征,张良、陈平、陆贾是智慧的化身,韩信、彭越、黥布是多谋善战的帅才。在乡党群体中没有人能超过张良、陈平诸人的智慧,也没有人如韩信、彭越、黥布几人善于用兵;同样,在归依群体中也没有人如萧何、曹参、夏侯婴等人始终如一地对刘邦保持忠诚。张良开始只是为了复仇灭秦重建韩国,虽然后来在楚汉之争中发挥了重要作用,但最后还是因自己的灭秦目标已经实现而逃避现实走向避世归隐;陈平后来在吕雉和刘恒手下做事时常选择明哲保身;而韩信、黥布等人则在最后走向了背叛的道路。

但无论怎样,刘邦以高超的驭人之术,将这两个群体的主要人物都紧密团结在自己周围,充分发挥他们在不同时期的不同聪明才干,使之在剪秦灭楚或建国兴业诸方面,扬其所长,尽其所智,对汉代社稷的建立与发展,发挥了不可替代的重要作用。

一、乡党群体代表人物

乡党群体是刘邦事业发展的最主要力量。自刘邦做泗水亭长时起到刘邦去世后刘氏汉家江山的延续,一直是刘邦的乡党兄弟不遗余力地给予支持。可以说,没有一众乡党的全程相助,刘邦的起步不仅难有所成,就连汉室江山的守护和延续也很困难。

刘邦的乡党群体多为"鼓刀屠狗卖缯"者,但他们助推刘邦成就了千秋大业。清代历史学家赵翼总结西汉初期的政治结构时,称之为"汉初布衣将相之局"。他认为,这种打破贵族政治传统定式的"前此所未有"之新政治格局的形成,具有重要历史意义,因为"盖秦汉间为天地一大变局","天之变局,至是始定"。①

刘邦的乡党群体人物众多,在他所封的侯爵 147 人中,就有沛籍 23 人。其中对刘邦人生及事业产生重要影响的,主要有萧何、曹参、周勃、樊哙、王陵、夏侯婴、卢绾、刘贾及周昌、周苛兄弟等人。对周昌、周苛兄弟在前面已有所介绍,这里仅对萧何等 8 位人物作以梳理归纳。

萧何

萧何(? —前 193 年),沛县丰邑人,出身于望门士族。他不仅精通文墨且为人厚道,因此自秦朝建立初,就出仕做了沛县的主吏掾,即"以文无害为沛主吏掾"②。

由于萧何在沛县主吏掾的工作岗位上表现突出,他曾被泗水郡御史抽调到郡里处理文书,并在考评时得了第一。由此御史推荐萧何到朝廷供职,但萧何不愿离开家乡予以推辞,此事方才作罢。

---

① 《廿二史札记》卷二,〔清〕赵翼著。
② 《史记·萧相国世家》,〔汉〕司马迁撰,韩兆琦主译,中华书局,2008 年 1 月第一版,第 1176 页。

秦御史监郡者与从事,常辨之。何乃给泗水卒史事,第一。秦御史欲入言征何,何固请,得毋行。

——《史记·萧相国世家》

做沛吏,多次援手助刘邦

自萧何任沛县主吏掾起,就很快知道了刘邦的名头,并在刘邦屡有犯事的时候,多次给予宽大处理。

因基层政权建设的需要,刘邦被"试为吏,为泗水亭长"。这或许是官府初始以强人、能人来治理社会的用人策略使然,但更大可能是对刘邦多有关注的萧何大力举荐的原因。因为当时的沛县毕竟还有王陵、夏侯婴、任敖等这样一些知名人物存在,他们的影响应该比"好酒及色"的刘邦正面得多。当然,这并非萧何不知道当时的刘邦是一个说话做事不靠谱的人,因为他曾在后来吕公招待来宾的宴会上直言"刘季固多大言,少成事"①。但他还是积极举荐刘邦担任泗水亭长,并在后来刘邦的一些事情上出手相助,"常左右之"②。这说明萧何既知刘邦之不足,亦更看好刘邦的能力与未来。

在刘邦任亭长后首次带队去咸阳服役时,沛县的吏员纷纷前来送行。大家考虑到刘邦外出服役离家久远,按照惯例大多赠送铜钱以作盘缠之用,并且一般都是300铜钱一份,而唯独萧何送了500铜钱。

高祖为布衣时,何数以吏事护高祖。高祖为亭长,常左右之。高祖以吏繇咸阳,吏皆送奉钱三,何独以五。

——《史记·萧相国世家》

萧何的这份情谊,刘邦心里一直没有忘记,所以当他称帝后论功行赏时,特地为萧何增加2000户的封邑,并明言是为了感谢萧何当年的厚赠。

刘邦在最后一次押送苦役赴咸阳时,因大部分苦役人员逃走,为躲避官府问责,逃亡到芒砀山躲藏。为此,县衙捉拿了刘邦的妻子吕雉,是萧何帮

---

① 《史记·高祖本纪》,〔汉〕司马迁撰,韩兆琦主译,中华书局,2008 年 1 月第一版,第 254 页。

② 《史记·萧相国世家》,〔汉〕司马迁撰,韩兆琦主译,中华书局,2008 年 1 月第一版,第 1176 页。

227

助出言解脱,县衙才不予追究,放吕雉归家。

后来,当刘邦在沛县起义时,曾身为刘邦上司的萧何,力推刘邦为沛公,并自此甘愿随其打天下。

知人事,重视条文荐韩信

自刘邦起义至西进灭秦的一段时日里,史书对萧何的情况没有记载。只有在刘邦率大军占领咸阳后,才又有了关于萧何的信息。当时,刘邦手下的将官争先拥向宫廷搜取金银财物,唯独萧何首先入宫收取秦朝丞相及御史掌管的法律条文、地理图册、户籍档案等文献资料,并将它们珍藏起来。即"沛公至咸阳,诸将皆争走金帛财物之府分之,何独先入收秦丞相御史律令图书藏之"①。汉朝初立之时之所以能够详尽地了解天下的险关要塞、人口分布、各地经济、民众疾苦等,完全是因为萧何完好地保存了秦朝相关文献档案。

萧何不仅知晓掌握国家文书档案的重要性,亦深知军事人才对战争和夺取天下的决定性作用。"萧何月下追韩信"的故事之所以在后世脍炙人口,就是因为他力荐的军事人才韩信,在楚汉之争中屡建奇功,多次发挥了扭转战局的重要作用。

刘邦在赴汉中时,一部分诸侯王的部下自愿随刘邦南下,其中就包括项羽属下的郎中韩信。韩信之所以投奔刘邦,是因为在项羽手下得不到重视,而闻知刘邦识人用人。但投奔刘邦后,韩信并没有受到重用,只是担任了一个不起眼的连敖,后来由于夏侯婴的帮助,被提拔为治粟都尉,但仍不能展己所长。因工作联系,韩信得以和萧何有过数次交流,使萧何感到韩信是个难得的帅才,就向刘邦做了推荐。可刘邦当时并没有放在心上,这使韩信感到非常失望。在汉军中的一些人因思念家乡逃跑的时候,韩信也随之离队而去。萧何闻讯后连夜追赶,费时两日之久方追回韩信,并再次向刘邦做出推荐。

对萧何唯独追回韩信,刘邦感到奇怪。萧何解释说:"那些将军都容易得到,可韩信却是'国士无双'的最杰出人才,跑了就再也没有第二个了。如

---

① 《史记·萧相国世家》,〔汉〕司马迁撰,韩兆琦主译,中华书局,2008 年 1 月第一版,第 1176 页。

果您只想当个汉中王,没有韩信也可以;如果想要走出汉中争夺天下,那就只有韩信才能和您共谋大事。关键看您怎么打算了。"刘邦说:"我当然想打回老家去,怎么能长期憋闷在这里呢?"萧何说:"大王若决定出汉中,就重用韩信,他自然会留下;如果不予重用,他终究会离开的。"刘邦下决心说:"就依丞相所言,让他做个将军吧。"萧何说:"让他做将军,他还会走。""那拜他为大将军怎么样?"萧何说:"很好。"刘邦当时就让萧何去召韩信,准备马上拜他为大将军。萧何直率地说:"您平时不注重礼仪,现在任命大将军像招呼小孩子一样肯定不妥。您真要拜韩信为大将军,得先造一座拜将台,然后选好日子,沐浴斋戒,隆重举行拜将仪式才行。"刘邦于是同意。

> 何曰:"诸将易得耳。至如信者,国士无双。王必欲长王汉中,无所事信;必欲争天下,非信无所与计事者。顾王策安所决耳。"王曰:"吾亦欲东耳,安能郁郁久居此乎?"何曰:"王计必欲东,能用信,信即留;不能用,信终亡耳。"王曰:"吾为公以为将。"何曰:"虽为将,信必不留。"王曰:"以为大将。"何曰:"幸甚。"于是王欲召信拜之。何曰:"王素慢无礼,今拜大将如呼小儿耳,此乃信所以去也。王必欲拜之,择良日,斋戒,设坛场,具礼,乃可耳。"王许之。

——《史记·淮阴侯列传》

后来,韩信在楚汉战争中,充分发挥自己的军事才能,帮助刘邦最终夺取天下。可以说,没有韩信,刘邦在楚汉战争中就不会取得最后胜利。推论之,没有萧何慧眼识才、倾力推荐,刘邦也得不到韩信不可或缺的重要支持。

守后方,镇国抚民功第一

《史记·萧相国世家》载:"汉王引兵东定三秦,何以丞相留收巴蜀,填抚谕告,使给军食。汉二年,汉王与诸侯击楚,何守关中,侍太子,治栎阳。"

刘邦在汉中待了几个月时间后,采用韩信"明修栈道,暗渡陈仓"之计,率大军征战关中,这时萧何留守在汉中,镇抚巴蜀,劝勉百姓发展生产供给出征大军。第二年,刘邦约众诸侯东进合击楚军时,萧何自汉中至栎阳,并以此地为汉临时都城,侍候太子,镇守关中。

栎阳曾是秦国的都城，为秦献公所建，后咸阳都城建成，秦廷方迁出。项羽分封时，以司马欣为塞王，司马欣就以栎阳为都，统辖关中东南地域。由于栎阳距咸阳稍远，项羽大火焚烧咸阳城时，受到损坏较少。所以被司马欣选为都城，并为现在萧何所续用。

这时的关中大地，由于频繁历经战事，人心浮动，一片凋零。萧何到任后，为收拾如此破败局面，首先做了三件事情：一是建立新的统治机构，颁布实施新法，整治已经散乱的社会秩序，并建立维系政权的宗庙体系；二是抚慰百姓，安定民心，尽快恢复正常的生产、生活；三是恢复修建已经破坏的房舍、水井、道路等基础设施。特别在前两件事情上，萧何为让基层乡村恢复秩序和生产、生活，让百姓自行推举年龄在 50 岁以上、有德行、能做表率的人，任命他们为"三老"，辅佐县令，教化民众。另外还开放了原来秦朝皇家的苑囿园地，让百姓耕种，以扩大种植面积。由于萧何颁布利民法令，施政有方，关中的农业生产迅速得到恢复，从而成为稳固的后方基地。

萧何的大后方建设，在以后的几年中发挥了重要作用。汉二年，刘邦率大军东征攻占彭城失败溃逃至荥阳。时关中的壮丁多数已被征发，萧何便调拨老弱及不到服役年龄的少年到荥阳增援，并源源不断地输送粮草。这样，刘邦这才得以恢复元气、站稳脚跟，与项羽大军相持于荥阳、成皋一线。

后来，项羽兵败自刎，刘邦登基称帝。刘邦在分析成功原因时，对萧何镇守后方、支援前线的作用，给予了很高的评价。他说："镇国家，抚百姓，给馈饷，不绝粮道，吾不如萧何。"

在论功行赏时，"群臣争功，岁余不决"。刘邦认为萧何功劳最大，封其为鄷侯，并给予最多的封地。武将们对此不服。他们认为自己在前方攻城略地、身经百战，而萧何没上过一次战场，仅靠舞文弄墨耍嘴皮子，反而功劳比他们高，这让他们心中不服。他们说道：

> 臣等身披坚执锐，多者百余战，少者数十合，攻城略地，大小各有差。今萧何未尝有汗马之劳，徒持文墨议论，不战，顾反居臣等上，何也？
>
> ——《史记·萧相国世家》

对于武将们的不满，刘邦以功狗、功人论，和诸将只有独身或几人出战，而萧何整个家族有几十人跟随出征,给予了近于奚落的回答,以杀这些趄趄武夫心中的不满与傲气。

> 高帝曰:"诸君知猎乎?"曰:"知之。""知猎狗乎?"曰:"知之。"高帝曰:"夫猎,追杀兽兔者狗也,而发踪指示兽处者人也。今诸君徒能得走兽耳,功狗也;至如萧何,发踪指示,功人也。且诸君独以身随我,多者两三人;今萧何举宗数十人皆随我,功不可忘也。"群臣皆莫敢言。

——《史记·萧相国世家》

对刘邦之论,武将们不敢再予辩驳。刘邦在封赏完毕排列位次时,大家认为平阳侯曹参出生入死、受伤 70 多次、攻城占地最多,应该名列第一。刘邦心中虽仍想列萧何第一,但不好再次驳大家的意见。这时,关内侯鄂千秋站出来进言,认为曹参虽有功却是"一时之事",而萧何在刘邦多次大败的情况下,全力支援前方,"给食不乏",怎么能让"一旦之功"排在"万世之功"之上呢? 因此,应列"萧何第一,曹参次之"。

高祖赞同鄂千秋的观点,于是排萧何第一位,并让他上殿时可以穿着鞋子、佩带宝剑、不用趋礼,并封萧何的近亲族人十几人为官,还因为当年萧何多赠送自己 200 钱加封其食邑 2000 户。这样,萧何位列众卿之首,食邑万户,成为"开国第一侯"。

刘邦称帝后,决定定都关中,而负责建造皇宫的任务自然落在丞相萧何身上。公元前 200 年和前 198 年,规模宏大的长乐宫和未央宫先后建成,长安城自此得名延世。

纳进言,自污名节反自缚

萧何做事规矩勤勉,精心做好日常工作。但也一直有人对萧何的勤勉和政绩从反面考虑问题,认为会招致刘邦对萧何做大的担心,从而引来杀身之祸。这种事例在史书中有三次记载。

第一次发生在刘邦与项羽对峙京、索之时,那是刘邦最为困难的时期,但由于萧何尽心及时地提供支援,刘邦依然勉力支撑。对此,刘邦深感萧何的重要性,因此曾不时派使者去慰劳萧何,而萧何也没有认为有何不妥。这

时,一个姓鲍的儒生对萧何说:

> 今王暴衣露盖,数劳苦君者,有疑君心。为君计,莫若遣君子
> 孙昆弟能胜兵者悉诣军所,上益信君。

——《史记·萧相国世家》

鲍生认为,汉王在外征战,风餐露宿,却不时派遣使者慰问萧何,这实际上是对萧何不放心,建议萧何派子弟支援出战。萧何由此醒悟,遂将家族中能够领兵打仗的人全部派到前线。这样既为质子,又能削弱萧何在关中的家族实力。刘邦于是大悦。

第二次发生在吕后和萧何共谋杀害韩信之后。萧何使计骗韩信入宫,使韩信被吕后斩杀于钟室,留下了"成也萧何,败也萧何"这个成语故事。萧何计诛韩信后,刘邦对他更加恩宠,除将萧何由丞相晋位相国、加封食邑5000户外,还派了一名都尉率500名兵士作为相国府的护卫。众人纷纷登门祝贺,这时却有一个名叫召平的门客,身着素衣白履,进门号哭,状若吊丧。萧何见状怒斥道:"你喝醉了吗?"

这个名叫召平的人,原是秦朝的东陵侯。萧何入关后,将其招至幕下,每有事情,便找他计议。这时他见萧何斥问,便说:"公勿喜乐,从此后患无穷矣!"萧何不解。召平说:"皇上南征北伐,亲冒矢石,而您安居都中,不与战阵,反得加封食邑,我揣度皇上是在怀疑您啊。难道您没有看到淮阴侯韩信的下场吗?"萧何听闻惊出一身冷汗,遂匆匆入朝面圣,推辞掉加封的食邑与护卫,并拿出许多家财,拨入国库作为军需。刘邦十分高兴。

对于这两次鲍生和召平的观点认识,后人多持同意,而实际上未必如此。多次委派使者慰问和奖励一心为国的萧何,也未必就不是刘邦感谢萧何的真实反映。当然,萧何按照鲍生的建议将自己的子弟送到前线,以及第二次谢绝封赏和主动捐资,使刘邦更加高兴是事实,但这也只能说明萧何的坦荡无私,以及刘邦对萧何更加赞赏,还不能就此完全说明刘邦已经怀疑和担心萧何。

第三次发生在刘邦亲征黥布之时,可这次萧何因再次听从门客的建议,不仅没有使刘邦高兴,反而使自己真的身陷囹圄。刘邦这次外出平叛如往常一样,仍然关心萧何及朝中大事,并数次询问前来送粮草的官员萧何在干

什么。萧何因此更加勤勉,努力做好民政事宜,并把自己的全部家财送去军中。一门客就此对萧何说:

> 君灭族不久矣。夫君位为相国,功第一,可复加哉?然君初入
> 关中,得百姓心,十余年矣,皆附君,常复孳孳得民和。上所为数问
> 君者,畏君倾动关中。今君胡不多买田地,贱贳贷以自污?上心
> 乃安。
>
> ——《史记·萧相国世家》

这段话比较直接明了,就是萧何即将被满门抄斩。因为门客分析说:"您现在地位是一人之下,万人之上,并且从一入关就深得百姓的爱戴,到现在已经十多年了,至今您还想尽方法为民办事、安抚百姓。如今皇上之所以多次问您的起居动向,就是担心您借助关中的民望有什么不轨行动啊!"他因此建议萧何,现在应该贱价强买民间田宅,让百姓愤怒怨恨,以玷污降低自己的名声。这样皇上看您不得民心了,才会对您放心。也许是萧何的耳朵根子真软,这次他又听从了门客的建议,做了一些霸占百姓利益的事情。

刘邦平定黥布叛乱后,撤军返回长安。百姓拦路,上书控告相国用低价强行购买了价值数千万之多的土地房屋。刘邦回到宫中,萧何前来拜见。刘邦笑说:"当相国的竟然还侵夺百姓的财产!"就把百姓的控告信全部交给萧何,说道:"你自己去向民众谢罪吧!"而萧何却乘机为百姓建议说:"长安的耕地十分狭小,上林苑中有很多地方可以耕种,希望陛下下令让百姓进去耕种,丰收后粮食归耕者所有,禾秸留下来作苑中禽兽的食料。"刘邦一听大怒,认为你萧何因侵吞百姓财产招致民怨,却让我拿出上林苑来补偿讨好百姓,一定是你萧何收取了商人们的好处。于是下令廷尉把萧何拘禁起来,还给他上了刑具。

后来一个姓王的卫尉侍从问刘邦相国犯了什么大罪,刘邦说:"我听说李斯担任秦始皇的宰相,办了好事都归功于主上,有了错误自己承担。如今相国接受商人们的金钱,却来为百姓求取我的上林苑,想以此来讨好百姓,所以我把他关起来治罪。"王卫尉说:"凡是对民众有利的事就为他们向陛下请求,还真是相国应做的事,陛下怎么竟然怀疑相国接受了商人的贿赂呢?想当年陛下与楚军相持几年之久,后来陈豨、黥布先后反叛时,陛下又亲自

率军外出平叛,在那个时候,相国留守关中,如存异心稍有举动,函谷关以西的地方就不属陛下所有了。相国不在那时为自己谋大利,如今天下太平还会贪求商人的那点小利吗?再说,秦皇就是因为不知道自己的过错而失去了天下,李斯为主上分担过错的做法,又有什么值得效法的呢?陛下您不能用这种浅陋的眼光怀疑相国啊!"刘邦听后醒悟,当天遣人手持符节放萧何出狱。

萧何见刘邦开恩释放了自己,不顾蓬头赤足,马上进殿谢恩。刘邦见萧何如此狼狈,也觉得过意不去,便安抚萧何道:"相国不必多礼,这次相国为民请求开放上林苑,是我不允许,说明我是夏桀、商纣那样的无道天子,而你却是个贤德的宰相。我原先之所以关押你,就是要让百姓知道我的过失啊!"①

在刘邦去世两年后,萧何也卧病不起。临终之际,惠帝前往探望,并询问:"丞相百年之后,谁可代之?"萧何回答:"知臣莫如主。"惠帝接着又问:"曹参如何?"萧何挣扎起病体向惠帝叩头说:"陛下能任命曹参为相,我萧何死亦无憾!"

自刘邦评功封侯之后,萧何与曹参的关系一直不好,但他以汉室大业为重,仍然同意曹参为丞相人选,说明萧何以国家为重的无私胸怀。萧何去世后,惠帝赐其谥号为"文终侯"。

司马迁评价说:"萧相国何于秦时为刀笔吏,录录未有奇节。及汉兴,依日月之末光,何谨守管籥,因民之疾秦法,顺流与之更始。淮阴、黥布等皆以诛灭,而何之勋烂焉。位冠群臣,声施后世,与闳夭、散宜生等争烈矣。"

曹参

曹参,沛县城镇人,早年为秦朝沛县狱掾,即管理监狱的官吏。论地位,狱掾低于主吏掾,但高于亭长。因此,曹参当年既和萧何工作联系较多,也与身为泗水亭长的刘邦多有接触。曹参后来支持刘邦为沛公,并加入了刘邦的起义大军。和一直是文官身份的萧何不同的是,曹参以武将的身份参战,一直到楚汉战争近结束时,他才转到文职人员岗位,从此开始以治国理

① 《史记·萧相国世家》,〔汉〕司马迁撰,韩兆琦主译,中华书局,2008 年 1 月第一版,第 1185 页。

政为要务。因此,曹参投身于刘邦麾下的经历,主要是做武将和做相国这样两段。

身经百战,论功劳排序位名列第二

在史书中记载曹参征战的事例很多,但并不亮眼。因为在伐秦之时他以部将身份跟随刘邦出战,而楚汉相争时,他又较长时间在韩信的手下听令。所以曹参虽然参战很多,但独当一面的战例很少。可不容忽视的是,由于曹参出战频繁,其身体受伤最多,军功积累也是最多。所以在刘邦论功排序时,将他列为仅次于萧何的第二名。

自刘邦起义始,曹参就以刘邦的侍从身份,先后带兵进击胡陵、方与、薛县、丰邑等沛县周边的城邑,并被刘邦赐予七大夫爵位。在刘邦随景驹攻打砀郡时,曹参率兵进击秦将司马𡰪的军队,先后夺取了砀县、狐父县和祁县的善置等地。在刘邦投靠项梁后,曹参随刘邦率军攻打丰邑及夏邑、虞县,与秦将章邯的车骑兵交锋。在攻打爰戚和亢父时,都是曹参最先登上城楼。曹参由此被升为五大夫。后曹参向北救援东阿,进击章邯的军队,最先攻入敌阵并追击到濮阳。在后来刘邦大军攻打定陶、临济及救援雍地时,曹参率军进击由秦朝大将李由率领的军队,并将其亲手杀掉。杀掉李由这个秦朝高级将领影响重大,因为李由不仅是一名悍将,还是秦相李斯的儿子。当年陈涉、吴广起义后,正是李由率领秦朝主力,将吴广率领的起义军主力阻击在荥阳一带。

在刘邦被楚怀王任命为砀郡长后,曹参被刘邦任命为执帛,号建成君,之后又升职为隶属砀郡的爰戚县令。

此后,曹参跟随刘邦西进攻秦,其间升为执珪,直至抵达咸阳灭掉秦朝。在刘邦为汉王后,曹参被封为建成侯,提升为将军。

汉元年八月,刘邦拜韩信为大将军,听其建议,"明修栈道,暗渡陈仓"。曹参作为先锋官拿下陈仓,兵败章邯。随后,曹参随军先后攻打下辩、故道、雍县、斄(tái)县、好畤、壤乡、咸阳,并接着奉命驻守景陵县。章邯派其弟弟章平率军进攻景陵,曹参大败章平。于是,刘邦赐宁秦县作为曹参的食邑。

之后,曹参以中尉的身份随刘邦东出临晋关,打进河内,攻下修武,渡过黄河,在定陶打败项羽的部将龙且、项佗。随后,曹参随军一路东进,直至与其他诸侯军一起拿下彭城。由于刘邦的轻敌,项羽率 3 万轻骑自齐地奔袭彭

235

城,致联军大败,曹参也随之西逃,先后至下邑、荥阳等地。

刘邦败退彭城,不仅使共同伐楚的各路诸侯军作鸟兽散,也使重新收拢和招募的官兵人心不稳,并出现了多起反叛事件,刘邦派曹参率军将这几处叛乱平定。

汉二年,刘邦任命曹参为代理左丞相,屯兵驻守关中。

一个多月后,魏王豹反叛,曹参以代理左丞相的身份随韩信一起率军向东攻打魏将军孙遬的军队,并大败之。之后乘势进攻安邑、曲阳并追魏王豹到武垣,将其活捉,直至平定全部魏地。灭魏之战,共得魏地52座城邑,刘邦把平阳赐给曹参作食邑。

曹参从在汉中做将军、后做中尉,跟随刘邦一路东征,直到后来做代理左丞相活捉魏王豹,前后历时2年。

之后楚汉两军相持于荥阳一线。为扭转被动局面,刘邦实施“下邑之谋”,其中派韩信、张耳携曹参等将领,率军迂回进袭代、赵、燕、齐诸国。自此,曹参开始到韩信手下为将。

刘邦安排曹参跟随韩信应该有着很深的用意。因为将手中大军交给一个从项羽投奔过来且尚无多少战绩的人独自指挥,刘邦心中还是有些担心,这也是后来他多次从韩信那里夺取兵权的原因之一。因此,刘邦将当时身为代理左丞相的曹参安排到韩信手下,既是对韩信手下将领队伍的加强,也有着对韩信不放心而予以监督的考量。

在后来的时日中,曹参随韩信率大军进攻代国和赵国。说起代国和赵国,这里有必要简单补叙张耳和陈余,不然就说不清杀掉国相夏说就等于灭掉了代国,以及新冒出来的襄国。

根据《史记·张耳陈余列传》记载:张耳在外黄时和陈余结为莫逆之交,后二人应张楚王陈涉同意,赴赵国起事。他们拥赵氏后裔赵歇为赵王,陈余为大将军,张耳为丞相。在巨鹿之战后,因陈余坐拥几万兵马,不去救援被围困巨鹿的赵歇和张耳,张耳斥其不义,陈余与之绝交并挂印而去。后项羽分封诸侯时,将赵国一分为二,以张耳为常山王,治信都,并更名信都为襄国;将原赵王赵歇封到地处西北的代国为王;对没有跟随入关的陈余封为仅辖南皮三县的侯。陈余不服,乃借兵齐国,打败了张耳,并复用赵歇做赵王。赵歇感恩陈余,立其为代王。陈余因赵国初定,留下协助赵歇,而任命夏说为代相国,主持代国军政。

236

汉三年十月,韩信携曹参进攻代国,杀掉国相夏说。随后,韩信在赵国北部的井陉设疑,吸引赵军主帅陈余的注意力转移到赵国北部,而这时刘邦则率军乘虚直取赵国南部都城邯郸。赵国失去邯郸,局势危急,已率军至井陉附近的陈余进退两难。韩信率军背水一战进攻井陉,击杀了陈余。赵将戚将军向西逃跑至邬县,被正在继续平定代国残兵的曹参斩杀。赵王歇逃到原襄国地面,刘邦与韩信南北夹击,杀掉赵王歇,平定了原整个赵国。

紧接着,韩信派人招降了燕国。之后,曹参随着韩信东击齐王田广,进攻齐都临淄,并逐步占领了整个齐国。

从上述曹参在剪秦灭楚之中的作为来看,他一直在辅助刘邦或韩信,从来没有独自领兵打过决定历史走向的关键战役,但他是参战次数最多的战将。论战功,曹参仅在楚汉战争期间,就征服过 2 个诸侯国、122 个郡县,俘虏了 2 位诸侯王、3 位宰相,以及大批的各国高官。并且,他因参战次数多,致身上受有 70 多处刀枪伤。

出任相国,学盖公随萧何无为而治

韩信率兵平定齐国后,曹参自此留下来善后,这也为接下来的很多事情埋下了伏笔。

在整个北方基本被韩信平定之后,刘邦已经对项羽占据了绝对的战略优势。因此,已经处于劣势的项羽派人劝说韩信自立,而成三分天下之势。从当时的情况看,如果韩信真的听从项羽的建议,刘邦将因此折翼,今后再想打败项羽必然很难。

但韩信拒绝了项羽的建议。对于韩信拒绝的原因,后人大都觉得韩信感恩刘邦,所以没有背叛自立。但很少有人注意到的是,此时身为代理左丞相的曹参就在韩信身边,而且韩信麾下的大部分将领,也基本上都是刘邦派来的。这些人虽然现在属于韩信指挥,但让他们在背叛刘邦这一问题上做选择,曹参等人是万万不会跟从的。因此,韩信感到背汉自立根本就做不到,并且项羽派人劝降的信息也会很快传到刘邦耳中。所以,韩信为便于控制齐国,只是向刘邦请求受封假齐王,连做真王都没敢直接提出,以免刘邦疑心他有自立的想法。

韩信被刘邦封为齐王后率主力南下,与刘邦大军一起将项羽围困垓下,致项羽自刎乌江。而当时的曹参,则按照韩信的要求留在齐国,既主持政务,也继续平定一些尚未控制的地方。

汉五年二月,刘邦登基建汉。在论功封赏时,曹参列萧何之后排名第二,赐封号平阳侯,食邑 10630 户。次年三月,刘邦恢复齐郡为国,封长子刘肥为齐王,命曹参为齐相国。即"高帝以长子肥为齐王,而以参为齐相国"。

曹参被任命为齐国相,虽然表面看起来没有得到重用,而实际上体现了刘邦的充分信任。一是齐国具有大臣田肯所认为的堪比关中的地理重要性(东秦—西秦说,见前面第四卷刘肥篇);二是曹参了解齐国的情况,是能够给予刘肥最大帮助的最佳人选;三是刘邦深感亏欠刘肥甚多,所以安排曹参这样一个得力人才予以协助。并且,自田氏兄弟先后称齐王以来,齐地一直战乱不断,并不是一个容易管理的地方,也唯有曹参这样一个文武兼备且熟悉齐地情况的人可以胜任国相之职。因此,无论为国家考虑,还是为刘肥打算,曹参都是最为合适的人选。这说明,曹参的确是刘邦最为信任和值得重托的人,而后来刘邦遗言中把曹参作为接任萧何的唯一人选,也充分证明了这一点。

曹参任齐相国后,除曾领兵攻打陈豨的部将张春的军队,以及随齐王刘肥率领 12 万人马配合刘邦攻打黥布外,主要坐镇齐国处理政务。面对这样一个有 70 座城邑和众多人口的王国,曹参采取了多听民意的办法。他把老年人、读书人都召来,主动征询安抚百姓及治理国家之道。特别是听说胶西有位盖(gě)公精研黄老学说,就派人带着厚礼把他请来。盖公提出了治理国家在于清静无为、让百姓自行安定的办法。为能及时得到盖公的指点,曹参腾出自己办公的正厅让盖公居住。

在曹参担任齐相国(丞相)的 9 年间,他从不干预百姓的生产和生活,齐国也因此得到了安定和发展,而人们也称赞他是贤明的相国。

惠帝元年(前 194 年),刘盈废除诸侯国设立相国的制度,曹参改任齐国丞相。①

惠帝二年萧何去世,惠帝遵刘邦遗言召曹参入朝为相。曹参离开时,嘱咐后任的丞相说:"齐国的刑狱和集市很重要,你要慎重对待它,不要轻易干涉。"后任丞相说:"治理国家难道没有比这更重要的事了吗?"曹参说:"狱和市是善恶并容的地方,对它的管理要宽严有度,如果你严加干涉,坏人在哪

---

① 惠帝元年,改诸侯国相国为丞相。

里容身呢？所以我首先提出这件事。"

曹参入朝为国相后，一切遵照萧何的既有规章办理。他从各郡和诸侯国中挑选一些循规蹈矩且不善文辞的老实人为属官；对那些苛求文字细枝末节、华而不实、一心追求声誉的官吏，予以斥退。而他自己则整日饮酒，不问政事。有些大臣想给他提意见，也被他拉着喝酒，不给人说话的机会。

惠帝曾为之忧心，召曹参询问。曹参反问：高祖和您谁更圣明？萧何和我谁更有能力？惠帝回答均不如前者。曹参继而说，高祖和萧何过去制定的政策已经很好，您只需垂衣拱手，我只管照章办事就可以了。

这就是著名的"萧规曹随"。曹参为汉相三年，谨守萧何法度，以黄老之术，清静自守，无为而治，用民以时，不欲扰民，社会呈现一派清明景象。当时歌之曰："萧何为法，顜若画一。曹参代之，守而勿失。载其清静，民以宁一。"①

惠帝六年(前 189 年)，曹参去世，谥号懿侯。

曹参忠于刘氏，一心为国为民，深得刘邦信任。刘邦称帝后几乎对所有的人都不放心，甚至对一直尽心尽力的萧何也曾怀疑过，而唯独对曹参是一以贯之地信任和重用。并且，曹参和曾经相处过的人也都关系融洽，包括羞于与樊哙等为伍的高傲韩信，这都充分说明了曹参的为人与智慧。

曹参武为名将，文为贤相。司马迁评价说："曹相国参攻城野战之功所以能多若此者，以与淮阴侯俱。及信已灭，而列侯成功，唯独参擅其名。参为汉相国，清静极言合道。然百姓离秦之酷后，参与休息无为，故天下俱称其美矣。"②

周勃

周勃，沛县周田村人。周勃年轻时主要靠编织养蚕的器具维持生活，还有时在人家办丧事时吹奏挽歌。根据当地相传，周勃的父亲是一个精于武术的人，周勃、刘邦、王陵、樊哙等许多沛中子弟曾从其习武。当刘邦做沛公歃血起义时，周勃投身于刘邦麾下。

---

① 《史记·曹相国世家》，〔汉〕司马迁撰，韩兆琦主译，中华书局，2008 年 1 月第一版，第 1194 页。

② 《史记·曹相国世家》，〔汉〕司马迁撰，韩兆琦主译，中华书局，2008 年 1 月第一版，第 1196 页。

周勃跟随刘邦起义后，参与剪秦灭楚，战功显赫，曾被刘邦先后拜为虎贲令、武威侯。由于周勃在其时段的经历和曹参基本大同小异，故此不再对前述的相关内容进行重复阐述，而仅对周勃在刘邦称帝后所参与的平定异姓王行动，以及在吕太后去世以后的除吕安刘之表现作以梳理。

深受信任，屡次平叛立首功

在刘邦多次平叛异姓王的战事中，周勃除没有参与平定黥布的那次行动外，其他几次均以将军的身份随军行动。

在刘邦称帝的当年（前202年），燕王臧荼首先反叛。在这次平定臧荼的行动中，周勃不仅独自领兵攻下了易县，还多次率军在驰道上阻击叛军，是随军将领中获得功劳最多的人。因此，刘邦赐封周勃为绛侯，把居有8180户人家的绛县作为其食邑。

汉六年（前201年）九月，韩王信因防守马邑不力，恐刘邦加罪，不仅投降匈奴，还带领叛军进击太原。刘邦闻讯后于汉七年初出兵，周勃等人随行。汉军这次出兵时间达2年之久，刘邦虽然因"白登之围"没能取得完胜，但也重创了韩王信。在参战将领中，周勃获得的功劳最多，他因此被提升，接任已被封为燕王的卢绾为太尉。

刘邦自"白登之围"返回长安后，任命陈豨为代国相国，并命其统领赵、代两国边境的兵马。陈豨在离开长安时曾受到淮阴侯韩信的挑唆，到赵国后又受到韩王信所派手下王黄的蛊惑，于是在汉十年（前197年）自封代王，兴兵造反。刘邦汲取上次"白登之围"的教训，不仅率朝廷大军亲往，还集梁、燕、赵、齐、楚等诸侯国之兵马共同出征。而周勃作为身居最高军事长官的太尉，率樊哙、灌婴等多位名将跟随。进入代地后，周勃按照刘邦部署，率兵北上直插边城马邑，斩杀了陈豨手下的将军乘马絺；后折返在楼烦进击韩王信、陈豨、赵利的军队，俘获了陈豨的将领宋最、雁门守将圂；继而转攻并俘获云中的守将遨、勋及丞相箕肆，平定雁门郡17个县、云中郡12个县。周勃接着又乘势进击陈豨于灵丘，其手下郎中公孙耳将陈豨斩首，并俘获陈豨的丞相程纵等人。平叛陈豨之战声势浩大，持续时间至次年底，汉军出动的将领也很多。作为太尉的周勃，既协助刘邦谋划战术，又亲自领兵斩将，因此他的功劳也最大。

在刘邦平叛陈豨之时，发生了燕王卢绾勾结陈豨和匈奴的事件，故此刘邦派樊哙前去捉拿卢绾。

实际上,最后带兵前往镇压燕王卢绾的并非樊哙而是周勃。因为刘邦听信樊哙是吕后死党会危及戚夫人母子的密报,就派陈平、周勃捉拿正在率兵去往燕国的樊哙,并命周勃取代樊哙的军权再去捉拿卢绾。周勃率领军队至燕国,先后攻下蓟县、屠灭浑都县,并俘获卢绾的大将抵、丞相偃、郡守陉、太尉弱、御史大夫施等人;继而又先后在上兰、沮阳打败卢绾的军队,并追赶叛军到达长城。此战,周勃共平定上谷郡的 12 个县,右北平郡的 16 个县,辽西郡、辽东郡的 29 个县,以及渔阳郡的 22 个县。而卢绾也被迫逃入匈奴,做了东胡卢王,一年多后病亡。

在刘邦平定异姓王的多次战事中,周勃功劳第一。他随从刘邦共俘获相国 1 人、丞相 2 人、将军和 2000 石的官吏各 3 人;另外他还单独打败过两支敌军,攻下 3 座城池,平定 5 个郡、79 个县。

续显威风,消灭诸吕扶汉室

在平叛中屡立首功的周勃得到了刘邦的充分信任,他不仅在此期间被提升为执掌整个军队的太尉,还被刘邦在去世前视为可以捍卫刘氏政权的人,应继续担任太尉。即"周勃重厚少文,然安刘氏者必勃也,可令为太尉"[1]。

刘邦去世以后,周勃以太尉职先后听命于刘盈和吕太后 15 年。吕太后称制时期违背"白马之盟"大封诸吕为王侯,引起朝中大臣的不满。特别是在吕太后临终前让其侄子梁王吕产、赵王吕禄分别担任相国和上将军,而吕产、吕禄"矫制以令天下",妄图篡夺汉室的行为,已经危及了刘氏政权的安全,由此激起了刘氏宗亲和大臣们的反抗,因而发生了拥立代王刘恒为帝和废杀后少帝的大变。而周勃在其中为主导,确实发挥了"安刘氏者必勃也"的重要作用。

这次发生的朝廷大变,起因于身为吕禄女婿的朱虚侯刘章,因为他最早获知了吕氏欲改换朝廷的阴谋。为此,刘章私下传信自己的大哥齐王刘襄,动员刘襄起兵西进讨伐诸吕而自登皇位。公元前 180 年八月,刘襄以吕氏

---

① 《史记·高祖本纪》,〔汉〕司马迁撰,韩兆琦主译,中华书局,2008 年 1 月第一版,第 296 页。

"劫列侯忠臣,矫制以令天下,宗庙所以危"①为由,传檄天下诸侯,并率大军西进讨吕。值此形势下,太尉周勃和丞相陈平相商,决定趁机先行铲除吕氏势力。

此时的周勃虽名为太尉,但手中没有可用之兵,因为拱卫京城和宫廷的北军与南军现在都掌握在吕氏兄弟手中,就连掌管宫廷近侍的郎中令贾寿也是吕氏的人。

为了解除掌管北军的吕禄兵权,周勃以绑架曲周侯郦商为要挟,派遣与吕禄私交甚好的郦商之子郦寄,去游说吕禄放弃兵权。

郦寄跟吕禄说,现在太后驾崩、皇帝年少,你们吕家兄弟以诸侯王的身份在京掌兵,引起了大臣与诸侯的猜忌。为了消除误会,你和吕产应该分别交出将印和相印,然后赶紧就国去做自己的诸侯王。这样就可以高枕无忧,永远做王爷了。

吕禄听从郦寄的劝说,交出了自己的兵权。

周勃获得兵权,再请负责掌管皇帝玉玺与符节的襄平侯纪通,持天子符节,伪称皇帝之命,进入了北军大营。周勃进入大营后,将所有将士召集起来,撕掉自己的左袖,喊道:"汝等将士,为吕氏右袒,为刘氏左袒!"将士们纷纷袒露左肩,高呼愿为维护刘氏而战。接着,周勃再派出部分军力协助刘章前去控制南军。

此时,相国吕产正与郎中令贾寿等人商议如何指挥南军与控制未央宫中的少帝,以安定局势。不料与会的御史大夫平阳侯曹窋心属周勃,他见事情危急,便抢先来到未央宫,命未央宫卫尉阻止吕产进入殿门,并同时派人向周勃求援。周勃立刻派朱虚侯刘章,领北军千余人疾往增援,将吕产杀掉,继而掌控了南军。

至此,周勃完全控制了整个京城的局面,他"遂遣人分部悉捕诸吕男女,无少长皆斩之。辛酉,捕斩吕禄,而笞杀吕嬃。使人诛燕王吕通,而废鲁王偃"②。另外还免除了右丞相审食其、郎中令贾寿等人的官职。

---

① 《史记·吕太后本纪》,〔汉〕司马迁撰,韩兆琦主译,中华书局,2008 年 1 月第一版,第 312 页。

② 《史记·吕太后本纪》,〔汉〕司马迁撰,韩兆琦主译,中华书局,2008 年 1 月第一版,第 316 页。

晚年不测，起落无常也善终

灭吕后，周勃与众大臣迎立代王刘恒为帝。刘恒即位，任命周勃为右丞相，赐黄金5000斤，食邑1万户。周勃自恃有大功，行为恃宠而骄。有人告诫周勃说："您诛灭诸吕，拥立代王为帝，威震天下，得到厚赏，居处尊位，但时间一长，灾祸就要降临了。"周勃恐惧，向皇上谢罪辞职，请求归还相印。刘恒同意了他的请求。

1年多后，丞相陈平去世，汉文帝再次任命周勃为丞相。10个多月后，刘恒为减轻各诸侯国输送供应的负担，诏令列侯回到自己的封地。由于各诸侯大多不愿离开长安。刘恒因此让身为绛侯的周勃带头回封地。于是，周勃被免去丞相职务，前往绛地居住。

周勃回到自己的封地养老，总害怕朝廷降罪于己，每听闻有官员到来，就披挂铠甲，严阵以待。"岁余，每河东守尉行县至绛，绛侯勃自畏恐诛，常被甲，令家人持兵见之。"①

后来有人上书告发周勃谋反，周勃被捕审罪。

周勃面对审问不知怎样辩解，就拿出千金重礼打点狱吏，有狱吏就在牍板背面写上"请公主做证"的字提醒他。周勃的长子周胜之娶文帝刘恒的女儿为妻，所以狱吏写出让公主做证的字。

实际上，这时刘恒的舅舅薄昭已经向薄太后说明了周勃当下的遭遇，而薄太后则认为周勃不可能造反，因此怒斥刘恒，让其恢复了周勃的爵位和封邑。

周勃再次回到封地生活，于文帝十一年去世。

虽然周勃的晚年有些曲折，但汉文帝念其助刘邦打天下，以及推举自己为帝有大功，对其后事给予了厚葬，并谥号武侯。周勃被葬在距长陵不足千米的杨家湾一带，和萧何、曹参等功勋一起陪葬在刘邦墓一侧。根据1965年的考古发现，周勃墓中出土了1800余件身高48—50厘米的彩绘步兵俑和身高54—68厘米的彩绘骑兵俑，以及可能为银缕玉衣的200余枚玉片。而这种以军阵送葬的极高规格，也只有立过大功的诸侯王可以获享。

司马迁评价说："绛侯周勃始为布衣时，鄙朴人也，才能不过凡庸。及从

---

① 《史记·绛侯周勃世家》，〔汉〕司马迁撰，韩兆琦主译，中华书局，2008年1月第一版，第1244页。

高祖定天下,在将相位,诸吕欲作乱,勃匡国家难,复之乎正。虽伊尹、周公,何以加哉!"

樊哙

樊哙,沛县县城人,年轻时以屠狗卖肉为生。之所以说樊哙是沛城人,一是根据司马迁所说:"吾适丰沛,问其遗老,观故萧、曹、樊哙、滕公之家,及其素,异哉所闻!"对此,前文第一卷中曾分析司马迁仅到沛县城,参观了萧何、曹参、樊哙、夏侯婴等人的旧居。二是根据前边关于沛县古城的变迁所说,那时的沛城大致就在今樊家村至南边魏营村一带,也说明樊哙是沛城人。另外,根据沛县杨屯镇樊家村《樊氏宗谱》记载,樊哙的父亲樊贤"为避秦,潜徙于沛",后来又带着有脚疾的长子樊觊回归故里,而樊哙则留在沛城以屠狗卖肉为生(因后来黄河南泛、泗水东移,其部分后裔迁到了今微山县欢城镇付村、樊村)。从卖肉做生意而论,樊哙也只能在人口集中的城邑落脚谋生,而不可能在那时人烟稀少的乡村经营从商。

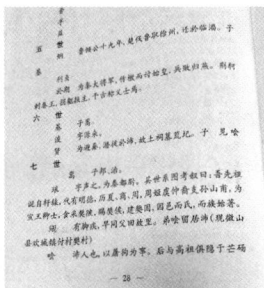

沛县杨屯镇樊家村樊令君先生于 2024 年 1 月 28 日提供的《樊氏宗谱》照片

屠狗卖肉,结缘刘邦成连襟

沛县当地一直流传樊哙与刘邦因狗肉而结缘的故事。

刘邦年轻时,不事生产,成日在沛城街头闲逛,不仅经常到王媪和武负两处酒家赊钱喝酒,也时常到街头卖狗肉的樊哙那里品尝一二。樊哙小本生意经不起刘邦的赊欠,便躲到泗水对岸的夏镇去卖狗肉。[①] 刘邦连日不见

---

① 战国时期,夏镇与沛城仅相隔一条泗水,西汉以后,由于黄河不断泛滥淤积,使泗水不断东移,至元明微山湖逐渐形成时,泗水混流于湖中。昔日与沛城一河之隔的夏镇,也逐渐远徙到微山湖以东的今微山县城所在地。

樊哙在沛城街头出摊,问及别人,方知樊哙已转到泗水对岸的夏镇经营。刘邦来到河边欲渡,一时不见有船只往来,却见一只硕大龟鼋(甲鱼)停息在岸边,便登步其上到达了对岸。这时樊哙正在发愁,因为自来到夏镇的几天里,他的狗肉几乎无人问津。现在刘邦的突然到来,使他不由想起在沛城街头刘邦光顾后很快销售一空的场面,便赶紧招呼刘邦品尝。随着刘邦的到来,不断有顾客前来购买,樊哙的狗肉很快就卖光了。当樊哙随刘邦返回沛城时,也见到了那只龟鼋,于是把它拖回家和狗肉混在一起炖煮。由于狗肉经过龟鼋肉汁的浸润后,味道更加鲜香浓郁,于是樊哙再煮狗肉时,不仅每次保留鼋汁老汤供下次使用,还不时新放几只龟鼋。后来,这一狗肉配煮龟鼋的方法在其后人中一直传承下来。

上述历史相传应该是真实的。一是司马迁记载了樊哙"以屠狗为事";二是刘邦确实好酒肉且常不付钱;三是"鼋汁狗肉"一直是沛县最有影响的历史名菜,在前些年还被江苏省列为第二批省级非物质文化遗产。只是其中关于硕大龟鼋驮刘邦过河的情节应该就是杜撰了。

樊哙因屠狗卖肉和爱吃狗肉的刘邦结成了朋友,但这种友谊并不是表面的酒肉之交,而是发展成了非常紧密的关系。刘邦在芒砀山避难时,沛县令为了联系刘邦,只能委派与其关系莫逆的樊哙前去,因为其他人传的话刘邦未必相信。后来,樊哙和刘邦的友情又有了新的发展,因为在刘邦娶吕雉为妻之后,樊哙迎娶了吕雉的妹妹吕媭,二人成了妥妥的连襟。《史记》就此记载:"哙以吕后女弟吕媭为妇,生子伉,故其比诸将更亲。"[1]

勇武智慧,忠心事主显本色

自刘邦起义后,樊哙以侍从身份跟随刘邦剪秦西进关中,后来又先后以郎中、将军等职,投身于灭楚和平定异姓王等战事中。

根据史书记载,樊哙的战功在所有将军中或稍逊于曹参、周勃,却是亲手杀敌最多的一个。因为在其列传中,司马迁对樊哙所参加的每一次战事,都讲到他亲手杀了多少人。按书中所述统计,自沛县起义,至剪秦灭楚,樊

---

① 《史记·樊郦滕灌列传》,〔汉〕司马迁撰,韩兆琦主译,中华书局,2008 年 1 月第一版,第 1872 页。

哙已亲手杀敌 198 人;在平定韩王信和陈豨等战事中,又说他"斩首百七十六级"①。他还曾水灌章邯都城废丘,不知又淹死和亲手杀了多少人。樊哙如此战绩,虽然与杀人如麻的项羽相比还差之甚远,但在汉将中却也是头号狠人了。所以,在后世大多人眼中,樊哙一直是一个杀人如屠狗的凶人和粗人形象。甚至就连《樊氏宗谱》的插图,樊哙也是一个满脸虬髯的粗狂大汉模样。但全面分析了解史书所载,樊哙不仅具有敢于杀敌、悍不畏死的勇敢精神,也有见微知著、着眼长远的政治眼光,可以说是一位文武皆备的智慧型人物。

力劝刘邦,还军霸上 刘邦率大军进入咸阳后,官兵们利令智昏,纷纷进入秦朝的府库和后宫,抢掠金银、珠宝及美女。就连刘邦也对豪华的皇宫、无数的珍宝,以及撩眼的美女动心,便想留下来在皇宫中居住。这时唯樊哙和萧何不为所动。萧何去丞相府和御史府,搜集秦朝律令、图籍,以备将来之用。而樊哙则在随刘邦入宫后,直言劝谏刘邦说:"沛公欲有天下耶,将为富家翁耶?凡此奢丽之物,皆秦所以亡也,沛公何用焉!愿急还霸上,无留宫中!"②

樊哙说的意思是,您难道不想拥有天下而只想做一个富家翁吗?这些奢侈华丽的东西,正是招致秦朝覆灭的原因,您要它们有什么用!希望您立刻回到霸上军营,不要留在宫中!"刘邦不听劝阻,樊哙又请张良予以劝解,刘邦方才作罢,还军霸上。

樊哙的劝说,不仅体现了他不以物喜的长远意识,还在后来证实了还军霸上的政治和军事意义。因为,如果刘邦居住在秦宫,当项羽率 40 万大军来到后,就真的无法解释曹无伤告密所说,而不能避免项羽的问罪攻伐了。樊哙的此次劝阻之举功莫大焉,近代思想家梁启超曾就此评价说:樊哙"若其谏咸阳狗马之爱,纠寝疾倦勤之失,何其明于大体也"③。

怒斥项羽,鸿门救主 项羽入关后,听信刘邦手下左司马曹无伤的私

① 《史记·樊郦滕灌列传》,〔汉〕司马迁撰,韩兆琦主译,中华书局,2008 年 1 月第一版,第 1872 页。

② 《资治通鉴·汉纪一》,〔宋〕司马光编撰,沈志华、张宏儒主编,中华书局,2009 年 5 月第一版,第 312 页。

③ 摘自《领导文萃》2019 年 12 月下。

言,对刘邦起了杀心。于是,刘邦率张良及樊哙、夏侯婴、纪信、靳强四将及百余人众,赴鸿门予以解释示好。酒酣之时,亚父范增使项庄在席间以剑献舞,欲"击沛公于坐,杀之"。张良感到事情紧急,出帐告知樊哙。樊哙乃"带剑拥盾"而入,"西向立,凝视项羽,目眦尽裂,头发上指"。项羽受惊跪起,按剑问是何人。当知是刘邦的参乘侍卫后,禁不住赞叹道:"壮士!"并赏樊哙一斗酒和一只生猪腿。樊哙立而饮之,拔剑切而啖之。项羽赞曰:"壮士,能复饮乎?"樊哙大声应答:"臣死且不避,卮酒安足辞!"又一饮而尽。接着又大声说道:

> 夫秦王有虎狼之心,杀人如不能举,刑人如不恐胜,天下皆叛之。怀王与诸将约曰:"先破秦入咸阳者王之。"今沛公先破秦入咸阳,豪毛不敢有所近,封闭宫室,还军霸上,以待大王来。故遣将守关者,备他盗出入与非常也。劳苦而功高如此,未有封侯之赏,而听细说,欲诛有功之人。此亡秦之续耳,窃为大王不取也。①

听了樊哙这段近乎斥责的话,项羽无言以对,遂请樊哙就座。

之后,刘邦借故如厕,约樊哙等人欲离去,但他又认为还没有向项羽辞行似有不妥。樊哙则说:"大行不顾细谨,大礼不辞小让。如今人方为刀俎,我为鱼肉,何辞为!"②樊哙如此富有智慧和哲理的话,不仅指出当下依然非常危险,也为刘邦不辞而逃提供了道德依据。刘邦立即在樊哙等四人的护卫下,抄山下近道回到了霸上营中。

"鸿门宴"是《史记》中最为精彩的篇章,其惊心动魄之处不仅是"项庄舞剑,意在沛公",更有樊哙"带剑拥盾"、怒斥项羽的惊人场面。樊哙在"人为刀俎,我为鱼肉"的情况下,勇于持剑而入,敢于反抗发声,化解了刘邦在宴会上的危险,为其脱身创造了机会。可想而知,如果没有樊哙闯帐以道义谴责项羽,以及劝刘邦不辞而别,刘邦的性命将很难保全。因此,司马迁记

---

① 《史记·项羽本纪》,〔汉〕司马迁撰,韩兆琦主译,中华书局,2008 年 1 月第一版,第 224 页。

② 《史记·项羽本纪》,〔汉〕司马迁撰,韩兆琦主译,中华书局,2008 年 1 月第一版,第 224 页。

载说:"是日微樊哙奔入营谯让项羽,沛公事几殆。"①

排闼闯宫,哭谏刘邦　所谓排闼,就是未经允许而撞开门进去,意即闯宫。《史记》载,黥布反叛时,刘邦刚从赵国平叛陈豨归来,也许这几年接连发生的诸侯王反叛让他苦恼不已,他声称病重,诏令守宫侍卫,不准任何大臣入见。十几天后,樊哙终于忍不住,带领群臣"排闼直入",见刘邦头枕一个宦官睡卧。樊哙伤心痛哭,说:当初陛下和我们一道从丰沛起兵,平定天下,是何等的壮举啊!如今天下已定,您却表现得如此疲惫不堪!现在大臣们都很惶恐,您却不接见我们讨论军国大事,难道您就唯独和一个宦官在一起向天下人诀别吗?难道您忘记秦朝赵高是怎样专权作乱的吗?

樊哙的态度和话语虽然满怀真情,但他排闼擅闯的行为和近乎责备的发问,却挑衅了皇帝的尊严。可刘邦并没有生气,而是马上笑着坐起来,开始和大臣们一起商讨如何平定黥布等朝政事宜。

受牵吕氏,险被杀害涉后人

对樊哙跟随以来的功劳,刘邦给予了充分肯定。不仅先后提拔樊哙任郎中、郎中骑将、将军、左丞相等职,还正式封其为列侯,封地为舞阳县,号舞阳侯。但在刘邦去世前,樊哙遭人检举,被说是吕后的死党,差点被杀。

公元前195年,刘邦击败叛军黥布归来,听报燕王卢绾勾结匈奴叛变,就派樊哙以相国的身份率军前往讨伐。樊哙走后,有人对刘邦说:"樊哙跟吕后串通一气,等皇上百年之后将会加害戚夫人和赵王如意。"刘邦本就对戚夫人和如意的未来十分担心,现听闻樊哙欲和吕后联手将他们杀害。遂大怒,决定临阵换将,派陈平和周勃赶往樊哙军中传诏,并将樊哙立即斩杀,然后由周勃率军继续征讨卢绾。好在陈平、周勃顾虑樊哙劳苦功高,且又是吕后的妹夫,将其逮捕后不敢立即处死,而是将樊哙押上囚车送往长安。当回到长安时,由于刘邦已经病亡,故樊哙得以被吕后释放。

惠帝六年(前189年),樊哙去世,谥号"武侯"。

虽然樊哙在世时侥幸躲过一劫,但他的后人因其妻子吕媭,仍然受到了牵连。吕后卒后,周勃率众诛杀吕媭及其子樊伉。舞阳侯之爵位中绝数月

---

① 《史记·樊郦滕灌列传》,〔汉〕司马迁撰,韩兆琦主译,中华书局,2008年1月第一版,第1870页。

后,汉文帝刘恒念樊哙功高,让庶出的樊市人继承了舞阳侯。樊市人在位29年死去,谥号荒侯;其子樊他广得以继承舞阳侯爵位。但后来樊他广的舍人由于被其处罚,心生怨恨,上书禀报景帝说:樊他广不是樊市人的儿子,没有继承樊市人爵位的资格。于是,景帝在公元前143年,将第四代舞阳侯樊他广"夺侯为庶人,国除"。

需提及的是,司马迁和樊他广关系甚好,他从樊他广口中了解到了刘邦手下功臣们的许多事迹。他就此记载说:"余与他广通,未言高祖功臣之兴时若此云。"①

"仗义每多屠狗辈",这句出自明代诗人曹学佺之口的话,显然是以樊哙为例赞扬一般平民百姓的朴实为人,但这也确是对樊哙一生最为恰当的注脚。

王陵

《史记》对王陵既没有以世家的地位予以单独介绍,也没有在列传中冠名说起,只是在"陈丞相世家"的内容中有一小段文字插叙。这显然是司马迁认为王陵的作用和影响,没有周勃、樊哙、夏侯婴等人那么大。这虽然也是事实,但王陵毕竟是刘邦年轻时一直尊敬的兄长,并且在后来刘邦陷入困境时也起到过重要的帮助作用。因此,刘邦不仅在封侯排序时,将王陵列为第十二位,还在托付后事时将其作为肱股之臣。这也应该是班固在《汉书》中为王陵重新予以提名列传的原因,虽然增加的文字并不多。

据南阳,降伏丹水秦军

王陵是沛县富豪子弟,后随刘邦灭楚被封为安国侯。他的故居所在地为今沛县安国镇安国村,与绛侯周勃故居周田村、灌婴曾居住过的灌婴村均距5里,构成了五里三诸侯的村庄格局。

王陵少时被刘邦尊为大哥,他在刘邦起义后一段时间内的表现,在《史记》中有两处记述。

《史记·陈丞相世家》记载:"及高祖起沛,入至咸阳,陵亦自聚党数千

---

① 《史记·樊郦滕灌列传》,司马迁撰,韩兆琦主译,中华书局,2008年1月第一版,第1888页。

人,居南阳,不肯从沛公。及汉王之还攻项籍,陵乃以兵属汉。"

《史记·高祖功臣侯者年表》记载,王陵"以客从起丰,以厩将别定东郡、南阳,从至霸上。入汉,守丰。上东,因从战不利,奉孝惠、鲁元出睢水中,及坚守丰,封雍侯,五千户"。

从上述看,两段内容有所不同:前段说王陵没有跟随刘邦至咸阳霸上,而后段则说王陵"从至霸上";另外,后段提及了王陵守丰及被封为雍侯,而前段则只字未提。如果就此再参照《汉书》的话,则其说辞完全等同于前段所说,即王陵没有随刘邦至霸上。因此,我们这里选择司马迁和班固的共同之说,认定王陵确实没有至霸上的行动,但也相信后段中的补叙内容。这样,我们再结合其他相关内容予以梳理,王陵从汉前后的行迹就比较清楚了。

刘邦于沛县起义后,王陵以好友的身份客从于刘邦军中。当刘邦被楚怀王封为武安侯和任职砀郡长时,王陵同时被任命为厩将。之后,刘邦奉楚怀王之命率军西进攻秦,而王陵则奉命前往东郡、南阳一带的楚国旧地号召楚人反秦,也就是招兵买马。

刘邦初始西进攻城夺隘并不顺利,后来由于先后得到郦食其、张良的协助谋划,西进的步伐才开始加快。至南阳郡治所宛城时,刘邦招降了南阳太守和驻军都尉;到丹水时,戚鳃和王陵的人马已经降伏了该地的秦军,这也等于为刘邦大军提供了助力。《汉书·高帝纪》载:"七月,南阳守齮降,封为殷侯,封陈恢千户。引兵西,无不下者。至丹水,高武侯鳃、襄侯王陵降。"①

在刘邦继续向咸阳方向进军时,同为楚怀王属下且已自立的王陵并没有跟从前往,而是率领自己的几千人马继续留在南阳,以进一步扩大自己队伍的势力。

---

① 对戚鳃和王陵以侯爵的身份在这里出现,《史记》和《汉书》都没有详说,而后世晋灼、韦昭、师古等大家也多持不同观点(见《汉书·高帝纪》注释)。本书在这里持用韦昭的认识,此王陵即安国侯王陵,其当时襄侯之说,《索隐》按:此言襄侯,当如臣瓒解,盖初封江夏之襄也。并且也应是王陵占领襄阳一带后,楚怀王加封。而至于说戚鳃、王陵"降",则是此处用词简略不当,因为同是楚怀王的属下,根本不存在投降之说,除非信师古所言——此戚鳃、王陵为楚军,而非后来均被刘邦封侯的戚鳃、王陵。但人名就那么巧合一样吗? 所以本书在此处解释为戚鳃和王陵降伏了丹水秦军。

转从汉,母遭项羽烹杀

刘邦攻占咸阳灭秦后,被项羽挟制封为汉王,但刘邦去往汉中不久,很快还定三秦,又重新占据了关中。这时刘邦产生了将家中老小接到关中的想法,于是安排薛欧、王吸两位将军,经走由王陵占据的南阳,去往沛县接刘太公及妻子吕雉一家。此消息被楚军获知,项羽遂发兵于阳夏阻拦薛欧、王吸的去路。稍后不久,刘邦得到了楚怀王已经被项羽谋害的消息,于是号召天下诸侯共同讨伐项羽,并率兵东下直指彭城。为此,项羽立原吴县县令郑昌为韩王,以阻挡东进的汉军。

> 令将军薛欧、王吸出武关,因王陵兵南阳,以迎太公、吕后于沛。楚闻之,发兵距之阳夏,不得前,令故吴令郑昌为韩王,距汉兵。
>
> ——《史记·高祖本纪》

可郑昌无能,很快被刘邦所封的韩国太尉韩信击杀,而韩信则被刘邦立为新的韩王。也许王陵这时也抱有为旧主楚怀王复仇的愿望,以及认识到刘邦确实已成大事的现实,他自此正式"入汉"。

可让王陵没有想到的是,项羽对他这位一直独立率兵的原楚军将领给予了关注。王陵刚加入刘邦阵营不久,就被楚军获知,项羽因此将王陵母亲捉到军中为质,以逼迫王陵背叛刘邦而投降自己。王陵于是派使者前往项

位于徐州市云龙公园东北角的王陵母墓

251

羽军营探视。

当使者见到王陵母亲时,王陵母亲悄悄泣说:"请帮我告诉王陵,让他恭谨地待奉汉王,汉王是个宽厚的人,不要因为我而三心二意。让我以一死来给你送行吧。"说罢即拔使者佩剑自刎。

项羽大为恼火,让人烹煮了王陵母亲的尸体。

守丰邑,护卫刘邦子女

母亲被项羽烹,使王陵更加坚定了跟从刘邦而消灭项羽的决心。当他随刘邦大军东进至丰邑附近后,刘邦以王陵更加熟悉其家人为由,派王陵承担暂时守护丰邑家人的任务,待彭城大战结束后再会合一起返回栎阳。

刘邦后来虽然顺利攻占了彭城,但没有几天就被率轻骑急返的项羽赶杀出来。刘邦大军的失败,使王陵不得不和审食其分头保护刘邦的家人一起西逃。《史记·高祖功臣侯者年表》中这样记载:

> (王陵)入汉,守丰。上东,因从战不利,奉孝惠、鲁元出睢水中,及坚守丰,封雍侯,五千户。
>
> ——《史记·高祖功臣侯者年表》

这段话是说,王陵入汉后去往丰邑,并守护在那里,但由于刘邦率军东进彭城失利,他护送刘盈和鲁元由睢水①往关中方向逃去。王陵也因此功劳,在后来被封为雍侯并享有 5000 户的封地。

刘邦西逃路经丰沛时未见到家人,《史记·项羽本纪》中记载:刘邦"欲过沛,收家室而西;楚亦使人追之沛,取汉王家;家皆亡,不与汉王相见"。接着,刘邦在继续西逃的路上遇到了护送其儿女的王陵,"汉王道逢得孝惠、鲁元,乃载行"。后来,他们一起继续西行,总算逃到了下邑吕泽的军营。之后王陵又随同刘邦至栎阳,见证了刘盈被立为太子。

那么,刘邦的其他家人呢?《史记·项羽本纪》又载:"审食其从太公、吕

---

① 睢水是战国中期形成的一条河流,现已消失。睢水分流于鸿沟,自西向东流经今商丘市睢阳区、安徽省淮北市南、江苏省睢宁县北、宿迁市以后,汇入洪泽洼地。这也是《史记·项羽本纪》中,因淮北市为相县而称宿迁为下相的缘故。

后间行,求汉王,反遇楚军。楚军遂与归,报项王,项王常置军中。"就是说,由审食其陪同的刘太公、吕后等家人,在逃亡寻找刘邦的路上遇到了楚军,被项羽关押到了军中。

由此我们可以推知,刘邦家人为躲避楚军在路上分成了两队,刘盈和鲁元由王陵保护,而其余家人由审食其率领。这也因此使刘盈在三个月以后被刘邦在栎阳立为王太子,而太公、吕雉等家人则被项羽俘虏,并被拘押两年多时间。

这里还有必要还原并推测一个细节,那就是刘邦准备赴汉中时,曾经派吕释之赴丰沛保护家人。《史记·高祖功臣侯者年表》就此记载:"汉王入汉,而释之还丰沛,奉卫吕宣王、太上皇。"那么吕释之在彭城大战前后去哪儿了呢? 就此推测,当王陵到达丰邑时,刘邦进攻彭城已经在即,当时吕泽按照刘邦部署停兵在下邑,而吕释之则应该在王陵来到后,就赶往下邑与吕泽会合了。

获封侯,刘邦遗言定丞相

王陵因守丰及护卫刘邦子女,在刘盈确立为汉王太子时,被刘邦记功封为雍侯。刘邦立国称帝后,论功封赏排序,把王陵正式封为安国侯,列十八侯第十二位。

也许是王陵与雍齿关系过从甚密(因雍齿背叛,刘邦对其为最厌恶),以及刘邦起义后王陵并没有真心跟从的原因,获封后的王陵当时并没有得到刘邦重用。因为王陵自被封雍侯至刘邦去世的约 10 年间,史书中没有再记载他参战或者参政的任何事迹。只是到刘邦病危,吕后询问后事安排时,王陵这位昔日受尊重的兄长,才重新被刘邦重视而列为可托付重用之人。这应该是刘邦认为王陵为人憨直而不会变心的原因。

> 吕后问:"陛下百岁后,萧相国即死,令谁代之?"上曰:"曹参可。"问其次,上曰:"王陵可。然陵少憨,陈平可以助之。陈平智有余,然难以独任。"
>
> ——《史记·高祖本纪》

由此看来,王陵虽然在过去 10 年一直未得到刘邦重用,但他质朴少文、为人憨直的品行，还是一直被刘邦所认可的。

惠帝六年(前189年)，曹参去世。刘盈遵照先帝遗言，任命王陵担任右丞相、陈平担任左丞相。

惠帝七年(前188年)，刘盈驾崩，吕后称制。吕后打算封吕氏族人为王，朝议时首先咨询右丞相王陵的意见，遭到王陵的坚决反对。他说："先帝当年杀白马与群臣盟约，说'非刘氏王者，天下共诛之'，现在你封吕氏为王，就违背了盟约。"

吕后很不高兴，再问左丞相陈平和太尉周勃。他们说："先帝平定天下，封他的子弟为王；现在太后行使皇帝职权，要封自己的兄弟族人为王，也不是不可以。"吕后听了非常开心。罢朝之后，王陵指责陈平、周勃说："你们顺着太后的心思违背白马盟约，将来你们有何面目见先帝于地下！"陈平回答道："今天您在朝廷当面反对太后的意见，我们愧不如您；但说到保全江山社稷，维护刘氏后人，您就不如我们了。"王陵不予应答，转身离去。

高后元年(前187年)，吕后为了顺利封诸吕为王，将王陵由右丞相调任为太傅，剥去了他的实权。王陵遂以生病为由，从此闭门在家，不再上朝。

高后七年(前181年)，王陵去世，谥号"武侯"。

夏侯婴

夏侯婴是沛城人，司马迁游历丰沛，曾到访过他的故居，并惊叹其出身："及其素，异哉所闻！"夏侯婴是汉朝开国大臣中的重要人物之一，他以自己的善良、智慧和忠心，成为西汉初年几任皇帝身边最为信任的重臣之一。

为人善良，多次担当救人

夏侯婴最初只是沛县的一个普通马夫，当刘邦混迹沛城街头时，他们二人相识成为朋友。在秦国统治沛县后，夏侯婴到县衙里驾驶马车，并在后来成为负责马车调度使用的一名小吏。当刘邦任职泗水亭长后，夏侯婴每当驾车送客人回来路过那里，总会去找刘邦聊天，甚至经常忘记了时间。史载：夏侯婴"每送使客还，过沛泗上亭，与高祖语，未尝不移日也"①。

①《史记·樊郦滕灌列传》，〔汉〕司马迁撰，韩兆琦主译，中华书局，2008年1月第一版，第1878页。

254

《史记》中讲,任职泗水亭长后的刘邦,"廷中吏无所不狎侮",其事例就有和夏侯婴玩耍打闹的事情。并且,他这次的打闹还把夏侯婴误伤了。此事被人告发,刘邦身为负责治安的亭长不好承担罪名,便申诉说无有此事,而夏侯婴也说与刘邦无关。但后来这件事还是被人捅破了,夏侯婴为了替刘邦开脱,依然承揽全部责任,他也因此被打了板子,并入狱一年之久。

刘邦起义后,夏侯婴跟随从军。在汉中时,身为昭平侯和太仆的夏侯婴,负责一批罪人的监斩,当时身居连敖官职的韩信不知因何罪也在被问斩之列。当时已有 13 个人被斩,当轮到韩信时,他大声呼喊:"汉王想打天下,为什么还要杀壮士?"夏侯婴看韩信相貌堂堂且出言不凡,遂与其交谈并感其很有才能,就向刘邦说情让他做了治粟都尉。《史记·淮阴侯列传》就此载:"滕公奇其言,壮其貌,释而不斩。与语,大悦之。言于上,上拜以为治粟都尉。"

公元前 205 年,刘邦东进彭城被项羽打败。在狼狈逃跑的路上,遇到了儿子刘盈和女儿鲁元,夏侯婴立即将两人抱上车。由于马力疲惫以及追兵很近,刘邦情急之下就把两个孩子蹬下了车,而夏侯婴则又把两个孩子抱上来,如此反复数次,气得刘邦要把夏侯婴杀掉。但最终还是把两个孩子带出险境到达了丰邑。

> (汉王)还定三秦,从击项籍。至彭城,项羽大破汉军。汉王败,不利,驰去。见孝惠、鲁元,载之。汉王急,马罢,虏在后,常蹳两儿欲弃之,婴常收,竟载之,徐行面雍树乃驰。汉王怒,行欲斩婴者十余,卒得脱,而致孝惠、鲁元于丰。
>
> ——《史记·樊郦滕灌列传》

在楚汉战争中,有一位名叫季布的楚将受项羽指令,曾多次围困刘邦。灭楚之后,刘邦公开悬赏捉拿此人以雪耻,并颁布命令说,谁敢私自藏匿季布罪及三族。季布先是藏在一位姓周的友人家中,后又被周氏送至一位朱姓人家收留。朱家主人是一位侠士,他就此专程拜访夏侯婴,问他如何看待季布。夏侯婴因此料定季布匿于朱家,不仅没有因为"藏匿者罪及三族"的诏令对其追责,反而表示季布是一个有能力的人。于是,朱家主人就向夏侯婴讲了人臣各为其主的道理,并认为如季布不容于中原,被逼到北胡或南越,将会为他人所用而有患于汉朝,因此请夏侯婴建议刘邦赦免季布。

夏侯婴赞成朱家主人所说,就去说服刘邦赦免了季布。季布不久被刘邦召见并拜为郎中,后升为统领皇帝侍卫的中郎将,成为刘邦最为信任的身边人之一。刘盈、吕后执政时,匈奴派使者传信挑衅吕后,季布怒斥轻言开战的樊哙,力劝吕后继续与匈奴和亲修好,避免了汉匈间一触即发的战争。至文帝时,因季布有独当一面的能力,被刘恒任命为当时十分重要的河东郡郡守。

由于夏侯婴的理解和帮助,不仅季布得以施展自己的才能,更使朝廷得到了一位良臣。

勇敢无畏,屡赴沙场立功

在刘邦剪秦、灭楚及铲除异姓王这样三个阶段的诸多战事中,夏侯婴不仅一直陪侍刘邦左右,还多次领兵亲临一线作战。

刘邦做沛公后,赐给夏侯婴七大夫爵位,任命他为太仆。在随后刘邦率军攻打胡陵时,夏侯婴被刘邦赐予了五大夫爵位。

公元前208年,夏侯婴随刘邦在砀县袭击秦军,攻打济阳,拿下户牖,在雍丘一带击败三川郡守李由的军队。由于夏侯婴在战斗中作战勇猛,刘邦又赐其执帛的爵位。随后,夏侯婴驾车随刘邦在东阿、濮阳一带袭击章邯率领的秦军。他在战斗中驾兵车快速进攻,大破秦军,刘邦又升其爵位为执珪。

之后,夏侯婴以太仆之职,指挥兵车跟从刘邦,在开封大败秦将赵贲的军队;后西进在曲遇再败秦将杨熊的军队。在两次战斗中,夏侯婴俘虏68人,收降士兵850人,并缴获金印一匣。接着,夏侯婴跟从刘邦,在洛阳以东袭击秦军,被刘邦转封为滕县(今山东省滕县西南)县令。人们也因此称其为滕公。之后,夏侯婴又跟随刘邦先后攻打南阳、蓝田、芷阳,一直抵达咸阳。

夏侯婴作为太仆,经历了鸿门宴惊险一幕。他虽然没有像樊哙那样独闯军帐、怒斥项羽,但他一直跟随左右,并在刘邦离席脱逃时,与樊哙、纪信等人持剑护卫,徒步返回霸上。

在刘邦为汉王后,夏侯婴被刘邦封为列侯,号昭平侯,仍掌太仆之职。

在灭楚战争中,夏侯婴没有单独出战的记载。但他作为贴身太仆,与刘邦一同经历了彭城之败、退守荥阳,并几次陪刘邦弃城逃命。特别是在公元前204年,项羽兵围成皋,刘邦出逃北渡黄河那一次。夏侯婴独自驾车一路陪同,在修武韩信军营计夺兵符,可谓忠心护主,历经生死。

在刘邦登基称帝后,接连发生了异姓王背叛及匈奴犯边等事件。在这数次战事中,夏侯婴一直伴随在御驾亲征的刘邦身边。

刘邦称帝的当年秋天,燕王臧荼起兵造反,夏侯婴以太仆之职跟从刘邦攻打臧荼。第二年,夏侯婴跟从刘邦到陈县,逮捕了被人举报造反的楚王韩信。次年冬,夏侯婴随刘邦征讨已经投降匈奴的韩王信,并在晋阳附近大败韩王信和匈奴的联军。后刘邦孤军追击败军到平城被困,刘邦接受陈平之计,买通单于阏氏才得以脱身。刘邦突围刚出平城就想驱车快跑,夏侯婴坚持车马慢行,命令所有弓箭手都满弓向外,徐徐前行,最终脱离险境。

在之后征讨陈豨和黥布造反的战事中,夏侯婴亦跟随刘邦出征。

由于夏侯婴的驾车技术高超,司马迁在《史记》中四次用"趣攻战急"来形容他在战场中所发挥的重要作用。

因夏侯婴多年来战功卓著,刘邦封他为汝阴侯,将他的封地确定在汝阴(今安徽省阜阳),食邑 6900 户。

忠心可嘉,侍奉汉室四朝

夏侯婴跟随刘邦"竟定天下",开始是以专职驾驶的身份随从左右,在担任太仆以后,虽然是以管理皇帝以及整个皇家的车马为主要职责,但依然在刘邦出征时贴身相随。刘邦对夏侯婴这种以性命相托的信任程度,大概也只有刘交、卢绾可比。

刘盈登基后对夏侯婴非常感激,因为他知道,如果没有当年夏侯婴的舍身相救,自己可能早就不存在了,更遑论今天能够登基帝位。因此,他不仅对夏侯婴非常尊敬,还把靠近宫廷北面的一座大宅院赏给他,并且赐名"近我"。这不仅是掌管出行的太仆就应该住在皇帝跟前的意思,也反映了刘盈对夏侯婴的亲近和尊敬。

刘盈去世后,临朝称制的吕太后对忠仆般的夏侯婴依然厚待如故。所以,在吕太后因培植吕氏后人遭到众大臣的不满时,夏侯婴始终保持了缄默。也许他认为,吕太后虽然有私心,但汉室社稷并没有动摇,因为其先后选立的两位少帝毕竟还是刘氏的血脉。

吕太后去世后,夏侯婴站在更加有利于巩固刘氏皇权的立场,和众大臣一起积极拥立刘恒为帝。他在刘恒从代国赶到长安的当天夜里,和东牟侯刘兴居一起,将少帝迁出皇宫,并亲自以天子车驾把刘恒从代王府邸接到皇宫。出于对夏侯婴这位一直任劳任怨老臣的信任,刘恒继续任用他为太仆,作为自己的身边人。

文帝八年,夏侯婴病逝,谥号文侯。因夏侯婴对刘姓汉室的忠诚,他的爵位一直被后人继承,甚至他的第四代重孙夏侯颇还娶了平阳公主为妻,只是后来因私情自杀之事,夏侯氏才被废除了爵位和封地。

卢绾

在《史记》中,司马迁将卢绾与韩王信合列为传,应该是认为二人为同一类人,因为他们都是在被刘邦封王后又投降了匈奴。史书中对卢绾记载的内容比较简单,却生动反映了刘邦初始对卢绾的真切友好、卢绾后来背弃刘邦的原因和过程,以及刘邦对卢绾的极度失望心情。

关系渊源,军功不显任太尉

在所有汉初开国功臣当中,和刘邦关系最为深厚的是卢绾。因为他们不仅上辈交好,并且是同年同月同日出生的同窗。《史记》载:"卢绾亲与高祖太上皇相爱,及生男,高祖、卢绾同日生,里中持羊酒贺两家。及高祖、卢绾壮,俱学书,又相爱也。"[1]

在刘邦弃学以后,卢绾也没有继续就读。因为《史记》中这样说:"高祖为布衣时,有吏事辟匿,卢绾常随出入上下。"也就是说,自刘邦以平民混迹于社会时,卢绾就一直伴随左右,甚至在刘邦因犯事被官吏追拿的时候,也依然不离不弃。这说明卢绾自少年时就与刘邦有着非同一般的亲密关系。

值得注意的是,史书在说明卢绾和刘邦少时的关系后,并没有记载卢绾在灭秦几年间的任何表现,而是直接跨越写到,在刘邦入汉中后担任了将军和侍中,并被封为长安侯;而且,在几个月后刘邦出汉中前,又被任命为掌控全军的太尉。对此我们也许可以推测,卢绾自刘邦起义后一直跟随于军中,并且是以军事参谋的身份协助刘邦,不然刘邦也不能毫无缘由地直接任命卢绾担任将军,甚至太尉这一最高军事职务。

---

① 《史记·韩信卢绾列传》,〔汉〕司马迁撰,韩兆琦主译,中华书局,2008 年 1 月第一版,第 1850 页。

卢绾是汉王国成立后的首任太尉,功绩不显的他受到如此重用,应该说主要还是出于刘邦的感情信任。对卢绾和刘邦的亲密程度,司马迁这样评价:"出入卧内,衣被饮食赏赐,群臣莫敢望,虽萧曹等,特以事见礼,至其亲幸,莫及卢绾。"①即:卢绾可以出入刘邦的卧室,并经常得到刘邦的赏赐,这种待遇大臣们想都不敢想;虽然萧何、曹参等人也能受到刘邦如此的礼遇,那是因为他们所做的事情;能真正得到刘邦信任和关心的,也只有卢绾。

在之后汉军还定三秦及出关东进的前几年,身为太尉的卢绾仍然行迹不明,我们只能继续认为他在中军协助刘邦指挥战事。一直到楚汉战争的后期阶段,卢绾才开始亮相于军前。

灭楚平叛,三次参战封燕王

卢绾率军出战的第一场战事,发生在刘邦于修武取得韩信、张耳的兵马之后。当时,刘邦一方面在荥阳一带高垒深堑、练兵固守;另一方面派遣卢绾、刘贾带 2 万兵马绕道白马津向东进发,让其与在楚军后方活跃的彭越配合,加大对项羽后方的袭扰。从这次安排,可以看出刘邦对卢绾的高度信任。因为刘邦分兵授权于他人,也只有不久前派韩信、张耳率 3 万兵北进那一次,且韩信所带兵马还主要是由其消灭魏国所俘获。

刘邦这次分兵袭击项羽后方的安排,取得了不俗的战绩。《史记》载:汉王"使卢绾、刘贾将卒二万人,骑数百,渡白马津,入楚地,与彭越复击破楚军燕郭西,遂复下梁地十余城"②,并且"烧其积聚,以破其业,无以给项王军食"③。说明这次由卢绾、刘贾和彭越一起主导的军事行动,不仅拿下了被楚军占领的梁地 10 余座城池,还大大破坏了项羽的后勤粮草供应保障。

汉军的敌后行动,使前线楚军面临断粮的危险,项羽不得不亲自率军返回打击彭越及卢绾、刘贾所部。而刘邦也得以喘息,并借机攻占成皋,致使楚大司马曹咎、塞王司马欣、翟王董翳自杀身亡。这极大地改变了当时楚汉

---

① 《史记·韩信卢绾列传》,〔汉〕司马迁撰,韩兆琦主译,中华书局,2008 年 1 月第一版,第 1850 页。

② 《史记·高祖本纪》,〔汉〕司马迁撰,韩兆琦主译,中华书局,2008 年 1 月第一版,第 278 页。

③ 《史记·荆燕世家》,〔汉〕司马迁撰,韩兆琦主译,中华书局,2008 年 1 月第一版,第 1154 页。

正面战场的平衡。

卢绾参加的第二次战役,是他与刘贾再次合作平定临江王共驩。当时,刘邦在诸王的拥护下已经登基称帝,但天下还唯有临江王共尉自立而不愿归顺。所以,《史记》载:刘邦"乃使卢绾别将,与刘贾共击临江王共尉,破之"[1]。值得注意的是,卢绾虽为太尉,但在这次战事行动中并非主将,而是别将,即配合主力军作战的另一支部队的将官。这次出战以刘贾所部为主力,是因为刘贾自会兵垓下灭项羽后,一直率九江兵活动在南方一带,而共尉的王城就是长江岸边的江陵(今湖北省荆州市)。这应该是刘邦认为自九江出兵更为便捷,以及刘贾更加熟悉当地地理情况等原因,所以"汉王因使刘贾将九江兵,与太尉卢绾西南击临江王共尉"[2]。但没有想到的是,这次刘贾与卢绾的联合作战并不顺利,直到后来刘邦又增派了骑都尉靳歙为别将,才攻破江陵,并由靳歙亲自抓到共尉。

卢绾参与的第三次战事,是发生在刚从江陵班师回朝后的当年七月。当时燕王臧荼因恐惧刘邦清除项羽旧部,宣布脱汉自立,并攻占了代国。于是,刘邦亲率大军前往平叛,而作为太尉的卢绾也一并跟随出征。对此《史记·韩信卢绾列传》记述:卢绾"七月还,从击燕王臧荼,臧荼降"。

从如此简单的记述,以及刘邦御驾亲征,且周勃、樊哙、灌婴、夏侯婴等诸多名将一并出战的事实,我们可以想到,卢绾也仅是参与了平定燕国之乱这场战事,而并非发挥了多么重要的作用。

从上述卢绾仅参加的三次战事来看,卢绾的表现可谓一般,但在刘邦心中,卢绾就是他最值得信赖的好兄弟。

臧荼被灭后,选任燕王的后继人选成为当务之急。刘邦想封卢绾为燕王,由于担心大臣们不服,就下诏在列侯中推选一位出任燕王。但大臣们都猜到了刘邦的心意,一致推举长安侯卢绾为燕王。

(刘邦)欲王卢绾,为群臣觖望。及虏臧荼,乃下诏诸将相列

侯,择群臣有功者以为燕王。群臣知上欲王卢绾,皆言曰:"太尉长

---

① 《史记·韩信卢绾列传》,〔汉〕司马迁撰,韩兆琦主译,中华书局,2008 年 1 月第一版,第 1852 页。

② 《史记·荆燕世家》,〔汉〕司马迁撰,韩兆琦主译,中华书局,2008 年 1 月第一版,第 1154 页。

安侯卢绾常从平定天下，功最多，可王燕。"诏许之。后九月，乃立
卢绾为燕王。诸侯王得幸莫如燕王。

——《史记·韩信卢绾列传》

大臣们推举卢绾为燕王，认为卢绾"常从平定天下，功最多"，并不是真
心话。因为他们知道"上欲王卢绾"，而只是顺应圣意而已。所以司马迁接
着记述"诸侯王得幸莫如燕王"。否则，以卢绾的才能和功绩而论，他文没有
萧何、张良、陈平等人的智谋，武不如曹参、周勃、樊哙、灌婴等人的战功，哪
有资格做得了燕王？

上意难猜，这也许正是刘邦用人的高明之处。燕国作为一个地处边塞
的战乱之地，他不想这个诸侯国再脱离朝廷掌控，因而选择自己最为信任但
能力很一般的卢绾坐镇燕地。

私心自保，背弃刘邦投匈奴

卢绾受封燕王之后，一直尽心为刘邦镇守北方。但在 5 年之后，由于陈
豨的叛乱，卢绾的初心改变了。

陈豨也是汉朝开国功臣，当年曾跟随韩信一起平定北方诸国。刘邦经
历白登之围后，任命陈豨为代国丞相，直接辖制代、赵两国的边境部队，以防
止匈奴对边境的入侵。陈豨在向淮阴侯韩信辞行时，韩信曾煽动其到任后
造反；而陈豨到任后又受到了已经叛汉的韩王信的策反，后来果然走向了反
叛的道路。

汉十年（前 197 年）九月，已领有代、赵两国所有兵马的陈豨，拥兵自重，
自封代王，公开与朝廷叫板。刘邦亲自率兵出征北上，并命令与赵、代接壤
的燕国自东北方向出兵攻打陈豨。

燕王卢绾出兵后，收到了陈豨向匈奴求援的情报，他因此派出使臣张胜
出使匈奴，希望阻止匈奴派兵援助陈豨。意外的是，张胜出使匈奴时，遇到
了当时在匈奴流亡的前燕王臧荼之子臧衍。臧衍对张胜说：

公所以重于燕者，以习胡事也。燕所以久存者，以诸侯数反，
兵连不决也。今公为燕欲急灭豨等，豨等已尽，次亦至燕，公等亦
且为虏矣。公何不令燕且缓陈豨而与胡和？事宽，得长王燕；即有

汉急,可以安国。

——《史记·韩信卢绾列传》

　　臧衍这段话的意思是:你张胜之所以在燕国受到重用,是因为熟悉匈奴的事务。燕国之所以能长期存在,是因为各诸侯屡屡反叛,兵事连绵,久而不决。现在燕国想尽快灭掉陈豨等人,如果陈豨等人被消灭,接下来就轮到燕国了,而你等君臣也将成为刘邦的阶下囚。你何不劝说燕国与陈豨及胡人和好?只有这样才能保证燕国平安存在啊。

　　张胜认为臧衍说得很有道理,反而暗中联络匈奴让其援助陈豨。卢绾听说张胜在匈奴的行为后,曾经上书请求已经返回京城的刘邦诛灭张胜全族,但他在张胜返回燕地后,竟然被张胜说服了。因为臧荼、韩王信等异姓王先后被刘邦清剿杀害,确实是血淋淋的事实,这也让卢绾联想到了今后的自己,作为异姓王能一直得到刘邦的信任吗?更何况狠辣的吕后一直在干预朝政。为免遭将来不测,卢绾接受了张胜与陈豨、匈奴和平共处的建议。也许卢绾真的以为,只要有陈豨长期钳制汉朝北境,自己便可以长期在燕称王;而一旦刘邦对自己不信任了,自己也可以借助陈豨和匈奴保全燕国。

　　于是,卢绾杀害了一个无辜家庭作顶替,而将张胜的家人予以释放;同时,他一方面再派张胜赴匈奴作密使;另一方面派家臣范齐到代地,让其为陈豨对抗朝廷出谋划策。

　　可陈豨的抵抗并没有坚持太久,就被樊哙率军击杀了。陈豨的副将投降后,把卢绾与陈豨勾结的事告诉了樊哙。《史记》就此载:"汉使樊哙击斩豨,其裨将降,言燕王绾使范齐通计谋于豨所。"刘邦为此召见卢绾以了解事情真伪。卢绾不敢去面见刘邦,以称病推脱。后来,刘邦又派辟阳侯审食其、御史大夫赵尧前往调查,吓得卢绾连忙闭门谢客。他对手下亲信说:"族灭韩信和彭越的事情都是吕后干的,现在皇帝生病,实际掌权的是吕后,这个女人一意诛杀异姓王和有功的大臣,所以我只能称病不去。"卢绾躲避调查的行为及其说辞,传到刘邦耳中使之非常生气。之后,刘邦又从匈奴降将口中得知,叛臣张胜不仅没有被杀,还作为卢绾的密使一直躲在匈奴的消息。这让刘邦彻底失望,他十分伤感地说:"卢绾果真反了!"于是派樊哙率兵攻打燕国。①

在樊哙进军燕国的路上，年仅 53 岁的刘邦撒手归天。其死，是因伤病发作而亡，还是因伤心卢绾背叛而终，也可能两种原因皆有。

刘邦的去世，使卢绾知道再也没有了解释和获得宽宥的机会，心狠手辣且已经揽政的吕后绝不会对自己善罢甘休，于是带着家人和亲信逃亡匈奴。卢绾到匈奴被封为胡庐王，于次年去世。

一步错步步错，卢绾从接受张胜挑唆的那刻起，就开始与刘邦离心离德，而最终走向了投降匈奴的道路。表现平平的卢绾，几十年来一直受到刘邦如亲兄弟般的厚待，他后来却背叛了刘邦，说到底还是卢绾私心作祟、背信弃义。因此，司马迁说卢绾和韩王信一样，都是"非素积德累善"之人。

刘贾

史书中记载刘贾的文字比较少，却简明清晰地反映了他在灭楚之战中立下的几次大功。并且，他还是刘邦最早所封的刘姓王之一，也是第一位为国战死沙场的诸侯王。因此，刘贾在乡党群体中也是一个颇有代表性的人物。

任将军，战楚军率兵有方

刘贾和刘邦同姓，《史记》中没有记述二人有宗族关系，仅记"荆王刘贾者，诸刘，不知其何属"②。但在《汉书》中则记载了，"荆王刘贾，高帝从父兄也，不知其初起时"③。"从父"即叔伯，也就是说，刘贾是刘太公兄弟的儿子，即刘邦的堂兄，只是不知道他什么时候开始跟随了刘邦。刘太公有兄弟吗？《汉书》没有细说，这里又是一个说辞不清且难以考证的疑处。以常理而论，刘太公的兄弟是很亲近的血缘关系，史书应该有所记载，但就是言语不详。这样说来，刘贾和刘邦大概率是同宗的远房兄弟关系。

刘贾的首次出现，是在刘邦走出汉中、还定三秦之时。《史记·荆燕世

---

① 《史记·韩信卢绾列传》，〔汉〕司马迁撰，韩兆琦主译，中华书局，2008 年 1 月第一版，第 1852 页。

② 《史记·荆燕世家》，〔汉〕司马迁撰，韩兆琦主译，中华书局，2008 年 1 月第一版，第 1154 页。

③ 《汉书·荆燕吴传》，〔汉〕班固撰；中华书局，2012 年 4 月第一版，第 1669 页。

家》就此记载:"初起时,汉王元年,还定三秦,刘贾为将军,定塞地,从东击项籍。"刘贾在这时以将军身份出现,和卢绾出任太尉一样突然,看来自刘邦沛县起义始,刘贾就随军征战了。刘贾随大军还定三秦后再定塞地,说明刘贾率军或配合打败了塞王司马欣。

在后来的楚汉之战中,刘贾一直跟随参加,但他独自领军且立下更大战功的事迹,则是发生在刘邦兵败荥阳、成皋之后。

> 汉王败成皋,北渡河,得张耳、韩信军,军修武,深沟高垒,使贾将二万人,骑数百,击楚,度白马津入楚地,烧其积聚,以破其业,无以给项王军食。
>
> ——《汉书·荆燕吴传》

从此记载可知,彭城大战后,刘邦又败走成皋,直到获取张耳、韩信的兵马后,才在修武筑城死守。同时,他派刘贾和卢绾共同率领一支两万人的军队,渡过白马津进入楚国腹地,配合一直活动在梁地的彭越,破坏其后勤补给,以切断对前线项羽的粮草供应。

一支两万人的孤军深入敌后,不仅要保证自身兵马的安全,还要实现破坏敌军后勤补给的计划,并不容易。但刘贾都做到了,因为他知道此行的目的是破坏而不是舍命拼杀。因此"贾辄避不肯与战,而与彭越相保",并且实现了"烧其积聚,以破其业,无以给项王军食"的出军目的。

刘贾在楚汉相争中的另一突出战绩,发生在"垓下大战"之前。当时刘邦弃"鸿沟之约",派遣刘贾率军围攻寿春。刘贾不仅完成了任务,还和黥布一起离间招降了负责楚国南方军政的大司马周殷,并俘获了大批九江兵。接着,刘贾和黥布一起赶赴垓下,配合刘邦大军围歼项羽。

> 六年,布与刘贾入九江,诱大司马周殷,周殷反楚,遂举九江兵与汉击楚,破之垓下。
>
> ——《史记·黥布列传》

从上述刘贾两次独立带兵取胜以及招降周殷来看,可见刘贾的作战智慧与能力。

剿共尉,再立功获封荆王

汉朝建立后,刘邦命刘贾带领九江兵攻打不愿归顺的临江王共尉。刘贾是这次出战的主将,因为率领另一支兵马的卢绾是别将身份。因此,从整个战事的发起到结束,一直是刘贾在起主导作用。

> 汉王因使刘贾将九江兵,与太尉卢绾西南击临江王共尉。共尉已死,以临江为南郡。
>
> ——《史记·荆燕世家》

应该说,刘贾能够主导这次战事,既有九江兵马靠近临江的地利之便,更有刘邦着意提携之意,不然身为太尉的卢绾怎能做刘贾的别将。只是没有想到的是,对付少有大战经验的临江王共尉本应是较为轻松的事,但由于共尉的顽强坚守,几个月之后方才迫其投降。可无论怎样,此次战事的最终胜利,刘贾当记首功。因此,在紧接着发生楚王韩信被贬为淮阴侯事件后,刘邦借机提拔了刘贾为荆王。《史记·荆燕世家》就此记载:

> 汉六年春,会诸侯于陈,废楚王信,囚之,分其地为二国。当是时也,高祖子幼,昆弟少,又不贤,欲王同姓以镇天下,乃诏曰:"将军刘贾有功,及择子弟可以为王者。"群臣皆曰:"立刘贾为荆王,王淮东五十二城;高祖弟交为楚王,王淮西三十六城。"因立子肥为齐王。始王昆弟刘氏也。

因此,刘贾和刘邦弟刘交、刘邦长子刘肥一起,同时成为刘邦分封的第一批刘姓诸侯王。刘贾封地辖淮河以东(南)的52座城池,远多于楚王刘交的36城。

只是让刘贾没有料到的是,他在荆王位安坐5年之后,淮南王黥布造反,把他的荆国作为首战之地。刘贾败走至富陵时,被追赶的黥布人马所杀。刘贾也因此成为汉朝成立以来第一个为国捐躯沙场的诸侯王。

二、归依群体代表人物

刘邦在沛县起义后,归依而来的群体代表人物主要有张良、陈平、灌婴、韩信、彭越、黥布、陆贾等人。他们这些人都是在反秦或楚汉战争中,陆续加入刘邦阵营的。灌婴、陆贾是在刘邦反秦西进时投奔,属于上述几人中最早归依的两位;张良和彭越在反秦战争开始时作为盟友与刘邦进行合作,后来在刘邦东出关中后,才正式投身于刘邦;而韩信、陈平、黥布等人,则是在刘邦称汉王后先后投效的。他们这些人,不像乡党群体那样,因为有着同乡、同事等友好亲情才聚集在刘邦身边,而多是为实现自己的个人利益诉求投身于刘邦。如贵族张良,虽与刘邦投缘,但他开始的目标是恢复韩国,当复国无望后,他才真正归依于刘邦麾下。史书在陈平和韩信一开始投奔刘邦时就讲得很明白,他们都是因为得不到项羽的信任和重用,才改投刘邦的。彭越、黥布也是在刘邦势大以后才完全归依效力。而只有灌婴是因曾在沛县贩缯和刘邦有故交,才倾心投奔于汉。

在剪秦灭楚战争中,归依于刘邦麾下的人物还有很多。如郦食其、张耳、刘敬、叔孙通、张仓、纪信、季布、栾布、靳强等一些人,他们同样在不同时期先后归依刘邦贡献了自己的才能与智慧。但由于他们在本书前述中或已有所提及,或在司马迁笔下着墨相对偏少,故本卷不再对他们予以单独梳理介绍。

张良

张良,字子房,出身于韩国贵族世家,祖父张开地是连任韩国三朝的丞相,父亲张平又接续连任二朝丞相。张良生年不详,但因为他的父亲死于韩悼惠王二十三年(前250年),而韩国于前233年投降秦国,前230年被秦国灭,史书记载张良因年龄小没有赶上在韩国做官,故张良大约出生于公元前250年或前249年。

刺秦始皇藏匿下邳,遇黄石公圯上受书

张良家世"五世相韩",完全是韩国第一世家。但韩国的灭亡,不仅使张良失去了继承先辈大业的机会,也失去了贵族的荣耀。为报国亡家破之恨,

他致力于反秦,并不惜以能够拥有300余名奴仆的家产作资,到处寻找可堪一用的刺客。为节省财产用度,他甚至连弟弟的丧葬费用都不舍得多花。

在秦始皇第二次东巡时(前218年),张良打探秦始皇东巡行踪,了解到君臣车辇天子六驾、大臣四驾的规定(秦始皇所乘车辇由6匹马拉车,其他大臣是4匹马拉车)。张良为找来的大力士打制了一只重达120斤的铁锥,然后一起埋伏在秦始皇的必经之地——阳武县博浪沙。当张良看到秦始皇的车队走来时,发现有多辆六驾车,就指挥大力士将铁锥击向前车,但击中的并非秦始皇所乘座驾,而是备用副车。秦始皇大怒,下令全国缉捕刺客。《史记》就此记载:"二十九年,始皇东游。至阳武博狼沙中,为盗所惊。求弗得,乃令天下大索十日。"①

为躲避秦军搜捕,张良逃亡至东边300公里外的下邳藏匿数年。其间,他曾收留过因杀人来此地避难的项伯。

一天,张良在下邳闲步一桥上,遇一穿皂布粗衣的老翁坐在桥头。老翁故意把鞋脱落桥下,然后让张良下去捡鞋并给他穿上。张良虽然心中有气,但还是按老人要求逐一做到。老人认为"孺子可教矣",并约"后五日平明,与我会此"②。

五日后,张良于临近天明时分赶到桥上,见老人已等在桥头。老人生气说:"与老人约,为何误时?五日后再来!"五日后,张良闻鸡鸣即往,但还是晚老人一步。再五日后,张良索性半夜起身,终于先老人来到桥上。老人来后见张良已到很高兴,就送他一本书,并说:"读此书则可为王者师,十年后有王者兴,你可助之兴邦立国;再过十三年后你在济北见到的黄色石头就是我。"老人说罢,扬长而去。此老人被后世称为黄石公。

张良获黄石公赠送之书乃《太公兵法》,从此他日夜研习兵书,俯仰天下大事,成为一代谋圣。

矢志反秦栖身刘邦,佐助西进周旋鸿门

秦二世元年(前209年)七月,陈涉、吴广在大泽乡揭竿起义,天下反秦

① 《史记·秦始皇本纪》,〔汉〕司马迁撰,韩兆琦主译,中华书局,2008年1月第一版,第156页。

② 《史记·留侯世家》,〔汉〕司马迁撰,韩兆琦主译,中华书局,2008年1月第一版,第1198页。

武装由此云起。次年二月，已聚有上百人的张良感势力单薄，往留地欲投身已自立为楚假王的景驹，在途中遇上了也欲投奔景驹的刘邦。两人交谈中，张良阐以《太公兵法》，而刘邦则能很快领悟。张良感到"沛公殆天授"，是个能成大事的人，于是做了刘邦的厩将。

秦二世二年（前208年）六月，起兵于吴中的项梁、项羽叔侄率军北上，至彭城附近灭掉景驹。后项梁听从范增的建议，拥立楚怀王之孙熊心为王，并集各路义军首领于薛城共商大事。随同刘邦前往的张良不忘复兴韩国，他对项梁提议说："君既已立楚王为后人，而韩王诸公子中的横阳君成最贤，可立为王，借以多树党羽。"于是，项梁命人找到原韩国的横阳君韩成立为韩王，并以张良为司徒。至此，张良复韩的目的初步达到，因而离开刘邦去协助韩王，并率兵前往韩国旧地，游弋于颍川附近。

张良虽懂兵法，但亲自率兵打仗并非所长。因此，他虽然也能时而攻城取胜，但往往又被秦兵夺回，故一直未能打开可以立足常守的稳定局面。

这一年九月，楚怀王命刘邦西进伐秦。至次年七月，刘邦率兵攻占颍川，与韩王成、张良会合，并攻下了韩地的10多个城池。刘邦请韩王成留守阳翟，让张良跟随自己继续西进。同年九月，刘邦军抵南阳郡，南阳郡守坚守宛城（南阳郡治所）。刘邦西进心切，见宛城一时难以攻取，就绕过宛城西进。张良认为不拿下宛城将会有被前后夹击的危险。刘邦于是再次把宛城团团围住，然后招抚南阳郡守投降。南阳郡的其他城邑见郡守已降，也纷纷放弃抵抗。

之后，刘邦率军继续西进，强力攻破了秦国关中东南的第一道关隘——武关。在抵达拱卫咸阳的最后一道关隘峣关时，刘邦想继续以强攻的方式拿下。但张良考虑峣关临近关中腹地，如久攻不下将会有被秦军包围的危险，因此劝谏刘邦收买峣关守将。刘邦依计劝诱峣关守将，秦将献关投降并表示愿意配合刘邦一起进攻咸阳。刘邦大喜欲允，张良却建议乘现在秦兵懈怠之机消灭他们，以免后患。于是，刘邦发起突然攻击，顺利占领峣关。刘邦乘胜前进，穿越黄山、蓝田，于公元前207年十月抵达霸上。秦王子婴见大势已去，只好出城投降。至此，秦朝灭亡。

刘邦比项羽抢先占领关中，并拥有了达10万之众的兵马。

刘邦进入咸阳后，想留居宫中，安享富贵。樊哙犯颜强谏，刘邦不予理睬。张良只好向刘邦分析利害，他说：

268

夫秦为无道,故沛公得至此。夫为天下除残贼,宜缟素为资。今始入秦,即安其乐,此所谓"助桀为虐"。且"忠言逆耳利于行,毒药苦口利于病",愿沛公听樊哙言。

——《史记·留侯世家》

于是,刘邦接受了樊哙和张良的劝阻,下令封存秦朝宫室、府库及一切财物,并还军霸上。

公元前206年初,项羽进驻鸿门,听信刘邦部下曹无伤"沛公欲王关中"的密报大怒,欲消灭刘邦。项羽的叔父项伯因与张良有旧交,以说服刘邦赔礼认错为由来霸上告诉张良消息。张良和刘邦相商,准备次日一早见项羽谢罪并说明情况。

第二天,刘邦率张良和樊哙一行来到鸿门楚营。已听闻项伯事先解释的项羽依礼上酒款待。范增施计"项庄舞剑,意在沛公",而张良则使樊哙入帐怒斥项羽,双方上演了一场传至后世的"鸿门宴"。

后来,刘邦寻机脱身,张良独自留下善后。当估计刘邦已回到军中时,张良进帐向项羽辞谢曰:"沛公不胜酒力,醉不能辞,谨使张良奉上白璧一双,敬献大王足下;另备玉斗一双,敬献范将军足下。"项羽收下白璧,而范增则气得把玉斗摔到地上,气愤地说:"唉!竖子不足与谋。夺项王天下的人,一定是沛公,我们这些人必将成为他的阶下囚!"

之后,项羽主持分封,自立西楚霸王,把刘邦分封到巴蜀为汉王。刘邦因张良有功,赐金百镒、珠二斗,并厚赠了项伯。而张良把金、珠悉数转赠给项伯,请他再为汉王请求加封汉中。这样,刘邦得以建都南郑,据有了秦岭以南巴、蜀、汉中三郡之地。

张良送刘邦到褒中,刘邦让张良回去帮助韩王成。张良临行前建议说:"王何不烧绝所过栈道,示天下无还心,以固项王意。"[1]刘邦依计而行,烧掉了去往汉中沿途的栈道。

---

① 《史记·留侯世家》,〔汉〕司马迁撰,韩兆琦主译,中华书局,2008年1月第一版,第1204页。

下邑出谋阻封六国,为求团结虚抚韩彭

汉元年(前 206 年)八月,刘邦采用韩信之谋,"明修栈道,暗渡陈仓",平定三秦,重新占据了关中。项羽闻知刘邦灭三秦、占关中,怒不可遏,决定派兵反击。

这时,因韩王成被项羽杀死,感复国无望的张良已逃回刘邦帐下。张良就此寄书项羽称:汉王只是想得到他应该得到的关中,所以打回来了,他如约既止,不敢再东进。他又说:"齐欲与赵并灭楚。"张良祸水东引,将项羽的注意力引向齐国。项羽遂继续全力进攻齐地。

张良自此起一心辅佐刘邦,被封为成信侯,真正成为刘邦的画策之臣。

刘邦兵败彭城后,一路溃逃至下邑,方得以立足喘息。在此困难之际,张良和陈平一起提出了"下邑之谋"系列计策。尤其是张良提出的利用矛盾、联兵破楚的策略尤为重要。他说:"九江王黥布是楚国的猛将,现在与项羽有隙;对项羽分封不满的彭越现在跟着田荣反楚。这二人可以利用。另外,汉王手下的韩信可以委托大事、独当一面。如果能用好这三个人,那么楚可破也。"

刘邦听罢,认为此计确是一套可以制胜的组合拳。于是,命舌辩名臣随何前往九江策反黥布;遣使者赴梁地联络彭越;派韩信率兵北进击代、赵、燕、齐诸国,然后再迂回包抄楚军。

"下邑之谋"成为刘邦实施楚汉战场计划的主要策略,汉军也由此慢慢由战略防御转为战略进攻。事实证明,韩信、彭越、黥布三支部队,成为刘邦后来左右楚汉战争局势的主要军事力量。

汉三年(前 204 年)冬,楚军兵围刘邦于荥阳,双方久战不决。楚军竭力截断汉军的粮食补给和军援通道,使汉军粮草匮乏,逐渐陷入困境。刘邦大为焦急,询问群臣有何良策。郦食其以商汤、周武王分封后代为例,提出了复立六国为己所属而自为明主的建议。刘邦拍手称赞,速命人刻制印玺,以使郦食其巡行各地分封。

张良外出归来拜见正在吃饭的刘邦,得知其即将分封六国的计划大为吃惊,他对刘邦说,如照此做法您的大业就完了。刘邦忙问其故。张良拿起桌上的一双筷子,比画分析当下与过去商汤、周武王不同的理由后,又说:

且夫楚唯无强？六国立者复桡而从之，陛下焉得而臣之？诚用客之谋，陛下事去矣。

——《史记·留侯世家》

　　该段话的意思是，现在项羽仍然是最强大的，如果您把六国立起来，他们马上就会臣服于项羽，谁还会听命于您呢？您要是真采用这个建议，您的事业就全完了。

　　张良画箸阻封六国，以古今时移势异，认为不能照搬古圣先贤之法的观点，让刘邦恍然大悟，以致辍食吐哺，大骂郦食其："竖儒，几败而公事！"[①]刘邦下令立即销毁已经刻制完成的六国印玺，从而避免了一次重大战略错误。

　　汉四年七月（前203年8月），韩信军先后对齐国以及广陵等地的占领，逐渐形成了汉对楚的合围之势。楚军兵疲粮竭，已成颓势，项羽感到无奈，同意与刘邦讲和。双方商定，以鸿沟为界，中分天下，东归楚，西归汉，各自归国，互不再犯。项羽如约拔营东归，向彭城方向而去；刘邦也欲引兵西归关中。

　　在这一重大战略转折之际，张良以一个政治谋略家的深邃眼光，看出了项羽已经腹背受敌、难逃灭亡的处境，便与陈平同谏刘邦道："汉有天下大半，而诸侯皆附之。楚兵罢食尽，此天亡楚之时也，不如因其机而遂取之。今释弗击，此所谓'养虎自遗患'也。"[②]

　　刘邦采纳张良、陈平二人的意见，弃"鸿沟之约"，传令韩信、彭越率所部前往固陵合围项羽。但当刘邦率大军追击楚军至固陵时，因迟迟没有等来韩信、彭越所率的援兵，结果不敌反击的项羽，而遭到失败，退守固陵。

　　刘邦询问张良韩、彭没有如期前来的原因。张良分析认为："楚军即将失败灭国，可韩信、彭越还没有得到您给他们增加封地的承诺，因此他们二人不来也很自然。您若能与之共分天下，把陈地以东至沿海的地盘划给齐王韩信，把睢阳以北至谷城的地盘划封彭越，让他们感到是为自己的领土而战，这样项羽就容易被打败了。"于是，刘邦依张良建议，以将来消灭楚军后加封大片土地为赏，再次传信韩信、彭越。韩、彭收到承诺后，遂率大军来援。

　　① 《史记·留侯世家》，〔汉〕司马迁撰，韩兆琦主译，中华书局，2008年1月第一版，第1208页。
　　② 《史记·项羽本纪》，〔汉〕司马迁撰，韩兆琦主译，中华书局，2008年1月第一版，第244页。

汉四年(前 203 年)九月,汉军各路兵马已陆续会集垓下(今安徽灵璧县东南部)。刘邦先用韩信"十面埋伏"之计兵围项羽于垓下,继而又用张良"四面楚歌"之策瓦解敌兵士气,终于打败项羽,迫其自刎。至此,历时 4 年之久的楚汉战争,以刘邦的彻底胜利而告终。

封万户侯情系留县,弃人间事魂归封地

汉五年(前 202 年)二月,刘邦于氾水之阳即帝位,初都于洛阳。国基初奠,最终定都于何处,成为当下之急。张良不顾所有大臣的一致反对,坚定支持娄敬关于建都关中的建议。因为张良认为,关中占尽地势之利,是建都最佳所在。他说:

> 夫关中左崤函,右陇蜀,沃野千里,南有巴蜀之饶,北有胡苑之利,阻三面而守,独以一面东制诸侯,诸侯安定,河渭漕挽天下,西给京师;诸侯有变,顺流而下,足以委输。此所谓金城千里,天府之国也。刘敬说是也。

——《史记·留侯世家》

前有娄敬从古说今,后有张良现实分析,因而刘邦当即决定定都关中。当年八月,刘邦暂迁都栎阳。

在同年五月时,刘邦在洛阳南宫大宴群臣。当论及楚所以失天下、汉所以得天下时,刘邦道出其中的关键在于并用三杰。他称赞张良说:"夫运筹策帷帐之中,决胜于千里之外,吾不如子房。"[1]

汉六年(前 201 年)正月,刘邦论功行封,按绩颁爵,让张良自择齐国 3 万户为食邑。张良则请封始与刘邦相遇的留地,诚恳地说:"始臣起下邳,与上会留,此天以臣授陛下。陛下用臣计,幸而时中,臣愿封留足矣,不敢当三万户。"[2]刘邦感张良情真意切,乃封其为留侯,食邑万户。

刘邦封萧何、张良、曹参等一批人为侯爵后,一些尚未被封的大臣、将军

---

① 《史记·高祖本纪》,〔汉〕司马迁撰,韩兆琦主译,中华书局,2008 年 1 月第一版,第 286 页。

② 《史记·留侯世家》,〔汉〕司马迁撰,韩兆琦主译,中华书局,2008 年 1 月第一版,第 1208 页。

开始躁动。为平息事态发展,给未封之人以希望,张良建议刘邦封雍齿为侯。雍齿本为刘邦最厌恶之人,众臣将见雍齿也能被封,故又心存希望安定下来,从而避免了一场人心分裂。

汉十年(前197年),刘邦产生改易太子之意。吕后求教于张良,张良建议吕后礼请商山四皓辅佐太子刘盈。事果如张良言,当后来刘邦见到四皓伴随太子时,知道太子势力已成,已不能再易立。后刘盈终得继位,而吕后亦对张良更加敬重。

张良素来体弱多病,自随刘邦入都关中后,他学习道家的导引吐纳之术,不吃五谷杂粮,有一年多时间闭门不出。随着刘邦皇位的稳固,张良恪守"疏不间亲"的遗训,逐步从"帝者师"退居到"帝者宾"的身份。即便在刘邦剪灭异姓王的重要事件中,张良除为赴谷城山验证黄石老人当年所说,跟随刘邦讨伐陈豨赴代国那一次外,其他均未参与。张良知足自乐,他感到自己一生能"为帝者师,封万户侯,此布衣之极,于良足矣",于是,"愿弃人间事,欲从赤松子游耳"。①

值得提及的是,当年黄石老人关于后来之事的时间预言,还真的得到验证。老人在圯上为张良授书是公元前218年,他说"后十年兴",前209年陈涉兴兵称王,张良在留地遇到刘邦;又说再过"十三年见我济北,谷城山下黄石即我矣"。② 张良在前197年随刘邦赴代地路经济北谷城山,果然见一块黄石,并带回家供奉起来。黄石老人所说时间皆为虚年,可以说预言十分准确。当然,此处也只是司马迁对身为道家的黄石公给予的神化罢了。

惠帝六年(前189年),张良卒,谥为文成侯。"经纬天地曰文,道德博闻曰文","安民立政曰成,佐相克终曰成"。张良是中国历史上第一个获得"文成"谥号的人,后来还有7人获得此谥号,包括唐朝的卢怀慎,明朝的刘伯温、王阳明等人。

张良虽然于刘邦在世时,就表示"愿弃人间事,欲从赤松子游耳",但体弱多病的他并没有出游,而是留在长安学上古仙人赤松子辟谷(不食五谷)之术修炼。因为在刘邦去世后,吕太后感激张良恩德,强劝其"人生一世间,

---

① 《史记·留侯世家》,〔汉〕司马迁撰,韩兆琦主译,中华书局,2008年1月第一版,第1216页。

② 《史记·留侯世家》,〔汉〕司马迁撰,韩兆琦主译,中华书局,2008年1月第一版,第1210页。

如白驹过隙,何至自苦如此乎!"而"留侯不得已,强听而食"①。这说明,张良并没有出游而是一直隐身在长安。但令人不解的是,作为三杰之一且被吕太后尊敬有加的张良,其死后并没有享受如萧何那样的荣耀,被安葬在刘邦的长陵附近。想来张良去世前应该有遗嘱安排,因为他生前已远离朝廷,大概死后也不愿陪眠在侧,故吕太后尊重张良所愿,同意其归葬曾念念在兹的所封留地。

由于张良的历史影响,许多地方都有他葬身于此的传说。如在陕西城固、河南兰考、山东郓城、湖南张家界、湖北通城等地,现在都有张良的墓冢传说存在。若仔细分析,坐落于山东省微山县微山岛的张良墓应是最大的可能,因为那里就处于张良的封地附近。当年张良宁愿择1万户食邑的留地作为封邑,也不愿去齐地自择3万户,这不仅说明他谦虚与知足的品格,更说明他因为与刘邦在留地相遇,才成就了今天的自己而情系于留。

在《史记》中有一个容易被人忽略的细节,就是张良次子张辟彊仅在刘盈去世时以侍中身份出现过一次外,就再也没有了任何历史记载。这是否是张辟彊已经感到吕后称制后自己将面临朝廷险恶,遂远离去往留地为去世不久的父亲守孝,而从此在留地生活繁衍?因为根据《留侯天师世家》载,张良的八世孙张纲在西汉末年大乱时,从留地迁居到丰县阿房村(今丰县宋楼镇费楼村),其孙子张道陵效法先祖张良信奉道家,后来创立了道教。不然,张良后人生活在留地的事实何以解释?如此人迹史脉,也许可以说明张良去世后,确被葬在了留城附近的微山岛,而其后人也因守孝自此在留城一带繁衍生息。况且,以张良暮年之追求,死后能与微子、目夷两位先贤相伴,也应是其心愿。②

唐代《括地志》记载:"故留城在徐州沛县东南五十五里,今城内有张良

① 《史记·留侯世家》,〔汉〕司马迁撰,韩兆琦主译,中华书局,2008 年 1 月第一版,第 1216 页。

② 微子,殷纣王庶兄,贤能清廉,常劝纣王行仁政,在周朝灭商后被封宋国,为第一代国君;目夷,微子十七世孙,春秋宋桓公长子,他坚拒太子位,甘居相位辅佐其弟宋襄公,其"仁义气概",使宋国走向繁荣。微子、目夷均葬在微山岛,和张良墓一起,被人称为"三贤墓",微山岛因此亦称"三贤岛"。

庙也。"又载："汉张良墓在徐州沛县东六十五里,与留城相近也。"①唐朝时期的 1 里路,约等于现在的 454.2 米。如前文关于战国时期沛城位置所说,若唐代时的沛城尚存于沛北魏营村附近的话,根据上述记载测算,并参考谭其骧主编的《中国历史地图集》标注,留城大致在微山湖西岸今沛县魏庙镇范围。《括地志》所载,是说明张良墓就在微山岛的最早史证,且指向明确、符合情理,具有其他地方难以比拟的说服力。现在微山岛上有留侯村,魏庙镇有留侯街,两地都有关于张良的遗迹传说。

立于徐州市区黄河故道岸边的"张良墓道碑"   作者拍摄于 2023 年 11 月 12 日

后续历史尚可给予证明的是,南距微山岛 40 余公里的徐州市,在 1983 年清理黄河故道时,在坝子街桥东南地下 8 米处发现一块保存完好的石碑。碑题"汉留侯张公讳良字子房墓道碑",落款"明嘉靖十八年(1539 年)直隶徐州知州陆时望立"。在该地点还同时出土有清雍正六年(1728 年)的渡口禁碑,说明该处在明清之际是个码头。明代微山岛地属徐州沛县,徐州知州为张良立墓道碑并题字也属分内之事。不知何原因该碑未能经故黄河——大运河运到微山岛张良墓地,而是遗落在了此河道码头附近。但这也毕竟说明了明代徐州官府亦认可微山岛张良墓的历史存在。

---

① 《括地志辑校》,〔唐〕李泰等著,贺次君辑校,中华书局,1980 年 2 月第一版,第 126 页。

微山岛张良墓

张良墓位于微山岛主峰微山的西南麓。该墓下方上圆,由红黄黏土加鹅卵石块筑成,高 15 米,长宽各 100 米;墓前围墙内嵌有清乾隆二年(1737 年)所立石碑一幢,上书"汉留侯张良墓",该碑高 1.7 米,宽 0.9 米,厚 0.16 米。

司马迁在《太史公自序》中说他写《留侯世家》的原因:张良"运筹帷幄之中,制胜于无形,子房计谋其事,无知名,无勇功,图难于易,为大于细。作留侯世家第二十五",表达了对张良的由衷赞佩。

陈平

陈平,战国末年魏国户牖邑(今河南省兰考县)人。年少时虽然家中贫困,但仍喜欢读书,尤好黄老学说。陈平成年后长得高大英俊,并因在家乡祭祀活动时分配祭肉公道受到乡里称赞,他也希望有朝一日能公平处理天下事。

自魏国转投楚军,再归汉受到重用

公元前 209 年,陈涉起义后,各地义军蜂起。陈平最早投奔魏王咎做了太仆,因得不到信任就离开了。

当项羽率军来到黄河附近时,陈平到其手下做事,并在灭秦后被授予卿一级的爵位。在刘邦还定三秦后,因殷王司马卬投靠汉军,项羽封陈平为信武君,命其攻打司马卬。陈平收服了司马卬,被项羽拜为都尉、赐金 20 镒。不久,刘邦东征殷地,司马卬又投靠了汉军,项羽迁怒陈平等将官。陈平害怕被杀,遂挂印封金,偷偷逃走。

经汉将魏无知推荐,陈平见到汉王刘邦。刘邦与陈平相谈甚欢,因陈平了解项羽,就任命陈平依然做都尉,并留在身边做参乘及监护三军将校。周勃等将领们不满,均认为不该如此重用陈平。他们向刘邦告状说:陈平虽美如冠玉,但品行不端,因为他"盗其嫂""受诸将金";并且反复无常,先后投靠魏、楚、汉。

刘邦经不住众人再三诋毁陈平,就责备推荐人魏无知。魏无知解释:我说的是才能,陛下问的是品行。现在楚汉对峙,即使有再高的品行有什么用呢? 我举荐陈平,是因为他是一个有奇谋智慧、可以做大事的人,至于他有盗嫂受金这些毛病,又有什么关系呢?

刘邦又召来陈平质问:"听说你原来是魏王手下,后来离开魏王投奔项王,现在又来帮助我,这实在让人怀疑你的信义啊!"

陈平的理由是:

> 臣事魏王,魏王不能用臣说,故去事项王。项王不能信人,其所任爱,非诸项即妻之昆弟,虽有奇士不能用,平乃去楚。闻汉王之能用人,故归大王。臣裸身来,不受金无以为资。诚臣计画有可采者,愿大王用之;使无可用者,金具在,请封输官,得请骸骨。
>
> ——《史记·陈丞相世家》

意为:"我过去侍奉魏王,魏王不听信我说,所以离开他去帮助楚王。楚王也不信任我,他只是信用项氏子弟或妻家的人,其他人即使有奇才也得不到重用。所以我才来归附大王。我久慕大王善于用人,因此来投奔您。我空手前来,深知没有钱就办不了任何事情。如果大王相信我的计谋就用之,如不愿用我,那些钱财还没有动用,请您收去,然后请让我辞职还乡。"

刘邦先后听了魏无知和陈平的解释后,疑虑顿消,不仅向陈平赔礼道歉,还重重赏赐一番,并提升其为护军中尉,让他继续监督协调诸将。"诸将乃不敢复言。"

出奇谋数戏项羽,助刘邦解脱困境

受到重用的陈平,确实没有辜负刘邦的信任。他充分发挥自己的聪明智慧,为刘邦夺取和安定天下"六出奇计",成为西汉开国安邦的著名谋臣。

施离间计,气走谋士范增　刘邦兵败彭城而后与楚军相持荥阳时,形势对刘邦极为不利。刘邦问陈平:"天下纷纷,何时定乎?"陈平认为:

> 项王骨鲠之臣亚父、钟离眛、龙且、周殷之属,不过数人耳。大王诚能捐数万斤金,行反间,间其君臣,以疑其心,项王为人,意忌信谗,必内相诛。汉因举兵而攻之,破楚必矣。
>
> ——《史记·陈丞相世家》

陈平是说:项羽手下只有几个忠于他的重要人物,你给我几万金,我想办法施计离间他们君臣。以项羽多疑的性格,必然相信谗言,而产生内讧。这时您就可以趁机出兵打败楚军了。

刘邦直接拿出金(铜)四万斤给陈平,"恣所为,不问其出入"。而陈平则用很多钱在楚军中进行挑拨离间活动,散播谣言说钟离眛等战将功劳很大却得不到封赏,打算联合汉军消灭楚军。项羽果然生疑,并派遣使者到汉军那里打探。陈平备下丰盛的酒宴命人端进,见到楚王的使者,佯装吃惊地说:"我还以为是亚父的使者,原来竟是项王的使者!"又让人把酒肴端走,换上粗劣的饭菜端给楚王的使者。楚王使者回去以后,把这些情况禀告项羽,项羽开始怀疑范增。这时范增提议急速攻下荥阳城,项羽怀疑范增的动机,不肯听从。范增知道项王已经不相信自己,就十分生气地说:"天下事大定矣,君王自为之。愿辞骸骨归卒伍。""项王许之。行未至彭城,疽发背而死。"①项羽不仅自此失去唯一的重要谋臣,也开始对钟离眛等人不相信。

施诈降计,帮助刘邦脱逃　范增走后,项羽才认识到拿下荥阳的重要性,便开始组织兵力全力攻打荥阳城。荥阳城被包围多日后,汉军逐渐陷入粮草断绝的艰难处境。将军纪信挺身而出,愿自己冒充刘邦诈降,让刘邦悄悄逃出荥阳;而陈平则使计遣 2000 名妇女扮作士兵,跟随纪信行动。

次日天还没亮,纪信扮刘邦率 2000 名假女兵出东门,并大喊:"城中食尽,汉王降!"吸引了围堵其他三门的楚兵涌向东门。而刘邦则携陈平、夏侯婴等几十人,从西门出逃。当项羽见到纪信后,才发现乘坐黄篷车的人并非

---

① 《史记·陈丞相世家》,〔汉〕司马迁撰,韩兆琦主译,中华书局,2008 年 1 月第一版,第 1210 页。

刘邦。"项王见纪信,问:'汉王安在?'信曰:'汉王已出矣。'项王烧杀纪信。"①

取非其有,促封韩信为王　当刘邦被项羽围困荥阳的时候,韩信在北路战线上顺利进军,不仅接连平定代、赵、燕等地,还占领了齐国。韩信以有益于管理齐地为由,使人禀告刘邦请求封为假(代理)齐王。

正为楚军困扰的刘邦听此,不由怒气上冲,当着使者的面,破口大骂道:"我久困于此,朝夕望他前来助我,想不到他竟要自立为王!"当时陈平坐在刘邦的旁边,他清醒地认识到,韩信的向背对楚汉战争的胜负至关重要,如不同意韩信称王,远在齐地的韩信则有可能自立为王,那样天下将会形成楚、汉、齐三足鼎立之势,到那时谁胜谁败就难以预料了。于是,陈平在案下出脚轻踩刘邦,使刘邦认识到先前的失言。刘邦马上改口大声说:"大丈夫既定诸侯,要做就做真王,何必要做假王!"

之后,刘邦派张良拿着印绶去齐地封韩信为王,并征调韩信的军队共同击楚。授印齐王,虽然是刘邦对韩信的一时妥协,但这个"取非其有以予于人"的顺水人情笼住了韩信,使韩信后来任谁劝说都不忍忘恩背汉,并使以后楚汉战争的形势发生了重大的转折。

废鸿沟约,致使项羽败亡　汉四年(前 203 年)八月,楚汉双方罢兵言和,约以鸿沟为界,各自撤军退回。但张良、陈平两位谋臣以其战略眼光,看到项羽已经穷途末路,建议刘邦追杀楚军。张良和陈平认为:现在汉军已经占据大半个天下,而且各路诸侯也都依附于大王。相反楚军孤兵作战,粮食也快吃光了,这正是上天要灭掉楚国的大好时机,我们应该趁机把楚灭掉。假如您现在不去攻打它,就会像人们所说的"养虎遗患"啊!刘邦采纳了两人的建议,遂命韩信、彭越率军赶来一起追打项羽。虽然当时韩、彭未应约而至,致刘邦这次兵败,但后来又使策召韩、彭出军,以致项羽最终兵败垓下自刎身亡。

献计巡游,捉拿楚王韩信　公元前 202 年二月刘邦登帝位不久,就有人上书告发楚王韩信谋反。

刘邦就此征询陈平意见说:"我打算派兵前去讨伐他,你看怎么样?"陈

---

①　《史记·项羽本纪》,〔汉〕司马迁撰,韩兆琦主译,中华书局,2008 年 1 月第一版,第 238 页。

平反问刘邦能否打得过韩信和他的军队,刘邦认为不敌。陈平说:"军队实力不如韩信,将领也不是韩信的对手,现在您反而要出兵去攻打韩信,一旦引起战争的话,胜负就难以预料了。"

刘邦忙问有什么更为稳妥的办法。陈平说:"陛下可以装作巡游云梦泽,并放言在陈州会见各路诸侯。陈州在楚地西界,韩信听到天子巡游来到他的地盘,必然会来谒见。那时您就可以顺便把他抓起来,这样不用派兵,只需一个武士就够了。"

刘邦依计东去巡游行事,韩信果然前来拜见,刘邦便让埋伏的武士将韩信捆绑投入囚车中。后来刘邦把韩信贬为淮阴侯,让其留居京城。陈平此计避免了一场战争,维护了新朝的统一与安定。

施贿赂计,解困白登之围 公元前 200 年冬,刘邦率兵征讨叛变投奔匈奴的韩王信。当他率部分骑兵追赶至平城(今山西大同市东北)时,被匈奴冒顿单于率四十万骑兵包围于白登山,数日不能脱困。

当时正值严冬,汉军饥寒交迫、危在旦夕。当被围到第七天时,汉军获知单于的阏氏(指正妻)随军前来,陈平便通过贿赂阏氏让其劝单于退兵。他派人下山面见阏氏,向其献上金银珠宝,并说是汉皇帝送给阏氏的礼物,请其劝单于撤兵。

阏氏于是对单于说:"两国君主不能相逼太甚,我们即使得到汉人的土地,也不能长久居住。况且汉王也有神灵相助,虽有危险终会平安无事。请单于明察。"[①]单于听信阏氏的建议,因此敞开包围圈,放刘邦率汉军脱出了重围。

畏太后智释樊哙,灭吕氏拥立刘恒

公元前 195 年,刘邦击败黥布归来后,又闻燕王卢绾叛变,就派樊哙以相国的身份率军讨伐。樊哙走后,有人告知刘邦:"樊哙和吕后串通一气,密谋皇上百年之后杀害戚夫人与赵王如意。"刘邦本就对戚夫人母子以后的安危担心,现听闻此言,决定临阵换将杀掉樊哙。他命令陈平前往樊哙军中传诏,让大将周勃暗中跟随,等到了军营里,再宣布斩杀樊哙,由周勃夺印

---

① 《史记·匈奴列传》,〔汉〕司马迁撰,韩兆琦主译,中华书局,2008 年 1 月第一版,第 2129 页。

率兵。

在去往樊哙军营的路上，陈平思忖一番后对周勃说："樊哙是皇上的老友，又是吕后的妹夫，皇亲权贵，劳苦功高。皇上只不过是一时的愤怒，现在让我们杀樊哙，恐怕他以后会后悔。我们宁可用囚车将樊哙押回去，让皇上自己杀他，也不要让皇上和吕后姐妹以后归罪于咱们两人。"周勃表示同意。

两人到了樊哙军营，顺利将樊哙拿下并钉入囚车。周勃留下率军赶赴燕国，陈平则押解囚车返回长安。当走到半路时，陈平听闻刘邦病故，心想：朝中现在由吕后主持政事，幸亏先前未斩樊哙，才好向吕后交代。现在一定要尽快赶到长安，把事情解释清楚。

陈平在赶赴长安的路上遇到使者传诏，让他屯戍荥阳。但陈平考虑还是要赴长安把事情说明白，不然以后还会有后患。他到长安后先是悲痛哭祭刘邦，然后向吕后如实报告处置樊哙经过，得到了吕后的理解。陈平因此被任命为郎中令，辅助新皇。而樊哙也被宣布无罪，恢复了爵位和封地。

公元前 189 年，相国曹参去世，王陵和陈平分别出任右丞相和左丞相。翌年惠帝驾崩，吕太后临朝称制，将王陵调任太傅，升陈平为右丞相，审食其为左丞相。

公元前 180 年，吕太后去世，陈平施计让吕禄交出北军兵权，并召来朱虚侯刘章辅佐周勃，诛杀掌控南军的吕产，最终平定诸吕之乱，迎立代王刘恒为帝。刘恒论功行赏时，陈平认为周勃功居第一，愿将自己的右丞相之位让与周勃，而自己屈就左丞相。后来，因周勃自感能力不足称病辞职，陈平一人为相。

公元前 179 年（文帝元年），陈平去世，谥号为献侯。

陈平生前曾言自己："我多阴谋，是道家之所禁。吾世即废，亦已矣，终不能复起，以吾多阴祸也。"

司马迁评价说："（陈平）常出奇计，救纷纠之难，振国家之患。及吕后时，事多故矣，然平竟自脱，定宗庙，以荣名终，称贤相，岂不善始善终哉！非知谋孰能当此者乎？"[①]

① 《史记·陈丞相世家》，〔汉〕司马迁撰，韩兆琦主译，中华书局，2008 年 1 月第一版，第 1236 页。

灌婴

灌婴是河南睢阳人(今商丘市睢阳区),因跟随刘邦反秦灭楚,被封爵颍阴侯,后官至丞相。

贩缯丝结识刘邦,随义军反秦西进

根据沛县当地相传,以及后世历史遗存佐证,灌婴年轻时曾时常贩缯(丝绸)来到沛县。因为秦汉时期,自睢阳可坐船经获水、泡水至沛县,两地之间水运交通极为方便。灌婴携货物来到沛县后,习惯在沛城西边不远的一个村庄囤货落脚。由于他为人善良、买卖诚信,深得当地民众喜欢,也因此和刘邦、周勃等人产生过交集。当他随刘邦打天下被封侯拜相以后,村民为纪念他,不仅将该村庄称为灌婴村,还将他曾经居住的地方改建为寺庙予以纪念。灌婴寺一直香火旺盛,成为当地十里八乡的知名寺院,灌婴村又因此代称为灌婴寺。明万历四十七年(1619年),沛人为扩大灌婴寺规模,在一旁创修天王殿,并刻石勒碑,还把此地说成了灌婴的食邑。虽然此碑仅为400年前的记载遗存,还不能足以证明2200年前的传闻往事是否为真,但也确实说明了灌婴和灌婴寺在当地由来已久的历史影响,而难以否定。

在刘邦奉楚怀王之命率军西进反秦时,灌婴自睢阳加入义军。由于二人本就相熟,刘邦即命其以中涓的身份贴身相随。在随后与秦军的交战中,灌婴作战勇敢,立下战功。《史记·樊郦滕灌列传》记载:"婴初以中涓,从击

沛县安国镇灌婴村村头标志

明代沛县灌婴寺创修天王殿纪念碑,现存于沛县博物馆。图片由张玉兰馆长提供

勒碑记部分文字图片

破东郡尉於成武及秦军于杠里,疾斗,赐爵七大夫。从攻秦军亳南、开封、曲遇,战疾力,赐爵执帛,号宣陵君。"接着"西入武关,战于蓝田,疾力,至霸上,赐爵执珪,号昌文君"。对灌婴参加的几次灭秦战役,司马迁连续用"疾斗""疾力"等词来形容灌婴作战迅疾和悍不畏死的英勇表现。灌婴也因此被刘邦先后赐爵为七大夫、执帛、执珪,并号昌文君。

掌骑兵屡立战功,追项羽逼其自刎

秦灭,项羽大封天下诸侯。灌婴在刘邦被封为汉王后,被拜为郎中,随军至汉中以后,又被任命为中谒者。之后,灌婴随刘邦还师三秦,先后取栎阳收降塞王司马欣、出临晋降服殷王董翳。刘邦率军出关以后,灌婴参加了在定陶与项羽部下龙且、魏国丞相项他的交战,经过"疾战",汉军取得胜利。灌婴因功被赐予列侯爵位,号昌文侯。

之后,灌婴以中谒者的身份随刘邦东进攻陷彭城,但随之被项羽率3万骑兵反击而随刘邦西遁。

彭城一战,以汉军为首的50多万联军,被项羽3万骑兵杀得丢盔弃甲。刘邦痛定思痛,决定组建一支独立的骑兵部队。在当时汉军中,能够统领骑兵的合适人选,唯原秦军骑兵将领李必和骆甲。二人却表示,自己身为秦人,恐怕不能服众,请刘邦选择善于骑战的楚人为主将,自己可以为副将予以协助。

刘邦分析身边将领,认为唯灌婴善骑射,且机智勇猛、敢于拼杀,最适合带领快速的骑兵部队。因此任命灌婴为带领骑兵部队的中大夫,令李必、骆甲为左右校尉。

《史记》记载,骑兵部队刚组建,灌婴就"将郎中骑兵击楚骑于荥阳东,大破之"①。此后,灌婴率骑兵一路追亡逐北。鲁下之战,斩楚将项冠;燕西之战击溃柘公王武的叛军;在白马又击杀了王武别将桓婴。后来,灌婴亲率骑兵南渡黄河,送刘邦自修武回洛阳;刘邦紧接着命灌婴北迎韩信大军于邯郸。灌婴率军回到敖仓后,被刘邦任命为御史大夫。

汉三年,刘邦让灌婴率骑兵跟随韩信进攻齐国。在韩信与楚军龙且的潍水大战中,"骑将灌婴击,大败楚军,杀龙且"②。平定齐地以后,灌婴又奉韩信命率军南征北战。他先去鲁北攻打楚将公杲的军队,再挥师南下,战薛郡,攻傅阳,取虑县和徐县。渡过淮河后,夺取了淮南的所有城邑,直至广陵。后来因为项羽派项声、薛公和郯公重新收复淮北,灌婴又回头北渡淮河。他在下邳击败项声、郯公,刀斩薛公,并占领了下邳;后再进军彭城,俘获楚国的柱国项佗。接着,灌婴又降服了留、薛、沛、鄞、萧、相、苦、谯等县。之后,灌婴与刘邦、韩信会师,在垓下与项羽决战。

垓下之战,项羽四面楚歌,陷入穷途末路。"项籍败垓下去也,婴以御史大夫受诏,将车骑别追项籍至东城,破之。所将卒五人共斩项籍,皆赐爵列侯。"③就是说,灌婴以御史大夫之职率骑兵追赶项羽,其部下五名骑将,在乌江岸边一起打败了西楚霸王项羽,并因功封侯。

平叛乱身先士卒,灭诸吕位极人臣

汉五年(前202年)刘邦称帝,拜灌婴为车骑将军。这一年秋天,灌婴跟随刘邦赴赵、燕,击败反叛的燕王臧荼。第二年,灌婴随刘邦到达陈县,逮捕

① 《史记·樊郦滕灌列传》,〔汉〕司马迁撰,韩兆琦主译,中华书局,2008年1月第一版,第1882页。

② 《史记·高祖本纪》,〔汉〕司马迁撰,韩兆琦主译,中华书局,2008年1月第一版,第280页。

③ 《史记·樊郦滕灌列传》,〔汉〕司马迁撰,韩兆琦主译,中华书局,2008年1月第一版,第1884页。

楚王韩信。回朝之后，刘邦把颍阴的 2500 户封给灌婴作为食邑，号为颍阴侯。

此后，灌婴又随从刘邦到代地讨伐谋反的韩王信。至马邑时，灌婴奉刘邦令率军降服了楼烦以北的 6 个县，斩了代国的左丞相，在武泉北击败了匈奴骑兵；后又跟随刘邦在晋阳一带袭击隶属于韩王信的匈奴骑兵，其手下士卒斩杀匈奴白题将一人。之后，灌婴再奉刘邦命令，率领燕、赵、齐、梁、楚等国的车骑部队，在砀石打败匈奴的骑兵。刘邦军兵困白登山解围后，灌婴随刘邦回到东垣。

灌婴在跟随刘邦攻打陈豨的时候，受刘邦的命令单独在曲逆一带攻击陈豨丞相侯敞的军队，其手下士卒杀死了侯敞和特将五人，降服了曲逆、卢奴、曲阳、安国、安平等地，攻克了东垣。

在黥布造反时，灌婴以车骑将军之职率军先行出征，在相县击败黥布别将的军队，斩杀亚将、楼烦将共三人；继而进军击败了黥布上柱国和大司马的军队；之后又进军击破黥布别将肥诛的军队。平黥布叛乱后，刘邦确定灌婴在颍阴的食邑共 5000 户，撤销以前所封的食邑。

刘邦去世以后，灌婴以列侯侍奉刘盈和吕太后。吕太后去世以后，赵王吕禄、梁王吕产把持朝政试图作乱。时齐王刘襄获知消息，自齐地向京城发兵。吕禄闻报后，命灌婴为大将军，派其带军前去阻击。灌婴率军到荥阳后停止前进，反向刘襄传信，约待宫廷生变后再进兵诛杀吕氏。至绛侯周勃等人杀死诸吕后，灌婴收兵从荥阳回到长安。代王刘恒被拥为皇帝后，因灌婴忠心刘汉，加封其食邑 3000 户，赐黄金 1000 斤，同时任命他为太尉。

文帝三年（前 177 年），灌婴接任周勃为丞相。这一年，匈奴大举入侵北地、上郡，灌婴带领骑兵 85000 人，迎击匈奴，并致匈奴退兵。而这时济北王刘兴居造反，灌婴听文帝令收兵回京。

文帝四年（前 176 年），灌婴去世，谥号"懿侯"。谥法曰，"温柔圣善曰懿"。

韩信

关于韩信的家世，史书没有记载，仅说他是淮阴人。但在漂母说韩信时的言语中，提到了"王孙"二字，仿佛暗示了韩信出身于贵族的家庭背景。联系六国先后被秦国所灭，各国贵族后裔到处逃亡流徙（如项梁叔侄、韩王成、

285

张良等人)的情况,韩信本为"王孙"也未可知。

虽落魄心犹存志,归汉王拜将献策

韩信年少时穷困潦倒,他的母亲死了,家里穷得连发丧的钱都没有。他也因此被人看不起,也没有做官吏的资格。当时下乡南昌亭长见韩信非凡俗之相,就邀他到家里吃饭。韩信连续几个月到亭长家里吃饭,让亭长妻子不胜烦扰,有一天就提前了开饭时间,让韩信来到后没有饭吃,韩信一生气就再也不来了。为解决温饱,韩信常去河边钓鱼,有一每天都来漂洗被絮衣物的老妇,看到韩信饥饿难耐的样子,一连几十天把自己带来的饭分给他吃。韩信感动地说,我以后一定重重报答您。那位老妇则很生气地回应说:"大丈夫不能自食,吾哀王孙而进食,岂望报乎!"①

在古代,随身佩剑一直是身为贵族或侠士的象征。也许是本为贵族出身的原因,穷困的韩信平时也是剑不离身,这就遭到了好事人的嘲弄。有一天韩信路过街市时,一个年轻的屠户当众嘲笑韩信说:"你小子虽然长得人高马大,还喜欢佩剑带刀,其实是个胆小鬼。"韩信不予理睬。屠户又侮辱他说:"你要不怕死,就拿剑刺我;如果怕死,就从我胯下爬过去。"韩信盯着屠户看了一番,不愿与此等人一般见识,就匍匐在地从他胯下爬了过去。满街的人都笑韩信是一个窝囊废。

韩信虽心存志向,但苦于一直没有机会。公元前208年初,项梁率军渡长江自广陵路经淮阴,韩信视机投奔参军。项梁败亡后,韩信做了项羽的郎中。韩信以近身之便曾多次给项羽献计,但项羽不予理会。韩信随项羽入关中,不仅了解到刘邦的表现所为,也目睹了鸿门宴的全过程。他以刘邦作比,感到项羽是一个难以成就大事的人,于是离楚归汉投奔了刘邦。韩信随刘邦到汉中后被任命为连敖,不知在军中犯了什么罪,他和同案的13人一起被捕并问斩。当轮到韩信被斩时,他向监斩官夏侯婴大声质问:"汉王不想得天下了吗?为什么要杀慕名投靠的壮士?"夏侯婴感到此人相貌威武、语气不凡,就做主放了他。后经夏侯婴向刘邦推荐,韩信被提拔做了治粟都尉。

---

① 《史记·淮阴侯列传》,〔汉〕司马迁撰,韩兆琦主译,中华书局,2008年1月第一版,第1814页。

韩信因管理粮饷事务和萧何多有接触,并得到了萧何的赏识,萧何也因此向刘邦多次举荐韩信。此时,一些官兵因思念家乡不断逃亡,韩信认为萧何的举荐没有得到刘邦认可,感到自己在此也难有用武之地,于是随众逃走。萧何听说韩信逃离,来不及向刘邦报告便去追赶,至一两日后方将韩信追回。

刘邦问萧何为何独追韩信,萧何认为韩信国士无双,如刘邦想取得天下就应该重用韩信。刘邦听信萧何的话,隆重举行筑坛拜将仪式,拜韩信做了大将军。

拜将仪式结束后,刘邦问策于韩信。韩信反问刘邦:论勇猛和强悍,您和您的军队能比拼过项羽吗? 刘邦沉默良久才说,认为不如项羽。韩信对曰:

惟信亦以为大王不如也。然臣尝事之,请言项王之为人也。项王喑恶叱咤,千人皆废,然不能任属贤将,此特匹夫之勇耳。项王见人恭敬慈爱,言语呕呕,人有疾病,涕泣分食饮,至使人有功当封爵者,印刓敝,忍不能予,此所谓妇人之仁也。项王虽霸天下而臣诸侯,不居关中而都彭城。有背义帝之约,而以亲爱王,诸侯不平。诸侯之见项王迁逐义帝置江南,亦皆归逐其主而自王善地。项王所过无不残灭者,天下多怨,百姓不亲附,特劫于威强耳。名虽为霸,实失天下心。故曰其强易弱。今大王诚能反其道,任天下武勇,何所不诛! 以天下城邑封功臣,何所不服! 以义兵从思东归之士,何所不散! 且三秦王为秦将,将秦子弟数岁矣,所杀亡不可胜计,又欺其众降诸侯,至新安,项王诈坑秦降卒二十余万,唯独邯、欣、翳得脱,秦父兄怨此三人,痛入骨髓。今楚强以威王此三人,秦民莫爱也。大王之入武关,秋毫无所害,除秦苛法,与秦民约,法三章耳,秦民无不欲得大王王秦者。于诸侯之约,大王当王关中,关中民咸知之。大王失职入汉中,秦民无不恨者。今大王举而东,三秦可传檄而定也。①

_____

① 《史记·淮阴侯列传》,[汉]司马迁撰,韩兆琦主译,中华书局,2008年1月第一版,第1820页。

从韩信上述而论，这是一篇可与后世诸葛亮《隆中对》媲美的《汉中对》。因为韩信不仅分析了重新夺取关中的可能，还为刘邦指出了今后如何以弱胜强、进而夺取天下的战略发展方向。

其一，对楚汉双方战略条件进行综合比较，预测了楚汉战争的前景及重返三秦的可能。因项羽"匹夫之勇""妇人之仁""诸侯不平""天下多怨"，而刘邦"诚能反其道""秦民无不欲得大王王秦者"，故"三秦可传檄而定也"。

其二，正确选择主要战略方向，明确提出夺取关中、还定三秦为刘邦当前的首要主攻方向。

其三，明确提出鼓舞士气、团结人心的策略方法，以确保战略目标的实现。"任天下武勇，何所不诛！以天下城邑封功臣，何所不服！以义兵从思东归之士，何所不散！"

对韩信的分析研判，刘邦听后特别兴奋，甚至认为和韩信相见恨晚。他不仅解衣推食对韩信极尽照顾，更认真听从韩信的具体谋划，开始部署战役的实施。

收三秦出兵关中，袭安邑再灭赵国

时至八月，按照韩信的计策，刘邦派兵明修子午道、褒斜道，并分兵西去进攻祁山道沿途县城。十月，刘邦、韩信率大军暗渡陈仓道，直袭雍地西部重镇陈仓。防备不及的雍王章邯，兵败如山倒，一路逃到废丘，最终被迫自杀身亡。三秦大地大半尽归汉军。

汉二年，汉军出关东进，塞王司马欣、翟王董翳、河南王申阳、韩王郑昌、魏王豹、殷王司马卬先后降汉。至四月，汉军攻破彭城，旋即又被反击的项羽大败而还。一并参战的各路诸侯及响应反楚的赵、齐、魏诸国，见楚军强大，又再次倒向了楚国。

刘邦在荥阳稳住阵脚后，开始真正放手让韩信独自领兵作战，而韩信也自此一展自己率兵谋局的军事才能。

安邑之战　彭城大战后，魏王豹于六月回到封国，马上背汉与楚约和。刘邦派郦食其劝说魏豹不成，于八月派韩信、曹参率军伐魏。魏豹把重兵布守在蒲坂，封锁河关（黄河渡口临晋关，后改名蒲津关）。韩信采取声东击西、避实击虚的战法，在河关布置佯动部队，集中大量船只假装要由此处渡河,却暗中派兵去夏阳偷渡。在找不到足够船只的情况下,士兵们就以木盆、木桶等漂浮物代船渡河,然后突然袭击魏都安邑。魏王豹没想到后方来敌,仓皇率兵回头应战,不敌被虏。魏国由此平定,刘邦将其改为河东郡。

平定魏国后,韩信提出"愿益兵三万人,北举燕、赵,东击齐,南绝楚之粮道,西与大王会于荥阳"[①]的请求。刘邦予以采纳,并派张耳和韩信一起率3万兵马,北击代国、赵国、燕国及东进齐国。

井陉之战 汉二年(前205年)九月,韩信在攻取代国后,率汉军翻越太行山东进赵国。赵王赵歇和主帅陈余,在井陉口陈兵20万准备与汉军决战。

井陉口是太行山八大隘口之一,也是自代国进入赵国北部的最近路线。井陉口东、南、北三面有山梁夹峙,呈簸箕状地形,据隘口可居高临下,以逸待劳。井陉口西面是一条几十里长的狭窄驿道,不利于大部队的行动。

就此,赵国谋士李左车向主帅陈余分析建议,汉军千里匮粮,士卒饥疲,井陉谷窄沟长,车马不能并行,宜守不宜攻。赵军只要严防死守,就可以万无一失。他还自请带兵3万,从间道出其后,断绝汉军粮草,认为不日即可破敌。但陈余不以为然,认为不需固守井陉,而应该主动出击。

韩信暗中得知李左车的计策没有被采纳,于是大胆引兵至离井陉口三十里处的泜水前背水驻扎。半夜时分,韩信选二千轻骑兵,让他们前往赵军大营侧翼隐伏,要求当见到赵军倾巢出动后,乘机迅速冲入赵军营地,遍插汉军红旗。天刚亮,韩信打起大将军的旗号和仪仗,击鼓进军井陉口。赵军出营迎击后,汉军弃鼓旗,佯装败退。赵军见状,倾巢出动追逐汉军。这时汉军二千伏兵,立即冲入赵军营地,拔掉赵军旗帜,竖起二千面汉军的红旗。汉军退至泜水河边,因无路可退,乃奋力拼杀。赵军久战不胜欲退回防守,却见后方营地遍是汉军红旗,认为大本营已失,于是阵势大乱,四散奔逃。汉军趁机前后夹击,大破赵军,在泜水斩杀陈余,活捉赵王歇,灭掉了赵国。

信左车说降燕国,攻齐国水淹龙且

赵国败亡后,韩信悬赏千金捉拿李左车。当手下将李左车绑送到帐前时,韩信立刻为李左车松绑,并以师礼相待。

① 《汉书·韩彭英卢吴传第四》,〔汉〕班固撰,中华书局,2012年4月第一版,第1643页。

韩信向李左车请教攻燕伐齐之事。李左车辞谢后说:"将军渡西河虏魏王,擒夏说于阏与,如今又一举攻下井陉口,打垮赵国 20 万大军,诛杀了陈余,威震天下。但现在将士疲惫,已经难以用兵。将军如要率领疲惫的士卒,与坚守城池的燕国作战,恐怕会拖得很久,那样汉军的粮草供应也会出现困难。如果连小小的燕国也不能很快拿下来,那么强大的齐国更会坚持固守。如这样长时间与燕、齐两国对峙,中原战场上汉王和项羽的胜负也难见分晓。将军不如暂且停战休兵,安定赵地百姓,抚恤战争遗孤,犒赏所有将士。待兵将休整复原后,再作出攻打燕国的态势。而后遣辩士带着您写的信去燕国,向他们讲清汉军的优势,燕国一定害怕不敢抵抗。待燕国降服后,再派辩士去警告齐国,齐国也会闻风而降。如能这样,汉王夺取天下的事就有希望了。"①

当时正值刘邦来修武带走韩信主力大军而兵弱之时,韩信遂听取李左车建议,派使者去燕国游说,燕立即投降。韩信同时请刘邦立本为常山王的张耳为赵王镇抚赵国,而自己则被刘邦授为赵国相,继续招兵以东进击齐。

原齐王田荣在汉二年(前 205 年)正月被项羽赶杀身亡后,项羽封田氏子弟田假为王。两个月后,田假被田荣的弟弟田横击败逃回楚国,项羽怒其不争,将田假杀死。而田横则立田荣之子田广为王,自己为相。自田广接任以来的一年多时间里,齐国一直在谨慎静观楚汉双方对耗。在韩信拿下赵国时,刘邦派郦食其为使者赴齐劝降。田广见汉军势大,接受郦食其劝说,同意与汉合作共同对付项羽。

当韩信率军转向齐国,得知郦食其已经说服齐国降汉的消息,便想停止进军。谋士蒯通劝韩信说:"将军奉诏攻打齐国,而汉王只不过派密使说服齐国归顺,难道有诏令让您停止进攻吗?况且郦生不过是个说客,凭三寸之舌就降服齐国 70 座城邑,将军统率几万人马,一年多时间才攻占赵国 50 多个城邑,一个将军反倒不如一个儒生吗?"韩信听信蒯通所说,率兵渡河击齐。他首先袭击了齐驻守历下的军队,后一直打到了齐都临淄。

对汉军毫无防备的齐王田广大为惊恐,认为郦食其欺骗自己,于是愤怒将其烹煮。田广弃城逃到高密后,派人向楚国求救。项羽闻讯,遣龙且率 20

① 《史记·淮阴侯列传》,〔汉〕司马迁撰,韩兆琦主译,中华书局,2008 年 1 月第一版,第 1827 页。

万兵马支援齐国,让其与田广合力抵抗韩信。

潍水之战　汉三年(前204年)十一月,龙且率20万楚军抵齐,其手下谋士献计说:汉军远征作战,所向披靡,不如深沟高垒,以守为攻,这样必定会使汉军不战自败。携势而来、信心满满的龙且并不接受建议,他认为韩信不足为惧,否则不与作战如何立功? 于是率兵与韩信军隔潍水摆开对决阵势。

在会战的前夜,韩信命令士兵用1万多条装满沙石的口袋,筑坝堵截了潍水上游。双方决战时,韩信亲率部分兵力,渡过潍水,攻击龙且军队,然后又佯装不支,撤退过河。龙且当韩信胆怯,立即指挥大军渡河追击。当楚军渡河过半时,韩信传信上游筑坝的人决开堵坝,使河水奔腾汹涌而下。尚在渡河的楚军多被淹死,已经过河的楚军因慌乱,被汉军很快消灭,而骄横的龙且也被灌婴斩杀。尚滞留在潍水东岸的楚军,见龙且败亡后一哄而散。韩信率军再过潍水追击至城阳,将剩下的楚兵全部俘获。齐王田广也在逃亡中被杀,齐相田横则东逃至一海岛聚残兵称王。这就是历史上著名的潍水之战。

潍水之战的胜利,标志着齐国的灭亡。此战虽然再次彰显了韩信不凡的军事才能,但从人性的角度看并不值得赞许。因为郦食其已经以和平的手段解决了齐国的归顺问题,但韩信却继续用战争的方式予以终结,这不仅使郦食其惨遭烹杀,无端牺牲了众多将士的生命,还把已经约为同盟的齐国硬生生逼到了楚军的阵营。明末清初著名思想家王夫之曾为之评论说:

> 毒天下而以自毒者,其唯贪功之人乎! 郦生说下齐,而汉东北之虑纾,项羽右臂之援绝矣。……乃韩信一启贪功之心,从蒯通之说,疾击已降,而郦生烹,历下之军,喋血盈野,诸田卒以殄其宗。惨矣哉! 贪功之念发于隐微,而血已漂橹也。[①]

可话说回来,政治和战争从来是不讲人性的。郦食其的无辜死亡固然会让刘邦痛心不已,但从客观意义而言,龙且带走20万楚军及败亡,不仅大大改变了当时荥阳双方的力量对比,使项羽被迫提出“鸿沟条约”,也为刘邦

---

① 《读通鉴论·汉高帝》卷2,〔清〕王夫之著,中华书局,1975年版。

后来垓下之战歼灭项羽创造了兵力上的优势。

总结韩信灭魏、赵、齐三国的三次大战，都是借助河流、以弱击强取得的胜利。而韩信这三次对河流的利用也各不相同。一次是声东击西，一次是背水列阵，一次是阻水淹敌。韩信对敌作战做到了因敌而变，因势用兵，确实创造了军事史上令人赞叹的战绩。

至此，齐国几被韩信全部平定。或恃功劳，抑或为了能名正言顺地更好统治齐国，韩信派使者拜见刘邦，提出请封为假齐王。刘邦不仅准韩信所请，还派张良持印信赴齐，正式封韩信为齐王。而韩信也深感鼓舞，派灌婴率军继续攻伐齐军残余并南下进攻楚地。

拒策反不愿叛汉，灭项羽垓下会战

随着龙且20万大军的败亡，以及韩信占据整个齐国，项羽开始感到惶恐。因为在韩信先后拿下魏、赵、燕、齐国后，就逐渐形成了汉军对楚军的半包围态势，这标志着汉军从战略防御完全转为战略进攻。而韩信也因此成为能够左右楚汉战场形势的最重要人物。

为了扭转当前这种极为不利的局面，项羽派谋士武涉去齐国策反韩信。

武涉见到韩信后，首先指责说刘邦不讲信义，主动挑起了战争。他说："刘邦几次落到项羽手中，都是因为项羽留情才没有杀他。但他一逃脱项羽的掌控，就更加仇恨项羽，所以他是一个不讲义气的人。现在刘邦在表面上对你也很重用，但你迟早要被他暗算。"他进一步分析说："现在他们两人争夺天下，你的作用非常重要。你支持刘邦，刘邦就会战胜项羽；你支持项羽，项羽就会打败刘邦。现在刘邦倚重你，是因为有项羽存在；如果项羽失败了，刘邦接着就会收拾你。"武涉最后建议韩信与楚、汉三分天下，说这才是最聪明的做法。

韩信回应武涉说："我做项羽的部下时，只是一个为他执戟站岗的郎中，虽然也向他献过计策，但他不重视，所以我才离开投靠了汉王。现在汉王重用我，授予我上将军印，让我统率几万军队，对我解衣推食，言听计从，所以我才有今天的地位。汉王这样尊重和相信我，我就是死，也不能不讲情义背叛他啊！"

武涉走后，谋士蒯通也来动员韩信背叛刘邦。他先是以一个相士的神秘口气，认为看韩信的面相，只能封侯且有危险；看韩信的后背，则有不可明

292

言的尊贵。然后提出了同武涉一样三分天下的建议,并指出"天与弗取,反受其咎;时至不行,反受其殃"的道理。即:现在的形势对韩信非常有利,如果错过这个机会,将来可能反受其害。

韩信依然以刘邦厚待于己的感恩之心回答了蒯通:

> 汉王遇我甚厚,载我以其车,衣我以其衣,食我以其食。吾闻之,乘人之车者载人之患,衣人之衣者怀人之忧,食人之食者死人之事,吾岂可以向利倍义乎!
>
> ——《史记·淮阴侯列传》

对于韩信的回答,蒯通感到其认识实在幼稚。他从张耳与陈余由生死之交到反目成仇的眼前事例,以及200多年前文种、范蠡帮勾践重建越国反被杀害或亡命天涯的结局,认为"野兽已尽而猎狗烹","窃为足下危之"①。

至此,韩信未再反驳,答应再想一想。过了几天,蒯通又来劝说韩信:

> 夫随厮养之役者,失万乘之权;守儋石之禄者,阙卿相之位。故知者决之断也,疑者事之害也,审豪牦之小计,遗天下之大数,智诚知之,决弗敢行者,百事之祸也。故曰"猛虎之犹豫,不若蜂虿之致螫;骐骥之蹢躅,不如驽马之安步;孟贲之狐疑,不如庸夫之必至也;虽有舜禹之智,吟而不言,不如喑聋之指麾也"。此言贵能行之。夫功者难成而易败,时者难得而易失也。时乎时,不再来。原足下详察之。②

蒯通这段话的意思是说,一个人如果安于做劈柴喂马的奴仆,就会错失掌握天下权柄的机会;一个人如果仅满足于一点微薄的俸禄,就有失去做公卿宰相的可能。所以当机立断是聪明人的表现,犹豫不决是不能成事的原因。专在细小的事情上用心思,就会丢掉天下的大事,虽然知道其中的道

---

① 《史记·淮阴侯列传》,〔汉〕司马迁撰,韩兆琦主译,中华书局,2008 年 1 月第一版,第 1838 页。
② 《史记·淮阴侯列传》,〔汉〕司马迁撰,韩兆琦主译,中华书局,2008 年 1 月第一版,第 1838 页。

理,却又不敢马上行动,这是所有事情失败的祸根。所以俗话说:"猛虎的犹豫,不如黄蜂、蝎子敢刺敢蜇;骏马的徘徊不前,不如劣马的安然慢步;勇士孟贲的狐疑不定,不如凡夫俗子的决心实干;即使你有虞舜、夏禹的智慧,但闭上嘴巴不讲话,还不如聋哑人的指手画脚。"这些俗语都是说只有行动才是最可贵的。所有事情都是失败容易成功难,时机最难以抓住且容易失去,时机错过了就不会再来。希望您能仔细斟酌考虑。

韩信考虑再三,还是拒绝了蒯通的劝说。他认为自己立了这么大的功劳,刘邦怎么也不会拿下刚封自己不久的齐王之位。

对于这次武涉和蒯通的连续策反,韩信虽然没有听从,但对他一直忠心辅汉的心境还是产生了影响。当稍后刘邦违背"鸿沟之约"令其会兵固陵追歼项羽时,韩信采取了置之不理的态度,这和他之前一直主动出谋请战的表现,形成了截然不同的鲜明对比。当刘邦后来许诺将分封其更多的地盘时,韩信才愿意率兵前往,并作为前军主帅指挥了"垓下之战"。

所谓"垓下",是指楚军被众多汉军围困的意思,其所指位置大致在今安徽省灵璧县的东南部。在刘邦、刘贾、黥布、彭越、韩信等诸路汉军,从西南、西、西北、北等几个方向赶来的时候,项羽率10万楚军在此地遭到包围。

韩信所部是"垓下之战"的主力,因为在30万兵马所组成的五军中,直面楚军的是韩信亲自指挥的前、左、右三军。韩信率领前军首先向楚军发起进攻,不久就佯装不支开始后退,之后孔、费两位将军率领左、右两军再从两侧杀出。当楚军全力应付两边进攻时,韩信又率前军折返杀了回来,由此形成了对楚军的三面夹击之势。

30万汉军夹击已经连续退逃多日的10万楚军,无论是兵员数量还是战斗士气,都比汉军弱势很多。可由于项羽的顽强坚持,此战一直持续到天黑,双方才鸣金收兵,但楚军已损失大半。

是夜,汉军在完成对楚军的合围后,依张良计大声高唱楚歌,使楚军士兵恐惧并更加思念家乡和亲人。他们知道已被汉军包围,如不趁夜逃走,等天明大战再起时,将难以活命。于是,许多士兵纷纷在茫茫夜色中悄悄溜走。

天亮后,项羽率仅余的800骑官兵向淮河以南突围。韩信派灌婴率5000骑兵追杀,并逼其于乌江自刎。

遭举报由王贬侯，假成真帅星陨落

刘邦称帝后，以韩信本为楚人为由，改封其为楚王，都下邳。

韩信就位楚国，赏当年给他饭吃的漂母千金；赐下乡南昌亭长 100 钱，说他是个小人，做好事有始无终。他任命那个曾让他从其胯裆下爬过去的人为中尉，并告诉诸将说："当他侮辱我时，我没有当场杀他而是忍了下来，这才有了今天的成就。"

韩信本可以在家乡这样一直扬眉吐气下去，但故交钟离眜的投奔，打乱了他这种刚开始志得意满的生活。钟离眜原是项羽手下战将之一，曾被陈平称为和范增、龙且、周殷一样的骨鲠之臣。现范增、龙且已亡，周殷已降，唯钟离眜不知所终，故刘邦必欲追杀钟离眜。钟离眜考虑和韩信同在项羽麾下时二人关系不错，就因此逃到韩信这里，希望受到庇护。

钟离眜躲藏在韩信处的消息被刘邦获知，他传令韩信逮捕钟离眜。而这时因韩信担心楚地的项羽残余势力，每到下属各县视察时，经常带军队保护自己，于是被有心人告发韩信意欲造反。据此，刘邦根据陈平建议，以到云梦泽巡视为名，准备借机抓捕韩信。

刘邦将进楚国时，韩信闻讯心中害怕想反，又自认无罪；想谒见刘邦陈述，又担心被杀。于是手下有人提议杀掉钟离眜，以自证清白。韩信找钟离眜商议，钟离眜说："刘邦不敢攻打楚国，是因为我在这里；如果我今天死了，随后死亡的人就是你。"钟离眜斥责韩信不是一个有德行的人，并随即自杀。韩信带着钟离眜的人头去见刘邦，刘邦令人抓捕了韩信。韩信说："果若人言：'狡兔死，良狗烹；高鸟尽，良弓藏；敌国破，谋臣亡。'天下已定，我固当烹！"刘邦说："人告公反。"①于是将韩信押回。因韩信造反之说没有确切证据，并且他还杀死了钟离眜，刘邦因此免其死罪，将其降封为淮阴侯，并限制居住在长安。

韩信并未谋反，却由王被贬为侯，还被限制了自由，因此时常闷闷不乐。但他自恃优秀，依然高傲不已，甚至感到与曾是自己手下的绛侯周勃、颍阳侯灌婴等人，处在同等的侯爵地位感到羞耻。

---

① 《史记·淮阴侯列传》，〔汉〕司马迁撰，韩兆琦主译，中华书局，2008 年 1 月第一版，第 1838 页。

韩信在一次登舞阳侯樊宅门时,樊哙依旧礼跪拜迎送,并客气说:"大王竟肯光临臣下家门,真是臣下的荣耀。"韩信出门后,竟自嘲:"我这辈子居然同樊哙等同列!"

刘邦曾经和韩信一起谈论各位将军的能力,他问韩信:"像我的能力能统率多少兵马?"韩信说:"陛下不过能统率十万。"刘邦问:"你呢?"韩信回答:"我是多多益善。"刘邦笑说:"既然你这么大本事,为什么还被我活捉呢?"韩信只好自圆其说道:"陛下不善于统领士卒而善于领导将领,这是我被您抓住的原因。况且陛下的胜利是上天赐予的,而不是人力可以改变的。"

韩信身居长安的几年间,曾和张良一起编修兵书。《汉书·艺文志》载:"汉兴,张良、韩信序次兵法,凡百八十二家,删取要用,定着三十五家。"但他也仅做过此事而已。

身居国家权力中枢的皇城,却整日无所事事,长时间的寂寞与孤独,使韩信渐生怨恨。

汉八年(前199年)春天,刘邦封三子如意为代王,同时任命阳夏侯陈豨为代国丞相,并统领代、赵两国边境的军队。陈豨曾是韩信的部下,他因此向韩信辞行。韩信私下对陈豨说:"你去管辖的是天下精兵聚集的地方,因此你是陛下信任宠幸的臣子。如果有人告发您反叛,陛下一定不会相信;再次告发,陛下就怀疑了;三次告发,陛下必然大怒会亲自率兵前去杀你。如果事情真的这样了,我会为您在京城做内应,天下就可以取得了。"陈豨知道韩信的雄才大略,对其所说深信不疑。他因此回应说:"我一定听从您的指教!"

汉十年(前197年),已经统掌代、赵两国所有兵马的陈豨,在又受到已经投匈奴的韩王信的唆使后,野心膨胀,果然反叛。刘邦亲自率领兵马前往平叛,韩信托病留在长安。他暗中派人到陈豨处说:"你只管起兵,我在这里协助您。"并和家臣商量,准备夜间假传诏书赦免在各官府服役的罪犯和奴隶,发动他们去袭击吕后和太子。让韩信没有想到的是,被他关押准备杀掉的一位家臣的弟弟,向吕后上书告发了韩信准备反叛的情况。吕后和萧何谋划,令人假说陈豨已被刘邦俘获处死,要求列侯群臣都来宫廷祝贺。韩信应召到来后,吕后命武士将其捆绑杀害。韩信临死前说:"真后悔没有采纳蒯通的计谋,以致被妇女小人欺骗,这难道不是天意吗?"

回顾韩信投汉以来的表现,之前的韩信并没有私心,他一直以能够实现自己的军事才能为志向,即便在拿下赵国后,他也是力推张耳为赵王而不是自己,因为他还要以继续打下燕国与齐国来施展和证明自己的大才。当再拿下燕国和齐国后,他心中开始有了自己的小九九,并谨慎地提出了请封假齐王的念想。当武涉、蒯通先后动员其自立时,韩信依然忠汉而没有谋反的心思,但产生了占有更多封地和获取更大权力的利益欲望。

而刘邦一开始对韩信也是极为看好,他甚至认为遇到韩信太晚了。他破格任命韩信为大将军,然后和其共同率兵取关中、进山东,直至全权让其独自领兵进攻北方诸国,这都说明刘邦当时对韩信的信任态度。当后来韩信先后要求封为代理齐王和以增加封地作为出兵条件时,使刘邦认识到韩信已不像之前那样单纯无私,而是已经有了自己的私心,因而也开始对他产生了警觉。

在这样的心境变化中,韩信在后来的做事中开始无所顾忌,而刘邦也慢慢对其弃之若履。韩信先是因收藏钟离眛,被降为淮阴侯;之后因自己的不恣与傲慢,以语言得罪樊哙和刘邦;再继而声言支持陈豨叛乱,直至自己直接谋乱,而最终被吕后杀死。

司马迁十分惋惜地说:"假使韩信当初能学点谦让之道,不以功臣自居,不夸耀自己的才能,那么他在汉王朝的勋业,就差不多可以和周朝的周公、召公、姜太公这些人相媲美,并能传国于子孙,可永远享受后代的祭祀了。可是他不这么干,而是要在天下局面已经安定的时候图谋什么造反,结果闹得整个亲族被铲灭,这不是罪有应得么!"[1]

彭越

彭越是昌邑人,年轻时家境贫困,常年在巨野泽打鱼,也伙同其他人做一些抢劫的勾当。楚汉战争开始后,彭越率部正式加入汉军,因以游击战术袭扰楚军有功,后被刘邦封为梁王。

---

① 《史记·淮阴侯列传》,〔汉〕司马迁撰,韩兆琦主译,中华书局,2008 年 1 月第一版,第 1845 页。

落草寇聚众成军,反秦朝助战刘邦

陈涉、项梁等揭竿起义反秦后,消息传到了巨野泽。有年轻人对彭越建议说:"多地豪杰都打起旗号反抗秦朝,你可以站出来带领我们大家像他们那样干。"彭越说:"现在两条龙刚开始搏斗,还是等一等再说吧。"

过了一年多时间,彭越身边已聚集有100多名年轻人,他们请求彭越正式做他们的首领,彭越予以拒绝。在众人的再三请求下,彭越最后还是答应了下来。彭越跟他们约定,次日太阳出来时正式集合组队,如有人迟到就杀头。第二天太阳出来的时候,还有10多人未到,当最后一个人来到时已经中午了。彭越就此说:"因为我年龄大,你们执意要我当首领。现在约定好时间集合,还是有很多人迟到,但也不能都杀头,那就只杀最后来的一个人吧。"同时命令一个年长一些的人动手。大家都笑着说:"不必这样吧,今后不再迟到就是了。"彭越坚决不同意,直接把最后到来的那个人杀掉了。随之设置土坛,用人头祭奠,以严明纪律,号令众人。大家大为震惊,开始真正畏惧和尊重彭越。之后,彭越率众人出发占领周边村镇,收集诸侯逃散的士兵,很快形成了一支1000多人的队伍。

彭越最初并没有自己的人生目标,他只是想做一个自由谋生的平常人。当天下大变且身边聚集人数众多时,他经不住大家的再三恳请,做了领头人。他知道做一个头人必须有威信,因此杀人立威,将一群土匪一样的人变成了一支有纪律的队伍,这也使他后来有实力敢于投身于剪秦灭楚之战。

不久,刘邦奉楚怀王之命率军西进,当他进攻昌邑秦军时,彭越率部赶来支援,但并没能打下昌邑。刘邦领军去往栗县,而彭越则领自己的人马回到巨野泽,并继续收集魏地散兵,以进一步壮大队伍。

后来,刘邦、项羽先后进入关中灭掉秦朝。项羽分封各路诸侯,参战的兵马也各自归国。而这时彭越的兵马虽然已发展到1万多人的规模,却没有归属去处。

共抗楚加入汉军,打游击功封梁王

因项羽分封不公,齐地田荣于公元前206年七月,自立为齐王,起兵反楚。他知晓地处不远的彭越有一支人马,就派人送给彭越将军印信,让他攻击济阴的楚军。项羽因此令手下萧公角率楚兵攻击彭越,却被彭越打得大败。而彭越则趁机占领了楚军魏地的十几座城池,因而兵威大振、兵力大增。

次年春季,已夺回关中的汉王刘邦以为楚怀王复仇之名,号召各路诸侯攻击楚国,彭越带领他的3万多人马在外黄归附了刘邦。如何安排战力不凡的彭越?刘邦以"彭将军夺下了魏地十几座城池,可以拥立魏王的后代为王。现魏王豹是魏王咎的堂弟,真正是魏王的后代"为由,就让彭越做魏国国相,协助魏王豹继续率兵平定魏国旧地。

东进的刘邦大败彭城后向西溃退,而彭越在楚军向西追击的过程中,也把自己已经占领的城池全部丢失了,于是率军向北退守在黄河沿岸。汉三年(前204年),重整旗鼓的汉军回到荥阳一线与项羽作战对峙,彭越则经常不断游击楚军,在后方断绝他们的后勤粮草。汉四年冬,彭越攻下了楚军占领的睢阳、外黄等17座城邑,后来又被亲自率军前来的项羽夺了回去,彭越只好带着他的队伍北上谷城。汉五年秋,项羽的军队向南撤退到了夏阳,彭越又趁机攻克了昌邑等20多座城邑,缴获谷物10多万斛,用作支援刘邦大军的军粮。

自加入汉军的三年多来,彭越独自率军对楚军开展游击战,以敌退我扰、敌进我退的战术,不断劫掠楚军的后勤基地和供给线,对项羽产生了很大的干扰,有力支援了在正面作战的刘邦大军,史称"彭越挠楚"。

在刘邦弃"鸿沟条约"时,彭越接到了刘邦要求他率军赶至固陵合力攻打楚军的指令。彭越以"魏地刚平定,还畏惧楚军,不能前往"的理由,拒绝了刘邦。刘邦因彭越、韩信均未受命而至,单兵不敌楚军,被项羽打败。就此,刘邦接受张良建议,许诺彭越将睢阳以北各城的土地分封给他,并答应其接任已死的魏豹为王。彭越于是很快率领人马赶往垓下会师,共同大败楚军,逼项羽自杀身亡。

刘邦称帝后,封彭越为梁王。

因拒召被人诬告,受欺骗惨遭灭族

彭越以定陶为都做梁王,安安稳稳地过了五六年的舒服日子。他在汉六年、九年、十年间,曾离开定陶到陈郡或长安朝见刘邦。

汉十年(前197年)秋天,陈豨造反给彭越带来了事端。因为刘邦亲自率兵讨伐陈豨向他征兵时,已经习惯过舒服日子的彭越推说有病,只派手下将领带人到邯郸会兵。刘邦很生气,派人去责备彭越。彭越害怕,打算亲自前往谢罪。他的部将扈辄说:"大王当初不去,被皇上责备了才去,这样肯定会逮捕您。不如就此反了吧。"彭越为人诚实,觉得还不至于就此造反,但也没有前往邯郸向刘邦谢罪。

彭越没有想到的是,他和扈辄的对话被太仆听到了。而太仆后来因做事不妥引发彭越生气欲杀之,就急忙逃到洛阳,向已返回的刘邦控告梁王彭越和扈辄阴谋反叛。于是,刘邦派使臣赴梁国,将毫无察觉的彭越逮捕,把他押解囚禁到洛阳。经主管官吏审理,认为彭越具有谋反的罪证,请求皇上依法判处。刘邦念彭越功高将其赦免,而废为平民百姓,流放蜀地青衣县。

彭越在被押解西去的路上,遇到从长安赴洛阳的吕后。彭越对吕后哭泣,分辩自己没有罪行,希望能够回到故乡昌邑。吕后答应为其说情,带他一块儿东去回到了洛阳。吕后见到刘邦说:"彭王是豪壮而勇敢的人,如今把他流放蜀地,这是给自己留下祸患,不如把他杀掉。所以我把他带回来了。"于是,吕后就让彭越的门客告他再次阴谋造反。廷尉王恬开呈报请诛灭彭越家族,刘邦批准同意,彭越被杀并灭族除国。

> 吕后白上曰:"彭王壮士,今徙之蜀,此自遗患,不如遂诛之。妾谨与俱来。"于是吕后乃令其舍人告彭越复谋反。廷尉王恬开奏请族之。上乃可,遂夷越宗族,国除。
>
> ——《史记·魏豹彭越列传》

回顾彭越由匪而王、再遭杀身的起落经历,确实让人嗟叹。

彭越由一渔人出身,后落草为寇,自组义军。虽然他后来投奔刘邦多立有战功,但一直处于和刘邦若即若离的自由活动状态,因而也没有和刘邦建立起可信的私人关系。特别是彭越面对刘邦的两次相召而不至,也使刘邦感觉到他不是一个值得信赖相托的人。所以,当有人告发彭越阴谋造反时,尽管没有多少确凿事实,刘邦还是立即将其发配蜀地。只是彭越命该当绝的是,他在路上遇到了心狠手辣的吕后,受其欺骗而惨遭杀害并被灭族。

黥布

黥布系六县人氏,本姓英,因少时一相士说他:"当先受黥刑,然后得王。"因恐他日受黥,为厌解改称黥布。但厌解无效,他在年龄及壮时,竟真的犯法论罪,被谳定黥刑,在其面上刺上数字,发配骊山作劳役。黥布回想过去相士所言,欣然笑说:"相士谓我当刑而王,莫非我就要做王了!"骊山徒役有数十万人,黥布尽力和其中的几个骁悍头目交好,后密谋一起逃走,做了江湖亡命之徒。

见吴芮被招快婿,随项羽屡立战功

陈涉于大泽乡起义后,黥布也想起兵响应,但他只有三五十人,不成气候。黥布闻番阳县令吴芮性情豪爽,即约他一起反秦,很快扩大到几千人的队伍。吴芮见黥布英武不凡,甚为欣赏,将其招为快婿。

黥布得到吴芮信任,独自率部分兵马去往江北陈涉活动方向。黥布路遇刚丢失陈县的陈涉原近侍吕臣,吕臣邀黥布反攻秦军。黥布慨然应允,双方合兵还陈,与秦军交战,秦军不敌,放弃陈县逃跑。

这时项梁、项羽叔侄已率军渡江,声威远播。黥布便与吕臣作别,径直到项氏营中,做了一名属将。

在项梁率军攻打景驹、秦嘉时,黥布骁勇善战,总是冲杀在前。项梁拥立楚怀王后,黥布被封为当阳君。在赵国遭遇危机求救时,楚怀王派宋义、项羽、范曾率军前去救助赵国,黥布作为将军跟随。项羽派黥布率兵先渡过黄河攻击秦军,切断其粮草供应,然后自己再率领全部人马渡过黄河,跟黥布协同背水作战,一举打败了秦军。秦将章邯投降后,项羽派黥布在新安活埋章邯部下 20 万人。项羽率大军西进到达函谷关后被汉军阻拦,派黥布等人抄小道袭击了守关的汉军,才得以入关到达咸阳。

公元前 206 年,项羽分封天下,屡立战功的黥布被封为九江王,定都于六县,辖九江、庐江诸郡。

受训斥接受劝降,投刘邦改封淮南

黥布三年随楚灭秦,终成一方王侯,这也验证了当年相士"当刑而王"的预言。黥布志得意满,开始不愿意再过那种以命相搏的生活。

汉二年(前 205 年),田荣在齐地发难反对楚国,项羽召黥布率军攻打齐国,黥布托辞病重不能亲自前往,仅派将领带几千人应征。刘邦攻占彭城后,项羽也曾急召黥布救援,黥布仍未至。项羽因此怨恨黥布,数次派使者训斥,并召他见面。黥布越发惶恐不敢前往。

兵败彭城的汉军撤退到虞县时,刘邦对身边的人说:"你们如果有人能出使淮南,让黥布背叛楚国,让他牵制项羽几个月时间,我就能夺取天下了。"谒者随何答应愿意出使。

随何见到黥布后说:"汉王派我恭敬地上书大王驾前,我私下感到奇怪的是您为什么和楚国那么亲近?"黥布说:"我面向北边以臣子的身份侍奉项羽。"

随何说:"大王北向而以臣子的身份侍奉项羽,一定是认为楚国强大,汉国弱小。但是,即使楚国的军队强大,却背负着天下不义的名声,因为项王背弃盟约又杀害了义帝。况且,现在汉军驻守成皋、荥阳,深挖壕沟高筑壁垒,还有后方蜀、汉不断运来粮食;现在楚军进军八九百里才到达了荥阳、成皋,既不能攻破城池,也缺少后方的支援,如退兵又担心汉军的追击,现在进退两难,所以说楚军是不能依靠的。如今您不和万无一失的汉国友好,却托付于危在旦夕的楚国,我私下替您感到疑惑。只要您现在出兵背叛楚国,项羽一定会被牵制,只要几个月时间,汉王就可以夺取天下了。那时,汉王一定会分割土地封赐大王,更何况淮南本就是您所有啊。希望您能认真地考虑。"

黥布嘴上答应说"遵从你的意见",但心中仍然有些犹豫。

这时项羽的使者也来到淮南,他见到黥布后急迫催促出兵攻打汉军。随何闯进去对楚国使者说:"九江王已归附汉王,楚国凭什么让他出兵?"楚国使者闻此立即站起身要走。随何趁黥布愕然间,进而说:"既然归汉的大事已经谈好,就不能让楚国的使者活着回去,我们应该赶快向汉王靠拢协同作战。"黥布按照随何所说,立即杀掉楚使者,并出兵攻打楚军。

项羽得知黥布叛变后,派项声、龙且进攻淮南。项声、龙且率楚军在淮南与黥布打了较长时间,最终打败黥布,并杀害了他的妻小。而黥布也确实牵制了楚军几个月时间。

黥布失败后抛弃残兵余将,只身跟随何走小道逃到荥阳。后来黥布派人到淮南招揽旧部数千人,刘邦也给他拨了一些人马,这样黥布的势力得到了一些恢复。而刘邦也兑现随何原来所许诺的,改封黥布为淮南王。之后,黥布和刘贾一起率军先去攻打寿春,然后派人赴九江,诱降了楚国负责西南军政的大司马周殷。

汉五年(前 202 年),黥布与刘贾、周殷应召率军至垓下聚歼项羽,虽然未直接参战,但也起到了堵截项羽逃往西南方向的作用。这也因此使项羽无路可退,只好逃向乌江方向而最后被迫自杀。

因害怕蓄意备战,遭举报被灭丧命

刘邦称帝后,与黥布剖符为信,正式册封其为淮南王。淮南国建都六县,辖九江、庐江、衡山、豫章等郡。

汉十一年(前 196 年),淮阴侯韩信被杀,黥布内心恐惧。同年夏天,梁王彭越又被诛杀,并被剁成肉酱,分赐给各诸侯。黥布收到肉酱特别害怕,开始暗中集结军队备战,时刻警惕邻郡的动态。

一如韩信、彭越被杀的起因一样,黥布的下场也是毁在手下。黥布有个宠姬生病,中大夫贲赫和医生住对门,帮忙请医生看病,并代替宠姬送给医生许多东西。宠姬因此多次在黥布面前说贲赫的好话,使黥布怀疑宠姬与贲赫有奸情。贲赫害怕被杀逃到长安,向刘邦举报黥布有造反的迹象。

> 布所幸姬,病就医,医家与中大夫贲赫对门,赫乃厚馈遗,从姬饮医家;王疑其与乱,欲捕赫。赫乘传诣长安上变,言:"布谋反有端,可先未发诛也。"
>
> ——《史记·黥布列传》

对于贲赫所言,萧何认为黥布不可能造反,建议刘邦先把贲赫关押起来,然后派使者了解情况后再说。黥布见贲赫畏罪潜逃,本就怀疑他会说出自己的一些情况,现在皇帝的使臣又来调查验证,于是干脆杀死贲赫全家,真的起兵造反。

黥布造反的消息传来后,刘邦立刻放了贲赫,并让他做了将军。

对于如何对付黥布,刘邦根据夏侯婴的建议,召见原楚国令尹薛公征询意见。薛公分析黥布造反后的战略意图,认为黥布有上、中、下三个方案可供选择:"上策是黥布东取吴国,西灭楚国,再吞齐鲁,然后警告燕、赵不准助汉,这样一来,山东地区就不是汉朝的了;中策是黥布东取吴,西灭楚,再吞韩、魏,并占有敖仓的粮食,封锁住成皋的关口,这样谁胜谁负,也很难说;而下策则是黥布东取吴国,西取下蔡,而自己回驻到长沙,那就没什么问题了。"薛公还认为黥布会用下策,因为黥布原本是骊山的苦役犯,按他这种格局和眼光,只能使出下策。

黥布反叛后的动向果然被薛公言中。他先向东进攻荆国,追击杀死了荆王刘贾;然后北向渡过淮河攻打楚国,致楚王刘交溃败;之后不再作他图,而向西撤退。这时刘邦正率军东来,两军兵马在蕲县城西的会甄相遇。刘邦斥问黥布为什么造反,黥布大声回答:"欲为帝耳。"刘邦大怒,命汉军大举进攻,使黥布败逃。

黥布率100余名残兵败将逃到江南。黥布原是番阳县令吴芮的女婿,刘邦称帝后吴芮及其儿子吴臣先后做了长沙王,这时吴臣派人诱骗黥布,说带他逃往越地。黥布信以为真,跟随来人到了番阳,遭埋伏被杀。

回顾黥布起兵以来的表现,虽然世人多将他与韩信、彭越并列为汉初三大名将,但黥布的英勇善战主要表现在跟随项羽攻打秦军时期。在投奔刘邦后,黥布除了与项声、龙且率领的楚军有过一次较长时间的战事外,以及配合刘贾招降周殷,还没有为刘邦立下过其他战功。因此,就黥布对汉兴的贡献来说,还真不能与领军打下诸国的韩信,以及给予刘邦大军有力配合的彭越相提并论。只不过黥布后来的造反,并不像彭越那样真的冤枉,而是和韩信一样由假成真了。

陆贾

陆贾,楚国人。他在反秦时加入刘邦阵营,曾在刘邦进攻峣关时和郦食其一起说服守将投降;在楚汉战争后期曾去面见项羽,要求其释放刘邦家人。也许是因为陆贾既没有像张良、陈平那样多次献计有功,也没有如韩信、彭越那样率军斩将刈旗,因此他既未得到当世侯爵之封,也未能被后世给予较多关注。但仔细分析《史记》所载,陆贾为汉兴所做的贡献很大,尤其是他在汉立之初,为汉朝提出的发展思想,更是意义重大和深远。因此,这里将陆贾也列为归依群体中的代表人物之一,亦实至名归。

为治国点悟刘邦,著《新语》成为圭臬

汉朝建立后,精通儒学的陆贾经常在刘邦面前称引《诗经》《尚书》等典籍,刘邦认为自己以武取天下,因而骂道:"我马上得天下,要诗书何用!"陆贾反驳说："马上得天下,能在马上治理天下吗?您看商汤、周武王虽然以武力夺得天下,但治理天下还是要靠推行顺应民心的政策;而吴王夫差、智伯则因为滥用武力而亡。假如秦朝统一天下后,效仿先圣,施行仁政,陛下又怎能夺得天下呢?"

> 居马上得之,宁可以马上治之乎?且汤武逆取而以顺守之,文武并用,长久之术也。昔者吴王夫差、智伯极武而亡;秦任刑法不变,卒灭赵氏。向使秦已并天下,行仁义,法先圣,陛下安得而有之?
>
> ——《史记·郦生陆贾列传》

刘邦听后面有"惭色",便命陆贾著书论述秦亡汉兴、天下得失的道理,以资借鉴。于是,陆贾先后著文十二篇。当陆贾每上奏一篇时,刘邦都称赞不已,众臣亦情不自禁地山呼万岁。陆贾将十二篇文章合编成书,刘邦称其为《新语》,意即过去从未听说过的新鲜话语。陆贾也因此被提拔为太中大夫。

《新语》十二篇,第一篇为论点辑要,对全书起到提纲挈领的统摄作用,其余十一篇是对第一篇各论点的分别拓深和延展。

陆贾著《新语》的根本目的,是指导刘邦如何施政,更好地治理国家。因此,作为儒家人物,陆贾并没有一味强调儒家思想,而是辩证认为"书不必起仲尼之门,药不必出扁鹊之方,合之者善,可以为法,因世而权行"[1]。所以《新语》体现了以儒家思想为基本要求,以道家、法家、阴阳家等思想为重要补充的内容特点。

陆贾在《新语》中,强调"仁者道之纪,义者圣之学。学之者明。失之者昏,背之者亡"[2]、"人主天下之仪表也,主倡而臣和,主先而臣随"的儒家思想,建议君主在国家政治、道德生活中必须起到表率作用。他认为,"秦以刑法为巢,故有覆巢卵破之患"[3]。汉朝要想不重蹈秦朝之覆辙,就必须坚持

---

① 《新语校注》,王利器撰,中华书局,1986 年 8 月第一版,第 44 页。
② 《新语校注》,王利器撰,中华书局,1986 年 8 月第一版,第 34 页。
③ 《新语校注》,王利器撰,中华书局,1986 年 8 月第一版,第 50 页。

"行仁义而轻刑罚,闭利门而尚德义,锄佞臣而求贤圣"这三大为政原则。

《新语》强调了"夫道莫大于无为"的道家思想。陆贾这里提出的无为思想虽源自道家,但也是对秦王朝骤亡原因的反思与认识,与秦始皇滥用刑罚的有为相对立。他用道家的思想原则把法家和儒家思想进行了改造和糅合,使得道家的"无为而治"思想更加贴近实际,更能解决问题。他认为,无为和有为是有机的统一,以有为求无为,在有为的基础上,才能达到无为的最高境界。即制礼定乐,教化民众,才能天下太平。

《新语》提出了法学的新观念。陆贾虽然批评秦"法治"太过,主张"文武并用,德刑相济",减废秦法,但仍然坚持治国必须依靠"法治",只不过"法治"不再是治国之本,而是治国之术。

《新语》蕴含了阴阳家的天人学说。陆贾从天人相分的角度,要求君主循道而治,依德而行。为了规限可以统治万民而无人约束的君主,他以可与人感应的上天作警戒,使其因天变而正其失,理其端而正其本,以免君主胡作非为。

《新语》强调了以民为本的思想。陆贾提出减免赋税徭役,让利于民,与民休息,建议"国不兴无事之功,家不藏无用之器,稀力役而省贡献"。他认为得到百姓拥护是一个朝代兴亡成败的关键,"夫欲建国,强威、辟地、服远者,必得之于民"。统治者应该"握道而治,据德而行,席仁而坐,仗义而疆,虚无寂寞,通动无量"①。

总之,陆贾著《新语》一书,以古论今,深刻阐释秦亡汉兴的教训与经验,第一次把儒、道、法诸先秦思想糅合在一起,扩展为一种整体的新的文化形态,不仅为西汉皇朝的长治久安指出了理论发展路径,也为后世诸朝代提供了理论支点与思想指导。

另外,为补充《新语》叙事内容之不足,陆贾还在后来撰写了《楚汉春秋》九篇。该书主要内容为秦末刘邦与项羽争夺天下的历史,时间至汉文帝初期止,也因此成为司马迁写《史记》的第一手资料来源。

因辩才出使南越,说尉佗两次归顺

刘邦为解决南越的复归问题,于汉十一年(前196年)派陆贾出使南下,

---

① 《新语校注》,王利器撰,中华书局,1986年8月第一版,第28页。

以说服自秦灭后统一南越三郡而自立为南越武王的尉佗归附汉朝。

　　陆贾到南越后，尉佗以蛮人装束傲慢接待。陆贾细数尉佗本中原出身，斥责他忘却祖宗、慢待使臣、不识礼仪；然后以秦、楚先后被灭，来说明汉朝的强大；并指出你尉佗对抗中原，不仅会被挖祖坟、灭家族，就连你现在的南越也会败亡。尉佗受教醒悟，忙施礼致歉。

　　当尉佗问及他与萧何、曹参、韩信相比谁更高明，陆贾回答尉佗似乎更高明。尉佗很高兴，又拿自己和当今皇上刘邦进行比较。陆贾则细说刘邦起丰沛打天下，"继五帝三王之业，统理中国"。并直言："今王众不过数十万，皆蛮夷，崎岖山海间，譬若汉一郡，王何乃比于汉！"①尉佗叹服，乃接受南越王封号，面北称臣。

　　尉佗留陆贾宴饮数月，并赐送陆贾价值千金的珠宝。陆贾出使南越，显示出杰出的政治智慧与舌辩能力，他"归报，高祖大悦，拜贾为太中大夫"。

　　20年后的文帝时期，因吕太后称制时对南越采取封锁政策，致尉佗再次脱汉而自封为"南越武帝"，文帝召陆贾第二次出使南越。陆贾见到尉佗后，宣示文帝诏书——《赐南越王赵佗书》，并再次动之以情、晓之以理，说服尉佗二次归汉。尉佗心悦诚服，表示愿意放弃帝号，永为藩臣。尉佗统治南越81年，除吕后称制期间的几年外，一直保持与汉朝的宗属关系。

　　陆贾两次出使南越，不仅消除了南北分裂之患，促进了民族融合，也对岭南地区的经济文化发展起到了积极作用。

　　明时局辞官为民，为刘汉再献智慧

　　惠帝登基后，吕太后逐渐掌权，欲封吕姓族人为王。陆贾知道此事有违白马之盟，将会引起朝中动乱，而自己人微言轻，不宜置身其矛盾之中，遂称病辞官，去往土地肥美的好畤县安家为民。陆贾变卖自己出使南越时所得的财物分给五个儿子，然后自己"安车驷马"，佩带价值百金的宝剑，携十余个能歌善舞的艺人和侍者四处游历玩耍，以潇洒度过自己的余生。陆贾此为，正是奉行了儒家"达则兼济天下，穷则独善其身"的人生哲学，是一种洞明世事的聪明选择。

---

　　① 《史记·郦生陆贾列传》，〔汉〕司马迁撰，韩兆琦主译，中华书局，2008年1月第一版，第1914页。

可贵的是,赋闲后的陆贾并没有完全息影林泉,而是依然关注朝中发生大事,心系刘姓汉室江山。

惠帝去世后,吕太后称制,总揽朝政大权,把许多吕姓族人都封为王侯。右丞相陈平既担忧刘氏天下不保,又怕祸及自身,于是常静居独虑,思其方策。闲来无事的陆贾一次前去问候,没有通报就直接走进房中。当时陈平正在深思,没有看见他进来。陆贾问陈平:"何念之深也?"并解问指出陈平是在担心诸吕篡权、少主安危。陈平表示:"然。为之奈何?"陆贾进言说:

> 天下安,注意相;天下危,注意将。将相和调,则士务附;士务附,天下虽有变,即权不分。为社稷计,在两君掌握耳。臣常欲谓太尉绛侯,绛侯与我戏,易吾言。君何不交欢太尉,深相结?
>
> ——《史记·郦生陆贾列传》

陆贾以"将相和"的重要性,提醒陈平交好时任太尉周勃。陈平深受启发,高兴接受陆贾建议。他在周勃寿辰时献500金为其祝寿,周勃亦回访投桃报李,从此将相深交,达成默契。为感谢陆贾,陈平以"饮食费"为名,送给陆贾100名奴婢、50辆马车和500万钱。而陆贾则以自己当下不被人注意的平民身份,利用这些人财物与王公贵卿广泛联络交往,对后来陈平、周勃联手诸大臣,共同诛灭吕氏、拥立文帝发挥了积极作用。

陆贾身为一介儒生,不以物喜,不以己悲,深谙朝廷险恶,看淡功名利禄,可行时积极建言献策,难为时主动远离庙堂,表现了乐天知命、皆不强求的豁达胸怀和人生智慧。

班固评价陆贾说:"陆贾位止大夫,致仕诸吕,不受忧责,从容平、勃之间,附会将相以强社稷,身名俱荣,其最优乎!"[①]

文帝前元十年(前170年),陆贾寿终正寝。

---

① 《汉书·郦陆朱刘叔孙传》,〔汉〕班固撰,中华书局,2012年4月第一版,第1864页。

附录：刘邦年谱[①]

公元前 247 年，刘邦出生于沛县丰邑中阳里；其幼时，曾随母生活于沛县刘邦店（村）。

公元前 230 年，刘邦 17 岁；在丰邑短时间读书；此后几年间，曾数次去往大梁、外黄游历，并结识张耳。

公元前 225 年，魏国灭亡，刘邦 22 岁；其前后几年间多混迹于沛县城街头。

公元前 223 年，楚国灭亡，刘邦 24 岁。

公元前 221 年，秦国统一天下，刘邦 26 岁；出任泗水亭长。

公元前 220—前 219 年，刘邦与吕雉结婚，时年 27—28 岁。

公元前 218 年，刘邦 29 岁；生女鲁元；当年押送劳役赴咸阳，路遇秦始皇第三次出巡。

公元前 210 年，刘邦 37 岁；生子刘盈；当年因押送劳役失职，逃匿于芒砀山。

公元前 209 年，刘邦 38 岁；10 月在沛县起义反秦任沛公；先后进攻胡陵、方与、薛城；后投靠景驹先后进攻砀郡、丰邑。

公元前 208 年，刘邦 39 岁；4 月转从项梁，后被楚怀王任命为砀郡长；9 月率军西征伐秦。

公元前 207 年，刘邦 40 岁；10 月率军入关中推翻秦朝。

公元前 206 年，刘邦 41 岁；3 月被项羽封为汉王，5 月赴汉中；7 月拜韩信为大将军；9 月出汉中，收复三秦，拉开四年楚汉战争的序幕。

---

① 刘邦年谱时间按照公元纪年，其涉及月份均大致比史书中太初纪年推后一个月。

公元前 205 年,刘邦 42 岁;5 月率五路诸侯兵东进彭城,后大败西逃,退至虞县作短暂休整时,派随何说服黥布背楚降汉,封黥布为淮南王;6 月都于栎阳,立刘盈为王太子;之后率军在荥阳、成皋一线据守。

公元前 204—前 203 年,派韩信领兵先后收服魏国,占领代国、赵国,招降燕国,消灭齐国。

公元前 202 年,刘邦 45 岁;年初会兵垓下消灭项羽,3 月登基称帝、建立汉朝、分封诸侯王;同月派刘贾、卢绾灭临江王共驩;7 月率军平叛燕王臧荼。

公元前 201 年,刘邦 46 岁;逮捕韩信,免其楚王位,降为淮阴侯。

公元前 200 年,刘邦 47 岁;时年北征韩王信及匈奴,遭白登之围。

公元前 197 年,刘邦 50 岁;时年刘邦赴代地平叛陈豨;吕后先后施计诛杀淮阴侯韩信、梁王彭越。

公元前 196 年,刘邦 51 岁;时年率军镇压淮南王黥布叛乱;回程经沛县故里,酣唱《大风歌》;绕道曲阜,祭祀孔子。

公元前 195 年,刘邦驾崩;终年 52 周岁,虚岁 53。

主要参考书籍

1. 〔汉〕司马迁撰,韩兆琦主译,《史记》,中华书局,2008 年 1 月第一版。

2. 〔汉〕班固撰,《汉书》,中华书局,2012 年 4 月第一版。

3. 〔东汉〕荀悦、〔东晋〕袁宏撰,张烈点校,《两汉纪·上》,中华书局,2020 年 10 月第一版。

4. 〔南朝宋〕范晔撰,《后汉书》,中华书局,2012 年 4 月第一版。

5. 〔宋〕司马光编撰,沈志华、张宏儒主编,《资治通鉴》,中华书局,2009 年 5 月第一版。

6. 〔东汉〕王符著,马世年译注,《潜夫论》,中华书局,2018 年 1 月第一版。

7. 〔唐〕李泰等著,贺次君辑校,《括地志辑校》,中华书局,1980 年 2 月第一版。

8. 〔晋〕皇甫谧等撰,《帝王世纪　世本　逸周书　古本竹书纪年》,齐鲁书社,2010 年 1 月第一版。

9. 〔清〕王鸣盛著,黄曙辉点校,《十七史商榷》,上海书店出版社,2005 年 12 月第一版。

10. 〔清〕张文虎撰,《校刊史记集解索隐正义札记》,中华书局,2012 年 3 月第二版。

11. 王利器撰,《新语校注》,中华书局,1986 年 8 月第一版。

12. 谭其骧主编,《中国历史地图集》,中国地图出版社,1982 年 10 月第一版。

13. 吕思勉著,《中国民族史》,中国文史出版社,2015 年 1 月第一版。

14. 李开元著,《秦崩——从秦始皇到刘邦》《楚亡——从项羽到韩信》,三联书店,2015 年 5 月第一版。

15.〔日〕鹤间和幸著,马彪译,《始皇帝的遗产——秦汉帝国》,广西师范大学出版社,2014 年版。

16.〔日〕佐竹靖彦著,王勇华译,《刘邦》,北京联合出版公司,2020 年 10 月第一版。

17. 田余庆著,《秦汉魏晋史探微(重订本)》,中华书局,2011 年 6 月北京第三版。

18. 陈正宏著,《时空:〈史记〉的本纪、表与书》,中华书局,2020 年 5 月第一版。

19. 李开元著,《汉兴——从吕后到汉文帝》,三联书店,2021 年 7 月北京第一版。

后　记

在 2019 年拙作《汉代丝绸之路之肇兴》出版之时，我即开始考虑写作关于刘邦生平一书。但由于新冠疫情的突至打乱了初有的计划，故一时搁置下来。因为终日不断的核酸检测以及亲友时有感染，着实难以让人静心落笔。当三年后阴霾散去，人们终于摘掉口罩，兴奋欢呼久违的清新空气和行动自由时，我才开始安坐书房按照已有的构思敲键写作。

按最初打算，本想仅就刘邦的人生作单一梳理归纳，而将与其有深度交集的人和事穿插其中。但历史并非简单的线性叙述，特别是刘邦这位以善于识人用人而打下天下的英雄人物，更不能仅对其本人单一叙说，而应该从多人物的角度反映其不平凡的人生事迹。因此考虑，如果将对刘邦产生重要影响的身边人同书另卷单列，可能会佐使刘邦的人生故事更加丰富和清晰。因为其家人如刘太公、吕后、刘盈及同事萧何、张良、韩信、樊哙等人，他们不仅与刘邦产生深度交集而成为刘邦人生中不可或缺的重要人物，同样也有自己的不同出身与精彩故事。故笔者将该书体例转为以今人档案的结构形式撰写，对刘邦及家人、同事予以了既有交织又有专述的分别梳理。当然，关于刘邦的内容仍然是书中阐述和解析的重点，而其家人和同事的事迹，则主要是作为辅料予以叙事性的归纳介绍。

近些年关于刘邦的传记类著作多有问世，其形式或阐释，或演绎，但涉及刘邦出身及起义前的人生详情，总是均依史书所载言之甚少。这也成为我写作本书的动因之一，以及必须面对和努力探究的问题。因为就梳解刘邦的人生档案而言，其缺失的历史空白不应跨跃回避，而只能尽可能地去寻觅必然的历史存在。因此，本人在以《史记》《汉书》等正史为基本参考外，还参阅了《汉纪》《括地志》《潜夫论》《十七史商榷》等一些先辈史学大家的文献，以及多位现当代著名史学家的大作。另外，本人还深入沛县、丰县这些刘邦少时生活成长的地方，听取传说、参观遗证，并给予了较多的取信和采纳。诚然，仅以上努力或许仍不足以完全填补或厘清刘邦年轻时的人生故事，但总是提供了一些新的视角和内容。至于刘邦起义后的事迹，因史脉基本清晰可循，后世也少有分歧争论，故笔者就此内容多遵史载而叙多议少，未做过多的展开讨论。

回顾这些年来的写作心路，深感追溯历史的重要意义所在。历史是社会发展记忆的传承，它像一条从远方流来的长河，虽然一直徐徐前行，但随光阴的流逝与消磨，其流经之地已多非如旧，或已是模糊仅存的浪迹水痕。回首远眺已并非原本的来处，看到的也许只是部分的事、些许的真，但这种追溯却正是历史学家的使命所在。因为只有认真循迹分析过去，才有可能知晓以往更多的事，明晰以往更多的真，也才能更好地借鉴当今、展望未来。所谓"以铜为镜，可以正衣冠，以史为镜，可以知兴替，以人为镜，可以明得失"，说的就是此意。因此，历代史学家一直以寻金般的执着与合理的推想，去填补或解答自己认为的历史空白或疑问，并视为接力般不懈追求。

由于家乡情怀和兴致所在，笔者这些年来仿史家而钩沉史海，对汉初历史进行了初步研究与探索，并稍有所获而先后成就拙作一二。然汉代何其久远与恢宏，笔者以地理专业出身而大胆探微陈言，虽然也有少许旁通之便，但终非来自历史科班，自然难免存有认识偏颇或谬误之处，故恳请方家与读者拨冗指正。

需要说明的是，本书插图除自绘、自拍外，还有一些是委托友人拍摄，特在此致以谢忱。

十分感谢江苏师范大学对本书出版的关心，尤其是科文学院及离退处的同志给予的积极帮助与支持。

还要感谢中国文史出版社的编辑，他们以十分诚挚的工作态度和极为优秀的专业素养，认真筹划、细心审校、精心设计，为本书的质量提高和样式唯美沁入了让人点赞的智慧。

夕阳无限好，何需惜黄昏。作为20世纪50年代出生的人，多经生活之艰辛、社会之复杂、人性之善恶。但自退休以来，我不仅远离世俗尘嚣得以享受晚年岁月之静好，亦寻求到新的精神寄托而感觉欣慰。享受着在北京含饴弄孙的意趣，咀嚼着在国家图书馆徜徉阅读的收获，沉醉在桌前灯下执笔写作之时，我深深感受到一生中从未有过的安宁与快乐。因为这不仅是继续陶冶自己一生尚未脱俗的思想情操,也是在欣赏感悟夕阳西下时的余晖与美好。

事了拂衣行,哪有功与名?信步寻归处,楮墨学陶公。

值文稿即将成书出版之时,心感甚慰,故随笔以尾续。

程大中

2024 年 11 月于北京市海淀区永丰嘉园

图书在版编目（CIP）数据

大风起兮云飞扬：刘邦档案梳解／程大中著.
北京：中国文史出版社，2025. 1. -- ISBN 978-7-5205-
4945-5

Ⅰ. K827＝341

中国国家版本馆 CIP 数据核字第 20246NV419 号

责任编辑：薛未未

出版发行：**中国文史出版社**

社　　址：北京市海淀区西八里庄路 69 号院　　邮编：100142

电　　话：010-81136606　81136602　81136603（发行部）

传　　真：010-81136655

印　　装：北京科信印刷有限公司

经　　销：全国新华书店

开　　本：720×1020　1/16

印　　张：21　　　　字数：323 千字

版　　次：2025 年 1 月第 1 版

印　　次：2025 年 1 月第 1 次印刷

定　　价：63. 00 元